21世纪经济管理新形态教材
财税系列

Cameralistics and Finance

财政与金融

刘强 ◎ 主编
杨柳 田海霞 ◎ 副主编

清华大学出版社
北京

内容简介

"财政与金融"是高等院校经济管理类专业基础课程。本课程教材从线上线下混合式金课建设和普通高校经管类应用型复合人才培养目标实际需要出发，融入编者团队多年教学改革实践经验，理论与实务并重，紧跟中国财政与金融改革和发展实际，吸收最新理论与实践研究成果，力求反映财政与金融改革发展动态。全书共 11 章，包括财政学和金融学两大部分。本书既可以作为经管类专业的本科教材，也可作为财政、金融系统从业人员的学习材料和培训教材。

本书封面贴有清华大学出版社防伪标签，无标签者不得销售。

版权所有，侵权必究。举报：010-62782989，beiqinquan@tup.tsinghua.edu.cn。

图书在版编目（CIP）数据

财政与金融/刘强主编. —北京：清华大学出版社，2021.8（2024.1重印）
21 世纪经济管理新形态教材·财税系列
ISBN 978-7-302-58786-6

Ⅰ. ①财… Ⅱ. ①刘… Ⅲ. ①财政金融－高等学校－教材 Ⅳ. ①F8

中国版本图书馆 CIP 数据核字(2021)第 156426 号

责任编辑：刘志彬　朱晓瑞
封面设计：李召霞
责任校对：宋玉莲
责任印制：沈　露

出版发行：清华大学出版社
　　　网　　址：https://www.tup.com.cn, https://www.wqxuetang.com
　　　地　　址：北京清华大学学研大厦A座　　邮　　编：100084
　　　社 总 机：010-83470000　　邮　　购：010-62786544
　　　投稿与读者服务：010-62776969，c-service@tup.tsinghua.edu.cn
　　　质 量 反 馈：010-62772015，zhiliang@tup.tsinghua.edu.cn
　　　课 件 下 载：https://www.tup.com.cn, 010-83470332

印 装 者：三河市龙大印装有限公司
经　　销：全国新华书店
开　　本：185mm×260mm　　印 张：18　　字　　数：404 千字
版　　次：2021 年 9 月第 1 版　　印　　次：2024 年 1 月第 4 次印刷
定　　价：55.00 元

产品编号：089244-01

前言

"财政与金融"是高等院校经济管理类专业基础课程。本课程教材从线上线下混合式金课建设和普通高校经管类应用型复合人才培养目标实际需要出发,融入编者团队多年教学改革实践经验,理论与实务并重,紧跟中国财政与金融改革和发展实际,吸收最新理论与实践研究成果,力求反映财政与金融改革发展动态。全书共11章,包括财政学和金融学两大部分。本书既可以作为经管类专业的本科教材,也可作为财政、金融系统从业人员的学习资料和培训教材。

本书体例和内容设计新颖,体现了新的课程体系、新的教学内容和教学方法,以提高学生的整体素质为基础,以学生能力为本位,将知识教育、技能教育和素质教育有机结合。每章都明确提出了学习目标、技能目标、素质目标,从引导案例出发,引入新知识点。编者团队针对重要知识点设计了扩展阅读,通过扩展阅读加深了学生对相关知识点的理解,使学生熟悉我国财政与金融改革与发展实践;本书通过每章末的即测即练来使学生巩固基础知识;本书通过复习思考题和实训内容,培养学生运用所学知识对财政与金融相关问题进行分析和决策的能力、团队协作沟通能力,强化学生的职业道德素质。本书涉及的数据资料、法律法规较新,具有很强的时效性与前沿性。

本书配套资源丰富。为了配合课堂教学,编者精心设计和制作了教学课件PPT,编写了课程教学大纲、扩展阅读材料、配套习题、模拟试卷及答案等,充分发挥网络课程资源优势,探索线上线下混合式教学新途径。

在本书的编写过程中,本团队参考了大量文献,并借鉴了同行专家的研究成果,在此表示衷心的感谢!本书由刘强担任主编,杨柳、田海霞担任副主编,高欢、闫蕊参编。具体分工为:刘强负责编写第二章、第三章、第四章(第二节除外),杨柳负责编写第一章、第五章、第十章、第十一章,田海霞负责编写第四章第二节、第七章、第八章,高欢负责编写第六章,闫蕊负责编写第九章;刘强负责全书的统稿工作。由于时间仓促和编者水平有限,本书难免有疏漏和不足之处,恳请广大读者予以批评指正,再次表示感谢!

编　者

2021年7月

目 录

第一章　财政导论 ... 1
第一节　财政概述 ... 2
第二节　公共财政基础理论 ... 5
第三节　财政职能 ... 11
本章小结 ... 17
复习思考题 ... 19
实训内容 ... 19

第二章　财政收入 ... 20
第一节　财政收入概述 ... 21
第二节　税收收入 ... 32
第三节　非税收收入 ... 52
第四节　公债收入 ... 54
本章小结 ... 63
复习思考题 ... 63
实训内容 ... 63

第三章　财政支出 ... 64
第一节　财政支出概述 ... 65
第二节　购买性支出 ... 77
第三节　转移性支出 ... 86
本章小结 ... 96
复习思考题 ... 96
实训内容 ... 96

第四章　政府预算 ... 97
第一节　政府预算概述 ... 99
第二节　政府预算周期 ... 106

第三节　政府预算管理制度 111
　　本章小结 127
　　复习思考题 128
　　实训内容 128

第五章　金融导论 129
　　第一节　金融的产生与发展 130
　　第二节　货币与货币制度 132
　　第三节　信用 138
　　第四节　利率 141
　　本章小结 145
　　复习思考题 146
　　实训内容 146

第六章　金融机构体系 148
　　第一节　金融机构体系概述 149
　　第二节　中央银行 157
　　第三节　商业银行 163
　　第四节　政策性银行 171
　　第五节　非银行金融机构 174
　　本章小结 178
　　复习思考题 179
　　实训内容 179

第七章　金融市场 180
　　第一节　金融市场概述 181
　　第二节　货币市场 185
　　第三节　资本市场 188
　　第四节　外汇市场和黄金市场 192
　　本章小结 195
　　复习思考题 197
　　实训内容 197

第八章　互联网金融 198
　　第一节　互联网金融概述 199

第二节	互联网金融主要模式	203
第三节	互联网金融风险及其控制	210

本章小结 214

复习思考题 214

实训内容 215

第九章　国际金融 216

第一节　国际收支 217

第二节　外汇与汇率 221

第三节　国际货币体系 225

第四节　国际金融机构 231

本章小结 239

复习思考题 239

实训内容 239

第十章　货币供求及其调节 240

第一节　货币需求 241

第二节　货币供给 244

第三节　货币供求均衡 247

第四节　通货膨胀 249

第五节　通货紧缩 254

本章小结 257

复习思考题 258

实训内容 258

第十一章　财政政策与货币政策 260

第一节　财政政策 261

第二节　货币政策 265

第三节　财政政策与货币政策的配合 274

本章小结 276

复习思考题 278

实训内容 278

第一章

财 政 导 论

◆ 学习目标

1. 通过现实生活中的财政现象,理解财政的概念;
2. 了解财政的产生和发展;
3. 了解公共财政的基本理论,掌握公共产品的基本特征、市场失灵的表现;
4. 领会财政职能的内涵及主要表现。

◆ 技能目标

1. 理解财政的概念,掌握财政的职能;
2. 能运用所学知识对相关财政问题进行分析。

◆ 素质目标

1. 能对社会中各种市场失灵的现象进行分析,找出其原因;
2. 能对经济运行过程中政府干预的越位、缺位及错位现象进行分析;
3. 结合国情,能正确界定市场经济条件下市场与政府的职能;
4. 具备团结协作、分析问题的能力。

◆ 导入案例

现实生活中的财政现象无处不在

在现实经济生活中,人们的日常生活无时无刻不受政府经济活动的影响,财政现象处处存在,人们总是主动或者被动地参与着财政活动。

就家庭和居民个人而言,每天都与政府经济活动密切联系着。生活必需的水——由政府投资的自来水公司供应,电——由政府兴建的电厂提供,燃气——由政府创办的燃气供应公司提供,行走的公路——由市政部门修建维护,乘坐的公共交通工具——由市政部门提供。我们就读的幼儿园、小学、中学乃至大学,多半由政府公办;患者享受政府提供的医疗保险;离退休人员享受政府提供的养老保险;低收入家庭享受基本生活保障；下岗人员有政府实施的再就业工程；当一个人生命终止时，政府会提供基本殡葬服务；等等。

就政府而言，政府承担着许多政治社会职能，包括行政管理、国防、治安、司法、公共卫生和公共设施建设等。城市里大小商店里，商品琳琅满目，为居民生活提供了方便，但任何一个商店都不能给居民提供公共设施和公共服务。城市的交通、通信、供水、供气、供暖、排水、排污、空气净化、环境绿化，还有公园、公厕等，这些公共设施与公共服务，是工商企业正常的生产经营所必需的，也是居民日常生活不可或缺的。这类需要既然是"公共的"，显然不能通过市场提供，即使由市场提供也是缺乏效率的，理所当然属于政府的职责范围。此外，政府还承担许多涉及国计民生的重大战略性工程建设任务，如三峡工程、南水北调工程、西气东输工程、青藏铁路建设，以及规模宏大的电站、油田、跨河跨海大桥、贯通全国的铁路公路网、大型农田水利灌溉工程等。航天航空工业的发展和对太空的探索也是由政府直接出资进行的。特别是在发展中国家，这种财政配置资源的职能具有重要的意义。

就工商企业而言，因为工商企业是商品生产和经营的主体，它们与财政的关联主要是作为政府为满足公共需要而索取收入的承担者，即主要纳税人。工商企业作为主要纳税人的同时，不仅享用政府提供的公共工程和公共服务，而且享受政府提供的各种优惠的支持，如税收优惠、投资抵免、加速折旧、出口退税、财政补贴等。

政府作为公共权力和公共服务机构，本身没有收入来源，其资金主要来自社会公众。那么，何为财政？政府如何获取资金收入？如何合理有效地安排资金支出和管理资金呢？

第一节 财政概述

一、财政的一般概念

财政是以国家为主体的分配活动，现实生活中它表现为政府的收支及其管理活动。财政分配的主体是国家，参与分配的依据是政府的政治权利，分配的对象是社会剩余产品，分配的目的是提供公共产品以满足整个社会的公共需要，并使政府经济领域的经济活动与市场经济领域的经济活动相协调，保持整个社会再生产过程的协调运行。

扩展阅读 1-1 "财政"一词渊源

二、财政的产生与发展

（一）财政的产生

从人类发展史来看，财政是一个古老的经济范畴，财政活动自古有之。财政是随国家的产生而产生的，是人类社会生产力发展到一定历史阶段的产物。财政产生的具体过程如下：

社会生产力发展→剩余产品出现→私有制产生→阶级产生→国家产生→财政产生

在原始社会，人们过着集体群居生活，靠猎取自然界天然产物为生，生产力极为低下，集体劳动成果在其成员之间进行平均分配，只能满足最低限度的生活需要，没有剩余产品。到了原始社会末期，生产力有了一定的发展，人们劳动获得的产品除了满足最低限度的生活需要之外，有了一定的剩余。随着畜牧业和农业分离、手工业和农业分离、商业和其他行业分离，出现了社会分工和商品交换，促进了社会进步和剩余产品的增加，相应地产生了社会的共同需要。氏族首领作为社会组织的代表，集中分配一部分剩余产品，用于满足共同需要。原始社会后期出现的贡品、礼物便是财政关系的萌芽。

剩余产品的出现为分配上的不平等和贫富两极分化提供了物质条件。随着劳动生产力进一步发展，剩余产品逐渐增加，私有制、阶级和国家相继产生。国家是一个社会的最高组织形式，不仅要行使阶级统治职能，还要行使有关的社会职能，从而满足社会公共需要。国家为实现其职能，需要一定的财力支持，而国家本质上属于上层建筑，本身不能创造社会财富，为此，国家只能凭借其公共权力，将社会上一部分剩余产品集中起来，为国家所用，这就出现了以国家为主体、依靠公共权力进行分配的现象，财政由此产生。

虽然财政的产生同国家的出现相联系，但是其根本原因还是生产力和生产关系的发展。生产力提高并出现社会剩余产品是财政产生的经济条件；私有制、国家的出现是财政产生的政治条件。财政产生以后，决定财政发展的根本条件是经济条件，而非政治条件。

（二）财政的发展

财政是在人类社会由原始社会进入奴隶社会时期逐渐形成的。财政产生以后，随着社会生产力的变革和国家形态的更迭，财政也在不断地发生变化，人类进入阶级社会后的各种社会形态，都有与其生产资料所有制和国家形态相适应的财政。

1. 奴隶制国家财政

在奴隶社会，生产关系基本特征是奴隶主占有一切生产资料。这时，财政关系和一般分配过程没有完全分开。奴隶主国家的支出主要包括军事支出、维持政权机关运营的支出、王室的享用、宗教祭祀支出等。奴隶主国家的主要收入来源是直接占有奴隶的剩余劳动，此外其财政收入还包括附属国和居民的贡品，但这部分贡品在奴隶主国家的收入中不占主要地位。由于奴隶社会生产力发展水平低下，自然经济占据主导地位，社会产品的分配一般采取实物的方式，因此财政分配也采取实物的形式。

2. 封建社会国家财政

进入封建社会以后，国家的财政收入和地主的地租逐渐分开，于是财政关系与一般分配关系逐渐分开，国家的一般费用与维持各级官吏的生活费用也逐渐分开。这是社会生产力发展和剩余产品增长的结果。赋税收入、官产收入和诸侯缴纳的贡品及专卖收入是国家财政的主要来源。到了封建社会后期，开始出现国债这种筹资方式。财政支出包括军事支出、行政开支、皇室享乐支出、宗教文化支出以及少量的农田水利建设支出。

早期封建社会自然经济占据主导地位，但随着生产力的日益提高，商品经济、货币关系也日益发展。与此相适应，财政分配的形式在封建社会早期以实物为主、货币为辅，到了封建社会中后期则以货币为主、实物为辅。例如中国古代税赋自产生至唐朝中期，主要缴纳实物；公元780年开始，唐朝实行"两税法"，以货币计税，并以货币缴纳。

3. 资本主义国家财政

资本主义打破了封建生产关系，市场经济关系得到了充分发展，生产社会化程度也大大提高。相应地，财政关系得到了空前的发展。首先，资本主义利用现代科学技术提高了社会劳动生产率，提高了剩余产品在社会总产品中的比重，从而为财政关系的扩大提供了物质基础。其财政收入主要有税收、债务收入、国有企业收入。其次，随着生产社会化的发展，国家承担的社会职能也在不断扩展，相应地，提供公共产品的范围也不断扩大，国家的财政不仅要给政府管理国家提供经费，而且要提供必要的社会文化、教育、卫生、福利资金，甚至要承担促进经济和社会发展的某些经济投资。资本主义国家财政收支全面货币化；发行国债、实行赤字财政和通货膨胀政策，成为增加财政收入的经常性的和比较隐蔽的手段；财政逐渐成为国家转嫁经济危机、刺激生产、干预社会经济的重要手段；财政随着资本主义国家管理的加强，财政管理也更加完善。

4. 社会主义国家财政

在社会主义国家，生产关系的基本特征是生产资料的社会主义公有制。社会主义国家财政是实现国家职能需要，巩固人民民主专政，发展社会主义经济，满足人民日益增长的物质文化生活需要的有效手段，反映了社会主义国家与广大劳动人民之间根本利益一致的分配关系——"取之于民，用之于民"的新型分配关系。

（三）财政类型

财政作为国家进行的分配活动，在不同的社会经济形态、不同的经济体制下都具有相同的"国家分配"的共性。但在不同的经济形态或不同经济体制下，财政运行机制和活动特点各不相同，对国家或政府要求也不同，这就是财政的特性，从而形成不同的财政类型。

1. 家计财政

在以自然经济为主的奴隶社会、封建社会，财政是为奴隶主、封建君主服务的，财政收支具有很强的私人性质，此时财政为社会服务的功能只不过是由为私人服务所派生出来的。因此，此时财政只是"家计性"的财政。这种状况一直延续到封建社会末期。

2. 公共财政

在封建社会末期，特别是进入资本主义社会后，随着市场经济体制的建立，国家财政显现出其"公共性"特征，称为"公共财政"。由企业和家庭组成的私人部门处于市场领域，从事营利性活动。政府的公共部门处于非市场领域，从事非营利性活动，为所有的社会成员参与市场营利活动提供无差别的社会服务，并以非市场性的财政方式，为大量存在具有共同消费性质的活动提供其所需经费；即便在自由资本主义时期，各市场经济国家普遍推行"自由放任"政策，政府经济职能受到限制，但政府仍然要通过政府预算来管理一些私人部门管不了、管不好和不好管的事务，以保证政府对社会政治、经济调控的需要。可见"公共财政"是市场经济的产物，是确保市场经济得以正常存在和顺利进行的关键条件，它起源于西方市场经济国家，是与市场经济相适应的财政类型。公共政财具有以下特征：

（1）弥补市场失灵。在市场经济条件下，市场在资源配置中发挥基础性的作用，但也存在市场自身无法解决或解决不好的公共问题，如垄断问题、外部性问题、宏观经济波动问题等。这些公共问题，市场解决不了，只能由政府来解决。政府解决公共问题，对社会公共事务进行管理，需要以公共政策为手段。而公共财政的制定与执行，又以公共资源为基础和后盾。公共财政是公共政策的重要组成部分，是执行公共政策的保障手段。

（2）一视同仁。公共政策要一视同仁。市场经济的本质之一就是公平竞争，体现在财政上就是财政在为市场提供服务的过程中，必须公平对待所有的市场活动，为社会成员和市场主体提供公平的外部条件。不能针对不同的社会集团、阶层、个人以及经济成分制定不同的财税法律和制度。只要社会成员和市场主体守法经营，依法纳税，政府在财政政策上就不能区别对待。这样，才能避免所有的市场主体依靠政府权力寻租，或者遭受额外的损失。

（3）非营利性。公共财政是以满足社会公共需要和追求社会公共利益为宗旨，从而决定了公共财政只能进行非营利性活动，不能追求利润。因为，政府拥有政治权力，若其直接参与市场经营活动，就可能运用自己的特权在具体的经济活动中影响公平竞争，直接干扰乃至破坏经济的正常运行，破坏市场秩序，打乱市场与政府分工的基本规则；财政资金也会因谋求盈利项目而对公共需要投入不足。

（4）法制性。市场经济是法制经济。一方面，政府的财政活动必须在法律法规的约束规范下进行；另一方面，通过法律法规形式，依靠法律法规的强制保障手段，社会公众得以真正决定、约束、规范和监督政府的财政活动，确保其符合社会公众的根本利益。

3. 国家财政

在传统的计划体制下，财政不具有"公共性"，却显现出"生产性"特征。计划经济国家直接对整个社会资源进行计划配置，使得社会财力的分配大部分是通过财政来完成的，此时财政被称为国家财政。计划经济体制下，整个社会的主要财力集中在财政手中，集中全力用于生产建设，将所有财力全都投入到生产领域内，结果不仅生产建设没能搞好，而且在人民生活方面严重欠账，在基础设施、公用设施等非生产领域投入严重不足，这些都导致了国家经济综合平衡被严重破坏，严重地降低了国家应有的经济发展速度。

第二节 公共财政基础理论

公共财政是为满足社会公共需要向社会提供公共产品与公共服务的政府分配行为。公共财政是与市场经济体制相适应的一种财政管理体制，其理论基础是公共产品和市场失灵理论。

一、公共产品

（一）公共产品特征

公共产品是与私人产品相对应的概念。私人产品是由市场供给，用来满足私人主体需要的商品和服务。私人产品能够分割并分别提供给不同单位和个人，却不能给他人带来外部收益和成本。公共物品是公共部门供给，用来满足社会公共需要的商品和服务，严格意义上的公共物品具有非竞争性和非排他性。

所谓非竞争性，是指某人对公共物品的消费并不会影响别人同时消费该产品及其从中获得的效用，即在给定的生产水平下，为另一个消费者提供这一物品所带来的边际成本为零。

所谓非排他性，是指某人在消费一种公共物品时，不能排除其他人消费这一物品（不论他们是否付费），或者排除的成本很高。

（二）公共产品分类

通常将同时具有非排他性和非竞争性的产品称纯公共产品，例如国防产品。消费上具有非竞争性，却可以较轻易地做到排他性，有学者形象地称这类产品为俱乐部产品。有些产品与俱乐部产品相反，在消费上具有竞争性，但却无法有效排他，有学者称这类产品为共同资源产品。俱乐部产品和共同资源产品通称为"准公共产品"，即不同时具备非排他性和非竞争性的产品。准公共产品一般具有"拥挤性"的特点，即当消费者的数目增加到某一个值后，就会出现边际成本为正的情况，而不是像纯公共产品，增加一个人的消费，边际成本为零。准公共产品到达"拥挤点"后，每增加一个人，将减少原有消费者的效用。

公共产品的非排他性与非竞争性不是绝对的，也不是固定不变的，公共产品的这些特征会因为技术条件、制度条件以及消费者人数的变化而发生变化，即非排他性程度与非竞争性程度降低或上升。如灯塔，它是典型的具有非排他性与非竞争性的公共产品，但假定有人发明了一种干扰装置，该装置能使不安装某种特殊接收器的船只不能获得灯塔的信号，或者灯塔的主人向灯塔周围一定范围内航行而没有许可证的船只发射导弹是合法的。在这两种场合，灯塔将具有排他性。这是非排他性在技术和制度条件发生变化时，向排他性转化的例子。再如，在一座不拥挤的桥上增加一辆通行的车，不会增加边际成本，不会影响其他车辆的通行，但如果该桥已经处于拥挤状态，再增加一辆通行的车，显然会妨碍其他车辆的通行（过不去或通行时间大大延长），带来的边际社会成本较高。这是非竞争性向竞争性转化的例子。

由于技术进步、人口增长等因素的影响，原本不存在或较不明显的竞争性及负外部性日益凸显。此类产品正急剧减少，如洁净的空气等。被排除的产品大多转变为纯公共产品，部分产品或资源消失（如矿产、动植物资源等），极少数由于开发成本过高且存在替代品，出于经济考虑而被放弃，例如海盐（但优质盐场仍具有竞争性）。

二、市场失灵

在市场经济中，市场机制对社会资源配置，收入分配和经济调节发挥着基础性作用，但市场机制也不是万能的，由于其内在功能性缺陷和外部条件缺陷引起市场机制在资源配置的某些领域运作不灵，即市场没有达到帕累托最优，使市场在资源配置中失去效率。因而，需要政府介入弥补市场失灵。市场失灵是公共财政存在的前提，从而也决定财政的职能范围。

从资源配置的层次来看，市场失灵可以分为微观领域的市场失灵和宏观领域的市场失灵。

（一）微观领域的市场失灵

1. 外部效应

外部效应，是指某一个体在从事经济活动时，给其他个体造成了消极或者积极的影响，却没有为此承担应有责任或者没有获得应有报酬的情况。外部效应分外部正效应和外部负效应。外部正效应是指行为人实施的某一行为对他人或公共的环境利益有好处而没有获得相应收益的现象，比如，个人在自家栽培花草，给邻居和路人带来清新空气等。外部负效应是指行为人实施的某一行为对他人或公共的环境利益带来危害或消极影响而没有承担相应的成本的现象，比如上游造纸企业排放污水，影响下游居民的生产和生活用水等。

在私人的经济活动中，人们一般是按照私人边际成本等于私人边际收益，而不是按照社会边际成本等于社会边际收益来进行经济决策，从而造成外部正效应活动的私人边际收益小于社会边际收益，使得供给不足；而外部负效应活动的私人边际成本小于社会边际成本，生产或消费单位为追求更多利润或利差，会放任外部负效应的产生与蔓延。外部效应的存在造成社会脱离最有效的成本状态，使市场经济体系不能很好地实现其优化资源配置的基本功能。

2. 公共产品供给不足

由于公共物品具有非排他性和非竞争性的特征。这就容易产生不付费就受益的"搭便车"问题，导致公共物品提供者的成本与收益不对称。因此，如果单纯依靠市场机制的调节，必然会导致社会所需要的各种公共物品在供应量上的不足。

3. 信息不对称

在市场交易活动中，如果一方掌握的信息较多，而另一方掌握的信息很少，就存在信息不对称。信息不对称会使信息掌握较多的一方利用对方的无知而对其进行欺骗。如旧自行车市场上，卖者很清楚自行车的使用年限、质量、功能等指标，为了能卖个好价钱，卖者在卖前对旧自行车进行处理，以掩饰其原来面目。如果买者缺乏专业的知识，就很难确定其品质，往往会上当受骗。

信息不对称有很明显的影响，考察一下经济发达地区和经济不发达地区或者城市和农村的信息分配状况可以获得一些启示。在经济发达的地区，信息资源十分丰富，如教育机构、图书馆、媒体等。这些地区的信息传播速度也快。城市和农村的信息分配更是严重失衡，这已经成为农村经济落后的根源之一。近几年国家推行科教兴国战略，本质上是对信息资源配置的重要战略，教育产业化的改革，大力发展各种形式的教育，特别是开展民办教育，对于扩大科学知识的供给、缓解信息不足有着重要意义。对于特定时间和地点的信息，要以市场化配置为主，因为特定时点的信息对于市场经济条件下的微观经济主体最为有用，只有通过市场进行配置才能达到最优。目前媒体（广播电视、报纸）是对特定时间和地点的信息进行配置的主要工具，在很多方面已经不能满足市场经济的需求。造成工商信息及消费信息不足的情况普遍存在。信息不足限制了地区工商业的发展、资源的有效配置和经济效率的提高。因此，在信息资源的配置上政府有着更大的责任，大力发展教育事业，扩大科学知识信息的传播，特别是增加对落后地区和弱势人群的信息供给，对于可持续发展、实现社会的共同富裕、增强经济的平衡发展能力、缩小东西部差距及城乡差距都有着重大意义。放开特定时间和地点的信息工具（媒体），让市场主体去经营，走市场化、企业化的路子，准许民间资本进入，引入竞争机制，是在市场经济条件下信息资源配置的当务之急。

4. 市场垄断

当某一市场上只有为数很少的几家供应商，甚至是独家垄断经营的局面，便形成垄断。垄断形成的原因：一是市场竞争，使得生产经营集中；二是由于某些行业生产规模必须达到一定程度，形成规模效益企业才能生存发展，这称为自然垄断，比如铁路等。垄断厂商为了获取高额利润，通过减少供给量，抬高物价，牟取暴利，破坏市场均衡和竞争，降低市场对资源配置效率。对此，市场机制本身是无能为力的，必须通过政府干预来纠正。政府可以通过法律、行政等手段，比如像美国的《反垄断法》等，限制垄断，保障市场有效竞争。

5. 收入分配公平

在市场经济条件下，收入分配是由每个人提供的生产要素如资本、劳动力、土地等的数量及其市场价格决定的，其分配是按生产要素的边际生产力进行的。由于每个人占有或继承财产的情况不同，以及天赋、受教育水平等不可控因素造成劳动者素质的差异，必然会带来分配不均。如果仅由市场来调节，必然使社会成员的收入差距越拉越大。这不仅会对市场体系（家庭）及商品流通产生影响，而且会造成社会不稳定，影响经济发展。

收入分配公平是社会主义市场经济的内在要求。首先，我国的市场经济是建立在生产资料公有制为主体的社会主义经济基础之上的，人们实现了生产资料占有上的平等。这种生产资料占有上的平等，决定了收入分配必须公平。其次，社会主义市场经济倡导人们之间形成一种"团结友爱、平等互助的新型社会关系"，只有消除收入分配中的不公平，根除人们在利益分配中形成的矛盾，才能确立一种和谐的生产关系，从而达到人与人之间的"团结友爱，平等互助"。最后，社会主义的最终目标是为了实现共同富裕，收入分配不公显然不能达到共同富裕。总之，社会主义市场经济内在要求收入分配公平，同时也为

扩展阅读 1-2 衡量居民收入差距的指标——基尼系数

收入分配公平提供了经济制度的保障。

6. 不合理的个人偏好

个人偏好是指个人的愿望及要求。不同的人会有不同的个人偏好，并且个人的偏好有好有坏。在现实市场中，个人的偏好并不总是合理的，有时会因为某些原因而做出不明智的选择，给个人和社会造成危害。比如，有些人吸烟、酗酒，不仅影响自己的健康，还给家庭、他人带来危害；有些人阅读色情淫秽书籍、吸食毒品等，破坏社会道德，影响社会风气，不利于人们的身心健康和良好社会风气的形成。

（二）宏观领域的市场失灵

在经济生活中，我们经常听到、看到经济运行中出现了经济波动、失业、通货膨胀、经济失衡等经济不稳定现象，通常我们把这些与市场经济的不稳定性有关的失灵称为宏观经济失灵。

1. 供求失衡与经济危机

在现实经济生活中，实现全社会供给与需求在总量与结构上的平衡只是人们追求的一个理想目标。市场上的商品种类繁多，人们的需求受各种因素影响而不断变化，使得市场供给的数量与结构不能和人们需求的数量与结构相吻合。同时，供给相对需求存在一定的滞后性。这些就会造成供给与需求脱节，严重时就产生经济危机，如1929—1933年"大萧条"。在这种情况下，仅仅依靠市场机制的作用，在短期内是难以克服经济危机而使社会供给与社会需求相平衡的，因此，必须由政府出面进行干预。

2. 失业与通胀

失业是一种普遍的社会经济现象，是指在现有的工资水平下有劳动能力并愿意工作的适龄人员而没有找到工作的社会现象。失业是对劳动力资源的一种浪费，大量的失业不仅给家庭带来痛苦，也给社会经济发展带来深远影响。在市场经济条件下，资本追求利润最大化，使得通过市场机制解决失业问题很难。通货膨胀，是指价格水平普遍上涨的现象。通货膨胀使得价格不能正确反映商品与劳务的价值，从而影响正常的市场交易，不利于市场机制发挥其调节供给与需求的作用。

3. 经济发展的基础因素

经济发展不仅需要生产要素和市场机制，而且需要经济发展的一些基础条件。市场只能解决好资本积累问题，对解决劳动力基础素质低、基础技术差和自然资源不断减少等一系列问题的作用不大。而这些问题都会制约经济发展，对经济的发展产生瓶颈影响。这些需要国家通过义务教育支出提高劳动者素质；通过财政支出鼓励自然基础科学研究，为其他学科提供支持，促进科技水平提高；通过对国土资源的保护与勘探，减轻资源对经济发展带来的不利影响。

三、政府干预

（一）政府调控下的现代市场经济体制模式

公共产品理论是公共财政的核心理论。政府作为公共部门参与到经济活动中，首先要面临的是"生产什么"的问题，公共产品理论通过对公共产品的基本特征分析，提出公共产品应该由财政来提供。随着西方公共产品理论的新发展，公共产品所包含的内容不断扩展，广义上的公共产品可以涵盖一切具有共同消费性质的产品和服务。政府提供狭义上的公共产品、纠正外部效应、限制垄断、克服信息不完全问题、参与国民收入再分配以及调节宏观经济失衡等活动，都可以看作是财政在提供公共产品。总之，在市场经济活动中，以弥补"市场失灵"为出发点的种种政府干预行为都属于政府的公共产品供应行为。

同是政府调控下的现代市场经济，由于各国的社会经济需要和具体国情不同，在发挥政府的经济作用时各国有各自不同的选择，从而形成了不同的市场经济体制模式。如以美国和欧洲多数国家为代表的"新自由主义的市场经济模式"；德国实行的"社会市场经济模式"；以日本、韩国为代表的市场经济模式，即"亚洲模式"和"东方模式"。中国的经济体制改革是政府推动下的改革，这就决定了在处理政府与市场的关系上，需要政府发挥的作用更为突出，但绝不能由此过分夸大政府的作用，必须大力转变和科学规范政府的职能。

扩展阅读 1-3 《国务院办公厅转发国家发展改革委等部门关于清理规范城镇供水供电供气供暖行业收费促进行业高质量发展意见的通知》

（二）政府干预的方式和措施

市场失灵为政府干预提供了必要性与合理性。西方经济学的新凯恩斯主义学派综合西方经济学多年关于政府与市场关系的观点，提出了一种新型的政府–市场观，认为现代经济是一种混合经济（指私人经济和公共经济），政府与市场之间不是替代关系，而是互补关系，政府的作用是弥补市场失灵。因此政府必须从不同的渠道采取必要和合理的措施对市场进行干预。

扩展阅读 1-4 《国家发展改革委关于核定昆柳龙直流工程及配套交流工程临时输电价格的通知》

1. 立法和行政手段

立法和行政手段主要是制定市场法规，规范市场行为，制定发展战略和中长期发展规划，制定经济政策，实行公共管制，规定垄断产品和公共物品价格等。比如，针对垄断问题，政府干预方式有两种：

（1）运用法律手段来限制垄断和反对不正当竞争；

（2）对垄断行业进行公共管制，主要是对垄断行业的产品或服务的价格进行管制——或规定限价，或规定利润率。针对信息不对称问题，政府对许多商品的说明、质量标准和广告都做出了具体的法律规定。

扩展阅读 1-5 《关于禁止滥用知识产权排除、限制竞争行为的规定》（2020 年修订版）

2. 经济手段

通过税收、财政补贴等手段调控市场经济运行。比如，针对外部性问题，政府可以采用三种干预措施。

扩展阅读 1-6 强监管加码，2021 年重点领域反垄断料掀高潮

（1）使用税收和补贴手段。一是政府对负外部性的企业可以使用税收手段，使得企业的私人成本等于社会成本，从而使得资源得到更有效的利用；二是政府对正外部性的企业给予政府补贴，使私人收益等于社会收益，实现资源的优化配置。

（2）政府也可以通过合并相关企业的方法使外部性得以"内部化"。例如，A是产生负外部性的企业，B为A的受害者，可以将A、B两个企业合并，从而使得负外部性消失。

扩展阅读1-7 《关于进一步完善新能源汽车推广应用财政补贴政策的通知》

（3）明晰产权。外部性之所以存在并导致资源配置失当都是由于产权界定不清晰。依据科斯定理，只要财产权是明确的，并且交易成本是零或者很小，那么无论在开始时将财产权赋予谁，市场均衡的最终结果都是有效率的，实现资源配置的帕累托最优。科斯定理提供了一种通过市场机制解决外部性问题的新的思路和方法。美国和一些国家先后实行了污染排放权或排放指标的交易。但也引申出一个重要结论：不同产权制度，会导致不同的资源配置效率。

3. 组织公共生产和提供公共产品

公共生产是指政府出资兴办的所有权归政府的工商企业和事业单位，主要是生产由政府提供的公共产品，也可以在垄断部门建立公共生产，并从效率和社会福利角度规定价格。比如，政府组织生产和提供国防、治安、消防、公共卫生等公共产品；针对信息不充分和不对称问题，政府通过多种方式定期向社会提供有关商品供求信息、价格趋势以及宏观经济运行和前景预测的资料。政府提供经济信息也是一种社会性服务，也属于公共产品和公共服务范围。

市场经济需要政府干预，但政府干预并不总是有效的，市场机制存在失灵问题，政府机制也同样存在干预失效的问题。政府的运行是以政治权力为基础和前提的，政治权力不能创造财富，却可以支配财富，这正是政府干预失效的根本原因。政府干预失效表现在：

①决策失误；

②寻租行为；

③政府机构和公共预算的扩张；

④公共产品供给的低效率；

⑤政府提供信息不及时甚至失真；

⑥政府职能的"缺位"和"越位"。

第三节 财政职能

在市场经济国家中，财政的基本模式是公共财政。公共财政的职能主要有资源配置职能、收入分配职能、经济稳定与发展职能。

一、资源配置职能

资源既包括土地、矿藏等自然资源，也包括人力、财力等经济资源。资源配置是指资源在不同部门、地区、产品等之间的分配。因此，资源配置就是将各种资源分配于不同的使用方向，从而形成一定的资产结构、产业结构、技术结构和地区结构，以提高资源利用效率的过程。而资源的最优配置，就是使社会各种资源始终处于一种最优组合状态，产生最大的社会经济效益。

（一）财政资源配置职能目标

世界上所有的国家都将高效地配置资源作为头等重要的经济问题，而资源配置的核心是效率问题。效率问题又是资源的使用方式和使用结构问题。

在市场经济中，市场在资源配置中起基础性作用，在没有政府介入的情况下，市场会通过价格与产量的均衡，自发地形成一种资源配置状态。但是由于存在市场失效，市场自发形成的配置状态不可能实现最优的效率结构，因而需要政府的介入。例如，市场机制不能提供人们需要的国防、公安、司法等公共产品；市场机制会导致混合产品的扭曲配置；市场机制达到资源最优配置状态所需要的充分竞争条件也不是市场本身所能完全创造的，诸如存在着市场的地区分割、收入的分配不公等。因此，财政的资源配置职能是由政府介入或干预资源的配置所产生的，它的特点和作用就是通过财政本身的收支活动为政府提供公共产品，提供财力，在一定程度上纠正外部效应，引导资源的流向，弥补市场的失效，最终实现全社会资源配置的最优效率状态。财政资源配置职能研究的主要问题有三个：

（1）如何衡量资源配置效率？
（2）如何通过政府与市场有效结合提高资源配置总效率？
（3）财政实现资源配置的机制和手段。

关于资源配置效率，经济学是用帕累托最优来表示，即社会资源配置已经达到这样一种状态：在这种状态下，任何对该状态的改变都不可能使一部分人的福利增加，也不可能使另一部分人的福利减少，这种状态就是一个非常有效率的状态。帕累托最优实现需要三个条件：交换的最优状态、生产的最优状态、生产和交换的一般最优状态。帕累托最优状态是一种理想状态，现实中难以实现。一般认为，在完全竞争市场条件下，市场运行的结果使社会资源配置自动处于帕累托最优状态，此时市场运行是有效率的。在实际生活中，各国政府通常是采取某些指标来或若干指标组成的"景气指数"来表示资源配置效率。当前我国采取的是 GDP 增长率指标。

（二）市场经济中财政配置资源的范围

财政进行资源配置的范围是由国家的经济职能和财政自身的特点、能力所决定的。具体而言，市场经济中财政配置资源的范围应当包括四方面：一是保证国家履行行政、国防、外交、治安、发展文化教育、基础科技、尖端科技、社会稳定（救灾、救济、抚恤、对落后地区补助）等职能的支出。二是基础设施建设。财政集中资金兴建公路、桥梁、码头、机场、铁路、大型水利工程、城市公用设施等。三是基础工业。部分基础工业因投资多、周期长、风险大，市场调节不力，尤其在发展的初始阶段需政府出资。四是社会公益性事业。博物馆、文化馆、展览馆、艺术馆、社会福利院等的建设和运作，仅靠市场调节往往不能满足社会的需要，或不符合社会发展的要求，需政府介入。此外，财政还可以以财政资金的配置或财政杠杆的运用影响其他社会资金由市场调节形成的配置格局。

财政配置资源的合理范围不是一成不变的,其范围受市场机制的完善程度的制约。市场发育状况越好,筹资机制越健全,微观经济主体的独立性越大,公民收入水平越高,财政直接进行资源配置的范围相对越小。尤其是基础工业投资、部分社会公益投资、文化教育等项目可以转向市场调节。但这种变化并不一定是单方向的,往往是在减少一些项目的同时,因市场经济发展而产生新的对政府直接投资的需要,如环境保护和改善方面的支出。此外,即使是实行相同经济体制的国家,因其生产力发展所处的阶段、采取的经济发展战略以及其他方面的国情存在差异,财政直接配置资源的范围也会有所差别。如处于经济发展起飞阶段的国家,基础设施和基础工业建设的任务繁重,尤其是实行重化工业—加工工业—高科技产业发展战略的国家或地区,国家投资额巨大;而以旅游、金融、加工工业为支柱产业的国家或地区,可以利用优势条件吸引大量外资,甚至可以依赖其他条件来发展,国家直接投资相对较少。

(三)财政实现资源配置职能的机制和手段

财政资源配置职能,一是调节全社会资源在政府和私人部门之间的配置,二是调节资源在产业部门之间和地区之间的配置。财政实现资源配置职能的机制和手段如下。

1. 实现资源在政府和私人部门之间的合理配置

从社会总资源配置的角度看,政府和私人部门各应获得合理的份额。一方面保证满足政府提供公共产品的需要,另一方面又能保证私人部门顺利发展的需要,从而实现社会总资源配置的均衡。这就要根据市场经济条件下政府的职能,确定财政职能的合理范围,进而确定财政参与国民收入分配的适当比例。

2. 优化财政支出结构

财政支出结构即财政资源内部的配置比例。主要包括生产性和非生产性支出比例、购买性支出和转移性支出比例。前一个比例表明资本品和消费品的配置结构,而后一个比例表明财政配置功能的大小。这两个比例直接决定了财政资源内部的配置是否合理。

3. 合理安排政府投资的规模和结构

政府投资规模主要是指政府投资在社会总投资中所占的比重,它表明政府对社会总投资的调节力度,而政府投资结构会直接影响国家产业结构的调整。

4. 合理运用财政收支政策间接调节社会投资方向

政府投资、税收、公债、补贴等财政手段在一定程度上能够引导社会资源在不同地区和不同部门之间的流动,对市场机制配置资源起到指导、修正和补充的作用,从而有助于提高社会总体的资源配置效率。

5. 提高财政配置资源的效率

财政配置资源的目标是使社会总资源得到最有效的利用。因此,财政的资源配置也必须讲求效率。比如,通过对投资进行成本效益分析,对非生产性支出进行成本效果分析,以判断其所费资源和所获社会经济效益的对比关系,作为决定是否安排某项支出、安排顺序和安排多少数量的依据，以最大限度地做到用最少的财政支出取得最大的社会经济效益。再如，因为公共产品的提供是通过个人交税和政府征税的方式实现的，所以应对税收进行征收成本与收入的比较考核，争取不断提高财政配置资源的效率。

二、收入分配职能

（一）财政收入分配的目标

收入分配通常是指一定时期内所创造的国民收入在国家、企业和个人等多种经济主体之间的分割，以及由此形成的收入流量的分配格局和存量的财产分配格局。对于收入分配的理想目标，人们已经形成共识，即实现公平分配。

公平分配包括经济公平和社会公平两个方面。其中，经济公平是要求各经济主体获取收入的机会均等，等质等量的要素投入应获得等量的收入。经济公平是在平等竞争的环境下由等价交换来实现的，是市场经济的内在要求。社会公平则要求将收入差距维持在社会各阶层所能接受的合理范围内。因此，社会公平不是收入的均等，其标准要受到人们的经济承受力、心理承受力、政治经济大环境等多种因素的影响。

在市场经济条件下，收入分配首先是受市场机制调节，收入按照投入要素的数量、质量、市场价格进行分配，要素收入与要素投入相对称。市场机制调节收入的结果可以较好地体现经济公平，但是社会公平却难以通过市场机制来完全实现。因为个人拥有原始生产要素的多少不同，以及个人禀赋、努力程度不同，所以市场机制分配的结果可能会造成富者越富、贫者越贫的结果，即在市场经济中通常不存在以社会公平为目标的再分配机制，一些无劳动能力，又无其他要素可以提供的人，就无法通过市场取得收入来维持生存。在市场经济中，即使有一些私人慈善机构能够进行某些方面的再分配活动，但是由于能力有限和缺乏协调，也不能从根本上解决社会公平问题。因此，政府的介入是必然的，而财政的收入分配职能就是要求财政运用多种方式，参与国民收入的分配和调节，以期达到收入分配的经济公平和社会公平。

财政的收入分配职能总会使一些人受益，另一些人受损。依据公平与效率的原则，如果一味地追求社会公平，必然会造成效率的损失，情况严重的话会影响生产积极性，阻碍社会经济的发展；如果财政不对市场分配格局进行调节，贫富差距悬殊的分配结果又会造成社会秩序的紊乱，反过来影响市场效率的发挥。因此，在发挥财政的收入分配职能时，应当兼顾公平与效率之间的均衡，在不损失或尽量少损失效率的前提下，通过财政的再分配政策，最大限度地实现社会公平的目标。财政收入分配的主要内容是调节企业的利润水平和居民的个人收入水平。

（二）财政实现收入分配职能的机制和手段

1. 划清市场分配与财政分配的界限和范围

财政进行收入分配的逻辑前提之一，就是划清市场分配与财政分配的原则界限。在市场经济中，市场可以形成较为合理的企业职工工资、租金收入、利息收入、股息红利收入、企业利润等，使之符合经济公平，因而财政原则上不应直接介入这些要素价格的形成（稀缺资源的垄断性收入除外），而是通过再分配进行间接调节。而医疗卫生、社会福利、社会保障，应由财政集中处理，实行社会化。

国家作为全民资产的所有者代表，应遵循市场原则，依据财产权利，以股息、红利、利息、上缴利润等形式取得所有权收入，而不应随心所欲。

2. 加强税收的调节作用

调节企业利润水平的主要目的：使企业的利润水平能够反映企业的生产经营管理水平和主观努力状况，使企业在大致相同的条件下获得大致相同的利润。调节企业利润水平主要通过征税剔除或减少客观因素的影响。如征收资源税、房产税和土地使用税等，剔除或减少由于资源、房产和土地状况的不同而形成级差收入的影响；统一企业所得税法、公平税负，也是实现企业公平竞争的重要外部条件。

调节居民的个人收入水平，主要是通过征收个人所得税、遗产税、赠与税、消费税。通过个人所得税调节个人的劳动收入和非劳动收入，使之维持在一个合理的差距范围内；通过遗产税、赠与税调节个人财产分布；通过消费税调节个人的实际收入水平等。

扩展阅读 1-8 为民减负，依法治税——打开 2020 年国家税收"成绩单"

3. 规范工资制度

这里是指由国家预算拨款的公务员的工资制度以及相似的事业单位职工的工资制度。凡应纳入工资范围的收入都应纳入工资总额，取消各种明补和暗补，提高工资的透明度；实现个人消费品的商品化，取消变相的实物工资；适当提高工资水平，建立以工资收入为主、工资外收入为辅的收入制度。在规定公务员和事业单位人员的工资构成、等级、增长等制度时，要使之与企业职工工资形成较合理的比例，从而符合经济公平。

4. 加强转移性支出

要保证因无劳动能力和其他要素而无收入或收入甚少者的最基本生活需要。可以通过转移性支出，如社会保障支出、救济支出、补贴等，使每个社会成员得以维持基本的生活水平和福利水平。

三、经济稳定与发展职能

（一）经济稳定与发展的含义

经济稳定包含充分就业、物价稳定和国际收支平衡等多重含义。其中，充分就业是指有能力工作、愿意工作且在寻找工作的人的充分就业。由于经济结构的不断调整，就业结构也在不断变化，在任一时点上，总会有一部分人暂时脱离工作岗位而处于待业状态。所以，充分就业并不意味着可就业人口全部就业，一般认为，就业率达到 95%~97%，就可认为达到了充分就业。物价稳定是指物价上涨幅度维持在不至于影响社会经济正常运行的范围内。因为在纸币制度下，物价上涨是一种经常性的现象，只要物价的上涨幅度限于社会可以忍受的范围之内，即不破坏社会经济正常运行，那么此时的物价就是稳定的。一般认为，年物价上涨率保持在3%~5%就可视为物价稳定。国际收支平衡是指一国在国际经济往来中，应当维持经常性项目收支（进出口收支、劳务收支和无偿转移收支）的大体平衡，因为国际收支与国内收支是密切相关的，国际收支不平衡意味着国内收支不平衡。

增长和发展是不同的概念。增长是指一个国家的产品和劳务的数量的增加，通常用国民生产总值或国内生产总值及其人均水平来衡量。发展是一个包括经济增长、经济和社会进步等若干内容在内的概念。它不仅意味着一国实际产出的增加，而且意味着随着产出的增加而带来的经济结构优化、经济效益提高、地区经济发展水平差距缩小、收入分配结构改善以及社会进步和生活质量提高，例如教育、文化、卫生、社会保障事业的发展等。简而言之，发展是一个通过物质生产的不断增长来满足人们不断增长的基本需要的概念，对发展中国家来说，包括消除贫困、失业、文盲、疾病和收入分配不公平等现象。

（二）财政实现经济稳定与发展职能的机制和手段

在任何经济体制下，经济的稳定和发展都是政府希望实现的目标。经济稳定与发展必然构成财政的重要职能之一，即财政是政府重要的一种宏观调控手段。要通过多种财政手段，有意识地影响和调控经济，以实现经济的稳定与发展。概括来说，财政实现该职能的机制和手段主要有四种。

1. 运用各种收支手段，逆经济风向调节，促进社会总供求的平衡

经济稳定的目标集中体现为社会总供给和社会总需求的大体平衡。如果社会总供求保持了平衡，物价水平就是基本稳定的，经济增长率也是适度的，而充分就业和国际收支平衡也是不难实现的。财政政策是维系总供求大体平衡的重要手段。当总需求超过总供给时，财政可以实行紧缩政策，减少支出或增加税收，或两者并举，一旦出现总需求小于总供给的情况，财政可以实行适度放松政策，增加支出或减少税收，或两者并举，由此扩大总需求。在这个过程中，财政收支发生不平衡是可能的且被允许的。针对不断变化的经济形势而灵活地变动支出和税收，这是被称为"相机抉择"的财政政策。

2. 运用财政收支活动中的制度性因素，对经济发挥自动稳定的作用

例如通过制定累进所得税制度，当经济过热、投资增加、国民收入增加时，累进所得税会自动随之增加，从而可以适当压缩人们的购买能力，防止发生通货膨胀；当经济衰退、投资减少、国民收入下降时，累进所得税又会自动随之递减，从而防止因总需求过度缩减而导致的经济萧条。再如制定完备的失业救济金制度，由于其规定了领取失业救济金的收入标准，当人们的收入因经济过热而普遍增加时，可领取失业救济金的人数自然减少，救济金支出随之减少，从而财政总支出自动得到压缩；反之，当人们的收入因经济不景气而普遍下降时，有资格领取失业救济金的人数自然增加，救济金支出随之增加，从而财政总支出自动增加。总之，通过财政的某些制度性安排，可以自动适应经济周期的变化，减小波动幅度。从原则上说，凡是业已规定了的，当经济现象达到某一标准就必须安排的收入和支出，均具有一定的自动稳定作用。只是这种自动稳定机制的作用大小要受制于各国实际的收支制度的具体规定。

3. 通过合理安排财政收支结构，促进经济结构的优化

例如通过投资、补贴和税收等多方面安排，加快农业、能源、交通运输、邮电通信等公共设施的发展，消除经济增长中的"瓶颈"，并支持第三产业的兴起，加快产业结构的转换，保证国民经济稳定与高速的最优结合。

4. 财政应切实保障非生产性的社会公共需要

财政应切实保障非生产性的社会公共需要，为经济和社会发展创造良好环境。提高治理污染、保护生态环境以及文教、卫生支出的增长速度，同时完善社会福利和社会保障制度，使增长与发展相互促进，相互协调，避免出现某些发展中国家曾经出现的"有增长而无发展或没有发展的增长的现象"。

本章小结

财政是以国家为主体的分配活动，现实生活中它表现为政府的收支及其管理活动。财政分配的主体是国家，参与分配的依据是政府的政治权利，分配的对象是社会剩余产品，分配的目的是提供公共产品以满足整个社会的公共需要，并使政府经济领域的经济活动与市场经济领域的经济活动相协调，保持整个社会再生产过程的协调运行。

财政作为国家进行的分配活动，在不同的社会经济形态、不同的经济体制下都具有相同的"国家分配"的共性。但在不同的经济形态或不同经济体制下，财政运行机制和活动特点各不相同，对国家或政府要求也不同，从而形成不同的财政类型。在以自然经济为主的奴隶社会、封建社会，财政为奴隶主、封建君主服务，财政收支具有很强的私人性质，此时财政只是"家计性"的财政。这种状况一直延续到封建社会末期。在封建社会末期，特别是进入资本主义社会后，随着市场经济体制的建立，国家财政显现出其"公共性"特征，称为"公共财政"。"公共财政"是市场经济的产物，是确保市场经济得以正常存在和顺利进行的关键条件，它起源于西方市场经济国家，是与市场经济相适应的财政类型。在传统的计划体制下，财政不具有"公共性"却显现出"生产性"特征。公共财政具有弥补市场失灵、一视同仁、非营利性、法制性的特征。计划经济国家直接对整个社会资源进行计划配置，使得社会财力的分配大部分是通过财政来完成的，此时财政称为国家财政。

公共财政是为满足社会公共需要而向社会提供公共产品与公共服务的政府分配行为。公共财政是与市场经济体制相适应的一种财政管理体制，其理论基础是公共产品和市场失灵理论。

公共产品具有非竞争性和非排他性特征。公共产品的非排他性与非竞争性不是绝对的，也不是固定不变的，这些特征会因为技术条件、制度条件以及消费者人数的变化而发生变化，即非排他性程度与非竞争性程度降低或上升。公共产品分为纯粹公共产品和准公共产品。

在市场经济中，市场机制对社会资源配置，收入分配和经济调节发挥着基础性作用，但市场机制也不是万能的，由于其内在功能性缺陷和外部条件缺陷引起的市场机制在资

源配置的某些领域运作不灵,即市场没有达到帕累托最优,使市场在资源配置中失去效率。因而,需要政府介入来弥补市场失灵。市场失灵是公共财政存在前提,从而也决定财政的职能范围。从资源配置的层次来看,市场失灵可以分为微观领域的市场失灵和宏观领域的市场失灵。

微观领域市场失灵表现有外部效应问题、公共产品供给不足问题、信息不对称、市场垄断、收入分配公平问题、不合理的个人偏好等,宏观经济失灵表现有经济波动、失业、通货膨胀、经济失衡等。

公共产品理论是公共财政的核心理论。在市场经济活动中,以弥补"市场失灵"为出发点的种种政府干预行为都属于政府的公共产品供应行为。同是政府调控下的现代市场经济,但由于各国的社会经济需要和具体国情不同,在发挥政府的经济作用时各国有各自不同的选择,从而形成了不同的市场经济体制模式。政府干预的方式和措施主要有立法和行政手段、经济手段、组织公共生产和提供公共产品。

市场经济需要政府干预,但政府干预并不是总是有效的,市场机制存在失灵问题,政府机制也同样存在干预失效的问题。政府干预失效表现:决策失误,寻租行为,政府机构和公共预算的扩张,公共产品供给的低效率,政府提供信息不及时甚至失真,政府职能的"缺位"和"越位"。

公共财政职能主要有资源配置职能、收入分配职能、经济稳定和发展职能。资源配置的核心问题是效率问题。财政资源配置职能的主要内容:一是调节全社会资源在政府和私人部门之间的配置,二是调节资源在产业部门之间和地区之间的配置。财政实现资源配置职能的主要机制和手段:实现资源在政府和私人部门之间的合理配置、优化财政支出结构、合理安排政府投资的规模和结构、合理运用财政收支政策间接调节社会投资方向、提高财政配置资源的效率。

财政收入分配目的是实现公平分配。公平分配包括经济公平和社会公平两个方面。财政收入分配的主要内容是调节企业的利润水平和居民的个人收入水平。财政实现收入分配职能的机制和手段:划清市场分配与财政分配的界限和范围、加强税收的调节作用、规范工资制度、加强转移性支出。

在任何经济体制下,经济的稳定和发展都是政府希望实现的目标。财政实现该职能的主要机制和手段:运用各种收支手段,逆经济风向调节,促进社会总供求的平衡;运用财政收支活动中的制度性因素,对经济发挥自动稳定的作用;通过合理安排财政收支结构,促进经济结构的优化;财政应切实保障非生产性的社会公共需要。

即测即练

复习思考题

1. 如何理解财政的本质?
2. 市场失灵表现在哪些方面?
3. 公共产品有哪些基本特征?
4. 简述财政资源配置职能的主要内容及实现该职能的机制和手段。
5. 简述财政收入分配职能的主要内容及实现该职能的机制和手段。
6. 简述经济稳定与发展职能的含义及实现该职能的机制和手段。

实训内容

查询当地财政局或中华人民共和国财政部网站有关财政的新闻,运用本章知识分析政府在财政方面的一些举措。

第二章

财 政 收 入

◆ **学习目标**

1. 知晓财政收入的概念、构成及形式；
2. 理解财政收入的原则与意义；
3. 了解财政收入的规模指标；
4. 了解现阶段中国的财政收入状况。

◆ **技能目标**

1. 了解我国居民对不同种类国债的购买偏好及原因；
2. 能够分析我国国债制度存在的问题。

◆ **素质目标**

1. 能够掌握财政收入的价值构成分类方法；
2. 能够分析我国财政收入规模变化趋势与存在的问题。

◆ **导入案例**

2019 年中国财政收入同比增长 3.8%

中国财政部 2020 年 2 月 10 日公布，2019 年全国一般公共预算收入 190 382 亿元（人民币，下同），同比增长 3.8%。其中：全国税收收入 157 992 亿元，同比增长 1%；非税收入 32 390 亿元，同比增长 20.2%。

财政部解释，增幅较低主要是实施更大规模减税降费政策。实施更大规模减税降费政策，相关税收收入同比下降或增幅明显回落。同时，各级财政积极挖掘潜力，通过国企集中上缴利润等方式，弥补收入缺口，努力促进预算收支平衡。地区间收入增幅分化，东北地区收入下降。

2019 年全国一般公共预算支出 238 874 亿元，同比增长 8.1%。中央财政加大对地方转移支付力度，全年对地方转移支付 7.4 万亿元，比上年增长 7.5%。各级财政部门重点增加了对脱贫攻坚、"三农"、科技创新、生态环保,以及教育、卫生等民生重点领域的投入。全年地方一般公共预算支出同比增长8.5%,其中贵州、浙江、青海等12个省份增幅在10%以上。

财政部介绍,中央带头严格支出管理,2019年除刚性和重点项目外,其他项目支出平均压减幅度达到10%。要求地方2019年压减一般性支出5%以上,力争达到10%以上。从实际执行情况看,各地压减幅度都超过了5%,不少达到10%以上。

财政部还公布,2019年全国政府性基金预算收入84 516亿元,同比增长12%。中央政府性基金预算收入4 040亿元,同比增长0.1%;地方政府性基金预算本级收入80 476亿元,同比增长12.6%,其中国有土地使用权出让收入增长11.4%。

(资料来源:财政部官网)

第一节 财政收入概述

财政收入,是指政府为履行其职能、实施公共政策和提供公共物品与服务需要而筹集的一切资金的总和。财政收入表现为政府部门在一定时期内(一般为一个财政年度)所取得的货币收入。财政收入是衡量一国政府财力的重要指标,政府在社会经济活动中提供公共物品和服务的范围和数量,在很大程度上取决于财政收入的充裕状况。

在社会资源总量既定情况下,政府筹集的财政收入越多,留给社会的资源就越少。而资源在政府与非政府部门之间的配置比例,则直接取决于政府的财政收入政策与制度。从理论上研究财政收入问题时,往往是静态与动态相结合。一方面,要从静态对表现为一定量的财政收入进行研究。例如,考察一国政府财政收入的内容与形式,考察财政收入的规模与政府职能履行之间的关系及财政收入规模与社会经济之间的关系等问题。另一方面,也需要从动态上研究财政收入,例如,考察政府如何制定有关财政收入的制度和政策,财政收入筹集活动的运作过程,以及政府对该过程的管理等。政府财政收入的形式在一国社会经济发展的不同阶段有所不同。政府筹集财政收入用于安排财政支出,从而保证政府履行职能。因此,财政收入是衡量政府财力的主要指标,是政府履行职能的财力保证。

一、财政收入的构成

财政收入的结构是指财政收入的项目构成及其相互关系,它包括财政收入的所有制构成、价值构成和产业构成。

(一)财政收入的所有制构成

财政收入的所有制结构是指来自不同经济成分的财政收入在总收入中所占的比重。通过这种结构分析,可以说明所有制构成对财政收入规模和结构的影响及其变化趋势,从而采取相应的措施,对财政收入的规模和结构进行合理的调整。我国民营经济及其他非国有经济快速发展,甚至在一定时期远远超过国有经济的发展速度,它们在GDP以及在工业总产值中所占的比重迅速提高,为财政贡献的税收等收入也逐步增加。

以所有制结构为标准，财政收入可分为全民所有制经济收入、集体经济收入、私营经济收入、个体经济收入、外资企业经济收入、中外合资企业经济收入和股份制企业收入等。

（二）财政收入的价值构成

社会产品价值由 C、V、M 三部分构成。其中，C 是补偿生产资料消耗的价值部分，V 是新创造的价值中归劳动者个人支配的部分，M 是新创造的价值中归社会支配的剩余产品价值部分。

扩展阅读 2-1　高云龙：民营经济对国家财政收入的贡献占比超过 50%

从我国实际情况来看，M 是财政收入的主要来源，M 的变化是影响财政收入的基本因素，也有一部分财政收入来源于 C 和 V 部分。

1. C 与财政收入

C 是指生产劳动中生产资料消耗的价值，可以称之为补偿基金。过去我国财政收入中来自于价值 C 的部分，仅限于国有企业上缴财政的折旧基金部分。折旧基金属于补偿基金，但它又具有积累基金属性，因为在原有固定资产报废更新之前，这部分折旧基金以货币准备金的形式存在着，可以进行追加投资，即可以当作积累基金使用。这种属性，使得折旧基金有可能通过财政在全社会范围内进行再分配。在传统的高度集中的财政体制下，国有企业的折旧基金曾经全部或部分上缴财政，成为财政收入的一个来源，但在当前市场经济体制下，财政收入的经济来源主要是税收，折旧基金仍属于固定资产的简单再生产，属于企业经营管理权限，已留给企业。因此，C 部分不可能成为财政收入的来源。

2. V 与财政收入

V 是生产过程中劳动耗费的价值部分，是劳动者创造的新价值，具体来说是产品价值中以劳动报酬形式支付给劳动者个人的部分。这部分价值主要用来维持劳动者及其供养的家属生活所需，是维持劳动力再生产所必需的价值。目前我国财政收入中来自 V 部分的主要有：

（1）直接向个人征收的税。如个人所得税、企业所得税等。

（2）向个人收取的规费收入（如结婚登记费、护照费、户口证费等）和罚没收入等。

（3）居民购买的国库券。

（4）国家出售高税率消费品（如烟、酒、化妆品等）所获得的一部分收入，实质上是由 V 转移来的。

（5）服务行业和文化娱乐业等企事业单位上缴的税收，其中一部分是通过对 V 的再分配转化来的。

西方国家普遍实行高工资政策和以个人所得税为主体的财税制度，财政收入主要来源于 V。进入 20 世纪 80 年代中后期，随着我国经济体制改革的不断深入，分配结构也有了巨大变化，居民个人收入开始逐年提高，以征个人所得税的形式集中的 V 的部分增加，占财政收入的比重也随之增长。但是在 2019 年，我国全年个人所得税税收收入下滑 25.1%，个人所得税之所以下滑明显，主要就是因为 2019 年全面实施了新个税政策，新个税政策加大了扣除范围、提高了免征额，大大减轻了纳税人负担。基于个税收入仅占整个税收收入的 7%左右，加之消费要依靠广大中等收入群体的逻辑，继续加大个税改革力度，是大势所趋。

3. M 与财政收入

M 是产品价值中扣除补偿价值和个人消费价值之后的剩余产品价值，是扩大再生产投资和满足社会共同需要的主要资金来源，也是财政收入的主要来源，M 的大小对于财政收入具有重要意义。

在国民经济中，影响 M 变化的因素主要有三个，即生产、成本和价格。生产从绝对量上影响 M，在成本和价格一定的情况下，扩大生产，增加产量，必然会使 M 增加。因此生产发展的规模和速度以及实现的产品产量和产值是财政收入增长的基础。在产品产量和价格不变的情况下，成本和 M 成反比，成本提高，M 减少，财政收入也相应减少，反之，成本降低，M 增加，财政收入也相应增多。因此，要增加财政收入的根本途径就是增加生产和厉行节约，也就是在增加生产的同时降低成本，这是我国今后经济发展的主要方向。但是，社会产品价值在一定阶段是有数量界限的，这样，社会产品价值的三个组成部分 C、V、M 之间存在着一定的关系。具体分析如下。

（1）C 与 M 的关系。C 和 M 在量上是此消彼长的关系，产品成本中的 C 分为流动资金耗费价值和固定资产耗费价值。

流动资金耗费价值的实物形态是原材料等劳动对象，在实际生活中被称作原材料消耗，简称物耗。在保证产品质量的前提下，这部分耗费越少，成本就越低，M 就越大，这就要求企业在生产过程中，可以通过改进工艺、提高原材料的利用率、采用替代品、综合利用废气及废料等来减少物耗、降低产品成本，从而增加企业纯收入和财政收入。

固定资产耗费价值称为折旧，它的实物形态是厂房、机器设备等劳动资料。在其他条件不变的情况下，降低产品成本中的折旧就可以相应地扩大 M，从而增加财政收入。而降低折旧费有两条途径：一条是在规定固定资产使用年限内，通过提高设备利用率增加产品产量，从而降低单位产品成本的折旧；另一条是通过人为降低折旧率来实现的。每年提取的折旧基金要计算为产品成本，通过折旧率计算提取多少折旧基金。在其他条件不变的情况下，人为地降低折旧率，成本中的折旧额就小，剩余产品价值 M 部分就大，财政收入便可以增加。实际上，这是人为地挤占了企业生产成本，增加了企业纯收入，是把企业应当提取的折旧费部分人为地转化为企业盈利。长此以往，企业的固定资产不能如期更新，设备会偏老偏旧，落后于时代，进而影响企业产品，断送产品市场，使企业在严酷的市场竞争面前处于被动。如果人为地提高折旧率，则会增大产品成本，降低剩余产品价值 M，导致财政收入的减少。其后果是企业支配资金过多，资金分散，不利于国民经济的协调发展，不利于财政发挥宏观调控的作用。因此，折旧率的确定是一个科学技术问题，它要与一定时期的生产力发展水平相适应，要从国家财力状况等多方面因素考虑。

（2）V 与 M 的关系。V 和 M 在量上也是此消彼长的关系，在现实生活中，V 具体表现为职工工资，企业职工工资虽然不直接纳入财政分配，但是它与财政分配有着密切的关系。

从静态分析，在生产规模、就业人数、价格不变的情况下，企业职工工资的提高，会增加企业成本 V 的份额，致使企业盈利 M 减少，从而减少上缴国家的财政收入，而国家行政事业单位人员的工资则是直接由财政支付的。因此，提高工资的结果必然是减少了财政收入，还增加了财政支出。

从动态分析，生产规模不断扩大，就业人数增加，劳动生产率提高。提高职工工资对财政收入的影响，取决于工资增长幅度和劳动生产率之间的关系，当工资的增长幅度高于劳动生产率的增长幅度时，产品成本中的工资 V 所占比重会相对提高，会使企业的盈利下降，上缴国家的财政收入减少；反之，当工资增长幅度低于劳动生产率增长幅度时，产品成本中的工资 V 所占的比重相对降低，会使企业的盈利增长，上缴国家的财政收入增加。

可见，在处理工资与国家财政的关系上，既不能单纯地为了保证财政收入而使工资长期冻结，影响职工生活水平的提高，又不能脱离国家财力的制约而任意提高工资，而是必须把财政收支的安排同工资增长的幅度密切结合起来。在其他条件不变的情况下，处理好工资与国家财政的关系，保证工资随着国民收入的增长而增长，这就要努力提高劳动生产率，不断发展社会生产力，采用高科技手段，完善企业管理制度，开展市场竞争，以达到财政收入的增长。

（三）财政收入的产业部门构成

从经济部门的角度进行分析，可以把财政收入划分为来自第一产业的财政收入、来自第二产业的财政收入和来自第三产业的财政收入。

研究财政收入的部门构成，有助于根据各部门的发展趋势和特点，合理有效地组织财政收入，开辟新财源。

1. 第一产业与财政收入

第一产业是国民经济的基础，它的发展状况会影响到人民生活水平及整个国民经济的发展。从这个意义上说，第一产业也是我国财政收入的基础。

第一产业主要是指农业。民以食为天，农业是国民经济的基础，没有农业的发展，也就没有国民经济其他部门的发展，财政收入的增长就会受到制约。

农业与财政收入的关系。农业是国民经济的基础，也是财政收入的基础。这并不是从农业直接为财政提供的收入数量上来分析，而是基于农业是国民经济的基础来认识的。因为农业的发展状况制约着整个国民经济的发展，它不仅可以提供粮食和副食品，而且为轻工业发展提供原料，保证再生产对劳动力的需要，因此在国民经济发展中，农业基础越雄厚，轻工业就会得到较快增长；而轻工业的发展，资金积累水平的提高，又为重工业的发展创造了条件，重工业的发展又可使国民经济各部门获得更先进的技术装备。在这一系列循环中，农业起着重要的基础作用。目前我国农业劳动生产率比较低，农业直接提供的财政收入在整个财政收入中所占的比重还不大，但我们要看到工农产品之间存在价格剪刀差。这种剪刀差，使农业部门创造的一部分价值转移到工业部门来实现。

因此它也是农业向国家提供收入的一种形式。没有农业发展，就没有整个国民经济的发展，就没有财政收入的增加。

2. 第二产业与财政收入

第二产业主要是指工业，是国民经济的主导，为国民经济各部门提供现代化的技术装备，是促进国民经济各部门发展的物质基础，对财政收入的增长起决定性的作用。国民收入的绝大部分是由工业创造的。工业的发展状况决定着财政收入的增长数量及来源结构。同时，工业结构也决定着财政支出的数量及结构。可以说，工业决定着财政分配的整个过程及财政收支的经济效益。工业分为轻工业和重工业两个部门，它们内部又各自分为不同的部门，组成统一的工业体系。

从工业收入角度来看，财政收入又可以分为以下两种。

（1）轻工业部门的财政收入。轻工业部门有投资少、建设周期短、投产时间短、生产时间短、资金回收期短等优点，经济效益可以很快表现出来。财政安排轻工业的支出相对较少，但来自轻工业的财政收入相对较多。发展轻工业，提高轻工业的经济效益和社会效益是增加财政收入的重要途径。

（2）重工业部门的财政收入。重工业是提供生产资料的工业，为国民经济各部门提供生产手段，是它们的强大后盾。财政收入中来自重工业的收入占比较高。随着工业现代化和科学化的发展，新技术的不断发展，其提供的财政收入会越来越多。

工业与农业相比，工业的技术装备水平比较先进，劳动生产率高，增长速度较快，2019年第二产业占国内生产总值比重为39.0%。我国的工业税收大多选择在生产环节征收。

3. 第三产业与财政收入

第三产业主要是指除农业和工业之外的国民经济各部门，包括商品流通业、交通运输业、旅游服务业等，是沟通生产和消费的桥梁，对其他产业财政收入的形成具有重要意义。第三产业的发展，可为第一和第二产业提供科技服务与咨询、信息、购销存储、交通运输、融资等服务。在我国，随着经济的发展和人民生活水平的不断提高，第三产业在国民经济中所占的比重越来越大，来自第三产业的财政收入在总体财政收入中所占的比重也迅速上升。据世界银行统计，在一些经济发达的国家，第三产业占国内生产总值的比率已达 60%以上，2019 年我国第三产业的财政收入在全部财政收入中已占据重要地位，占整个国家财政收入的 53.9%。从发展前景看，第三产业将成为我国财政收入的新的增长点。

2019 年中国第二产业和第三产业产值已超过 GDP 的 90%，约为 93%。

扩展阅读 2-2　2019 年中国 GDP 数据公布，如何正确看待服务业占比？

扩展阅读 2-3　三次产业划分规定

二、财政收入的原则

西方财政学没有明确提出和概括财政收入原则，其对于如何合理有效地组织财政收入，大体上基于以下三种考虑。一是西方财政学将收入作为公共物品成本的补偿费用来看待。如林达尔模型，不仅从原则上说明了财政收入总量的约束条件，而且还分析了财政收入的负担分布问题，这在某种程度上具有财政收入原则的性质。二是西方财政学对社会抉择问题的分析，讨论选民和选票如何制约与决定税收等问题，这实质上是一个选民决定的原则。三是在西方财政学的体系结构中，针对财政收入部分大体上只有税收问题的分析，它们大量讨论了税收原则问题，却没有对财政收入原则进行讨论，其实质是以税收原则代替财政收入原则。

财政收入的原则是指组织财政收入时所应遵循的规则，它既是客观经济规律的要求，也是组织财政收入工作的经验总结。在国家财政通过各种形式把分散在国民经济各部门、企事业单位和居民个人手中的一部分收入集中起来形成集中性财政资金的过程中，涉及一系列的资金供需矛盾和利益分配关系，主要包括财政收入与发展经济的关系，财政收入中国家、集体、个人利益的协调关系，财政收入分配中公平与效率的关系等。因此，在组织财政收入时，必须遵循以下原则。

（一）发展经济、广开财源的原则

这是指组织财政收入时，必须从发展经济出发，并在发展经济的基础上，提高经济效益，扩大财政收入来源，大力组织收入，以增加国家财政收入。

这个原则是经济决定财政、财政反作用于经济的原理在筹集财政资金中的具体运用。财政收入的规模、财政收入的增长速度受许多因素的制约，其中经济发展水平是根本性的制约因素。一国的经济发展水平一般是用该国的国民生产总值或国民收入来衡量的，经济发展水平高，表明该国的国民生产总值或国民收入也高，则该国的财政收入总额较大，占国民生产总值或国民收入的比例也较高。因此，要增加财政收入，必须发展生产，提高经济发展水平，增加财源。离开了经济发展，财政资金的筹集就会成为无源之水、无本之木。也就是说，经济发展水平与财政收入之间存在着源与流、根与叶的关系，经济是源与根，财政是流与叶，源远才能流长，根深才能叶茂。

经济发展既包括发展第一产业和第二产业两个最基本的物质生产部门，也包括为生产和生活服务的第三产业。在各产业中，农业是财政收入的基础，工业是财政收入的主要来源，蓬勃发展的第三产业正逐步成为财政收入的一个重要来源。发展经济，必须增加对农业的投入，提高劳动生产率；加快国有企业深化改革的步伐，增强企业活力；加快发展第三产业。也就是说，经济的发展必须立足于提高经济效益、增加产量和收入，这样才能既改善人民生活，又加速资金积累，促进经济发展，增加财政收入。

（二）兼顾三者和两级利益原则

这是指组织财政收入时，必须从实际出发，按照利益规律办事，正确处理好国家、企业和个人三者在利益上的分配关系。这就是说，在筹集财政资金时，一方面必须保证国家财政收入的数量和增长速度能满足国家建设和改善人民生活水平的需要；另一方面要给企业、职工个人留下发展生产、改善生活所必需的资金；要在发展生产的基础上，使三者的收入同方向变化，逐步增加。只有处理好三者之间的利益关系，才能充分发挥生产单位和职工的作用，调动他们的生产积极性和主动性，从而满足国家利益。虽然在社会主义公有制条件下，三者之间的利益并没有矛盾，其根本利益是一致的，但如果处理不当，只顾一方的利益，就会使另外两方失去生产活力，使其缺乏积极性和主动性，导致财政收入下降。

兼顾中央和地方两级利益，是指政府在组织财政收入过程中，不能仅仅考虑中央财政收入，还必须兼顾地方财政的利益关系，最终做到按事权合理分配中央财力与地方财力。按照目前我国财政管理体制，国家财政是分别由中央预算和地方总预算构成的两级财政。两级财政各有不同的事权，也形成各自的利益关系，在组织财政收入时也就应兼顾两级利益关系。在社会主义条件下，中央和地方之间的根本利益是一致的，但是，各级预算之间的分配关系在根本利益一致的前提下也存在一定的矛盾，主要是国家整体利益与地方局部利益的矛盾、民主与集中的矛盾、长远利益与眼前利益的矛盾等，必须正确处理这些矛盾。

（三）公平与效率兼顾的原则

财政收入中的公平，就是指国家财政收入的取得要使各个缴纳者的负担与其经济状况相适应，并使各个缴纳者之间的负担水平与负担能力协调一致，并保持均衡。财政收入中的效率，是指从资源配置上看，财政收入要有利于提高经济效率和经济效益；从征管工作上看，要以最少的费用投入获得最大的财政收入，保证财政收入征管工作的高效率。

财政收入中的公平原则要求经济能力或收入相同的人上缴给国家的税款相同，而经济能力或收入水平不同的人缴纳不同的税款。也就是说，在讲财政收入的公平时，不能一概而论，而必须根据不同个人、不同经济成分、不同经济部门和不同行业，区别其经济能力和收入水平，有差别地对待。有差别地对待不同经济能力和不同收入水平的社会成员，可以在一定程度上矫正收入分配不公，弥补市场机制的缺陷，从而促进效率的提高，反之会使效率降低。

公平与效率是经济学中一对难以协调的矛盾。一般来说，为了实现公平，必须牺牲一些效率；而为了提高效率，又必须牺牲一些公平。这就要求在公平与效率之间进行选择，至于是公平优先还是效率优先，视具体情况而定，绝对的公平和绝对的高效率都是不存在的。比较理想的选择是公平与效率协调一致，即以效率实现公平，以公平促进效率。在我国现阶段的财政收入分配中，总体上必须兼顾公平与效率，但也不排除在个别税种和税率上偏重于公平或偏重于效率。

三、财政收入规模

财政收入规模是指一个国家在一定时期内的财政收入总水平，它一般用财政收入占当年 GDP 的比重来表示，该比值越高，表明一国的财政收入占比越大。财政收入规模通常被作为衡量一国政府财力的重要指标，在很大程度上反映了政府在社会经济活动中提供公共物品的数量。保持财政收入持续增长是现代社会加强政府职能的需要，也是一国政府的长期目标。

财政收入规模的大小，影响着国家的宏观调控能力，关系着国家的经济建设和发展速度，因而财政收入规模的大小要满足国家宏观调控的需要，要能够维护和保证国家经济持续稳定的发展。财政收入规模过大或过小，都会对一国经济产生不利影响。财政收入的规模大，则国家的宏观调控能力强，对国家组织经济建设有利。但财政规模过大，就会使财政收入的义务缴纳者负担过重，压缩社会居民与企业消费水平，从而影响企业的扩大再生产能力，对经济发展产生不利影响；而财政收入规模过小，就会减弱国家的宏观调控能力，影响政府提供适量的公共物品以满足公众的需求，从而也会对经济发展产生消极影响。因此，科学合理的财政收入规模必须以促进国民经济持续、稳定、协调发展为前提，并根据其自身的客观规律和当前的经济发展水平来确定。

（一）衡量财政收入规模的指标

衡量财政收入规模的大小通常采用绝对量和相对量两类指标来表示。

1. 财政收入规模的绝对量指标

财政收入规模的绝对量是指一定时期内财政收入的实际数量，通常用财政收入总额作为衡量财政收入规模的绝对量指标（如表2-1所示）。

表2-1　国家财政收支总额及增长速度（不含国内外债务部分）

年份	财政收入/亿元	财政支出/亿元	收支差额/亿元	财政收入增长/%	财政支出增长/%
2014	139 530	153 037	−13 507	8.0	9.5
2015	152 217	175 768	−23 551	8.4	15.8
2016	159 605	187 755	−28 150	4.5	6.3
2017	172 567	203 330	−30 763	4.5	7.7
2018	183 352	220 906	−37 554	6.2	8.8
2019	190 382	238 874	−48 492	3.8	8.1

考察财政收入规模的绝对量具有以下几点意义：

（1）可以反映一个国家在一定时期内的经济发展水平，衡量一个国家的经济实力。如果国家财政收入的绝对量大，则整个国家财政收入额大，说明国家在这一阶段的经济发展状况较好，经济发展水平较快，一国的经济实力有所增长。

（2）可以反映一国政府在经济活动中的力度和作用的大小。国家财政收入的绝对量大，说明国家财政可支配的货币价值的量就大，政府在经济活动中的调控力度大。

（3）将财政收入规模的绝对量连续起来考察，可以反映出财政收入规模随经济发展、经济体制改革及政府职能的变化而发生的变化情况和总体趋势。

2. 财政收入规模的相对量指标

财政收入规模的相对量是在一定时期内财政收入与相关经济指标的比例，是体现财政收入规模的主要指标，通常用财政收入占国民生产总值（GNP）或国内生产总值（GDP）的比重来表示，见表2-2。

财政收入占GNP或GDP的比例称为财政收入负担率，这一指标实质上反映了政府与微观主体在对社会资源的占有和支配方面的关系。GDP即国内生产总值，是指一个国

表 2-2　国家财政收入占国内生产总值的比重

年份	财政收入/亿元	国内生产总值/亿元	占 GDP 的比重/%
2014	139 530	636 463	22.0
2015	152 217	676 708	22.5
2016	159 605	744 000	21.5
2017	172 567	827 122	21.0
2018	183 352	919 281	20.0
2019	190 382	990 865	19.2

家或地区范围内反映所有常住单位生产活动成果的指标。这个常住单位，是指在一国经济领域内具有经济利益中心的经济单位，而这里的生产活动则包括各个产业在内的所有行业和部门。GNP 即国民生产总值，是指一个国家或地区范围内的所有常住单位，在一定时期内实际收到的原始收入包括劳动者报酬、固定资产折旧和营业盈余等的总和价值。本国常住者通过在国外投资或到国外工作所获得的收入，应计入本国国民生产总值。而非本国国民在本国领土范围的投资或工作所获得的收入，不应计入本国的国民生产总值。

除 GDP 和 GNP 之外，另一个反映宏观经济的总量指标是国民收入。国民收入是在社会总产品中，扣除已消耗掉的生产资料后余下的那部分净产品，用货币表示就是净产值。国民收入是劳动者新创造的社会财富，它标志着一个国家在一定时期内扩大再生产和提高人民生活水平的能力。

西方国家习惯用财政收入占国内生产总值（GDP）的比重作为衡量财政收入数量界限的常用指标。在我国，一般认为财政收入主要来源于国民收入，相当于社会产品总价值中的 $V+M$。我国将财政收入占国民收入的比重作为衡量财政收入数量界限的常用指标。财政收入数量界限作为一个经济指标，是不能随意更改变动的，存在下限指标和上限指标，在两个界限之间可以变动，但不能突破这个界限区域，否则便会打乱经济运行秩序，导致国民经济严重失调。

扩展阅读 2-4　GDP 与 GNP 有什么区别？

（二）财政收入规模度量的意义

财政收入占国民生产总值（GDP）的比率，是衡量财政收入规模较为理想的指标。一般认为财政收入的规模适量就好，所谓的适量是介于上限与下限之间的量。适度的财政收入规模是保证社会经济健康运行、资源有效配置、政府职能有效发挥的保障，是促进国民经济和社会事业的稳定、协同发展的必要条件。具体来说，合理确定财政收入占 GDP 比重的重要意义在于：

第一，财政收入占 GDP 的比重影响资源的有效配置。我国财政收入来源于 GDP，但是 GDP 中以各种形式归国家支配的一部分财政收入占 GDP 的比重小，说明整个国民生产总值中归国家所支配的收入少，国家对资源配置的能力降低；相反，财政收入占 GDP 的比重大，国家对资源配置的能力相应会加强。

第二，财政收入占 GDP 的比重影响经济结构的优化。财政收入中各种形式的收入占

GDP 的比重直接反映了整个国民生产总值中的经济结构，有利于国家利用这一结果调节经济结构的平衡发展，进而优化经济结构。

第三，财政收入占 GDP 的比重，既影响公共需要的满足，也影响个别需要的实现。财政收入占 GDP 的比重越高，国民生产总值中归国家支配的越多，个人支配的收入越少，不利于个别需要的实现，同时也影响了公共需要的满足。

（三）影响财政收入规模的因素

财政收入规模是衡量国家财力和政府在社会经济生活中职能范围的重要指标。纵观世界各国历史，保持财政收入稳定增长始终是各国政府的主要财政目标，但是财政收入的规模及其增长速度并不只是以政府的意愿为转移的，它受到各种政治、经济条件的制约和影响。这些条件包括经济发展水平、生产技术水平、价格等。

1. 经济发展水平对财政收入规模的影响

经济发展水平对财政收入规模的影响是最为基础的，一个国家的经济发展水平可以用该国一定时期的社会生产总产值、国民生产总产值和国民收入等指标来表示。

经济发展水平反映一个国家社会产品丰富程度和经济效益的高低。经济发展水平越高，社会产品越丰富，国内生产总值或国民收入就越多。一般而言，国内生产总值或国民收入多，则该国的财政收入总额较大，占国内生产总值或国民收入的比重也较大。当然一个国家的财政收入规模还会受到各种客观因素的制约。

从世界各国的情况来看，发达国家的财政收入规模，无论在绝对数还是相对数方面，均高于发展中国家。经济决定财政，经济不发达，财源就不可能丰富，因此，增加财政收入的前提就是发展经济。

2. 生产技术水平对财政收入规模的影响

生产技术水平也是影响财政收入规模的重要因素，因为一定的经济发展水平总是与一定的技术水平相适应，较高的生产技术水平是较高的经济发展水平的基础和保障。因此，研究生产技术进步对财政收入规模的影响，也就是研究经济发展水平对财政收入规模的影响。简单地说，生产技术水平是指生产中采用先进技术的程度，它体现了在生产过程中所应用的科技含量，它对财政收入规模的影响体现在两个方面：一是技术进步可加快生产速度，提高劳动生产率，提高产品的质量，因此，生产技术水平进步速度越快，所生产出来的社会产品越多，国民生产总值就越大，为财政收入的增长提供了有力的财源；二是生产技术的进步必然带来物耗比例降低，经济效益提高，扩大了剩余产品价值，从而增加财政收入。由此看来，促进技术进步，提高经济效益是增加财政收入的重要途径。

3. 价格对财政收入规模的影响

因为财政收入是一定量的货币收入，是在一定价格水平下，按一定时点的现价计算的，所以价格变动必然会引起财政收入实际购买力的增减变动。一般来讲，价格水平的上涨或下降会引起财政收入的虚增或虚减。

（四）物价总水平对财政收入规模的影响

价格变动对财政收入的影响反映在物价总水平升降的影响上。简单地看，物价上涨，财政规模增大；反之，物价下跌，财政收入规模收缩。然而实际并不那么简单，财政收入虽然以物价形式表现，但是它代表着市场中相应的物资的价值，物价上涨后，财政收入是否代表了原有物资的量，具体来说有三种情况。

（1）当财政收入增长率高于物价上涨率时，财政收入名义上在增长，实际上也在增长，实际增长要大于名义增长，出现这种情况的主要原因是由于实行以累进的所得税为主体的税制。在这种税制下，纳税人适用的税率会随着因通货膨胀所造成的名义收入的增长而提高。

（2）当物价上涨率高于财政收入增长率时，财政收入在名义上增长，而实际上是下降的。在定额税率体制下，当发生通货膨胀时，税收收入的增长率是低于物价上涨率的，因此，必然导致财政收入在名义上的上升和实际上的下跌。

（3）当财政收入增长率与物价上涨率大致相等时，财政收入在名义上增长，而实际上不发生变化。如果实行以比例税率的流转税为主体的税制，当发生通货膨胀时，财政收入的增长与物价的上涨是同步的，因此，财政收入只有名义上的增长，而无实际的增长。我国1986年出现了这种情况，这一年国内财政收入按可比口径计算增长率为5.8%，零售物价上涨率为6%。

我国现行税制是以比例税率的流转税、企业所得税为主，个人所得税实行累进税率。过去对所得税的主要部分——国有企业所得税实行承包制，大体相当于定额税，因此，某些年度在物价大幅度上涨的情况下，财政收入出现名义上正增长而实际上负增长，这和现行税制有密切的联系。

（五）不同产品相对价格变动对财政收入规模的影响

价格总水平变动往往和产品比价的变动是同时发生的，分两种情况来看。

（1）一般来说，在其他条件不变的情况下，企业产品价格的上升，使其获得的货币收入上涨，上缴的财政收入也会增加；企业产品价格下降，会使其所获得的货币收入减少，上缴的财政收入也会下降。但由于企业处于不同的地区，不同的行业，进而上缴财政收入的增加、减少会使财政收入在地区结构、所有制结构以及部门结构之间发生变化，从而影响地区经济利益，对财政收入规模产生影响。

（2）当各个行业、各个部门和个人上缴财政的比例不同时，如果增加收入的企业、部门上缴的比例大，而减少收入的企业、部门上缴比例小，则会使财政收入的规模扩大；反之，财政规模缩小。

（六）政府职能范围

政府的职能范围是决定财政收入的重要因素。因为政府是公共产品和社会公共需要的直接提供者，是财政活动的主体，政府职能的范围越大，其履行的社会职责越多，需要的财政支出和财政收入的规模也就越大。

以资本主义国家为例，在自由资本主义时期，以亚当·斯密为代表的西方经济学家，主张对经济实行自由放任，由"看不见的手"，通过市场进行自发调节，反对政府干预经济。因此，政府的活动被限制在像"守夜人"那样极小的范围内，能够防止外来侵略和维持国内治安就行了，在这种情况下，财政收支规模是很小的。到了垄断资本主义阶段，由于经济危机日益深化，特别是1929—1933年发生的"大萧条"，促使以凯恩斯为代表的经济学家日益重视对宏观经济现象进行总量分析，主张国家干预经济。此后，特别是第二次世界大战以后，国家对社会经济活动的干预大大加强了，表现在政权和行政管理机构大大膨胀，社会保障、公共投资不断增加，政府的职能范围不断扩大。在这种情况下，财政收支规模必然呈不断增长的趋势。

一般来说，社会主义国家政府职能的范围要比资本主义国家大得多，因为社会主义国家不仅具有行政管理职能，而且还是全民所有制的代表，具有经济建设职能，财政支出中用于经济建设的支出一般都在50%左右，而资本主义国家财政支出中用于这方面的支出要小得多，一般只占10%左右。与此相适应，财政收入占国民收入或国民生产总值的比重，社会主义国家一般要高于资本主义国家。例如，20世纪的苏联、东欧国家，这一比例一般都在50%以上，其中苏联财政收入占国民收入比重为65.6%（1983年），1989年匈牙利政府财政收入占国内生产总值比重为61.3%，罗马尼亚为52.9%。

第二节　税　收　收　入

税收是历史上最早出现的一个财政范畴，它是人类社会发展到一定历史阶段的产物，如今，税收已成为各国政府取得收入的最主要手段。税收是国家为了实现其职能，凭借政治权力，按照法律规定，强制无偿地取得财政收入的一种手段。

一、税收的特征

从上面税收的定义中，我们已经可以初步地看出税收所具有的基本特征：强制性、无偿性和依法征税所具有的固定性。税收的特征反映了税收区别于其他财政收入形式，从中也可以理解税收为什么能成为财政收入的最主要形式。

（一）税收的强制性

税收的强制性是指国家以社会管理者身份，直接凭借政治权力，用法律、法令形式对征纳双方权利与义务的制约，具体表现就是以法律形式颁布的税收制度和法令。从根本上说，税收的强制性是由税收的依据即国家政治权力所决定的。因而它是一种超经济强制，不受生产资料所有制的限制，对不同所有者都可行使国家课税权。征税双方都被纳入国家的法律体系之中，是一种强制性与义务性、法制性的结合。税收的强制性包括两个方面，一是税收分配关系的建立具有强制性，它是通过立法的程序确定的，国家依法征税，纳税人必须依法纳税，不允许有任何超越税法的行为。二是税收征收过程具有强制性，税收征收的法律保证是税法，税法从征税和纳税两方面来规范、约束、保护和巩固税收分配关系。

（二）税收的无偿性

税收的无偿性是指国家征税以后，税款就成为国家财政收入的一部分，由国家预算安排直接用于满足国家行使职能的需要，不再直接返还给纳税人，也不付出任何形式的直接报酬和代价。

税收的无偿性是针对具体的纳税人而言的，就是说国家征税不是与纳税人之间进行等量财富的交换或补偿，而是纳税人无偿地向国家缴纳财富，国家不需要对原纳税人直接返还已纳税款，也不需要直接对纳税人提供相应的服务或给予相应的特许权利，它只是所有权的单向转移。当然，国家征税并不是最终目的，国家取得的税款最终要转化为财政支出用于各种物品，满足社会公共需要。单个纳税人总会或多或少从中获得利益，尽管其所获得利益与所纳税款价值上不一定相等。因此，税收的无偿性并不是绝对的，而是一种无偿性与非直接、非等量的偿还性的结合。

（三）税收的固定性

税收的固定性是指国家征税必须通过法律的形式，预先规定纳税对象、纳税人和征税标准等征税规范，按照预定的标准征税。这些事先规定的事项对征纳双方都有约束力，纳税人只要取得了纳税收入或发生了应纳税行为，就必须按照规定纳税。征收机关也必须按照预先规定的标准征收，不得随意变更标准。税收的固定性不仅体现在课税对象的连续有效性，还意味着课税对象和征收额度之间的关系是有固定限度的，所以税收的固定性就包含时间上的连续性和征收比例上的限度性。但税收的固定性不是永远固定不变。税收制度和政策随着社会生产力和社会生产关系的变化而改革、发展。但改革和发展的结果要体现在税法中，要在一定时期内保持稳定，不能朝令夕改。

税收的三个形式特征是统一的整体。无偿性是税收这种特殊分配手段本质的体现，强制性是实现税收无偿征收的强有力保证，固定性是无偿性和强制性的必然要求。税收的三个形式特征是缺一不可的统一整体，是税收区别于其他财政收入范畴的基本标志，也是鉴别财政收入是否是税收的基本标准，税收的形式及特征不因社会制度的不同而改变。

二、税收的作用

在市场经济条件下，税收的作用主要有以下七点。

（一）组织财政收入的作用

在社会主义市场经济条件下，税收成为我国财政收入的主要形式，税收收入逐年大幅度上升，税收组织财政收入的作用，体现在以下两个方面。

（1）税收来源的广泛性。不仅可以对流转额征税，还可以对各种收益、资源、财产、行为征税；不仅可以对国有企业、集体企业征税，还可以对外资企业、私营企业、个体工商户等征税。税收保证财政收入来源的广泛性，是其他财政收入都不能比拟的。

（2）税收收入的及时性、稳定性和可靠性。由于税收具有强制性、无偿性、固定性的特征，因此税收就把财政收入建立在及时、稳定、可靠的基础之上，成为国家的主要财力保障。

（二）配置资源的作用

在社会主义市场经济条件下，市场对资源起主导作用，但市场配置资源，也有它的局限性，可能出现市场失灵。这时就有必要通过税收保证公共产品的提供，以税收纠正外部效应，以税收配合价格调节具有自然垄断性质的企业和行业的生产，使资源配置更加有效。

（三）调节需求总量的作用

税收对需求总量进行调节以促进经济稳定，其作用主要表现在以下两个方面。

（1）运用税收对经济的内在稳定功能，自动调节总需求。累进所得税制可以在需求过热时，随着国民收入的增加而自动增加课税，以抑制过度的总需求；反之亦然。

（2）根据经济情况变化，制定相机抉择的税收政策来实现经济稳定。在总需求过度引起经济膨胀时，选择紧缩性的税收政策，包括提高税率、增加税种、取消某些税收减免等，扩大征税以减少企业和个人的可支配收入，压缩社会总需求，达到稳定经济的目的；反之，则采取扩张性的税收政策，如降低税率、减少税种、增加某些税收减免等，减少征税以增加企业和个人的可支配收入，刺激社会总需求，达到稳定经济的目的。

（四）调节经济结构的作用

在社会主义市场经济条件下，税收对改善国民经济结构发挥着重要作用，具体表现在以下三方面。

（1）促进产业结构合理化。税收涉及面广，通过合理设置税种，确定税率，可以鼓励薄弱部门的发展，限制畸形部门的发展，实现国家的产业政策。

（2）促进产品结构合理化。通过税收配合国家价格政策，运用高低不同的税率，调节产品之间的利润差别，促进产品结构合理化。

（3）促进消费结构合理化。通过对生活必需消费品和奢侈消费品采取区别对待的税收政策，促进消费结构的合理化。此外，通过税收调节，还可以促进社会经济组织结构、流通交换结构等的合理化。

（五）调节收入分配的作用

在市场经济条件下，由市场决定的分配机制，不可避免地会拉大收入分配上的差距，客观上要求通过税收调节，缩小这种收入差距，税收在调节收入分配方面的作用，具体表现在以下两方面。

（1）收入公平分配。通过开征个人所得税、遗产税等，可以适当调节个人间的收入水平，缓解社会分配不公的矛盾，促进经济发展和社会稳定。

（2）鼓励平等竞争。在市场机制失灵的情况下，由于价格、资源等外部因素引起的不平等竞争，需要通过税收进行合理调节，以创造平等竞争的经济环境，促进经济的稳定和发展。

（六）保护国家权益的作用

税收是对外开放进程中保护国家权益的重要手段。我国税收在这方面的作用主要有以下六方面。

（1）根据独立自主、平等互利的原则，与各国进行税收谈判，签署避免双重征税协定，以发展我国的对外贸易和国际经济技术交往。

（2）根据国家经济建设发展的需要，对进口商品征收进口关税，保护国内市场和新兴产业，维护国家的经济独立和经济利益。

扩展阅读 2-5 维护公平税收秩序，保护国家税收利益

（3）根据我国的实际情况，对某些出口产品征收出口关税，以限制国内紧缺资源的外流，保证国内生产、生活的需要。

（4）为扩大出口，实行出口退税制度，鼓励国内产品走向国际市场，增强出口产品在国际市场上的竞争力。

（5）根据发展生产和技术进步的需要，实行税收优惠政策，鼓励引进国外资金、技术和设备，加速我国经济的发展。

（6）对外国人和外国企业来源于我国的收入和所得征收所得税，维护国家主权和利益。

（七）监督经济活动的作用

社会主义市场经济体制下，在根本利益一致的基础上仍然存在着整体利益与局部利益、长远利益与眼前利益的矛盾，因此，必须加强税收监督，督促纳税人依法履行纳税义务，保障社会主义市场经济的健康发展，具体有以下几点。

（1）保证税收组织财政收入任务的圆满完成。随着我国经济形势不断发展，出现了一些偷逃税款的现象，使国家财政收入遭受严重损失，因此，必须加强税收监督，严肃税收法令和纳税纪律，保证税收组织财政收入任务的顺利完成。

（2）保证经济杠杆作用的充分发挥。通过税收监督，可以了解税收政策的效应，有利于协调税收活动同整个宏观经济的运行相吻合，更好地发挥税收调节经济的作用；同时，将搜集到的税收信息及时传递给企业，可以使税收更好地发挥促进企业加强经济核算、提高经济效益的作用。

（3）保证国家税法的正确贯彻执行。通过税收监督，可以揭露、制止和查处违反国家税法的行为，增强纳税人依法纳税的自觉性，从而保证国家税法得到正确的贯彻执行。

扩展阅读 2-6 税收犯罪有哪些类型？

（4）保证社会经济运行的良好秩序。通过税收监督，积极配合公安、司法、工商行政管理等部门，严厉打击各类违法犯罪行为，自觉维护社会主义财经纪律，保证社会经济运行的良好秩序。

三、中国现行的主要税种

目前我国税收分为流转税、所得税、资源税、财产税、行为

扩展阅读 2-7 中国现行的主要税种有多少个？

税五大类，共18种。

（一）流转税类

流转税又称流转课税、流通税，是指以纳税人商品生产、流通环节的流转额或数量以及非商品交易的营业额为征税对象的一类税收。流转税是商品生产和商品交换的产物，各种流转税（如增值税、消费税、关税等）是政府财政收入的重要来源。

流转税的主要特点：第一，以商品生产、交换和提供商业性劳务为征税前提，征税范围较为广泛，既包括第一产业和第二产业的产品销售收入，也包括第三产业的营业收入；既对国内商品征税，也对进出口的商品征税，税源比较充足。第二，以商品、劳务的销售额和营业收入作为计税依据，一般不受生产、经营成本和费用变化的影响，可以保证国家能够及时、稳定、可靠地取得财政收入。第三，一般具有间接税的性质，特别是在实行从价征税的情况下，税收与价格密切相关，便于国家通过征税体现产业政策和消费政策。第四，同有些税类相比，流转税在计算征收上较为简便易行，也容易为纳税人所接受。

1. 增值税

（1）增值税的概念、特点及类型

①增值税的概念

增值税是指对从事销售货物或者加工、修理修配劳务以及进口货物的单位和个人取得的增值额为计税依据征收的一种流转税。所谓增值额，指的是从销售额中扣除当期购进商品与劳务的价值差额后余下的价值量，即企业或个人在生产经营过程中所创造的那部分价值。

②增值税的特点

a. 实行普遍征税。从增值税制较完善的发达国家看，增值税的征收范围涉及生产、商品流通、服务等多个行业，征税范围十分广泛。

b. 只对增值额征税，多环节征税但不重复征税。从纳税环节看，增值税实行多环节征税，一种商品从生产到最终消费，每经过一道生产经营环节就征一次税。尽管增值税实行多环节征税，但每一环节只就其实现的增值额征税，从而消除了传统流转税重复征税的弊端，有利于促进专业化协作生产的发展，平衡企业之间的税负。

c. 增值税实行价外计征，实行专用发票抵扣制。凭全国统一票样的增值税专用发票扣除以前流转环节已纳的增值税的办法计征税款，不直接计算商品增值额。理论上说，增值税的计税依据是商品或劳务的增值额，但在实务操作中增值额较难计算，因此，增值税一般采用税款环环相扣的办法计税，即以根据销售额和适用税率计算出的税额扣除以前流转环节已纳的增值税为本环节的应纳税额。

③增值税的类型。按照对纳税期内购入的固定资产价值是否允许从销售收入中扣除以及如何扣除为标准，可以将增值税划分为三种类型。

a. 生产型增值税，在征税时不允许扣除外购固定资产价值中所含的增值税税款。

b. 收入型增值税，在征税时对外购固定资产价值中所含的税款在购入时不允许一次性全部扣除，只允许扣除当期其折旧部分所含的增值税税款。

c. 消费型增值税，在征税时允许将外购固定资产价值中所含的增值税税款在购入的当期一次性全部扣除。

我国大部分地区目前采用的仍是生产型增值税，购进的固定资产价值中所含的增值税税款一律不允许扣除。

（2）增值税的征税范围

① 征税范围的一般规定

增值税的征税范围包括在中华人民共和国境内销售货物，提供加工、修理修配劳务以及进口货物。具体包括以下三种。

a. 销售货物，是指有偿转让货物的所有权。这里所说的货物是指有形资产，包括电力、热力、气体，但不包括土地、房屋和其他建筑物等不动产。所谓有偿，是指从购买方取得货币、实物和其他经济利益。

b. 提供加工、修理修配劳务。加工是指受托加工货物，即委托方提供原料及主要材料，受托方按照委托方的要求制造货物并收取加工费的业务。所谓修理修配，是指受托方对损伤和丧失功能的货物进行修复，使其恢复原状和功能的业务。单位或个体经营者聘请的员工为本单位或雇主提供加工、修理修配劳务的，不包括在内。

c. 进口货物。进口货物指从境外进入我国境内的货物，进口货物增值税由海关代征，与关税一并征收。

② 征收范围的特殊规定

a. 视同销售货物。税制将不属于销售范围或尚未实现的销售货物视同销售处理，纳入增值税征收范围，包括：将货物交付他人代销；销售代销货物；设有两个以上机构并实行统一核算的纳税人，将货物从一个机构移送其他机构用于销售［但相关机构设在同一县（市）的除外］；将自产、委托加工或购买的货物作为投资提供给其他单位或个体经营者、分配给股东或投资者、无偿赠送他人等。

b. 混合销售行为。是指一项销售行为既涉及货物，又涉及非应税劳务。对从事货物的生产、批发或零售为主，并兼营非应税劳务的企业、企业性单位及个体经营者的混合销售行为，视为销售货物，应当征收增值税。其他单位和个人的混合销售行为，视为销售非应税劳务，不征收增值税。

c. 兼营非应税劳务行为。增值税纳税人在从事应税货物销售或提供应税劳务的同时，还从事的非应税劳务，且从事的非应税劳务与某一项销售货物或提供应税劳务并无直接的联系和从属关系，为兼营非应税劳务行为。增值税纳税人兼营非应税劳务，如果不分别核算或者不能准确核算货物或应税劳务的销售额和非应税劳务的营业额，其非应税劳务应与货物或应税劳务一并征收增值税。

d. 属于征税范围的其他项目。如货物期货、银行销售金银的业务等特殊项目。

（3）增值税的纳税人

增值税纳税人是指在中华人民共和国境内销售或进口货物，提供加工、修理修配劳务，以及销售服务、无形资产或者不动产的单位和个人，分为一般纳税人和小规模纳税人两类。一般纳税人按照销项税额抵扣进项税额的办法计算缴纳应纳税额，小规模纳税人则实行简易办法计算缴纳应纳税额。2018年5月1日起统一增值税小规模纳税人的年销售额标准为 500 万元。

（4）增值税的税率

增值税税率一共有 4 档：13%、9%、6%、0%。详情如表 2-3 所示。

表 2-3　2021 年增值税税率表

序号	税　目	税率/%
1	销售或者进口货物（除 9—12 项外）	13
2	加工、修理修配劳务	13
3	有形动产租赁服务	13
4	不动产租赁服务	9
5	销售不动产	9
6	建筑服务	9
7	运输服务	9
8	转让土地使用权	9
9	饲料、化肥、农药、农机、农膜	9
10	粮食等农产品、食用植物油、食用盐	9
11	自来水、暖气、冷气、热水、煤气、石油液化气、天然气、二甲醚、沼气、居民用煤炭制品	9
12	图书、报纸、杂志、音像制品、电子出版物	9
13	邮政服务	9
14	基础电信服务	9
15	增值电信服务	6
16	金融服务	6
17	现代服务	6
18	生活服务	6
19	销售无形资产（除土地使用权外）	6
20	出口货物	0
21	跨境销售国务院规定范围内的服务、无形资产	0

（5）增值税的计税方法

①一般纳税人应纳税额的计算方法。一般纳税人销售货物或者提供应税劳务，应纳税额的计算公式为

应纳税额＝当期销项税额－当期进项税额

销项税额是纳税人销售货物或提供应税劳务，按规定计算并向购买方收取的增值税额，其数额等于销售额与适用税率的乘积；进项税额为纳税人购进货物或接受应税劳务所支付或负担的增值税额。当期销项税额的计算公式如下：

当期销项税额＝当期销售额×税率

增值税销售额为纳税人销售货物或者提供应税劳务从购买方或承受应税劳务方收取的全部价款和一切价外费用，但是不包括收取的销项税额。如果销售货物是消费税应税产品或进口产品，则全部价款中包括消费税或关税。

我国税法规定，准予从销项税额中抵扣的进项税额仅限于从销售方取得的增值税专用发票上注明的增值税税额。对于进口货物，则限于从海关取得的完税凭证上注明的增值税税额。

②小规模纳税人应纳税额的计算。小规模纳税人销售货物或者提供应税劳务，按照销售额和规定的征收率，实行简易办法计算应纳税额，不得抵扣进项税额。其计算公式为

$$应纳税额 = 销售额 \times 征收率$$

实行简易办法计算应纳税额时，不得抵扣进项税额，因而一般规定小规模纳税人不得领购和使用增值税专用发票。

另外，增值税是价外税，其税款不包含在价格之中，因此增值税的销售额为不含增值税的销售额。若为含税销售额，要用下列公式将其转换为不含税的销售额：

$$不含税销售额 = 含税销售额 \div （1 + 税率或征收率）$$

一般纳税人销售或提供应税劳务给最终消费者，以及小规模纳税人销售或提供应税劳务，要开具普通发票，此时价税合一，则其销售额为含增值税的销售额。

③进口货物应纳税额的计算。进口的应税货物，按照组成计税价格和规定的增值税税率计算应纳税额，不得抵扣任何进项税额。

2. 消费税

（1）消费税的概念及特点

①消费税的概念。消费税是对在我国境内生产、委托加工和进口应税消费品就其应税消费品的销售额或销售数量或销售额与销售数量相结合征收的一种税。

②消费税的特点。

a. 征收范围的选择性。消费税的征收范围只是增值税应税货物中的一部分，在普遍征收增值税的货物中选择一部分特殊消费品，加征一道消费税，进行特殊调节。

b. 征收环节的单一性。在商品从生产领域向消费领域的流转过程中，每经过一次买卖，就要征一道增值税。而消费税仅在单一的生产环节或进口环节征收（金银首饰则在零售环节征收），在其他环节不再征税。

c. 税负具有转嫁性。增值税实行价税分离制度，消费税则是价内税。在计税时，作为计税依据的销售额包括消费税税款。不论增值税实行价税分离制度，还是消费税实行价内税制度，纳税人都可以将税款转嫁给他人负担。

d. 计税方法的灵活性。增值税主要采用比例税率形式，实行从价定率征收。消费税除了采用比例税率形式、实行从价定率征收之外，还采用定额税率，实行从量定额征收。消费税还有实行复合征收的应税消费品，其计税方法是既要从量定额征收，又要从价定率征收：销售额×比例税率+实物量销售量×定额税率。

（2）消费税的征税范围借鉴国外的成功经验和通行做法

考虑我国当前的经济发展现状、人民群众的消费水平和消费结构以及国家财政需要，目前我国消费税的征收范围主要包括以下几个方面：

①一些过度消费能对人类健康、社会秩序、生态环境等方面造成危害的特殊消费品，如烟、酒、鞭炮、焰火等；

②奢侈品、非生活必需品，如贵重首饰、珠宝玉石、化妆品、高档手表、高尔夫球及球具等；

③高耗能及高档消费品，如小汽车、摩托车、游艇等；

④不可再生和替代的消费品，如成品油、木制一次性筷子、实木地板等；

⑤具有一定财政意义的产品，如汽车轮胎、酒精等。

（3）消费税的纳税人

消费税的纳税人，是在我国境内生产、委托加工和进口应税消费品的单位和个人。单位是指企事业单位、部队、社会团体和其他单位，包括外资、外国企业；个人是指个体经营者和其他个人。

委托加工应税消费品，是指由委托方提供原料和主要材料，受托方只收取加工费和代垫部分辅助材料的应税消费品。委托加工应税消费品的纳税人是委托方。

（4）消费税的税率

现行的消费税共有 14 个税目，有的税目还进一步划分为若干子目。针对应税消费品的 14 个税目及其子目，消费税采用比例税率、定额税率、复合税率三种税率形式。对价格差异不大、计量单位规范、社会用量大的应税消费品，为了计算简便，采用定额税率征收，包括黄酒、啤酒、成品油等应税费品。对烟税目下的卷烟、酒及酒精税目下的白酒，采用比例税率和定额税率相结合的复合税率征收。对于上述应税消费品之外的其他应税消费品，分别适用有差别的比例税率。扫描左侧二维码查看最新消费税税目与税率。

扩展阅读 2-8　最新消费税税目与税率

（5）消费税的计税方法

与消费者的税率相适应，消费税应纳税额的计算方法也分为从价定率、从量定额、从量定额与从价定率相结合三种。

①实行从价定率征收的应税消费品，其应税额的计算公式为

$$应纳税额 = 销售额 \times 使用税率$$

销售额是纳税人销售应税消费品向购买方收取的全部价款和价外费用，含消费税而不含增值税。如果价款和增值税款是合并收取的，在计算消费税时，应当换算为不含增值税税款的计税销售额。

②实行从量定额征收的应税消费品，其应纳税额的计算公式为

$$应纳税额 = 销售数量 \times 单位税额$$

销售数量是指应税消费品的数量，销售应税消费品的为应税消费品的销售数量；自产自用应税消费品的为应税消费品移送使用数量；委托加工应税消费品的为纳税人收回应税消费品数量；进口应税消费品的为海关核定的应税消费品进口征税数量。

③实行复合征收的应税消费品，其应纳税额的计算公式为

$$应纳税额 = 销售额 \times 适用税率 + 销售数量 \times 单位税额$$

3．关税

（1）关税的概念

关税是由海关对进出国境或关境的货物和物品统一征收的一种税，包括进口关税和

出口关税。关税是国家主权的重要体现，也是各国保护本国经济不受外来冲击的重要手段。关税还可以用于调节进出口，通过提高或降低某种货物的关税税率，促进或限制某种货物的进口或出口。关境是指执行统一关税的区域，一般情况下它与国境是统一的，有些情况下关境和国境又不一致，例如，我国内地和港澳台地区分属不同的关境，各关境小于国境。世界上一些国家组成自由贸易区内部取消关税，则关境大于国境。

扩展阅读 2-9 2019 海关个人物品征税标准

我国关税的法律依据包括《中华人民共和国海关法》《中华人民共和国货物进出口管理条例》《中华人民共和国海关进出口税则》《中华人民共和国海关关于入境旅客行李物品和个人邮递物品征收进口税办法》等。

（2）纳税主体

关税纳税义务人，是进口货物的收货人、出口货物的发货人，进境物品的所有人。

（3）课税对象

关税的课税对象是准许进出口的货物或物品。"货物"是指为贸易而进出口的商品。"物品"指入境旅客随身携带的行李物品、个人邮递物品、各种运输工具上的服务人员携带进口的自用物品、馈赠物品以及通过其他方式进境的个人物品。

（4）关税的税率

关税的税率实行比例税率，分为进口税率和出口税率。

在加入世界贸易组织前，我国进口关税设普通税和优惠税率。加入世界贸易组织以后，为履行我国在加入 WTO 关税减让谈判中承诺的有关义务，享有 WTO 成员应有的权利，自 2002 年 1 月 1 日起我国进口税则没有最惠国税率、协定税率、特惠税率、普通税率、关税配额税率等，对进口货物在一定期限内可以实行暂定税率。

原产于与我国共同适用最惠国待遇条款的世界贸易组织成员的进口货物，原产于与我国签订含有相互给予最惠国待遇条款的双边贸易协定的国家或者地区的进口货物，以及原产于我国境内的进口货物，适用最惠国税率；原产于与我国签订含有关税收优惠条款的区域性贸易协定的国家或者地区的进口货物，适用协定税率；原产于与我国签订含有特殊关税优惠条款的贸易协定的国家或者地区的进口货物，适用特惠税率；原产于以上所列以外国家或者地区的进口货物，以及原产地不明的进口货物，适用普通税率；按照国家规定实行关税配额管理的进口货物，关税配额内的，适用关税配额税率。

适用最惠国税率的进口货物有暂定税率的，适用暂定税率；适用协定税率、特惠税率的进口货物有暂定税率的，从低适用税率；使用普通税率的进口货物，不适用暂定税率。

任何国家或者地区违反与中华人民共和国签订或者共同参加的贸易协定及相关协定，对中华人民共和国在贸易方面采取禁止、限制、加征关税或者其他影响正常贸易措施的，对原产于该国或者地区的进口货物可以征收报复性关税，适用报复性关税税率。征收报复性关税的货物、使用国别、税率、期限和征收办法，由国务院有关部门决定并公布。

扩展阅读 2-10 2020 年 1 月 1 日起我国将调整部分商品进口关税

为鼓励出口,除特别规定的货物外,出口货物一般不征关税,或者说适用零关税。出口货物暂定税率的,适用暂定税率。

(5) 关税的计算

进口货物以海关审定的成交价格为基础的到岸价格作为完税价格。到岸价格包括货价,加上货物运抵中华人民共和国关境内输入地点起卸前的包装费、运费、保险费和其他劳务费等费用。出口货物应当以海关审定的货物售与境外的离岸价格,扣除出口关税后,作为完税价格。

进出口货物关税,以从价计征、从量计征或者国家规定的其他方式征收。

从价计征的计算公式:

$$应纳税额 = 应税进出口货物数量 \times 单位完税价格 \times 适用税率$$

从量计征的计算公式:

$$应纳税额 = 应税进口货物数量 \times 关税单位税额$$

进出口货物的到岸价格或离岸价格不能确定时,完税价格由海关估定。

(二)所得税类

1. 所得税的一般概念

所得税是以所得为课税对象的税种的总称,如企业所得税、个人所得税、资本利得税等,这里说的所得通常意义上是指单位和个人在一定时期内取得的可支配收入的综合,即收入总额减去各项法定扣除后的余额。

(1) 所得税的特点

①所得税是对纯收入课税。商品税是对商品流转额和非商品流转额征税,属于对经营收入的全额征税,不考虑纳税人的经营情况。而所得税的课税对象是纳税人的纯收入或净所得,实行所得多的多征、所得少的少征、没有所得的不征的累进征税办法,

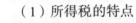
扩展阅读2-11 资本利得税

符合税收的量能负担原则,比较公平。

②所得税对社会资源配置保持中立,符合税收的效率原则。所得税不能转嫁,对生产不产生直接影响,只对不同企业、不同个人的收入水平产生调节作用。而且所得税一般不会产生重复征税,对商品的相对价格没影响,不会影响市场资源的优化配置,所以说其符合效率原则。

③所得税是国家对经济进行调节的有效工具。因为所得税弹性较大,所以政府可以根据社会总供求关系相机调整税负水平,抑制经济波动。同时,由于所得税一般实行累进税率,当社会总需求大于总供给的时候,随着企业和个人收入的增长,其适用的所得税税率会自动提高,进而抑制投资和消费的膨胀。

④所得税计算比较复杂,征收成本较高。所得税的计税依据要经过一系列复杂的计算,比商品税要复杂得多,而且累进税率的计算也要比商品税的比例或固定税率计算复杂,所以其征收成本比较高。

(2) 所得税的类型

按照各国对所得课征方式的差异,所得税可以分为以下三种类型。

①分类所得税。分类所得税是针对各种不同性质的所得，如对工资和薪金、对利息和股息等，分别规定不同的税率进行课征的一类所得税。也就是其计税依据的基础是法律所确定的各项所得，而不是个人的总所得。收入的性质不同，付出的劳动不同，应采取不同的税率征税。对勤劳所得应课以较低的税；对靠资本运用获得的投资所得，应课以较重的税。所以这类所得税的优点是它可以按照不同性质的所得分别课征，实行区别对待，政府政策意图较为直接和明显。其缺点是不能按照纳税人真正的纳税能力课征，无法有效地贯彻税收的公平原则，征收手续较为烦琐等，现在采用分类所得税的国家很少。

②综合所得税。综合所得税是将纳税人的各项不同性质的所得加以合并，综合计征的一类所得税。这类所得税通常是将纳税人的综合所得，按其家庭情况准予扣除不同项目的免税额，再以其余额衡量纳税人的纳税能力，按统一的超额累进税率课税。该类所得税的优点是便于实施累进税率，符合支付能力原则要求。其缺点在于，综合所得税必须由个人自行申报并汇总缴纳，不但计算复杂，而且容易造成税款的流失。此外，不区别收入的性质，有悖于税收公平合理的原则要求。

③分类综合所得税。分类综合所得税是对一定收入数量限额以下的所得，采用分类所得税办法征收，而当其各类所得数额之和达到某一规定标准时，则再加征综合所得税。这类所得税，一方面列举特定的个人所得项目，制定专门的税率和征税方法，另一方面对个人取得的不同来源的所得综合计税。这种所得税，既坚持了量能课征的原则，又达到了区别对待、合理负担的目的。其缺点是税收制度较为复杂。

2. 个人所得税

个人所得税是对个人（自然人）取得的各项应税所得征收的一种税。我国现行个人所得税法的主要内容包含以下几个方面。

（1）个人所得税的特点

①征收制度上实行分类征收制。目前国际上个人所得税的征收有综合所得税制、分类所得税制和分类综合所得税制三种类型。其中综合征收制更为公平合理，但必须具备较高的征收管理水平。在1994年实施新税制时，我国还不具备采用综合征收制的条件，所以采用了简单、透明的分类征收制，即将个人取得的各项应税所得划分为11类，并对不同的应税项目实行不同的税率和不同的费用扣除标准。

②在费用扣除上定额和定率扣除并用。个人所得税纳税人的各项所得，视不同情况分别采取定额和定率扣除的方法。定额扣除的标准为2 000元或4 800元，有利于保证收入较低的个人最低生活费用和其他必要费用的需要。定率扣除的标准为20%，有利于保证收入较高的个人所发生的较高的必要费用得到补偿。

③在税率上累进税率和比例税率并用。比例税率计算简便，便于实行源泉扣缴。累进税率可以合理调节收入分配，体现公平。我国现行的个人所得税根据各类个人所得的不同性质和特点将两种税率形式运用其中，对工资薪金所得、承租承包经营所得、个体工商户生产经营所得实行超额累进税率，对除此以外的其他应税所得实行比例税率。

④申报缴纳上采用自行申报和代扣代缴两种方法。现行的个人所得税在申报缴纳上，对纳税人应纳税额分别采取由支付单位代扣代缴和纳税人自行申报缴纳两种方法。对可以在支付环节扣缴的，均由法定的扣缴义务人在向纳税人支付时代扣代缴个人所得税；对于没有扣缴义务人的以及个人在两处以上取得工资、薪金所得等情况的，由纳税人自行申报纳税。

（2）个人所得税的征税对象

①法定对象：我国个人所得税的纳税义务人是在中国境内居住有所得的个人，以及不在中国境内居住而从中国境内取得所得的个人。

②居民纳税义务人：在中国境内有住所，或者无住所而在境内居住满一年的个人，是居民纳税义务人，应当承担无限纳税义务，即就其在中国境内和境外取得的所得，依法缴纳个人所得税。

③非居民纳税义务人：在中国境内无住所又不居住或者无住所而在境内居住不满一年的个人，是非居民纳税义务人，承担有限纳税义务，仅就其从中国境内取得的所得，依法缴纳个人所得税。

（3）个人所得税的税率。个人所得税根据不同的征税项目，分别规定了三种不同的税率。

①工资、薪金所得，适用七级超额累进税率，按月应纳税所得额计算征税；

②个体工商户的生产、经营所得和对企事业单位适用五级超额累进税率；

③比例税率。减税向中低收入倾斜。最新《中华人民共和国个人所得税法》规定，历经此次修法，个税的部分税率级距进一步优化调整，扩大3%、10%、20%三档低税率的级距，缩小25%税率的级距，30%、35%、45%三档较高税率级距不变。

（4）个人所得税的征税内容

①工资、薪金所得。工资、薪金所得，是指个人因任职或受雇而取得的工资、薪金、奖金、年终加薪、劳动分红、津贴、补贴以及与任职或受雇有关的其他所得。

②个体工商户的生产、经营所得。

③对企事业单位的承包经营、承租经营所得。对企事业单位的承包经营、承租经营所得，是指个人承包经营、承租经营以及转包、转租取得的所得，包括个人按月或者按次取得的工资、薪金性质的所得。

④劳务报酬所得。劳务报酬所得，是指个人从事设计、装潢、安装、制图、化验、测试、医疗、法律、会计、咨询、讲学、新闻、广播、翻译、审稿、书画、雕刻、影视、录音、录像、演出、表演、广告、展览、技术服务、介绍服务、经济服务、代办服务以及其他劳务取得的所得。

⑤稿酬所得。稿酬所得是指个人因其作品以图书、报纸形式出版、发表而取得的所得。这里所说的"作品"，是指包括中外文字、图片、乐谱等能以图书、报刊方式出版、发表的作品；"个人作品"，包括本人的著作、翻译的作品等。个人取得遗作稿酬，应按稿酬所得项目计税。

⑥特许权使用费所得。特许权使用费所得，是指个人提供专利权、著作权、商标权、

非专利技术以及其他特许权的使用权取得的所得。提供著作权的使用权取得的所得，不包括稿酬所得。作者将自己文字作品手稿原件或复印件公开拍卖（竞价）取得的所得，应按特许权使用费所得项目计税。

⑦利息、股息、红利所得。利息、股息、红利所得，是指个人拥有债权、股权而取得的利息、股息、红利所得。利息是指个人的存款利息（中国宣布 2008 年 10 月 8 日次日开始取消利息税）、货款利息和购买各种债券的利息。股息，也称股利，是指股票持有人根据股份制公司章程规定，凭股票定期从股份公司取得的投资利益。红利，也称公司（企业）分红，是指股份公司或企业根据应分配的利润按股份分配超过股息部分的利润。股份制企业以股票形式向股东个人支付股息、红利即派发红股，应以派发的股票面额为收入额计税。

⑧财产租赁所得。财产租赁所得，是指个人出租建筑物、土地使用权、机器设备、车船以及其他财产取得的所得。财产包括动产和不动产。

⑨财产转让所得。财产转让所得，是指个人转让有价证券、股权、建筑物、土地使用权、机器设备、车船以及其他自有财产给他人或单位而取得的所得，包括转让不动产和动产而取得的所得。对个人股票买卖取得的所得暂不征税。

⑩偶然所得。偶然所得，是指个人取得的所得是非经常性的，属于各种机遇性所得，包括得奖、中奖、中彩以及其他偶然性质得所得（含奖金、实物和有价证券）。个人购买社会福利有奖募捐奖券、中国体育彩票，一次中奖收入不超过 10 000 元的，免征个人所得税；超过 10 000 元的，应以全额按偶然所得项目计税。

⑪其他所得。

（5）个人所得税应纳税额的计算。

个人所得税以应纳税所得额为计税依据，应纳税额的计算公式为

应纳所得额 = 税前工资收入金额 − 五险一金 − 费用减除额

应纳税额 = 应纳所得额 × 税率 − 速算扣除数

扩展阅读 2-12　个人所得税税率基本规定

3. 企业所得税

（1）企业所得税的纳税人

按照国际惯例，《中华人民共和国企业所得税法》也将纳税人分为居民企业和非居民企业。居民企业是指依法在中国境内成立或依照外国（地区）法律成立但实际管理机构在中国境内的企业；非居民企业是指依照外国（地区）法律成立且实际管理机构不在中国境内，但在中国境内设立机构、场所的，或在中国境内未设立机构、场所，但有来源于中国境内所得的企业。

（2）企业所得税的征收范围

企业所得税的征税对象是纳税人每一纳税年度取得的生产经营所得和其他所得。

居民企业的征税对象是来源于中国境内、境外的全部所得。非居民企业的征税对象分为几种情况：在中国境内设立机构、场所的，就其所设机构、场所取得的来源于中国境内的所得纳税；对发生在中国境外但与其所设立的机构场所有实际联系的所得，也应

缴纳企业所得税；未设立机构、场所或虽然设立机构、场所但取得的与机构、场所没有实际联系的，就其来源于中国境内的所得纳税。

（3）企业所得税的税率

企业所得税的税率为25%的比例税率。

原《中华人民共和国企业所得税暂行条例》规定，企业所得税税率是33%，另有两档优惠税率，全年应纳税所得额3万～10万元的，税率为27%，应纳税所得额3万元以下的，税率为18%；特区和高新技术开发区的高新技术企业的税率为15%。外资企业所得税税率为30%，另有3%的地方所得税。最新《中华人民共和国企业所得税法》规定，法定税率为25%，内资企业和外资企业一致，国家需要重点扶持的高新技术企业为15%，小型微利企业为20%，非居民企业为20%。

（4）企业所得税应纳税额的计算

①应纳税所得额的计算方法。应纳税所得额是企业所得税的计税依据，计算公式为
应纳税所得额＝收入总额－不征税收入－免税收入－各项扣除－允许弥补的以前年度亏损

②收入总额的确定。收入总额是指企业以货币和非货币形式从各种来源取得的收入，具体包括销售货物收入，提供劳务收入，转让财产收入，股息、红利等权益性投资收益，利息收入，租赁收入，特许权使用费收入，接受捐赠收入和其他收入。

③不征税收入。不征税收入具体包括财政拨款和依法收取并纳入财政管理的行政事业性收费、政府性基金。

④免税收入。免税收入具体包括国债利息收入，符合条件的居民企业的股息、红利等权益性投资收益，在中国境内设立机构、场所的非居民企业从居民企业取得的与该机构、场所有实际联系的股息、红利等权益性投资收益，符合条件的非营利性组织的收入。

⑤准予扣除的支出项目。准予扣除的支出项目包括成本、费用、税金、损失等。成本是纳税人为生产、经营商品和提供劳务等所发生的各项直接耗费和各项间接费用。费用是指企业在生产经营活动中发生的销售费用、管理费用和财务费用，已经计入成本的有关费用除外。税金是指企业发生的除企业所得税和允许抵扣的增值税以外的各项税金及其附加。损失是指企业在生产经营活动中发生的固定资产和存货的盘亏、毁损、报废损失、转让财产损失、呆账损失、坏账损失、自然灾害等不可抗力因素造成的损失以及其他损失。

除此之外，还有一些支出项目不能全部扣除，要按照一定标准扣除：a. 企业发生与生产经营活动有关的业务招待费支出，按照发生额的60%扣除，但最高不得超过当年销售（营业）收入的5%。b. 企业发生的符合条件的广告费和业务宣传费支出，除国务院财政、税务主管部门另有规定外，不超过当年销售（营业）收入15%的部分，准予扣除；超过部分，准予在以后纳税年度结转扣除。c. 公益性捐赠支出，在年度利润总额12%以内的部分准予在计算应纳税所得额时扣除。

⑥不得扣除的项目。在计算应纳税所得额时，下列项目不得扣除：向投资者支付的股息、红利等权益性投资收益款项、企业所得税款、税收滞纳金、罚金、罚款和被没收财物的损失，超过规定以外的捐赠支出、赞助支出、未经核定的准备金支出与取得收入

无关的其他支出。

⑦应纳税额的计算公式为

应纳税额＝应纳税所得额×适用税率－应减免的税额－允许抵免的税额

（5）源泉扣缴

非居民企业在中国境内未设立机构、场所的，或虽设立机构、场所但取得的所得与其所设的机构、场所没有实际联系的来源于中国境内的所得，实行源泉扣缴，以支付人为扣缴义务人。其计算公式为

应扣缴税额＝支付单位每次支付款项×20%

（6）企业所得税的税收优惠

①免征、减征企业所得税的所得，包括：从事农、林、牧、渔业项目的所得；从事国家重点扶持的公共基础设施项目投资经营的所得；从事符合条件的环境保护、节能节水项目的所得；符合条件的技术转让所得；非居民企业在中国境内未设立机构、场所的，或虽设立机构、场所但取得的所得与其所设的机构、场所没有实际联系的来源于中国境内的所得。

②符合条件的小型微利企业，减按20%的税率征收企业所得税。国家需要重点扶持的高新技术企业减按15%的税率征收企业所得税。

③民族自治地方的自治机关，对本民族自治地方的企业应缴纳的企业所得税中属于地方分享的部分，可以决定减征和免征。

④企业的下列支出可以在计算应纳税所得额时加计扣除：开发新技术、新产品、新工艺发生的研究开发费用和安置残疾人员及国家鼓励安置的其他就业人员所支付的工资。

⑤创业企业从事国家需要重点扶持和鼓励的创业投资，可以按投资额的一定比例抵扣应纳税所得额。

⑥企业的固定资产由于技术进步等原因，确需加速折旧的，可以缩短折旧年限或者采取加速折旧的方法。

⑦企业综合利用资源，生产符合国家产业政策规定的产品所取得的收入，可以在计算应纳税所得额时减计收入。

⑧企业购置用于环境保护、节能节水、安全生产等专用设备的投资额，可以按一定比例实行税额抵免。

⑨由于突发事件等原因对企业经营活动产生重大影响的，国务院可以制定企业所得税专项优惠政策，报中华人民共和国全国人民代表大会常务委员会备案。

⑩其他税收优惠规定。《中华人民共和国企业所得税法》公布前已经批准设立的企业，依照当时的税收法律、行政法规规定享受低税率优惠的，按照国务院规定，可以在《中华人民共和国企业所得税法》施行后五年内，逐步过渡到《中华人民共和国企业所得税法》规定的税率；享受定期减免税优惠的，按照国务院规定，可以在《中华人民共和国企业所得税法》施行后继续享受到期满为止，但因未获利而未享受优惠的，优惠期限从《中华人民共和国企业所得税法》施行年度起计算。

（三）资源税类

资源税类主要包括资源税和城镇土地使用税等。

1. 资源税

资源税是以各种应税自然资源为课税对象，为了调节资源级差收入并体现国有资源有偿使用而征收的一种税。资源税在理论上可区分为对绝对矿租课征的一般资源税和对级差矿租课征的级差资源税，体现在税收政策上就叫作"普遍征收，级差调节"，即所有开采者开采的所有应税资源都应缴纳资源税；同时，开采中、优等资源的纳税人还要相应多缴纳一部分资源税。

2018年12月23日，《中华人民共和国资源税法（草案）》首次提请十三届全国人大常委会第七次会议审议。

（1）征税范围。资源税的征税范围，应当包括一切开发和利用的国有资源，但考虑到我国开征资源税还缺乏经验，所以《中华人民共和国资源税暂行条例》本着纳入征税范围的资源必须是具有商品属性，即具有使用价值和交换价值的原则。现行资源税税目包含七个，即原油、天然气、煤炭、其他非金属矿原矿、黑色金属矿原矿、有色金属矿原矿和盐。现行资源税税目的细目主要是根据资源税调节资源级差收入的需要（确定相应的税额）而设置的。原油、天然气税目是按开采企业设置细目的；煤炭税目具体又分为统配矿和非统配矿细目或子目，煤炭中的统配矿子目又按开采企业设置更细的品目，非统配矿子目进一步又按省区细划。其他矿产品主要是按品种划分子目，量大的矿产品，如铁矿石、铜矿石、铅锌矿石等又按资源的等级再细化。而授权由各省开征的品目则划分得比较粗。盐的税目也划分得比较粗，主要按盐的形态及其大的产区划分子目。

资源税对哪些产品征税，表明了资源税征收的广度。现行资源税的具体征收范围限定如下：

①原油，是指专门开采的天然原油，不包括人造石油。

②天然气，是指专门开采或与原油同时开采的天然气，暂不包括煤矿生产的天然气。海上石油、天然气也应属于资源税的征收范围，但考虑到海上油气资源的勘探和开采难度大，投入和风险也大，过去一直按照国际惯例对其征收矿区使用费，为了保持涉外经济政策的稳定性，对海上石油、天然气的开采仍然征收矿区使用费，暂不改为征收资源税。

③煤炭，是指原煤，不包括洗煤、选煤及其他煤炭制品。

④其他非金属矿原矿，是指上列产品和井矿盐以外的非金属矿原矿。

⑤黑色金属矿原矿，是指纳税人开采后自用、销售的，用于直接入炉冶炼或作为主产品先入选精矿、制造人工矿、再最终入炉冶炼的金属矿石原矿。

⑥有色金属矿原矿，是指纳税人开采后自用、销售的，用于直接入炉冶炼或作为主产品先入选精矿、制造人工矿、再最终入炉冶炼的金属矿石原矿。

⑦盐，包括固体盐和液体盐。固体盐是指海盐原盐、湖盐原盐和井矿盐。液体盐（俗称卤水）是指氯化钠含量达到一定浓度的溶液，是用于生产碱和其他产品的原料。

（2）纳税人。依照税法规定负有缴纳资源税义务的单位和个人，具体包括在中国境内开采规定的矿产品或者生产盐（以下简称应税产品）的国有企业、集体企业、私有企业、股份制企业、外商投资企业和外国企业、其他企业、行政单位、事业单位、军事单位、社会团体及其他单位、个体经营者及其他个人，纳税人的这一规定充分体现了资源税的"普遍征收"原则。

（3）计税依据。资源采用定额税率，其计税依据为课税数量。

（4）税率。资源税的税率为差别定额税率，不同种类的应税产品税率不尽相同；同一应税产品不同的开采企业或不同的产品等级税率也不尽相同。

（5）税额计算。应纳税额的计算公式为

$$应纳税额 = 课税数量 \times 单位税额$$

扩展阅读 2-13 资源税的产生与发展

2. 城镇土地使用税

城镇土地使用税是指国家在城市、县城、建制镇、工矿区范围内，对使用土地的单位和个人，以其实际占用的土地面积为计税依据，按照规定的税额计算征收的一种税。开征城镇土地使用税，有利于通过经济手段，加强对土地的管理，变土地的无偿使用为有偿使用，促进合理、节约使用土地，提高土地使用效益；有利于适当调节不同地区、不同地段之间的土地级整收入，促进企业加强经济核算，理顺国家与土地使用者之间的分配关系。

（1）征税范围。城镇土地使用税的征税范围包括在城市、县城、建制镇和工矿区内的国家所有和集体所有的土地。

（2）纳税人。城镇土地使用税的纳税人为拥有城镇土地使用权的单位和个人，或者实际使用城镇土地的使用人和代管人。

（3）税率。城镇土地使用税的税率采用差别定额税率，具体税额如下：大城市为 $1.5\sim30.0$ 元/m²，中等城市为 $1.2\sim24.0$ 元/m²，小城市为 $0.9\sim18.0$ 元/m²，县城、建制镇、工矿区为 $0.6\sim12.0$ 元/m²。各省、自治区、直辖市政府可根据本地的情况在上述幅度内确定本地区的适用税率。

（4）应纳税额的计算。其计算公式为

$$应纳税额 = 实际占用土地面积（m^2）\times 适用税额$$

3. 特定目的税

特定目的税类主要有土地增值税、城市维护建设税、固定资产投资方向调节税及耕地占用税。下面主要介绍前两种特定目的的税种。

扩展阅读 2-14 固定资产投资方向调节税

（1）土地增值税

土地增值税是对单位和个人有偿转让国有土地使用权、地上建筑物及其他附着物，取得的增值收益征收的一种税。在实际征收过程中，对纳税人转让房地产所取得的收入额减除规定的扣除项目金额后的余额计算征收，实行四级超率累进税率。

①课税对象和征税范围。土地增值税的课税对象是纳税人转让房地产取得的增值额。这里的转让房地产包括两种情况：一是转让国有土地的使用权，二是连同国有土地使用

权一并转让地上的建筑物及其附着物。

②纳税人。土地增值税的纳税人为转让国有土地使用权、地上建筑物及其附着物并取得收入的单位和个人。这里的单位包括一切企事业单位、国家机关和社会团体等组织，外商投资企业、外国企业及外国公民也是该税种的纳税人。

③计税依据。土地增值税的计税依据为其转让房地产取得的增值额，这里的增值额是指纳税人转让房地产取得的各项收入（包括货币收入、实物收入和其他收入）减去国家规定的各项扣除项目后的余额。

④税率。土地增值税实行四级超率累进税率，累进的依据为增值额与允许的扣除项目金额之比。土地增值税的税率如下。

a. 增值额未超过扣除项目金额50%的部分，税率为30%；

b. 增值额超过扣除项目金额50%，未超过扣除项目金额100%的部分，税率为40%；

c. 增值额超过扣除项目金额100%，但未超过扣除项目金额200%的部分，税率为50%；

d. 增值额超过扣除项目金额200%的部分，税率为60%。

⑤税额计算。其计算公式为

$$应纳税额 = \sum（每级距的土地增值额 \times 适用税率）$$

（2）城市维护建设税

城市维护建设税是以纳税人实际缴纳的增值税、消费税的税额为计税依据，依法计征的一种税。

①纳税人。按照现行税法的规定，城市维护建设税的纳税人是在征税范围内从事工商经营，缴纳"两税"（即增值税、消费税，下同）的单位和个人。任何单位或个人，只要缴纳"两税"中的一种，就必须同时缴纳城市维护建设税。自2010年12月1日起，对外商投资企业、外国企业及外籍个人征收城市维护建设税。

②税率。城市维护建设税的税率有三档，分别适用于位于不同地区的纳税人。纳税人所在地为市区的，其适用税率为7%；纳税人所在地为县、镇的，税率为5%；纳税人所在地不在市区、县和镇的，税率为1%。

③计税依据。城市维护建设税的计税依据为纳税人实际缴纳的增值税、消费税的税额。如果纳税人享受增值税、消费税减税或免税的，其同时可以享受城市维护建设税的减税或免税。纳税人缴纳"两税"时，要同时缴纳城市维护建设税。

（四）其他税类

1. 房产税

房产税属于财产税，是对纳税人拥有的房屋财产课征的税收。目前房产税只对国内的单位和个人征收，对外资企业和外籍个人征收城市房地产税。

（1）纳税人。房产税的纳税人是在中国境内拥有房屋产权的单位和个人。房屋产权属于国家所有的，房屋的经营管理单位为纳税人；产权属于集体或个人所有的，纳税人为集体单位或个人。

（2）课税对象和征税范围。房产税的课税对象是位于城市、县城、建制镇和工矿区的房屋,位于农村的房屋不属于房产税的课税对象。

(3)计税依据。房产税的计税依据为房屋的计税价值或者是房产的租金收入。房产的计税价值等于房产的原值减除其10%~30%后的余额。

(4)税率。房产税的税率为比例税率。按房产计税价值征收的,税率为1.2%;按房产租金收入课征的,税率为12%。但从2001年起,个人按市场价格出租居民住房用于居住的,可减按4%的税率缴纳房产税。

(5)税额计算。

从价计征是按房产的原值减除一定比例后的余值计征,其公式为

$$应纳税额 = 应税房产原值 \times (1 - 扣除比例) \times 1.2\%$$

从租计征是按房产的租金收入计征,其公式为

$$应纳税额 = 租金收入 \times 12\%$$

没有从价计征的换算问题纳税义务发生时间:将原有房产用于生产经营,从生产经营之月起,缴纳房产税。其余均从次月起缴纳。

个人出租住房的租金收入计征,其公式为

$$应纳税额 = 房产租金收入 \times 4\%$$

2. 契税

契税是对土地使用权和房屋产权的转让征收的一种税,属于对转移财产的课税,它也是一种财产税。中国的土地使用税和房产税是对纳税人拥有的土地使用权和房产所有权课征的财产税,而契税是对纳税人转让的土地使用权和房屋产权课征的财产税。

(1)课税对象。契税的课税对象是在中国境内转移的土地、房屋的权属包括国有土地使用权的出让、土地使用权的转让、房屋买卖、房屋赠与、房屋交换。

(2)纳税人。契税的纳税人为在中国境内转移土地、房屋权属的单位和个人。

(3)税率。契税实行3%~5%的幅度税率。各省、自治区、直辖市政府可以根据本地具体情况在该税率幅度内选择本地的适用税率。

(4)计税依据。国有土地使用权出让、土地使用权出售、房屋买卖,以成交价格为计税依据;土地使用权赠与、房屋赠与,由征收机关参照土地使用权出售、房屋买卖的市场价格核定;土地使用权交换、房屋交换,以所交换的土地使用权、房屋的价格的差额为依据。

(5)税额计算。其计算公式为

$$应纳税额 = 计税依据 \times 税率$$

3. 印花税

印花税是对经济活动和经济交往中订立、领受具有法律效力的凭证的行为所征收的一种税。

(1)征税范围。印花税的课税对象为具有法律效力的凭证,征税范围包括各种合同、产权转移书据、营业账簿、权利许可证照等。

(2)纳税人。印花税的纳税人为在中国境内书立、使用、领受印花税应税凭证的单位和个人。单位是指各类内外资企事业单位、机关团体、部队等组织以及个体工商业户

和其他个人，这些单位和个人又可以分为立合同人、立据人、立账簿人、领受人和使用人五种，对于应税凭证，凡是两方或两方以上当事人共同书立的，其当事人各方都应是印花税的纳税人。

（3）税率。设有比例税率和定额税率两类。各类合同、产权转移书据、营业账簿中记载资金的账簿，适用比例税率；权利、许可证照和营业账簿中的其他账簿适用定额税率（每件贴花5元）。比例税率设有五档：借款合同0.05‰，购销合同、建筑安装工程承包合同0.3‰，加工承揽合同、建筑工程勘探设计合同、货物运输合同、产权转移、记载资金的营业账簿0.5‰，财产租赁合同、仓储保管合同、财产保险合同1‰，股票基本税率为0.1%且单向征收。

扩展阅读2-15 印花税的来源

扩展阅读2-16 税收收入是中国财政收入的主要来源

（4）税额计算。其计算公式为

应纳税额＝应税凭证计税金额（或应税凭证件数）×税率

第三节 非税收入

非税收入是指除税收以外，由各级政府及其所属部门、事业单位、代行政府职能的社会团体及其他组织依法提供特定的公共服务，取得并用于满足一定社会公共需要的财政资金。

（一）非税收入的特征

（1）灵活性。非税收入的灵活性主要表现在三个方面：一是形式多样性；二是时间的灵活性，有的非税收入是为政府某一特定活动的需要，而在特定条件下出现的过渡性措施；三是标准的灵活性，各地可以根据不同时期本地的实际情况制定不同的征收标准。

（2）不稳定性。非税收入的来源具有不确定和不稳定的特点。由于非税收入是对特定的行为和其他特定管理对象征收，一旦该行为或该对象消失或剧减，某项非税收入也会随之消失或剧减。

（3）非普遍性。非税收入总是和社会管理职能结合在一起，有特定的管理对象和收取对象；未发生受管制行为的单位和个人排除在这一管理和征收范围之外，因此具有非普遍性。

（4）多样性。政府非税收入项目有多种，而且每年都有变化，为征收和管理带来一定难度。

（5）资金使用上的特定性。政府非税收入的使用往往与其收入来源联系在一起：行政事业性收费往往应用于补偿政府提供的公共服务的成本；罚没收入往往用于补偿外部负效果；国有资产与资源收益原则上应用于国有资产的运营和国有资源的开发等。

扩展阅读2-17 非税收入主要来源于三部分收入

（二）非税收入管理的基本原则

（1）依法遵规，规范管理。按照《中华人民共和国预算法》（以下简称《预算法》）和现行有关的法律法规和规章，遵照《财政部关于加强政府非税收入管理的通知》以及政府收支分类改革的要求，切实加强和规范政府非税收入管理。

（2）总体规划，分步实施。构建相对完善的政府非税收入征收管理体系工作规划，根据不同时期的经济发展状况和条件，分步实施。在工作中，注意选准工作重点、争取局部突破、以点促面，形成政府非税收入的管理新格局。

（3）因地制宜，分类指导。根据各地、各部门的实际情况，按照政府非税收入的不同特征，对各种政府非税收入项目进行分类管理。

（4）规范要求，加强监督。按照"收支两条线"、部门预算、政府收支分类和国库集中收付制度改革的要求，逐步推进和完善综合财政预算，加强政府非税收入的监督管理。

（三）政府非税收收入的主要内容

政府非税收入包括行政事业性收费、政府性基金、国有资源有偿使用收入、国有资产有偿使用收入、国有资本经营收益、罚没收入、彩票公益金、以政府名义接受的捐赠收入等。

（1）行政事业性收费：国家机关、事业单位、代行政府职能的社会团体及其他组织根据法律、行政法规、地方性法规等有关规定，依照国务院规定程序批准，在向公民、法人提供特定服务的过程中，按照成本补偿和非营利原则向特定服务对象收取的费用。

（2）政府性基金：各级政府及其所属部门根据法律、行政法规和中央有关文件规定，为支持某项特定基础设施建设和社会公共事业发展，向公民、法人和其他组织无偿征收的具有专项用途的财政资金。

（3）国有资源有偿使用收入：各级政府及其所属部门根据法律、法规、国务院和省、自治区、直辖市人民政府及其财政部门的规定，设立和有偿出让土地、海域、矿产、水、森林、旅游、无线电频率以及城市市政公共设施和公共空间等国有有形或无形资源的开发权、使用权、勘查权、开采权、特许经营权、冠名权、广告权等取得的收入。

（4）国有资产有偿使用收入：国家机关、事业单位、代行政府职能的社会团体、党团组织按照国有资产管理规定，对其固定资产和无形资产出租、出售、出让、转让等取得的收入。

（5）国有资本经营收益：国家以所有者身份从国家出资企业依法取得的国有资本收益，包括国有资本分享的企业税后利润、国有股股利、红利、股息，企业国有产权（股权）出售、拍卖、转让收益和依法由国有资本享有的其他收益。

（6）彩票公益金：国家为促进社会公益事业发展，根据法律、法规、国务院和财政部的规定，特许发行彩票筹集的专项财政资金。

扩展阅读 2-18 彩票公益金

（7）罚没收入：执法机关依据法律、法规和规章，对公民、法人或者其他组织实施处罚取得的罚款、没收款、没收非法财物的收入。

（8）以政府名义接受的捐赠收入：各级政府、国家机关、事业单位、代行政府职能的社会团体以及其他组织以政府名义接受的非定向捐赠货币收入。

（9）主管部门集中收入：国家机关、事业单位、代行政府职能的社会团体及其他组织根据同级财政部门的规定，集中的所属事业单位收入。

（10）政府财政资金产生的利息收入：税收和非税收入产生的利息收入。

第四节　公债收入

一、公债的概念及分类

（一）公债的概念

公债是指政府为筹措财政资金，凭其信誉按照一定程序向投资者出具的，承诺在一定时期支付利息和到期偿还本金的一种格式化的债权债务凭证。公债是各级政府借债的统称。中央政府的债务称为中央债，又称国债；地方政府的债务称为地方债。

公债是政府收入的一种特殊形式，具有有偿性和自愿性特点，除特定时期的某些强制性公债外，公众在是否认购、认购数额等方面拥有完全自主权。公债是政府凭借其信用按照有借有还的商业原则，以债务身份取得的收入，是政府信用主要形式。另外，公债也是政府运用的一种重要的宏观调控手段。

（二）公债的分类

1. 按发行期，公债可分为短期公债、中期公债和长期公债

短期公债是指发行期限在一年之内的公债，又称为流动公债。短期公债流动性大，因而成为资金市场主要的买卖对象，是执行货币政策，调节市场货币供应量的重要政策工具。

扩展阅读 2-19　永久公债

中期公债是指发行期限在 1～10 年之内的公债，政府可以在较长时间内使用这笔资金，因此其在许多国家占有重要地位。

长期公债是发行期限在 10 年以上的公债，其中还包括永久公债或无期公债，发行长期公债，政府长期使用资金，但由于发行期限过长，持券人的利益会受到币值和物价波动影响，因此长期公债的推销往往比较困难。

扩展阅读 2-20　中国外债近 2 万亿创下历史新高

2. 按发行地域，公债可分为国家公债和国外公债

政府在本国的借款和发行债券为国内公债，简称内债。发行对象是本国的公司、企业、社会团体或组织以及个人。发行和偿还用本国货币结算支付，一般不会影响国际收支。

政府向其他国家的政府、银行或国际金融组织的借款，及在国外发行的债券等，为国外公债，简称外债。

3. 按可否自由流通，公债可分为上市公债和不上市公债

可以在债券市场上出售，并且可以转让的公债，被称为上市公债。上市公债增强了公债的流动性，比较容易被推销，多数的公债是可以进入证券市场并被自由买卖的。

不可以转让的公债，称为不上市公司。之所以限定某些债券不可出售，往往具有政治、经济方面的特定原因和目的。为了保证发行，政府通常必须在利率和偿还方法上给予某些优惠。

4. 按举债形式，公债可分为契约性借款和发行公债券

政府契约性借款，是政府和债权人按照一定的程序和形式共同协商，签订协议或合同，形成债权债务关系。

公债券，即向社会各单位、企业、个人的借债采用发行债券的形式。发行债券具有普遍性，应用范围广。

5. 其他分类方法

如按发行主体，可分为中央公债和地方公债；按公债计量单位，可分为实物公债和货币公债；按利息状况，可分为有息公债和有奖公债；按公债用途，可分为生产性公债和非生产性公债。

二、公债的职能

（一）弥补财政赤字

通过发行国债弥补财政赤字，是国债产生的主要动因，也是现代国家的普遍做法。用国债弥补财政赤字，实质是将不属于政府支配的资金在一定时期内让渡给政府使用，是社会资金使用权的单方面转移。政府也可以采用增税和向银行透支的方式弥补财政赤字。但是，税收增加客观上受发展速度和效益的制约，如果强行增税，就会影响经济发展，使财源枯竭，得不偿失；同时，又要受立法程序的制约，也不易为纳税人所接受。通过向中央银行透支来弥补财政赤字，等于中央银行财政性货币发行，可能会扩大流通中的货币量，导致通货膨胀。比较而言，用发行国债的方式弥补财政赤字，一般不会影响经济发展，可能产生的副作用较小。原因如下：第一，发行国债只是部分社会资金使用权的暂时转移，流通中的货币总量一般不变，一般不会导致通货膨胀。第二，国债的认购通常遵循自愿的原则，通过发行国债获取的资金基本上是社会资金运动中游离出来的部分，也就是企业和居民闲置不用的资金，将这部分资金暂时交由财政使用，当然不会对经济发展产生不利的影响。当然，也不能把国债视为解决财政赤字的"灵丹妙药"，原因如下：财政赤字过大，债台高筑，还本付息的压力又会进一步加大财政赤字，互为因果，最终会导致财政收支的恶性循环；社会闲置资金是有限的，政府集中过多，将会减少民间部门可借贷资金的供给，或提高民间部门的投资成本，产生"排挤效应"。

扩展阅读 2-21 深陷经济陷阱，美国再发债救场

（二）筹集建设资金

发行公债为政府从事经济建设投资提供了重要的资金来源。对大多数发展中国家来说，建设资金的相对不足或短缺，往往是制约这些国家经济发展的主要问题。就我国而言，固定资产投资支出绝对数很大，如果不发行公债，势必要压缩投资规模，影响经济的发展。从这一角度来说，发行公债具有筹集建设资金的功能，人们通常称之为"负债发展经济"。

从资金来源上看，公债筹资建设资金来源稳定，可以长期使用。第一，社会资金的运动是一个连续不断的过程，在这一过程中游离出来的闲置资金也具有持续性和稳定性，这为发行公债提供了可靠的资金来源保证；第二，公债发行遵循自愿认购和有借有还的信用原则，容易被社会公众接受；第三，各国经济发展程度不同，资金占有量和充裕程度不同。因此，国家不仅可以发内债，还可以发行外债引进其他国家资金。

（三）调节宏观经济运行

公开市场业务是货币政策的一个重要工具。在资本市场日益发达的情况下，公开市场业务成为一种良好的货币政策选择。中央银行通过买卖适量政府债券，可以调节市场中流通的货币量。根据金融市场的变化主动对经济进行调整，而且可以实现直接的政策目标，这是调整法定存款准备金率和再贴现率利率两种政策手段无法直接达到的。

同时，公债也是实施财政政策、调控宏观经济的重要手段。这不仅是因为发行公债可以极大地增强财政用于宏观调控的财力，还在于政府有计划地借助公债的发行及其资金的使用，达到调节社会总供求、调节积累与消费的比例、调节经济结构的宏观调控的预期目的。

三、公债的发行与偿还

（一）公债的发行

1. 公债的发行条件

公债的发行条件包括发行价格、发行利率、发行期限等，其中最重要的是发行价格和发行利率。

（1）公债的发行价格。按照与票面价值关系，公债发行价格可以分为平价发行、折价发行和溢价发行。

平价发行，是指债券按面值出售。政府债券按平价发行必须具备两个条件：一是公债利率与市场利率大致一致，二是政府信用良好。

折价发行是指政府债券以低于票面值的价格出售。政府按发行价格取得收入，到期仍按票面值还本。政府债券折价发行的主要原因是，公债发行任务较重，需要政府提高利率或折价发行来调动投资者认购公债的积极性。如采取提高公债利率会引起市场利率的上升，会对经济产生紧缩性影响，为此，采取折价发行来给予投资额外收益是较好的选择。

扩展阅读 2-22　公债发行的价格公式

溢价发行是政府债券以超过票面值的价格出售。政府债券溢价发行，只有在公债利率高于同期市场利率的时候才能实现。

（2）公债的发行利率。公债发行利率是指公债利息与本金的比率，公债利率的选择与公债发行和偿还密切相关。一般来说，公债的利率越高，发行就越容易，财政未来支付的利息也越多；反之，发行困难，财政负担轻。因此，公债利率的确定要根据发行的需要，也要兼顾偿还的可能，权衡财政的经济承受能力，以及公债发行的收入与成本的对比。通常情况下，影响公债利率水平的因素主要有：①市场利率。市场利率是政府确定公债利息率的基础。②公债的期限。一般来说，期限越长，公债利率越高；期限越短，公债利率越低。③政府信用。一般来讲，政府信用程度越好，公债的安全性越高，公债的利率也就相对较低，可以低于市场利率。④政府的财政货币政策。当政府推行扩张性财政货币政策时，一般会更多地选择较低的公债利率，而推行抑制性政策时会选择较高的公债利息率，这是与经济波动周期的资金供求情况相适应的。

此外，公债的发行条件还包括公债的期限、公债的名称与发行目的、公债的发行对象、发行与交款时间、还本付息的方式、公债经销单位和债券流动性的规定等。

2. 公债的面额

公债的面额是指由政府核定的一张公债所代表的价值。面额的大小应根据公债的性质、发行对象及其认购能力大小来决定，上市的公债还应适应证券市场交易习惯，以利于市场交易。

3. 公债的发行方式

公债的发行方式多种多样，从世界各国来看，主要有公募招标和承购包销两种方式。

（1）公募招标方式。公募招标方式是指在金融市场上公开招标发行公债的一种方式。其特点是发行条件通过招标决定，招标过程由财政部门或中央银行负债组织。该方式主要适用于中短期政府债券，特别是国库券。

在现实条件下，公募招标的方式也有多种。按中标价格确定划分，分为美国式招标和荷兰式招标；按中标的标的物划分，分为价格招标、收益率招标和划款期限招标；按招标发行额划分，分全额招标和差额招标等。

该方式的最大特点是公债发行过程引入了市场竞争机制，使政府能更准确地根据竞标情况了解行情，降低发行成本，同时也能防止政府在债券市场上过度筹资。其缺点是政府不能迅速筹集巨额资金，而且技术要求较高。

扩展阅读 2-23　美国式招标和荷兰式招标

（2）承购包销方式。承购包销是指政府财政部门通过与公债认购团谈判、签订合同从而出售公债券的方式。公债认购团通常由商业银行、证券公司、投资公司等组成。政府财政部门先就拟发行公债的数额、发行价格、利率、期限以及发行费用等条件与公债认购团谈判，签订承销合同之后，由认购团将发行债券全部承购下来，再转向社会销售。如果认购团不能将公债全部售出，余下部分由其自行承担。该方式适用于中长期公债的发行。

该方式的优点是手续简便、筹款迅速，缺点是发行费用较高。此外，如果金融机构不能全部销售出去的话，余下部分自行承担，会增加流通中货币供给量，影响经济稳定。

（二）公债的偿还

偿还公债是国家信用的重要组成部分，公债到期，政府应按事先约定还本付息，以清偿债务。公债的偿还主要涉及两个方面：一是偿还方式，二是偿债资金来源。

1. 公债偿还方式

公债的偿还方式分为公债的还本方式和付息方式。

（1）公债的还本方式

①一次偿还法。这是指在公债到期日，按票面金额一次全部清偿。这是一种传统的债务偿还方法。其优点是公债还本工作和管理简便易行，不必为公债的偿还而频繁地筹措资金。其缺点是集中一次性偿还有可能造成财政支出的急剧增加，给国家财政和国库造成较大压力。特别是在偿债高峰到来时，更是如此。我国发行的国库券等公债大多采用这种方式偿还。

②买销偿还法，又称市场偿还法。这是指在债券到期前，政府委托证券公司等相关金融机构，以市价定期或不定期地从流通市场上购回所发行的公债。其优点是政府操作简单，偿还成本较低，可以及时反映政府的政策意图。同时，也为投资者提前兑现公债券提供可能。其缺点是政府工作量大，对工作人员素质要求较高。同时，因偿还期未到，政府提前购回，系违约行为，因而不宜全面推行。

③比例偿还法，又称分批逐步偿还法。这是指政府按公债数额，分批按比例偿还。该偿还方式不通过市场，政府直接向公债持有人偿还，因此，又称直接偿还。该方式包括平均比例偿还、逐年递增比例偿还、逐年递减比例偿还等。其优点是严格遵守信用契约，分散公债偿还对财政和国库的压力，避免集中偿还给财政带来的困难，但这种方式须频繁兑付本金。公债利率往往也要有所差别，还本越迟，利率越高，公债偿还工作量和复杂程度也会相应地增大。

④轮次偿还法。这是指政府按照债券号码的一定顺序分次偿还。通常是政府发行公债时即规定各种号码债券的偿还期限，供认购者自己选择。轮次偿还法也是一种直接偿还法，其特点与比例偿还法基本相同。

⑤抽签偿还法。这是指政府通过定期抽签确定应清偿债务的方法。一般以公债的号码为抽签依据，一旦公开抽签确定应清偿公债的号码之后，所有相同号码的公债同时予以偿还。抽签偿还法也属于直接偿还法。

⑥以新替旧偿还法。这是指政府通过发行新债券来偿还到期公债的方法。采用此方式的目的是缓解兑付高峰、财政资金紧缺和政府债务集中偿还的矛盾。采用该方式，严格来说政府没有按期偿还公债，不利于维护政府信用，因此不宜经常采用。

（2）公债的付息方式。公债的付息方式大体可分为两类：一是按期分次支付法，即在公债券到期前，分次支付利息，如按季度支付、半年支付或年支付等。该方式适用于期限较长或在持有期限内不准兑现的公债。二是到期一次支付法，即将公债应付利息同本金一起，在债券到期时一次性支付，一次性偿还本息。该方式多适用于期限较短或超过一定期限后随时可以兑现的债券。

2. 偿债资金来源

（1）预算直接拨款。预算直接拨款，即政府从预算中安排一笔资金来偿还当年到期公债的本息。预算拨款的具体数额，取决于当年到期公债本息的额度。

（2）预算盈余偿还。预算盈余，即政府动用上年预算收支盈余部分偿还到期债务本息。该方法增加了政府还债的灵活性，但前提是政府得有预算盈余。从目前世界各国来看，没有几个国家能做到预算盈余，因此该方法不具有实践价值。

（3）举新债还旧债。举新债还旧债，即政府通过发行新债券筹集资金偿还到期债务。从本质上来说，这不是好的债务偿还方式，容易使政府陷入债务循环之中。

（4）建立偿债基金。建立偿债基金，即政府每年从预算收入中拨出一定数额的专款，作为清偿债务的专用基金。基金逐年积累、专门管理，以备偿债之用。其优点是，为偿还债务提供了一个稳定的资金来源，可以均衡各年度的还债负担，有利于政府的正常预算和债务收支分离，对制定正确的财政政策十分有益。

扩展阅读 2-24 公债与国债的区别

四、公债的管理

（一）影响公债规模的因素

公债规模是一个国家政府在一定时期内举借债务的数额及其制约条件。公债规模是一个事关国家全局的宏观经济问题，必须把公债规模放在国民经济发展的大环境中去研究，把握好公债规模与宏观经济政策、经济增长率和宏观发展水平、金融市场化程度、政府管理债务水平之间的关系。其发行规模受以下几方面因素的制约。

（1）认购者的承受能力

公债的认购者包括居民和各经济实体，居民的认购能力受居民的收入水平和社会平均消费水平制约。具体来讲，居民对公债的认购能力与其收入水平呈正向关系，而与社会平均消费水平呈反向关系。各经济实体的对公债的认购承受能力受其自有资金的数量和维持正常积累及兴办各项事业对资金的正常需要量的制约。其对公债的认购能力与自有资金数量成正比，与维持正常积累及兴办各项事业对资金的正常需要量成反比。

（2）政府的偿债能力

政府的偿债能力通常由财政收入增长速度和国内生产总值（GDP）增长速度决定的。财政收入增长率反映了一定时期财政收入的规模扩大的趋势，增长速度越快，财政收入规模越大，财政收入在满足正常财政支出后，可用于归还到期公债本息的资金越多，政府的偿债能力越强；反之越弱。GDP 增长速度反映了一定时期经济发展的状况及国民经济发展对公债的承受能力，GDP 增长速度越快，则一定时期内的 GDP 在满足正常的积累和消费后，可供政府调度的资金越多，为政府举债创造了条件。如果正常财政收入不足以抵偿债务，则可通过发行新债方式来归还旧债，从而缓解政府的还债负担。

（3）公债的管理水平

如果政府对公债管理水平高，具体表现在发行费用很低，公债的种类结构、利率结构、期限结构合理，公债资金使用效率较高等方面，以相对较小的公债规模就可以产生较高的经济效应和社会效应。反之，就需要发行较大规模公债才能达到同样的效应。此外，制约公债规模的因素还有政府财政政策、货币政策的选择、社会生产关系类型等。

（二）公债规模的衡量

国际上衡量公债适度规模的相对指标主要有四个：公债依存度、公债负担率、借债率和偿债率。

（1）公债依存度

公债依存度是指一国当前的公债收入与财政支出的比率。其计算公式为

$$公债依存度 = （当前公债收入额 \div 当前财政支出额） \times 100\%$$

公债依存度反映了一个国家有多少财政支出是依靠发行公债来实现的。公债依存度越高，表明财政支出对公债收入的依赖性越强，财政越脆弱，对财政未来发展构成的潜在威胁越大。根据这一指标，国际上公认的控制线（或安全线）为国家财政的公债依存度是15%~20%，中央财政的债务依存度是25%~30%。

（2）公债负担率

公债负担率是指一定时期的公债积累额与同期国民生产总值的比率。其计算公式为

$$公债负担率 = （当年公债余额 \div 当年GDP） \times 100\%$$

公债负担率是衡量公债规模最为重要的一个指标。它是从国民经济的总体和全局，而不是仅从财政收支上来考察和把握公债的数量界限。根据世界各国的经验，发达国家的公债积累额最多不能超过当年GDP的45%，由于发达国家财政收入占国民生产总值的比重较大，一般为45%左右，因此公债积累额大体上相当于当年的财政收入总额，这是公认的公债最高警戒线。

（3）借债率

借债率是指一个国家当年公债发行额与当年GDP的比率。其计算公式为

$$借债率 = （当年公债发行额 \div 当年GDP） \times 100\%$$

该指标反映了当年增量GDP对当年公债增量的利用程度，反映当期的债务状况。偿债率越大，表明一国当年对公债的利用程度越高，从而也表明国民的负担重。一般说，国债借债率应与债务负担率匹配使用，如一国的债务负担率低，其国债借债率可适当提高，反之，则应严格控制。目前国际上国债借债率通常以10%为控制上限，我国采用的是西方经验数据，为3%~5%。

（4）偿债率

偿债率是指一年的公债还本付息额与财政收入的比率。计算公式为

$$公债偿债率 = （当年公债还本付息额 \div 当年财政收入总额） \times 100\%$$

扩展阅读 2-25　判断公债规模适度的五个标准

该指标反映了一国政府当年筹集的财政收入中，用于偿还当年到期债务支出所占的比重。该指标越高，表明当年该国偿还债

务的支出越多。债务收入的有偿性,决定了公债规模必然要受到国家财政资金状况的制约,因此,要把公债规模控制在与财政收入适当的水平上。国际上一般认为,一般国家的偿债率的警戒线为 20%,发展中国家为 25%,危险线为 30%。当偿债率超过 25% 时,说明该国外债还本付息负担过重,有可能发生债务危机。根据世界银行的建议,中国的偿债率以 15% 为安全线。

(三) 内债结构管理

建立合理的内债结构,需要注意对以下三个方面结构的管理。

(1) 期限结构

合理的期限结构能促使公债年度还本付息的均衡化,避免形成偿债高峰,也有利于公债管理和认购,满足不同类型投资的需要。公债期限结构的形成十分复杂,它不仅取决于政府的意愿和认购者的行为取向,也受到客观经济条件的制约。

对政府来说,多发行长期公债是有利的。因为,相对中、短期债券而言,长期公债筹集来的资金使用期限长,政府不仅可以安排长期的、大型的建设项目,也可以更好地安排还债资金。因此,政府在发行上倾向于长期化的公债期限结构。

对认购者来说,长期公债的流动性较差,在必要时转让和变现较困难,特别是在公债流通受到一定限制的情况下。为此,认购者更愿意购买中、短期公债。从社会经济条件对公债期限结构的制约来看,当社会经济形势较好,社会资金比较充裕时,发行长期债券的可能性较大。

正因上述因素的影响,公债期限结构的形成往往是一个复杂多变的过程。各国政府必须兼顾自身和应债主体两个方面的要求和愿望,同时考虑客观经济条件,对公债的期限结构做出合理的抉择。

(2) 持有者结构

公债持有者结构是指各类机构投资者,企业和各阶层居民实际认购公债的比例,又称为公债认购资金来源结构。一般来说,政府发行债券倾向于公债持有者相对集中,因为集中发行的成本较低,管理也比较容易。

(3) 公债利率水平与结构

利率水平与结构是否合理直接关系到偿债成本高低的问题。公债利率的选择和确定,是公债管理的重要内容之一。利率结构合理,利率水平低,可降低偿债负担;反之则加重偿债负担。

(四) 外债及外债结构管理

(1) 外债的主要形式

①外国政府贷款。这是指一国政府利用本国财政资金向另一国政府提供的优惠贷款。其利率较低,甚至无息。贷款期限较长,是一种带有经济援助性质的优惠贷款。该类贷款往往规定专门的用途,且一般以两国政治关系良好为前提。

②国际金融组织贷款。这是指联合国下属金融机构提供的贷款,主要有国际货币基金组织贷款和世界银行贷款。

③外国银行贷款。这是指由国际上的商业银行用自有外汇提供的商业性贷款,利率

大多以伦敦银行间同业拆借利率为基础,加上一定额度的差价。该种贷款一般要签订信贷协议,有的还要求借款国的官方机构予以担保。

④出口信贷。这是指由国家专门机构或银行以利息补贴国家担保方式,对出口贸易提供的含有官方补贴性质的贷款,包括买方信贷和卖方信贷。提供给本国出口商的称为卖方信贷,提供给外国进口商或进口银行的称为买方信贷。它是国家支持商品的出口(特别是金额大、交货期长的成套设备),加强贸易竞争的一种手段。

⑤发行国际债券。它是指以各种可兑换货币为面值发行的国际债券。该种形式正在成为国际信贷的主要形式,包括美元债券、欧元债券等。其特点是,对发行国或发行机构的资信要求较高、筹资金额较大、期限较长、资金使用较自由、发行手续比较烦琐、发行费用和利率较高。

(2)外债结构管理

①外债资金来源结构。外债来源结构包括两方面内容:一是债务资金的地区、国别来源;二是债务资金的机构(官方、商业银行或其他机构)来源。从资金来源地区、国别来看,应尽量多样化,这样既可保证资金供应的连续性,又可避免受世界经济、政治形势剧变的不良影响,以及经济上对某些资金大国的依附。从债务资金机构来源看,政府贷款和国际金融机构的贷款利率较低、偿还期限较长,但贷款用途往往受到限制;商业银行贷款虽限制较少,但是利率较高。因此,政府在举借外债时,应根据资金的用途和偿还条件,权衡利弊,对各种外债加以选择,努力降低借债成本。

②外债期限结构。合理的外债期限结构要求各种期限的债务之间保持适当的比例,长、中、短期外债合理搭配,以便相互协调,满足经济发展的多方位、多层次需要。同时,在债务的期限分布上,要求不同时间到期的外债数量与本国在各个期限内的偿债能力相适应,尽量避免出现偿债高峰。

短期外债的利率较高,易于筹集,但常常要受到国际金融市场波动的影响,所以其来源不稳定,风险较大。因此不能过多依赖短期外债。相比之下,中长期债务的风险要小一些。因此在外债的期限结构安排上,应避免短期债务的比例过高和债务期限的高度集中,应尽可能形成以中长期债务为主,短、中、长期合理搭配的期限结构。

扩展阅读 2-26 国家外汇局公布2020年6月末中国全口径外债数据

扩展阅读 2-27 中国的外债管理机构及其职能

③外债币种结构。币种结构是指外债总额中币种的构成,即各种外币债务在外债总额中所占的比重。外债币种结构的核心问题是如何在汇率不定的情况下保持适当的币种结构,从而避免因不同币种汇率变化而导致的损失。使币种结构合理化的基本方法有三种:一是合理选择货币,尽可能实现出口收汇币种与借款币种相一致;二是分散风险,举债时尽可能实现币种多样化;三是采取多种措施降低汇率风险。

④外债利率结构。利率结构是指外债以固定利率和浮动利率计算的债务之间的比例关系。借入外债不仅要考虑债务利率的高低,同时还要控制浮动利率的比重和保持固定利率债务的较大比

重,以利于预先确定利息支付数额,稳定利息负担。

⑤外债借入者结构。国际上通常将外债的借入者分为公共部门、私人部门和金融机构三大类。从实践看,外债借款者与外债的使用投向是紧密联系的,因此,在一般情况下,债务国内借款人结构合理,外债资金的投向就会合理,外债资金的使用效益就会比较高,也就不太容易出现债务支付困难;反之,容易造成还债困难。

本章小结

政府筹集财政收入用于安排财政支出,从而保证政府履行职能。财政收入是衡量政府财力的主要指标,是政府履行职能的财力保证。财政收入主要包括税收收入、非税收入、债务收入和其他收入等。组织财政收入有三个原则:一是发展经济、广开财源的原则,二是兼顾三者及两级利益的原则,三是公平与效率兼顾的原则。

财政收入的规模受经济发展水平、国家职能范围、收入分配政策和价格水平等因素的影响和制约。财政收入的结构包括财政收入的产业结构和地区结构。经济发展水平决定财政收入规模和数量,经济结构也决定财政收入的结构,财政规模和数量也会反作用于经济发展水平和结构。

公债是政府信用的主要模式,是政府实施宏观经济调控、促进经济稳定的一种工具。它的功能主要表现在四个方面:弥补财政赤字、平衡财政收支、筹集建设资金和调节宏观经济。政府对公债运行过程中所进行的决策、组织、规划、指导、监督和调节,就是公债管理,政府对公债的管理是从内债、外债两个方面进行的。

即测即练

复习思考题

1. 什么是财政收入?它是由哪几部分构成的?
2. 影响财政收入的主要因素有哪些?
3. 组织财政收入的原则和意义有哪些?
4. 财政收入中如何兼顾公平与效率?
5. 什么是财政收入规模?它受哪些因素的影响?

实训内容

为什么我国改革开放以来,财政收入总量增加而其占 GDP 的比重却下降?查询相关数据,寻找原因。

第三章

财 政 支 出

◇ **学习目标**

1. 了解财政支出的概念、范围及原则;
2. 理解财政支出的分类;
3. 领会市场经济下的财政支出结构;
4. 了解现阶段我国的财政支出状况。

◇ **技能目标**

1. 能够熟练运用所学财政支出的基础知识,分析现实中相关的经济现象;
2. 正确运用评价财政支出效益的方法,解决现实中财政支出中出现的问题。

◇ **素质目标**

1. 培养学生辩证地、全面地认识问题的能力;
2. 能够结合我国或者国际现实情况解析问题;
3. 能具有结合国情正确观察、分析社会经济现象。

◇ **导入案例**

中国国防费适度稳定增长,比上年增长6.6%

新华社北京2020年5月26日电(记者梅世雄)十三届全国人大三次会议解放军和武警部队代表团新闻发言人吴谦2020年5月26日接受媒体采访时指出,中国国防费适度稳定增长理所应当,很有必要。

有记者问,据媒体报道,2020年全国财政安排国防支出预算比上年增长6.6%,请发言人介绍这样安排的考虑。

吴谦说:"习主席深刻指出,'统筹发展和安全,增强忧患意识,做到居安思危,是我们党治国理政的一个重大原则'。"中国坚持发展和安全兼顾,富国和强军统一,坚持国防建设与经济建设协调发展,依据国家经济发展水平和国防需求,合理确定国防费规模结构。也就是说，我们在考量国防预算时，手中有两本账，既要算经济账，更要算安全账。

吴谦表示，近一段时间以来，我国在国家安全领域面临着一些新的风险挑战。从国际看，霸权主义、强权政治时有抬头，一些国家单边主义盛行，地缘政治风险上升，国际安全体系和秩序受到冲击。可以说，天下并不太平。从国内看，安全威胁多元复杂，反分裂斗争形势更加严峻，民进党当局挟洋自重，在分裂道路上越走越远。国土安全和海外利益也都面临着一些现实的威胁。在国家安全问题上，我们必须要有一个清醒的头脑，要做到居安思危，有备无患。

吴谦说，国防费的增长，也是中国军队履行更多国际责任的需要。随着中国军队的发展壮大，国际社会对中国军队提供更多公共安全产品的期待也在上升。中国军队积极支持联合国维和行动，已派35批海军舰艇编队赴亚丁湾、索马里海域实施常态化护航，积极参加国际灾难救援，赢得了国际社会的普遍赞誉。国防费保持适度稳定增长，将有助于中国军队践行人类命运共同体的重大理念，积极履行大国军队国际责任，为建设持久和平、普遍安全的美好世界做出更多贡献。吴谦表示，中国坚定走和平发展道路，坚定奉行防御性国防政策。中国国防费公开透明，开支水平合理适度。中国国防开支与维护国家主权、安全、发展利益的保障需求相比，与履行大国国际责任义务的保障需求相比，与自身建设发展的保障需求相比，还有较大差距。中国国防费适度稳定增长理所应当，很有必要。

（资料来源：新华网）

第一节　财政支出概述

财政支出是国家根据实现其职能的需要，通过财政分配渠道，对通过税收等收入形式所集中起来的财政资金进行有计划的再分配。它具体体现在政府对其所掌握的财政资金的安排、供应、使用和管理的全过程，反映了财政资金的规模、结构、流向和用途。财政支出通常也被称作政府支出或公共支出。

财政支出是财政分配活动的重要部分，是国家宏观调控经济运行的重要手段，对经济发展和社会进步具有非常重要的作用。通过财政支出，能够为政府机构提供财力保证，维持国家机器的正常运转，实现国家的职能；通过财政支出，能够直接或间接地对资源进行配置，并能调节和引导市场对资源的合理配置和有效利用；通过财政支出，能够调控经济运行的规模和结构，体现国家的宏观经济政策，促进国民经济持续、协调、稳定地增长。

一、财政支出的分类

财政支出的分类，是按照不同的标准对财政支出的内容进行科学的归类划分和比较分析。对财政支出进行科学分类，是为了正确区分各项支出的性质和特点，分析不同支出项目之间的联系及区别，探索财政支出的规律性，控制各项支出。

（一）按财政支出与生产及经济建设的关系分类

（1）生产性支出。生产性支出是指直接用于生产活动与经济建设的各项支出，如生产性建设支出、企业挖潜改造支出、流动资金支出、支援农村生产支出等。它在整个财政支出中占有重要地位，反映了财政的生产建设性。

（2）非生产性支出。非生产性支出是指和生产成本没有直接关系的，比如管理费用、销售费用、销售税金及附加、营业外支出等费用。财政支出中的非生产性支出是指与生产无直接关系的支出，主要包括非生产性固定资产支出、社会文教科学卫生支出、行政管理和公检法支出等。

这种分类方法有利于正确处理经济建设与社会发展的关系。随着社会主义市场经济体制的逐步建立，资源配置方式和国家职能的转变，企业逐步成为投资主体，财政用于生产性的支出比重逐步降低，且主要用于基础建设、支柱产业以及国家重点扶持的高新技术产业等。非生产性支出的比重会逐步提高，这有利于综合国力的提高。

扩展阅读 3-1　生产性支出和非生产性支出的关系

（二）按财政支出在社会再生产中的作用分类

（1）补偿性支出：用于补偿生产中已消耗掉的物质资料方面的支出，如企业更新改造支出和挖潜改造支出等。

（2）积累性支出：用于扩大再生产的各项支出，包括基本建设支出、增拨企业流动资金支出、支援农村生产支出及国家物资储备支出等。

（3）消费性支出：用于社会和个人消费方面的支出，包括国防、行政、科教文卫、抚恤和社会福利救济等方面的支出。

在我国财政支出中：补偿性支出的比例很小；积累性支出所占的比例较大，但近年来有所下降；消费性支出的比例正逐渐上升。这种分类方法有利于正确处理财政分配中的积累和消费的比例关系，促进国民收入分配合理比例关系的形成。

（三）按财政支出的方式分类

（1）无偿性支出。无偿性支出也称作财政拨款，是指通过政府预算，拨付用款单位的财政资金而无须其偿还的支付方式，主要适用于不直接从事生产经营活动、无固定收入、不具备偿还能力的非物质生产部门。

（2）有偿性支出。有偿性支出也称作财政贷款，是按照信用原则借给用款单位的财政资金，使用期满后需要偿还本金并支付一定的利息（或占用费）。这种方式主要是用于直接从事生产经营活动、有固定收入、有偿还能力的物质生产部门和商品流通部门。

扩展阅读 3-2　非物质生产部门

这种分类方法将支出方式与用款单位的经济性质结合起来，有利于用经济手段管理财政资金，促进用款单位加强经济核算，提高资金的使用效果。同时，也便于分析财政支出的直接效益和间接效益。

(四）按财政支出的经济性质分类

（1）购买性支出。购买性支出又称为消耗性支出，是指政府用于购买商品和服务的支出，包括购买进行日常政务活动所需的或用于国家投资所需的商品和服务的支出。前者如政府各部门的事业费，后者如政府各部门的投资拨款。这类支出的共同点是通过此类支出，政府掌握的资金与微观经济主体所提供的商品和服务相交换，即政府一手支付了资金，另一手相应地购买了商品和服务，满足了实现国家职能的需要。这类支出主要包括行政管理支出、国防支出、科教文化卫生支出、投资性支出等。

（2）转移性支出。转移性支出直接表现为财政资金无偿地、单方面地转移支付，即支出本身不直接形成政府对商品和服务的需求，而仅仅是对微观经济主体的单方面的货币或实物的授予。它包括社会保障支出、财政补贴支出、国债利息支出、国际组织增援支出和对外援助支出等。这类支出的共同点是政府支付了资金，却无任何所得，不存在商品和服务的交换问题，政府为获得微观经济主体的生产成果，只是在微观经济主体之间进行收入的转移分配，体现的是政府的非市场再分配活动。

(五）按财政支出的费用类别分类

（1）建设费：包括基本建设投资支出，国有企业挖潜改造资金，科技三项费，简易建筑费，地质勘探费，支援农村生产支出，工业、交通、商业等部门的事业费，城市维护费，国家物资储备费等。

（2）科教文卫费：包括用于文化、教育、科学、卫生、体育、通信、广播、电影、电视、出版、文物、地震、海洋等方面的经费、研究费和补助费等。

扩展阅读3-3　科技三项费用

（3）国防费：我国的国防费包括人员生活费、活动维持费、装备费。人员生活费主要用于军官、文职干部、士兵和职工的工资、伙食、服装等；活动维持费主要用于部队训练、工程设施建设及维护和日常消耗性支出；装备费主要用于武器装备的科研、试验、采购、维修、运输和储存等。我国国防费的保障范围，既包括现役部队，又包括民兵、预备役部队，并负担了部分退役军官供养和军人子女教育等方面的社会支出。

（4）行政管理费：包括用于国家行政机关、事业单位、公安机关、司法机关、检察机关、驻外机构的各种经费、业务费、干部培训费等。

（5）其他支出：包括债务支出和财政补贴等。

按费用类别对财政支出进行分类，可以清楚地揭示出一个国家执行了哪些职能以及侧重于哪些职能；按费用类别对一国财政支出结构进行时序分解，可以揭示该国职能演变的历史轨迹；对若干国在同一时点上的财政支出做横向比较，可以揭示各国职能的差异。

(六）按财政支出的管理权限分类

（1）中央财政支出：中央财政年度支出，包括中央本级支出、对地方税收返还和转移支付。由中央预算安排使用和管理，实现中央政府职能的各项支出。中央财政支出主

扩展阅读 3-4　税收返还

要承担国家安全、外交和中央国家机关运转所需要费用，调整产业结构、协调地区经济发展支出，以及由中央直接管理的事业发展支出。

（2）地方财政支出：地方政权为行使其职能，对筹集的财政资金进行有计划的分配使用的总称。地方财政支出，体现政府的活动范围和方向，反映财政资金的分配关系。地方财政支出主要承担本地区政府机关运转所需要的支出，以及本地区经济、事业发展所需的支出。这种分类有利于正确处理中央政府与地方各级政府之间的财政关系，为制定和完善财政管理体系提供依据。

（七）按财政支出的目的分类

（1）预防性支出。预防性支出是指政府用于维持社会秩序和保卫国家安全，不使其受到国内外敌对势力的破坏和侵犯，保障人民生命财产安全和生活稳定的支出，如行政管理支出、国防支出等。

（2）创造性支出。创造性支出是指政府用于促进经济稳定、协调发展和改善人民生活等方面的支出，如投资性支出、科教文卫支出、社会保障支出等。

这种分类方法可以揭示财政支出的具体用途、目标及其在经济、社会发展和人民生活改善等方面所起的作用。

（八）按财政支出的受益范围分类

（1）一般利益支出。一般利益支出是指支出效用覆盖全体社会成员，具有共同消费或联合受益特点的支出，如国防支出、行政支出等。

（2）特殊利益支出。特殊利益支出是指只给予社会中某些特定居民或企业特殊利益的支出，如社会保障支出、财政补贴支出等。

二、财政支出的原则

（一）财政支出管理的行政原则：厉行节约的原则

在社会主义市场经济体制下，国家财政的根本任务是进行公共分配和宏观调控，并促进微观经济主体的效率提高和经济增长。作为国家财政支出的一个重要组成部分，行政管理费、国防费、各种事业费的支出，都属于非生产性支出，它们并不直接创造物质财富，相反，主要是靠增加税收来满足的。如果国家行政事业机构过于庞大和行政事业经费过快增长，不仅不利于微观经济的发展和社会财富的增长，反而会消耗大量的社会财富。因此，行政性财政支出必须遵循厉行节约的原则。

厉行节约，不仅要求行政事业等非生产性单位要注意节约支出，同时也要求在经济建设支出中厉行节约。要在坚持合理需要正常满足的基础上，少花钱，多办事；少投入，多产出；少耗费，多积累。反对铺张浪费，提倡勤俭节约，提高财政资金使用效果，这是我国财政支出所必须坚持的最基本的原则。为贯彻厉行节约的原则，一方面需要加强财政支出管理，深化财政体制改革，从紧从严安排行政事业费支出；另一方面要精兵简政，加强廉政建设。

（二）财政支出管理的经济原则：合理配置资源的原则、公平分配的原则、促进经济稳定增长的原则

合理配置资源就是把现有的人力、物力、财力等生产要素合理按比例分配到各生产部门。合理配置资源是社会化大生产正常进行的前提条件，在市场经济条件下，市场在配置资源中起基础性作用。但是，由于市场机制的自发性、滞后性，需要政府进行宏观调控，协调经济发展。财政支出是政府进行宏观调控、合理配置资源的有力杠杆。通过财政合理安排支出，把一部分资源投向能源、交通、通信、农业等基础产业和重点工程；调节积累和消费的比例关系；通过财政支出，调整产业结构；增加对国有企业投资，保持公有制经济的主导地位；增加对经济落后地区的投资，平衡生产力的地区分布。总之，财政支出是宏观间接调控的有力手段。

扩展阅读3-5 社会化大生产

公平分配是保持社会稳定的前提条件。社会主义生产资料公有制的建立，为实现公平分配创造了社会条件。但是，市场体制的不完善，分配制度的不健全，凭借所有权取得的资本收入、部分承包者的经营收入等非劳动收入，以及凭借特权的灰色收入、黑色收入等，加剧了社会分配不公。这种分配不公积累到一定程度，会影响效率的提高。解决这一问题，除了依靠税收手段对高收入者多征税，还要利用财政支出手段，对低收入者给予补助，对失去劳动能力者、失业者、遭受自然灾害的人实行社会救济等，以实现相对公平的目标，促进社会稳定和发展。

在市场自发调节经济生活的过程中，经济发展必然具有周期性。但是，经济周期波动过大，就会破坏正常的经济秩序，国家通过宏观调控，干预经济生活，可以相对熨平经济周期。财政支出管理的经济原则之一，就是国家从宏观调控的角度出发，根据经济发展的状况，灵活地运用财政支出杠杆的调节作用，促进经济稳定增长。当经济过热时，减少财政支出会减少社会总需求，抑制经济发展；当经济疲软时，增加财政支出会扩大社会总需求，刺激经济发展。

扩展阅读3-6 黑色收入、灰色收入、白色收入分别指什么？

（三）财政支出管理的预算技术原则：量入为出和量需为出相结合的原则

量入为出的原则就是指国家建设规模要与国力相适应，安排财政支出要和财政收入相适应，是我国基本的理财原则。无论是经济建设、行政设施建设和改善人民生活水平，都要从现实条件出发，循序渐进，不可超过财力负担，特别是我国社会主义现代化建设事业规模宏大，而国家可能集中的财力总是有限的，只有坚持量入为出的原则，分清轻重缓急，才能逐步实现现代化目标。

量需为出是指在社会总供给与总需求失衡时，根据社会经济发展需要，安排财政支出。如当社会总需求已经严重大于总供给时，不能因为当年财政收入多，安排的支出就一定要增加，相反应当控制支出，实行结余预算政策；反之，当社会总需求严重不足时，不能因为当年财政收入少，安排的支出就一定减少，这里可以适当扩大财政支出，以刺激经济发展。

量入为出体现了财政预算的一般原则，量需为出是特定条件下的特殊处理方法。在一般情况下，预算支出必须坚持量入为出，不宜采取赤字财政。但在特定条件下，预算支出有一点赤字不一定是坏事，对经济发展有推动作用，但预算支出赤字必须有"度"。

三、财政支出规模及结构

（一）财政支出规模

财政支出规模是指政府在一定时期安排的财政支出的数量。财政支出规模通常表现为财政支出的总量，表现财政支出总量可以是支出数额的绝对量，也可以是财政支出占国民收入的相对量。

绝对指标是指财政支出的绝对数量，相对指标是指财政支出与相关经济变量的比例，如财政支出/GDP、财政支出/GNP、财政支出/国民收入等。

绝对指标比较直观，而且它是计算相对指标的基础。但由于它不能反映财政支出与国民经济其他变量之间的变动关系，因此，通常更注重相对指标。

如何衡量财政活动规模？可以通过财政收入与GDP之比、财政支出与GDP之比来反映，计算公式为

$$财政收入与 GDP 之比 = 当年财政收入/当年 GDP$$

$$财政支出与 GDP 之比 = 当年财政支出/当年 GDP$$

对于政府而言，通常财政支出大于财政收入，为什么呢？因为政府支出的钱来自于其收入，如税收、收费，还包括政府通过借债获得的钱，这部分债务收入不能计入经常性收入，但这部分钱的支出却可以计入财政支出，因此就出现了支出大于收入，即出现财政赤字。财政赤字及赤字率的计算公式为

$$财政赤字 = 财政支出 - 财政收入$$

$$赤字率 = （财政支出 - 财政收入）/GDP$$

财政赤字是指政府有意识地、有计划地利用预算赤字，以达到经济稳定增长的一种手段。2020年中国拟安排赤字率为3.6%，从国际比较看，中国的财政刺激力度较大。IMF的全球比较赤字率考虑了政府性基金预算的专项债以及城投债等内容，口径偏大。按此标准，IMF公布的 2017—2019 年中国赤字率为 3.8%、4.7%和6.4%，2020 年 4 月发布的《全球财政监测报告》中预计2020年中国赤字率为11.2%，低于美国（15.4%）、南非（13.3%）、加拿大（11.8%），但高于巴西（9.3%）、法国（9.2%）、英国（8.3%）、日本（7.1%）、德国（5.5%）和俄罗斯（4.8%）。

目前，较为流行的欧盟财政赤字率警戒线为3%。

扩展阅读 3-7　赤字率是什么意思？

（二）财政支出规模增长理论

当我们计算出这些指标数值后，究竟该怎么分析呢？分析离不开理论，需要借助财

政支出规模增长变化的学说。一个多世纪以来，世界各国的财政学家们针对公共支出绝对数额和相对数额都在不断增长的实际情况进行了大量的研究，形成了以下几种有代表性的支出增长理论。

1. 瓦格纳的公共支出增长理论（瓦格纳法则）

19世纪80年代德国著名经济学家瓦格纳曾致力于研究公共支出占GNP比例的原因，他在考察了英国工业化革命和当时的美、法、德、日等国的工业化状况之后得出结论，即当国民收入增长时，财政支出会以更大比例增长。随着人均收入水平的提高，政府支出占GNP的比重将会提高。这就是财政支出的相对增长。这一思想是瓦格纳提出的，被后人归纳为瓦格纳法则。

瓦格纳对此的解释：

（1）工业化的发展使得社会分工和生产的专业化日益加强，一方面带来社会的进步，另一方面也因经济交往日益复杂化而导致各种摩擦或社会冲突的加剧，这就必然要求更多的公共管制和保护活动，从而导致政府行政支出的增加。

（2）进入工业化发展阶段之后，具有外部性特征的行业越来越多，为了克服由于外部性而导致的资源配置效率降低和收入分配的不公平，政府需要更加直接地参与生产性活动，从而导致政府经济性支出的扩大。

（3）随着人们收入水平的提高，在需求的收入弹性的作用下，人们对教育和公共福利的需求也会扩大，从而造成政府社会性支出的增长。

瓦格纳法则的意义如下：

瓦格纳把导致政府支出增长的因素分为政治因素和经济因素。所谓政治因素，是指随着经济的工业化，正在扩张的市场与这些市场中的当事人之间的关系会更加复杂，市场关系的复杂化引起了对商业法律和契约的需要，并要求建立司法组织执行这些法律。这样就需要把更多的资源用于提供治安和法律设施。所谓经济因素，则是指工业的发展推动了都市化的进程，人口的居住将密集化，由此将产生拥挤等外部性问题。这样就需要政府进行管理与调节工作，需要政府不断介入物质生产领域，因而形成了很多公共企业。需求的收入弹性，即随着实际收入的上升，这些项目的公共支出的增长将会快于GDP的增长。

但瓦格纳关于公共支出增长的含义究竟是指绝对增长还是相对增长，在当时并不清楚。后来，其追随者进一步发展了该理论，其内容可以归纳如下：政府支出的增长幅度大于经济增长是一种必然趋势；政府消费性支出占国民所得的比例不断增加；随着经济发展和人均所得的上升，公共部门的活动将日趋重要，公共支出也就逐渐增加。导致财政支出增大的原因主要是随着经济的发展，原来由私人部门进行的若干活动，逐渐地由政府办理；人口的增加，城市的迅速发展，各种矛盾的激化，使得政府的行政、司法、经济管理、社会协调等方面支出扩大；由于某些投资所需财力较多，或出于调节经济活动的需要，政府就应参与投资、调控；随着国民所得的增加，政府对文化、福利方面的投资将会成倍增加。

扩展阅读 3-8　官僚行为增长论

扩展阅读 3-9　回顾美国次贷危机的三个阶段

瓦格纳法则适应了当时俾斯麦政府强化国家机器、扩大干预经济，以加紧对内镇压、对外扩张的帝国主义政策的需要，成为包括德国在内的各个帝国主义国家推行帝国主义财政政策的理论基础。

2. 皮考克和威斯曼公共支出增长理论（替代-规模效应理论）

20世纪60年代初皮考克和卫斯曼对英国1890—1955年间的公共部门成长情况做了研究，认为在较长的时期内，财政支出的增长并不是直线型的，而是呈现出阶梯性增长的特点，称之为"梯度渐进增长论"，即在正常时期财政支出呈现一种渐进的上升趋势，但当社会经历"动荡"（如战争、经济危机或其他严重灾害）时，财政支出水平将剧增，呈现出跳跃性增长态势。

财政支出增长的内在原因是公民"可容忍的税收水平"的提高。皮考克和卫斯曼认为，政府愿意进行更多的财政支出，以向公民提供更多的公共产品。公民拥有享受公共产品利益的权利，但不愿多缴纳税收。政府的征税水平一旦超过了公众"可容忍的税收水平"，公民就会通过手中的选票行使否决权。这个"可容忍的税收水平"是对政府财政支出的最高限额，是不能逾越的。但是随着经济的发展，人均收入水平的提高，税收收入在税率不变的情况下也将增长，从而使财政支出能随着经济同步增长，"可容忍税收水平"自动提高了，使正常时期财政支出保持渐进增长态势。

财政支出增长的外在原因是社会动荡所引起的超常的公共支出需求。在社会动荡时期，财政支出与经济发展同步逐渐上升的常规被打破了。例如，爆发战争或出现大规模的社会灾害会使得财政支出急剧增长。政府为了筹集这种应急资金，不得不提高税收的水平（增加新税或提高旧税税率），或者大量举债。这在正常时期是难以做到的，但在关系到社会和国家危亡的时刻，尽管已突破了"可容忍的税收水平"，公民还是能够接受。当战争或社会灾害结束后，财政支出并不会立即下降到原来的水平。

3. 财政支出增长的微观分析

财政支出增长的微观分析是通过把财政支出问题转化为公共物品的提供过程来进行的。

（1）公共部门产出水平的决定。以中间投票者理论和选票最大化政治家理论作为公共部门产出水平的决定理论。按照这一理论，被选出的政治家的行为，包括提供的各种产品、服务、政策和税收等，均能满足中间投票者的偏好，以求能再次当选。在这种情况下，政治家所领导的政府机构或部门作为一种非营利实体，总是力图使成本最低化。也就是说，政府部门提供的任何公共物品都是在按当时技术要求的最低成本生产的。

扩展阅读 3-10　中间投票人定理

因而，在其他条件不变的情况下：①若中间投票人的税基减少，则其可支配的实际收入会提高，于是对公共物品的需求量就会增加；②若中间投票人的收入提高，则对公共物品的需求量会上升；③若社会总税基扩大了，则对公共物品的需求量会增加。

（2）服务环境与财政支出。这里的环境是指影响生产一定水平的公共物品所需资源的社会经济和地理变量。如果社会经济环境发生了变化，公共物品的产出水平就会发生变化。以警察保护为例，在任何时候，中间投票人都需要一定水平的警察保护。假定这个保护水平已经处于均衡水平，为了提供该服务水平所付出的警察活动是处于特定环境中的，如果这一环境发生了变化，如该地区财产数量增加，抢劫现象频繁发生，为了保持原来的警察保护水平，就必须雇用更多的警察，从而使"警察保护"这一公共物品的产出水平发生变化。所以，公共支出的增加并不一定意味着公共服务水平的提高。同样的，在不增加公共服务水平的前提下增加了公共支出，也不一定是公共服务效率低下，原因很有可能是环境状况的恶化。因此在评价公共部门活动的效率时，不能仅从公共支出是否增加、服务水平是否提高来衡量，还必须对公共部门活动所处的环境状况加以考虑。

（3）人口变化与财政支出。从经验上看，人口数量的增加显然会要求政府部门提供的公共服务水平提高，例如，由于学龄前儿童数量的增加，要求教师数量和其他相关的教育部门投入也相应增加。当然，详细的分析还需依赖于政府部门所提供的产品和服务的性质。

如果政府提供的是公共物品和服务，在消费的过程中，增加一个消费者的社会边际成本为零。因此，人口数量的增加不会导致纯公共物品的生产成本上升，也没有理由预期人口增加将导致纯公共物品的支出增加。如果政府提供的是近似的公共物品，政府用于这类公共物品的支出增长速度会低于人口的增长速度。原因在于，这些近似的公共物品有一定的消费容量，人口变化所需增加的消费首先由已有的公共物品来满足，不足部分才由新增的财政支出所提供的产品和服务来满足。

此外，人口变化会通过价格效应作用于财政支出。在纯粹的公共物品领域，按照前面分析，其支出是不会增加的，但由于同样的财政支出分摊到更多的人口中，每个人所分担的份额下降了，这等同于每个人为其消费的公共物品支付的价格下降了，这样每个人对该种公共物品的需求就会上升，从而要求财政支出以小于人口增长率的速度上升。对近似的公共物品，同样存在类似的情况。

（4）公共物品的质量与财政支出。对公共物品质量的精确测量是非常困难的，但可以大致上进行区分。例如，当人们享受政府的某一项公共服务时，如果需要较长时间的排队，可以认为该项公共服务的质量较差，而当政府雇用更多职员以解决排队问题时，可以认为该项公共服务的质量有了提高。一般而言，质量较高的公共物品需要投入比质量较低的公共物品更多的资源。但是，随着投入的增加，质量提高的速度是下降的。因此，对公共物品质量的分析指标主要是根据投入的多少来测定的。如学生与教师的比例，在学生人数一定的情况下，如果投入的教师数量越多，学生与教师的比例越低，则教育的质量就越高。又如，病人与医生的比例，在病人人数一定的情况下，如果增加医生的数量，则医疗质量就会提高。

（5）投入品价格与财政支出。上述四个因素都旨在说明公共部门的活动扩张与财政支出之间的正相关关系。然而，公共部门生产中投入品价格的上升也会导致财政支出增加。公共部门同其他经济部门特别是服务部门一样，当成本增加不能被生产率提高、规模经济、技术进步等优势完全抵消时，财政支出就会增加。

鲍莫尔建立了一个模型，比较准确地解释了政府作为一个很大的服务部门，其生产成本持续性、累积性递增问题，还有助于我们理解投入品价格上升与财政支出增长之间的关系。

鲍莫尔模型可以推出以下结论：

①如果公共部门产出与私人部门产出的比率保持不变，劳动力资源必然从私人部门转向公共部门，劳动力的这种流动在一些工业化国家已得到经验证实。

②由于在公共部门的购买性支出中，有很大一部分花费在工资和薪金上，故公共部门的购买性支出比私人部门的支出增加更快。

扩展阅读3-11　鲍莫尔模型

（三）财政支出的结构

财政支出结构是各类财政支出占总支出的比重。财政支出结构优化是指在一定时期内，在财政支出总规模占国民生产总值比重合理的前提下，财政支出内部各构成要素符合社会共同需要且各构成要素占财政支出总量的比例相对协调、合理的状态。从社会资源的配置角度来说，财政支出结构直接关系到政府动员社会资源的程度，从而对市场经济运行的影响可能比财政支出规模的影响更大。不仅如此，一国财政支出结构的现状及其变化，表明了该国政府正在履行的重点职能以及变化趋势。

1. 中国央地财政与财政"四本账"

（1）整体：地方财政支出占比上升。自1994年分税制改革后，中央和地方在财政收入上做出划分，具体分为中央税、专项税以及中央和地方共享税，其中以共享税为主，中央通过税收返还和转移支付来实现地方收入，但是转移支付和税收返还具有一定的约束性，在地方支出需求上升的情况下，尤其是在2008年亚洲金融危机的冲击下，地方政府融资平台开始快速扩张，伴随而来的是地方政府隐性债务的增长。然而自城投公司的地方政府融资职能被剥离以来，地方政府债务监管总体趋紧，对融资渠道及其合规性的重视程度大大提高。

从中央和地方支出结构来看，地方政府承担主要支出责任。从历史进程来看，1994年分税制改革后中央上收财权，中央宏观调控能力上升；2001年后所得税分享改革，中央对地方转移支付大幅增加，伴随经济增长地方支出需求不断上升，地方财政支出逐步增加；2011年后中央地方支出结构较为稳定。至2017年，中央本级一般公共预算支出占14.70%，地方一般公共预算支出占比85.30%。

（2）地方财政预算"四本账"。从财政收支预决算的编制来看，根据《预算法》，全国财政支出主要分为一般公共预算支出、政府性基金预算支出、国有资本经营预算支出和社会保险基金预算支出四大类支出，全国财政预算支出由中央预算支出和地方预算支出组成。

根据《预算法》，一般公共预算支出是用于保障和改善民生、推动经济社会发展、维护国家安全、维护国家机构政策运转的支出。一般公共预算支出总量包括一般公共预算支出、补充预算调节基金及结转结余。其中中央一般公共预算支出包括中央本级支出、中央对地方税收返还和转移支付及中央预备费。政府性基金预算支出是指对依照法律、行政法规的规定在一定期限内向特定对象征收、收取或者以其他方式筹集的资金，专项用于特定公共事业发展的支出。国有资本经营预算支出是指对国有资本收益做出支出安排的支出，国有资本经营预算可调入一般公共预算中用于保障民生。社会保险基金预算支出是对社会保险缴款、一般公共预算安排和其他方式筹集的资金，专项用于社会保险的支出。社会保险基金预算实行单独编报，其不能用于平衡一般公共财政预算，但一般公共财政预算可补助社会保险基金。

2. 当前我国财政支出结构中存在的问题及优化原则、优化对策

（1）财政支出范围不规范，"越位"与"缺位"并存。政府及财政在资源配置领域的定位不明确，财政的职能范围与支出责任未能根据市场经济发展的要求做出相应的调整。一方面财政支出严重"越位"，即政府行政干预过多，充分发挥市场调节较少；另一方面财政支出又严重"缺位"，即财力过于分散，支出重点不明确，使得在应由财政供给的市场失灵的领域出现保障不足和无力保障的情况，这不仅使政府宏观调控的职能和力度弱化，同时也不利于市场经济体制的建立。

（2）财政支出的结构不合理。

①经济建设支出比重仍然偏高。我国经济建设支出有下降趋势，但下降缓慢，比重还是很高。长期以来，在经济建设为中心的思想指导下，经济建设支出一直是我国财政支出中份额最大的部分。

②行政管理支出增长过快。改革开放以来，政府的社会管理职能逐步扩大，机构人员逐步增加，行政管理费的增长是必然的。不可否认，行政管理支出的增长有随着经济发展、社会进步而增长的合理性的一面，但也有机构不合理膨胀、人员编制过多、服务效率低下等不合理的一面。

③财政支出在管理方面存在一定的问题。这主要表现在：一是支出预算编制粗化。我国目前的支出预算，编制前缺乏必要的论证过程，对预算科目是否保留、单位人员经费和公用经费是否有压缩的可能、单位之间是否平衡，都缺乏必要的量化分析和科学论证。二是支出预算约束软化。有的地方不按法定程序，随意追加支出预算。

（3）优化我国财政支出结构的原则。建立和完善社会主义市场经济体制是我国经济体制改革的目标，财政体制的改革和完善也必须以这一目标为中心。因此，优化我国财政支出结构应遵循以下原则：

①体现政府职能的原则。财政支出范围与政府职能范围密切相关。财政是政府职能在社会产品分配和再分配关系中的体现，政府有举办或组织实施社会公共事务的职能，财政就有为社会公共事务提供公共资金的职能。对于市场不能有效进行资源配置的私人物品领域，需要采用财政支出的形式进行弥补，以有效缓解经济发展的瓶颈，促进各项事业的发展。

②体现社会公共效益最大化原则。我国财政改革的目标是建立社会主义市场经济体制下的公共财政。规范财政支出结构应体现社会公共需要，财政支出范围应与社会公共需要相符。同时，政府应根据公共产品社会效益的不同，分层次、有重点地确定财政支

出范围。

③适应我国国情的原则。财政支出的结构受国家社会制度、经济体制、经济发展水平的影响。我国实行的是社会主义与市场经济相结合的体制，同时我国还是一个生产力发展水平较低的国家，社会化程度不高。因此，确定财政支出结构时，一方面要借鉴国外的经验，另一方面必须结合我国国情。收入分配通常体现效率原则，但往往难以兼顾公平原则，就要依靠财政支出手段来解决。

④体现财权与事权相统一原则。财政支出结构按行政级别划分有中央、省、市、县、乡五级财政支出，由于各级政府职责权限不同，财政支出范围也不同，即事权与财权应相一致。国家可通过立法等形式确定中央政府和地方政府各自的事权，根据各自事权确定相应的财权。在明确财政职责范围的前提下，合理、科学地划分中央与地方的支出范围。

（4）优化财政支出结构的对策。

①减少当前财政在事业单位的支出

减少财政在事业单位的支出，可以通过事业单位的改革逐渐实现。具体来说，可以首先将事业单位进行分类：第一类是偏行政性的事业单位，第二类是具有公益性质的事业单位，第三类是经营类性质的事业单位。

另外，对于改制后的事业单位也应该加强收入调节，减少各事业单位之间收入差距过大以及事业单位内部差距过大的现象，按照限高、稳中、补低的原则，制定合理的考核机制，使员工的收入与其创造的社会效益和对社会的长远发展带来的正面效果相挂钩。

通过这样的改革原则上可以减少财政对事业单位的支出，同时还可以增加对转制为企业的税收，提高经营类事业单位的效率，更好地发挥公益性事业单位的社会功能。

②减少财政支出对于国有企业的投入

经过多年的国企改革，我国的国有企业在竞争力和盈利能力方面都取得了长足的发展。因此，应该适当减少对国有企业的扶持，这样不仅能够实现国有企业的竞争压力，使国有企业能够成为更加合格的市场主体，还能使财政支出结构优化，将更多的资金用于实现社会保障、公共福利的支出。

③建立更加完善的绩效考核机制、公开预算管理制度

从以前单一的以GDP为考核的机制向多元化的机制转变，加入对政府的社会福利支出和公共服务支出的财政支出比例，实现其比例与当地经济发展水平相适应的比例关系，实现全新的政府官员激励机制。在地方政府中实行公开透明的预算管理制度，实现在预算前、预算中及执行过程中严格的审核审议和监督机制，防止地方政府以权谋私，通过财政支出大搞项目的现象出现，提高财政资金的利用效率，可以通过引入第三方监管机制进行执行前的审议及监控资金的使用，对资金利用率以及社会效益较差的支出进行重新审议，重新决算，在执行中发现问题的也要及时进行制止，尽量将资金的使用效率发挥最大的效用，避免财政资金滥用。

④建立完善的公共服务机制和转移支付体制

在制度方面探寻更加合理的中央与地方财权、事权的关系，公共服务机制的建立，通过中央一级的制度规范实现统一的规范调度，在进行转移支付的同时，既要照顾到地方政府的差距，以实现均等化为目标，也要防止一些地方政府坐享其成，通过靠中央的

转移支付来实现其自身的公共服务的支出，而把过多的资金投向经济建设项目上。要理顺中央与地方的财权事权关系，由于一些基本的公共服务需要地方来完成，地方肩负着提高公共服务基本化水平的责任，但是很多地方的财力又不足，因此要给予地方更多的财力，适当减少中央专项的转移支出，将财权向地方倾斜，同时保证激励的正面性，效率与公平要兼顾。通过制度上的完善来保障对社会福利、公共服务的支出，增加保障和改善民生支出，保持对经济增长和结构调整的支持力度。

⑤严格控制行政管理支出

我国的行政管理支出在财政支出中一直占有较大的比重，既是由于国家的行政规模存在着逐渐扩大的趋势，也与行政开销过度有关。因此应该完善政府机构的设置，使分散的权力更加集中，精简机构，减少多头监管，使监管责任更加明确，监管更加有效。进一步深化部门预算，同时要公开政府采购，防止以政府的名义购买高能耗的、高档的产品，使政府采购在阳光下运行，接受社会的监督。严格控制党政机关楼堂馆所的建设。严格控制人员经费支出，实行经费与编制双向控制的办法，严格按编制核定部门预算，对超编人员一律不安排经费。对于相应的违规行为，要制定严厉的处罚标准。

第二节　购买性支出

购买性支出是指政府及其职能部门直接用于购买商品和劳务的支出，它是政府自身直接实现的支出，一般用于维持国家机器运转和其他行政事业开支，在形式上是以政府为购买主体直接与商品和劳务相交换。这类支出反映了公共部门占用社会资源的要求，公共部门运用了这部分社会资源，就排除了私人部门运用这部分资源的可能性。在西方国家，购买性支出被计入国民生产总值和国民收入之内。

购买性支出基本上反映了社会资源和要素中由政府直接配置与消耗的份额，因而是公共财政履行效率、公平和稳定三大职能的直接体现。

一是购买性支出直接形成社会资源和要素的配置，因而其规模和结构等大致体现了政府直接介入资源配置的范围和力度，是公共财政对于效率职能的直接履行。这样，购买性支出能否符合市场效率准则的根本要求，是公共财政活动是否具有效率性的直接标志。

二是购买性支出中的投资性支出，将对社会福利分布状态产生直接影响，因而是公共财政履行公平职能的一个重要内容。

三是购买性支出直接引起市场供需对比状态的变化，直接影响经济周期的运行状况，因而是政府财政政策的相机抉择运作的基本手段之一，是公共财政履行稳定职能的直接表现。为此，必须正确把握财政的购买性支出对市场均衡状态的影响，以确保政府正确实施财政政策。

购买性支出的特点主要表现在以下两个方面：一是有偿性，此处的有偿性包括两层含义。一层是指政府在支出资金的同时，可以获得相应的商品和劳务补偿；另一层含义是指企业和居民获得政府的购买支出时必须付出相应的商品和劳务作为补偿。二是等价性，等价性是指政府用购买性支出在市场上购买商品和劳务的行为，是市场交易行为的一个组成部分，在交易时必须和一般购买者遵守等价交换原则。

购买性支出有如下影响：在一般情况下，政府购买的价格由市场供求关系决定。凯恩斯主义者主张政府通过财政政策干预经济活动，利用特权，单方面决定价格。在政府强制压低价格时，性质上等于政府在购买过程中向销售企业课征税收。在政府人为地提高购买价格时，政府定价高于市场价格的部分，在性质上等于政府在购买过程中向销售企业提供补贴。从而在国民收入初次分配中，购买支出体现了政府作为社会产品的需求者的经济活动。按照一般的需求理论，当购买支出增加时，政府对社会产品的需求增长，从而导致市场价格水平上升和企业利润率提高；企业因利润率提高而扩大生产规模，所需生产资料和劳动力也随之增多。所需生产资料增多，可能刺激生产这类生产资料的企业扩大生产；所需劳动力增多，会扩张对消费资料的社会需求，进而导致生产消费资料的企业扩大生产规模。在广泛存在社会分工条件下，由政府购买支出增加所引发的上述过程，将会在全社会范围内产生一系列互相刺激和互相推动的作用，从而导致社会总需求的连锁性膨胀。这既有可能形成经济繁荣局面，又有可能形成供给过度情况。相反，如果政府减少购买支出，随着政府需求的减少，全社会的投资和就业都会减少，从而导致连锁性的社会需求萎缩。这既可能形成需求不足，又可能对过度的总需求起到一定的抑制使用。西方学者认为，这种由政府购买支出变化引致社会投资、就业和生产规模的变化，往往数倍于政府支出变化的规模，故被称为政府支出的乘数作用。凯恩斯主义者正是以此为依据，主张政府通过财政活动干预经济。

一、社会消费性支出

社会消费性支出是政府用于社会公共服务方面的支出。该类支出是整个财政支出中最基本的支出内容，是必须优先保证的支出，其内容包括以下几种支出。

（一）行政管理支出

行政管理支出是财政用于国家各级权力机关、行政管理机关、司法检察机关和外交机构行使其职能所需的费用支出。它反映着国家性质和一定时期政治经济任务的主要方向，决定于国家政权结构及其范围，也是纳税人必须支付的成本。

我国的行政管理支出主要包括以下几类。

（1）行政管理费支出。这包括：①行政支出，其中又分为政府机关经费和人大经费；②党派团体补助支出，包括各党派补助费、政协经费、人民团体补助费等；③外交支出，包括驻外机构经费、出国费、招待费及其他外事费等。

扩展阅读3-12 人民团体

（2）武装警察部队支出以及非现役专业队伍的支出。

（3）公检法支出。这主要包括：①公安安全支出，其中又分为公安、安全机关经费、安全业务费、看守所、拘留所经费、干部培训费、专业学校经费及其他经费等；②司法支出，又分为司法机关经费、司法业务费、干部训练费、专业学校经费及其他经费等；③法院支出；④检察院支出，包括机关经费、业务费和干部培训费等；⑤公检法办案费用补助等。

行政管理支出占财政支出总额的比重是衡量一个国家政府机构行政效率高低的重要指标。该指标越低，说明政府机构行政效率越高。各国政府均十分注意控制该指标的增长。

（二）国防支出

国防支出是用于国防建设，以满足社会全体成员安全需要的支出项目。它是一个国家抵御外敌入侵、保卫国家安全的物质保证。我国财政的国防支出，其内容包括国防费、国防科研事业费、民兵建设费、动员预编费、招飞事业费、专项工程及其他支出。

国防支出水平的高低，一般取决于以下几个因素：

（1）经济发展水平的高低。国防支出规模从根本上说是由经济实力决定的，经济实力强，能用于国防方面的支出就大；经济实力弱，国防开支就会受到很大的限制。

（2）国家管辖控制的范围大小。一个国家领土越大，人口越多，用于保卫国土、保护国民安全的防护性开支就会越大。

扩展阅读 3-13 国防费主要用在哪儿？

（3）国际政治形势的变化情况。在爆发军事战争或处于军事对峙时期，国防开支会大幅上升；而在和平时期，国家周边外交政策比较成功，与邻近国家和睦相处时，国防开支会相应减少。

（三）科教文卫支出

科教文卫支出是指政府用于科技、教育、文化和卫生等方面的支出。该类支出对一个国家国民素质、健康水平以及社会文明水平的提高具有非常重要的作用。该项支出包括的内容很多，政府所属事业单位的经费开支基本都包括在该项支出中。其内容主要包括文化、教育、科学、卫生、通信、广播、文物、体育、地震、海洋等事业单位的日常经费开支和投资支出。

扩展阅读 3-14 中国国防费用高吗？

国际上，科教文卫支出占财政支出的比重是衡量一个国家政府社会公共服务能力和水平的一个重要指标，该指标越高，说明政府的社会公共服务水平越高，政府在社会发展中所做的贡献越大，因此各国政府不断提高该指标的比重。

扩展阅读 3-15 科教文卫支出的管理

二、政府投资性支出

政府投资性支出又称财政投资支出或无偿性投资支出，是以政府为主体，将其从社会产品或国民收入中筹集起来的财政资金用于国民经济各部门的一种集中性、政策性投资，它是财政支出中的重要组成部分。随着社会主义市场经济体制的建立，财政投资占财政支出的比重有所下降，但仍发挥着不可替代的引导结构调整的作用。财政投资支出首先可以弥补市场调节的不足，并可以通过财政投资乘数来引导和规范社会投资的投资总量和投资结构。因此，随着投资格局和投资主体的变化，政府需要注意宏观调控方式的变化。

（一）政府投资性支出的特点

（1）政府投资可以微利或不盈利。由于政府处于宏观调控主体的地位，这就使得财政投资一般不单纯从经济效益角度来评价和安排，可以从事社会效益好而经济效益一般的投资，如那些"外部效应"较大的公共设施、能源、交通、农业、通信以及治理污染等有关国计民生的产业和领域。因此，政府投资可以微利或不盈利，但是，政府投资建成的项目可以极大地提高国民经济的整体效益。

（2）政府投资的资金来源可靠。其资金可投资于大型项目和长期项目，这是非政府投资所不及的。

（3）政府投资具有很强的综合性。政府投资与财政、政府投资性支出与金融等宏观经济政策密切相关，具有很强的综合性。因此，投资规模、结构和布局直接影响到国民经济结构和区域经济发展，影响社会总供求的平衡。政府投资是调控经济运行的重要手段，对于保证国民经济健康、协调、稳定发展具有重要作用。

（4）长期性。企业或个人主要依靠自身的积累和社会筹资来为投资提供资金，自身积累规模和社会筹资都受到种种限制，一般难以投资规模宏大的建设项目，而且要追求盈利，一般主要从事周期短、见效快的短期性投资；政府财力雄厚，而且资金来源多半是无偿的，可以投资于大型项目和长期项目。

（5）外部性。企业囿于一行一业，投资不可能顾及非经济的社会效益；政府由于在国民经济中居于特殊地位，可以从事社会效益好而经济效益一般的投资，可以且应该将自己的投资集中于那些"外部效应"较大的有关国计民生的产业和领域。

扩展阅读 3-16　政府投资与非政府投资的区别

（二）政府投资的方式

（1）直接投资方式，即国家将其掌握的投资资金直接投入投资领域，这种方式的特点是国家以投资主体的身份进行投资，并直接经营投资项目。

（2）股份投资方式，即政府作为投资方之一，与其他投资主体一起通过购买股票或合资，共同参与投资、管理和收益分配。这种方式实现了投资主体的多元化，有利于补充财政投资资金的不足，明确投资主体的责权利关系，并加强资本的流动性，这是一种比较灵活的投资方式。

扩展阅读 3-17　政府投资方式的分类

（三）政府投资支出方向

1. 基础设施投资

基础设施投资是指具有满足社会公共需要特征的、服务于社会生产流通和人民生活的各种硬件与服务的总称。而对于企业来说，基础设施投资是指能够为企业提供作为中间投入以满足其生产的基本需求，能够为消费者提供所需要的基本消费服务，能够为社区提供用于改善不利的外部环境的服务等基本设施建设的投资。

（1）基础设施投资的性质。基础设施与其他产业相比，具有不同特征。从整个生产过程来看，基础设施为整个生产过程提供"共同生产条件"。

经济欠发达国家在经济增长过程中常常经受基础"瓶颈"的困扰，由于民间经济的财力有限，政府只能通过财政集中动员一部分资源，以加快基础"瓶颈"部门的发展。实际上，发展中国家的财政，除具有一般弥补"市场失灵"的作用外，还部分地充当着社会资本原始积累的角色。

基础设施投资与一般投资的关系：基础设施是处在"上游"的产业部门，基础设施投资是一种"社会先行资本"。它所提供的产品和服务构成其他部门（也包括本部门）必需的投入品和服务，如供电、供水、道路和交通等。基础设施在产业锁链中属于这样一类产业，即当基础产业、加工工业和服务业发展时，一般要求适度加大基础设施投资，要求基础设施适度超前发展。从价值构成上分析，基础设施所提供的产品和服务的价格，构成其他部门产品成本的组成部分，因而它们的价格变动具有很强的连锁效应，会引起整个产业成本的波动。

（2）基础设施投资的提供方式。从经济性质看，基础设施从总体上说可以归类为混合产品，可以由政府提供，可以由市场提供，也可以采取混合提供方式。从我国的实践来看，基础设施投资的提供方式主要有以下几种形式：

①政府筹资建设，或免费提供，或收取使用费。由政府独资建设的项目主要出于三种考虑：关系国计民生的重大项目，如长江三峡工程、青藏铁路、南水北调工程；维护国家安全的需要，如宇航事业、核电站、战备公路；反垄断的需要。

②私人出资、定期收费补偿成本并适当盈利，或地方主管部门筹资、定期收费补偿成本。如贷款修路、收费还贷。

③政府与民间共同投资的提供方式。

④政府投资，法人团体经营运作。

⑤BOT 投资方式（建设-经营-转让投资方式）。

2. 农业投资

农业财政投资是指财政用于扶持、发展农业方面的支出。农业是财政投资的另一个重点，是国民经济的基础。

（1）投资必要性

①农业部门的社会经济效益大而直接经济效益小，经济效益要通过加工、流通部门辗转折射出来。

②农业对自然条件和基础设施的依赖性较强。

③农业是风险产业，自然风险与市场风险同在，生产难免有周期波动。

④农产品需求弹性小，市场扩张处于不利地位。

上述这些特殊性，决定了农业财政投资的必要性。

（2）投资意义

①农业生产为我们提供了基本的生存条件，为其他生产活动提供了基础。

②农业劳动生产率的提高是工业化的起点和基础。

③稳定农业是使国民经济持续稳定发展的重要因素。

（3）资金来源

要使农业部门和农户自身的积累成为农业投资的主要资金来源，有两个条件是必不可少的：

①农产品的销售收入必须高于农业生产的投入成本。

②农业投资的收益率必须高于，至少不低于全社会平均的投资收益率。

信贷资金对农业的投入也可以成为农业投入资金来源的一部分。这一来源的保证，也应满足上述两个条件，同时其自身还有特点：一是有借有还，不发生所有权的转移，适宜处理不同经济主体之间的资金往来关系；二是到期偿还并需支付一定利息，可以促使用款人合理节约地使用资金；三是方式多样、范围广泛、适应性强。在处理财政支农投入与信贷资金支农投入时应针对信贷资金的特点，坚持信贷资金投入为主、财政投入为辅的原则。

（4）投资重点

①农村和农业基础设施的投资。农村基础设施投资主要有农村基础教育、卫生设施的投资和交通道路、电网建设的投资。农业基础设施主要是进一步加强大江、大河、大湖的综合治理，集中资金建一批具有综合效益的大中型水利工程，以改善农业生产条件，提高农业综合生产能力。

②农业生态环境领域的投资。政府应增加绿化、水土保持和防护林建设的投入，加大改善农业生态环境的投资力度。

③农业研发和科技推广领域的投资。农业发展的根本途径在于改造传统农业，提高农业劳动生产率，这就需要政府增加农业研发和科技推广领域的投资。例如，扶持农业科研单位开展农业科学研究，推动新品种和新技术的开发；增加农业技术推广投入，增加农业部门的教育和培训的经费投入等。

（5）农业投资的原则

①效率原则。效率原则是指财政部门对农业财政资金支出进行有效配置，使既定的资金产生最大的产出或效益。农业财政资金监督成本较高，存在财政资金使用的低效或无效，农业财政资金的效率原则要求政府合理使用国家资金。不但农业财政支出讲求经济效率，而且要提高社会资金在农业中的使用效率，保证良好的社会效果和生态效果，达到社会资源的有效配置。

②公平原则。政府应统筹农业财政资金的投向和数量，协调好发达地区和欠发达地区的利益。政府须了解居民的真实需要，由公众选择所需要的公共产品，以减少公共产品生产的浪费，避免公共产品分配不公平。此外，公平原则并不是要求对财政资金进行平均分配。

③稳定原则。稳定原则包括两层含义。一是农业财政资金投入本身要根据农业发展的要求保持稳定的增长率，不能忽高忽低，从而造成农业经济增长的波动。二是要求农业财政资金成为农业经济波动的"稳定器"。市场机制虽然能够很好地提供经济激励，提高资源配置的效率，但是由于农户个体经济行为的自发性和分散性，以及农业生产容易受到自然因素和人为因素影响的特性，单靠市场的力量不能很好地实现农业经济稳定增长，即便实现也将是个漫长的动态调整过程。因此，需要政府对经济生活进行适度的干

预，使分散的微观经济活动收敛于政府宏观经济目标。通过政府财政收支变化，实现农村充分就业，保证农村物价稳定，促进农业稳定增长。

④持续原则。持续原则首先要求农业财政资金投入保证农业的持续发展。农业财政资金投入区别于农户和其他社会农业投入的一个重要特点是农业财政资金支出不仅注重经济效率的提高，更具有公益性、超前性的特点，它兼顾近期目标和中短期目标，注重投入的社会、生态效果。持续原则还要求农业财政支出可持续，政府资金的使用考虑到通过提供公共产品、促进农业增长、培养税源，实现财政收入的持续增长，进而实现农业财政支出的持续增长。

另外，在WTO的框架下，政府各种农业财政资金的支出还必须遵守WTO《农业协议》的有关规则和国际惯例。

3. 财政投融资

财政投融资是指政府为实现一定的产业政策和财政政策目标，通过国家信用方式把各种闲散资金，特别是民间的闲散资金集中起来，统一由财政部门掌握管理，根据经济和社会发展计划，在不以营利为直接目的的前提下，采用直接或间接贷款方式，支持企业或事业单位发展生产和事业的一种资金活动。也就是指政府为了加强宏观调控，以实现特定的政策目标为目的，运用信用手段，直接或间接地有偿筹集资金和使用资金的政府金融活动。财政投融资是一种政策性投融资，它既不同于无偿拨款，也不同于一般商业贷款。

（1）财政投融资的基本特征

①它是在大力发展商业性投融资渠道的同时被构建的新型投融资渠道。随着社会主义市场经济体制的逐步建立和完善，市场融资的份额将扩大，专业银行商业化的趋势不可逆转，在这种条件下，构建政策性投融资机制只会加快而不会阻碍专业银行商业化的发展方向。只有把专业银行的政策性业务分离出来，专业银行才可能真正实现商业化的经营目标。

②财政投融资的目的性很强，范围有严格限制。概括地说，它主要是为具有提供"公共物品"特征的基础产业部门融资。换句话说，它主要是为需要政府给予扶持或保护的产品或直接由政府控制定价的基础性产业融资。随着体制改革的深化，由体制性因素形成的"公共物品"应逐步减少，市场商品的范围应扩大，许多基础工业产品在条件成熟时，价格应放开，并通过发展企业集团形式谋求发展，因此，财政投融资的范围是受到严格限制的。

③虽然财政投融资的政策性和计划性很强，但是它并不完全脱离市场，而应以市场参数作为配置资金的重要依据，并对市场的配置起补充调整作用。

④财政投融资的方式和资金来源是多样化的。既可通过财政的投资预算取得资金，也可通过信用渠道融通资金；既可通过金融机构获取资金，也可通过资本市场筹措资金，部分资金甚至还可以从国外获得。

所谓一般财政投资是政府的各级财政部门，根据财政预算投资计划无偿拨给企业用的专项资金。这种投资形式多半用于国有企业，其特点有四：一是专款专用；二是要接受财政部门的监督；三是用财政投资形成的固定资产等的所有权属于国家；四是无偿性，不需要企业偿还，如果有结余要上缴财政部门。

（2）财政投融资的筹集资金渠道

一是预算拨款，但作为无偿使用的资金，预算拨款在整个资金来源中不能占太大比重。二是邮政储蓄存款和社会保障基金的剩余金，从发展趋势看，应将其作为重要资金来源。三是政府担保债券和政府担保借款，诸如向各专业银行发行中长期建设债券等。四是各种民间资金，应作为资金来源的重要组成部分。五是预算外资金"专户储存"中间歇资金的一部分，但不包括那些周转快、间歇时间短的预算外资金。六是增加政策性银行筹资量。财政投融资机构除采用借款等融资方式外，还可通过发行股票、债券和其他有价证券等方式进行直接融资。

（3）财政投融资体制的现实意义

①财政投融资是我国经济发展初级阶段的需要。

②财政投融资的特点，在于既体现政府政策取向，又按照信用原则运营，投资的主要领域是先行资本或公共物品。因此，财政投融资填补了财政无偿投资和商业金融投资的空白，填补了准公共产品投资的空白。

③财政投融资可以形成对企业和商业银行投资的诱导机制。

4. 政策性金融机构

政策性金融机构是指那些由政府或政府机构发起、出资创立、参股或保证的，不以利润最大化为经营目的，在特定的业务领域内从事政策性融资活动，以贯彻和配合政府的社会经济政策或意图的金融机构。政策性金融机构具有以下特征。

（1）政策性金融机构不以营利为主要经营目的。政策性金融机构的经营活动不以营利为主要目的，而是以实现政府的经济政策或意图作为经营活动的根本准绳，以国民经济的总体利益作为其行为的目标和出发点。这是政策性金融机构与商业性金融机构的一个根本区别。

不以营利为主要目的、不追求利润最大化是由政策性金融机构的性质决定的，也是社会经济发展的需要。只有不以自身的营利为根本目的，才能避免各种利益诱导，服从宏观协调发展和社会稳定的大方向，发挥其特有的职能。当然，不以营利为主要目的并不意味着政策性金融机构完全忽视经营的效益性，作为金融企业，在经营活动中也要实行独立核算、自主经营和自负盈亏，亏损不是政策性金融机构的经营目的。

（2）政策性金融机构资金主要来源于政府。大多数商业性金融机构是由私人出资设立的，一般采取股份公司的形式。而政策性金融机构一般是由政府或政府机构出资设立，出资方式有全额出资、参股和通过另一家金融机构间接设立，因为它们具有政府参与的背景。政府出资建立政策性金融机构，可使政府政策贯穿于政策性金融机构的融资活动中，比如对融资对象的选择、融资成本的界定等。

（3）政策性金融机构有确定的业务范围。政策性金融机构具有确定的业务领域和服务对象，其业务领域主要是农业、房地产业、进出口贸易、中小企业、经济技术开发等基础部门或领域。这些部门或领域有的对国民经济发展具有较大现实意义，需要采取特殊措施予以鼓励；有的是国民经济的薄弱环节，如无特殊支持与保护，将会停滞不前甚至萎缩；有的是对社会稳定、经济均衡协调发展有重要作用，需要政府给予特殊政策，重点扶持。其共同特点是不易得到商业性金融机构的资金支持，需要由政府设置专门的金融机构予以特殊的资金支持，以形成最佳的资源配置。政策性金融机构业务活动立足于弥补一般商业性金融机构的不足，业务范围相对狭小、单一，尽量避免与商业性金融机构争业务，避免相互之间发生竞争，而是与后者形成"互补"关系。因此，政策性金融机构的资金运用方向不可能是综合的，它必然是拥有确定的业务领域和对象的专业性金融机构。

（4）政策性金融机构有特殊的融资原则。与商业金融机构讲求安全性、流动性、盈利性的经营原则不同，它有一些特殊的融资原则。首先，在融资条件或资格上，融资对象必须是从商业性金融机构不易得到融资的条件下，才有从政策性金融机构获得资金的资格。这些融资对象很难得到商业性金融机构的资金扶持，但又亟待得到资金支持以生存和发展，只能从政策性金融机构获取融资。其次，贷款条件优惠。由于政策性金融机构的贷款对象多为投资期限长、风险较大、利润率较低的项目，因此，它的贷款条件明显优惠于商业性金融机构。具体反映在其贷款主要或全部用来提供中长期资金，贷款利率明显低于商业性金融机构的同类贷款利率，有的甚至低于自己的筹资成本。如因此造成亏损，由财政予以补贴。最后，引导其他金融机构自愿将资金投向国家政策扶持的领域。对于其他金融机构所从事的符合国家政策目标的贷款活动，予以多种方式的鼓励与推动，如给予偿付保证、提供利息补贴或再融资等，从而支持、鼓励和推动更多的金融机构开展政策性融资活动。

（5）政策性金融机构有独立的法律依据。政策性金融机构一般实行单独立法。绝大多数国家的政策性金融机构不受普通银行法（或商业银行法）的制约，而是以单独的法律、条例规定其宗旨、经营目标、业务领域与经营方式、组织体制等。在金融制度较为完善的国家，均有独立的政策性金融法规来约束政策性金融机构的行为。

（四）政府投资的要求

（1）政府投资要严格限制在公共领域，包括公益性项目和基础设施项目，并允许企业集团、实力较强的私营企业对有盈利能力的公益性和基础性项目进行投资。政府投资要进一步划分为公共事业投资和产业投资，并实行不同的投资管理模式。政府投资项目要实行项目法人责任制，严格按现代企业制度要求进行经营管理，确保投资者的利益和风险约束机制得到落实。建立政府投资的项目评估审议制度和错案追究制度，促进投资决策民主化、科学化。广泛引入竞争机制，大力推进规范的招标承包制度。

（2）创建公共财政支出框架，调整支出结构，确定支出范围。保证国家机器的正常运转，加大对社会公益事业的支持，扶持农牧业生产和扶贫，搞好非经营性基础设施建设。实现职能回归，压缩生产性基本建设投资和企业挖潜改造资金，财政资金坚决退出生产性和竞争性领域。理顺财政职能与企业发展的关系，财政对企业扶持仅限于安排下岗职工基本生活保障和再就业补助，剥离企业中的社会事业机构等。在完成事业单位机构改革的基础上，按照"公益"标准确定事业单位类别，根据情况安排资金。

（3）政府投资对经营性基础设施项目，要积极推动产业化经营，改变目前基础设施项目主要由政府"一家抬"局面，减轻财政负担。对有收益的基础设施项目，如轨道交通、收费公路、自来水厂、燃气、热力以及污水、垃圾处理设施等政府要采取招标方式选择投资企业，政府赋予投资企业项目的特许经营权。对中标的投资者采取BOT（建设－经营－转让）、BOOT（建设－拥有－经营－转让）、BOO（建设－拥有－经营）和BTO（建设－转让－经营）等多种建设方式。

（4）要合理安排投资布局，调整区域产业结构。投资布局即政府投资在各地区的分配比例关系，是政府投资政策的重要组成部分。我国地区经济发展不平衡，合理安排布局意义重大，它不仅有利于调节生产力布局和区域产业结构，而且也是调节地区差距、促进地区协调发展的必要手段。

第三节 转移性支出

转移性支出是指政府按照一定方式，把一部分财政资金无偿地、单方面地转移给居民和其他受益者的支出，主要有补助支出、捐赠支出和债务利息支出，它体现的是政府的非市场性再分配活动。在财政支出总额中，转移性支出所占的比重越大，财政活动对收入分配的直接影响就越大。

一、社会保障支出

社会保障支出是指政府通过财政向由于各种原因而导致暂时或永久性丧失劳动能力、失去工作机会或生活面临困难的社会成员提供基本生活保障的支出。

（一）社会保障支出的特征

（1）社会保障支出的覆盖面具有全社会的广泛性。社会保障支出是由政府在社会范围内组织实施的，实施主体是国家，目的是满足全体社会成员的基本生活需要，因此社会保障的受益范围是广泛的，保障的辐射角度也是全方位的。

（2）社会保障支出的受益人为遇到生、老、病、残、失业困难而需要获得物质帮助的人，并且该受益人的受益程度是有约束性的，其只获得基本的生活保障。

（3）社会保障有一定的立法性和强制性，社会保障作为政府的社会政策，在为全体社会成员提供保障的同时，也要求全社会共同承担风险，这就牵扯社会的各个方面，涉及各种社会关系。为了使社会保障具有权威性，正确地调整各阶层群体以及个人社会保障利益关系，就必须把国家、集体（雇主）、个人（雇员）在社会保障活动中所发生的各种社会关系用法律形式固定下来。社会保障支出的实施范围、实施办法等有相关的法律规定。

（二）社会保障支出的内容

社会保障支出的内容主要包括社会保险、社会救助和社会福利。

1. 社会保险

社会保险是一种为丧失劳动能力、暂时失去劳动岗位或因健康原因造成损失的人提供收入或补偿的一种社会和经济制度。社会保险计划由政府举办，强制某一群体将其收入的一部分作为社会保险税（费）形成社会保险基金，在满足一定条件的情况下，被保险人可从基金获得固定的收入或损失的补偿，它是一种再分配制度，它的目标是保证物质、劳动力的再生产和社会的稳定。社会保险的主要项目包括养老保险、失业保险、医疗保险、工伤保险等。

（1）养老保险。养老保险是社会保障制度的重要组成部分，是社会保险四大险种中最重要的险种之一。所谓养老保险（或养老保险制度），是国家和社会根据一定的法律和法规，为解决劳动者在达到国家规定的解除劳动义务的劳动年龄界限，或因年老丧失劳动能力退出劳动岗位后的基本生活而建立的一种社会保险制度。这一概念主要包含以下三层含义。

一是养老保险是在法定范围内的老年人完全或基本退出社会劳动生活后才自动发生作用的。这里所说的"完全"，是以劳动者与生产资料的脱离为特征的。所谓"基本"，指的是参加生产活动已不再成为主要社会生活内容。需强调说明的是，法定的年龄界限（各国有不同的标准）才是切实可行的衡量标准。

二是养老保险的目的是为了保障老年人的基本生活需求，为其提供稳定可靠的生活来源。

扩展阅读 3-18 养老保险的四个层次

三是养老保险是以社会保险为手段来达到保障的目的。

（2）失业保险。失业保险是指国家通过立法强制实行的，由社会集中建立基金，对因失业而暂时中断生活来源的劳动者提供物质帮助的制度。它是社会保障体系的重要组成部分，是社会保险的主要项目之一。

失业保险的主要特点有：一是普遍性。它主要是为了保障有工资收入的劳动者失业后的基本生活而建立的，其覆盖范围包括劳动力队伍中的大部分成员。因此，在确定适用范围时，参保单位应不分部门和行业，不分所有制性质，其职工应不分用工形式，不分家居城镇、农村，解除或终止劳动关系后，只要本人符合条件，都有享受失业保险待遇的权利。二是强制性。它是通过国家制定法律、法规来强制实施的。按照规定，在失业保险制度覆盖范围内的单位及其职工必须参加失业保险并履行缴费义务，不履行缴费义务的单位和个人都应当承担相应的法律责任。三是互济性。失业保险基金主要来源于社会筹集，由单位和职工个人共同缴纳、共同负担，缴费比例、缴费方式相对稳定，筹集的失业保险费，不分来源渠道，不分缴费单位的性质，全部并入失业保险基金，在统筹地区内统一调度使用以发挥互济功能。

（3）医疗保险。医疗保险是指社会劳动者因疾病、受伤或生育需要治疗时，由社会提供必要的医疗服务和物质保障的一种制度，简称"医保"。医疗保险是社会保险体系的重要组成部分，它与其他社会保险既有联系，又有区别。医疗保险保障公民的身体健康，与养老、失业、工伤等其他保险一起，共同对劳动者的生、老、病、死、残起着保障作用。

医疗保险的主要特点有：一是具有普遍性。医疗保险的覆盖对象原则上应是全体公民，因为疾病的风险是每个人都难以回避的，而失业、工伤风险的对象主要是劳动者，不是每个人都会遇到失业，发生工伤的概率更小。因此，医疗保险是社会保险体系中覆盖面最广、使用最频繁的险种。二是涉及面广，具有复杂性。医疗保险不仅与国家的经济发展阶段及生产力发展水平有关，还涉及医疗保健服务的需求和供给。为了确保医疗保险基金的合理使用和正常运转，医疗保险还设计了必要的制度机制，以便对医疗服务的享受者和提供者的行为进行合理引导和控制，这是其他社会保险所没有的。三是属于短期性、经常性的保险。由于疾病的发生是随机性的、突发性的，医疗保险提供的补偿也只能是短期性、经常性的，不像其他社会保险如养老保险那样是长期性的、可预测的。

扩展阅读3-19 医疗保险的报销比例

因此，医疗保险在财务处理方式上也与其他社会保险不同。四是医疗费用难以预测和控制。医疗费用因受多种因素影响，其费用变化较大，难以掌握。五是基金实现专款专用。按一定方式筹集起来的医疗保险基金，只有当被保险人患病、非因工负伤等需要支付医疗费时，才按享受待遇的有关规定进行结算，同时享受医疗服务，并且享受的医疗服务待遇与其工资水平无关，只与实际病情有关，绝对不得提现使用，真正实现了专款专用。

（4）工伤保险。工伤保险是指劳动者在工作中或在规定的特殊情况下，遭受意外伤害或患职业病导致暂时或永久丧失劳动能力以及死亡时，给予劳动者及其实用性法定的医疗救治以及必要的经济补偿的一种社会保障制度。这种补偿既包括医疗、康复所需要费用，也包括保障基本生活的费用。上述概念包含两层含义：一是发生工伤时劳动者本人可获得物质帮助，二是劳动者因工伤死亡时其遗属可获得物质帮助。

工伤保险认定劳动者因公负伤或职业病暂时失去劳动能力，不管什么原因，责任在个人或在企业，都享有社会保险待遇，即补偿不究过失原则。

工伤保险的特点如下。

①工伤保险对象的范围是在生产劳动过程中的劳动者。由于职业危害无所不在，无时不在，任何人都不能完全避免职业危害。因此工伤保险作为抗御职业危害的保险制度适用于所有职工，任何职工发生工伤事故或遭受职业疾病，都应毫无例外地获得工伤保险待遇。

②工伤保险的责任具有赔偿性。工伤即职业伤害所造成的直接后果是伤害到职工生命健康，并由此造成职工及家庭成员的精神痛苦和经济损失，也就是说劳动者的生命健康权、生存权和劳动权受到影响、损害，甚至被剥夺了。因此工伤保险是基于对工伤职工的赔偿责任而设立的一种社会保险制度，其他社会保险是基于对职工生活困难的帮助和补偿责任而设立的。

③工伤保险实行无过错责任原则。无论工伤事故的责任归于用人单位、职工个人或第三者，用人单位均应承担保险责任。

④工伤保险不同于养老保险等险种，劳动者不缴纳保险费，全部费用由用人单位负担。即工伤保险的投保人为用人单位。

⑤工伤保险待遇相对优厚，标准较高，但因工伤事故的不同而有所差别。

⑥工伤保险作为社会福利，其保障内容比商业意外保险要丰富。除了在工作时的意外伤害，也包括职业病的报销、急性病猝死保险金、丧葬补助。

商业意外险提供的则是工作和休息时遭受的意外伤害保障，优势体现为时间、空间上的广度。比如上下班途中遭遇的意外，假如是机动车交通事故伤害，可以按工伤赔偿，其他情况的意外伤害则不属于工伤的保障范围。

2010年12月20日，国务院第136次常务会议通过了《国务院关于修改〈工伤保险条例〉的决定》（以下简称《决定》）。《决定》对2004年1月1日起施行的《工伤保险条例》做出了修改，扩大了上下班途中的工伤认定范围，同时还规定了除现行规定的机动车事故以外，职工在上下班途中受到非本人主要责任的非机动车交通事故或者城市轨道交通、客运轮渡、火车事故伤害，也应当认定为工伤。

扩展阅读 3-20 住房公积金

2. 社会救助

社会救助是指国家和其他社会主体对于遭受自然灾害、失去劳动能力或者其他低收入公民给予物质帮助或精神救助，以维持其基本生活需求，保障其最低生活水平的各种措施。它对于调整资源配置、实现社会公平、维护社会稳定有非常重要的作用。

社会救助是发展市场经济的内在要求。社会救助制度的目标是克服现实的贫困，它在公民因社会的或个人的、生理的或心理的原因致使其收入低于最低生活保障标准因而陷入生活困境时发生作用。因此，一般会有一套称为"家庭经济情况调查"的法定工作程序来审核申请救助的公民的收入状况，主要包括个人申请、机构受理、立案调查、社区证明、政府批准。能否得到社会救助的关键在于申请者个人收入或家庭成员的人均收入是否低于政府事先确定了的最低生活保障标准，有的国家或地区还要调查申请者的家庭财产和工薪之外的其他经济来源。这种"选择性"原则是社会救助最为突出的特点，它能保证有限的社会救助经费切实地用到最需要的人身上。

社会救助制度提供的仅仅是满足最低生活需求的资金或实物，目的是在公平与效率之间寻求适度的平衡。它不问致贫原因，只看受助者是否真正贫困，是社会保障制度中的最后一道"安全网"。它的责任仅仅是使受助者的生活相当于或略高于最低生活需求，从而避免其产生依赖心理或者不劳而获的思想，只要受助者的收入超过最低生活标准，救助行动就相应中断。

社会救助最根本的目的是扶贫济困，保障困难群体的最低生活需求。建立城乡一体的社会救助体系、实现社会救助法治化是维护并实现困难群众基本权利（生存权）的核心内容之一。社会救助法治进程必须形成合理健全的社会救助立法机制，寻求社会救助法的生存空间和价值，建立相对独立的子系统。要规范公权对社会救助的干预，适当配置权力，切实依法行政，防止权力异化；通过立法培植中坚力量，尽快推进并实现社会救助的多元化和社会化。

社会救济具有两个特点：第一，全部费用由政府从财政资金中解决，接受者不需要缴纳任何费用。第二，受保人享受社会救助待遇需要接受一定形式的经济状况调查，国家向符合救助条件的个人或家庭提供救助。

我国的社会救济主要包括：①城乡困难户救济，这是指城镇居民中无生活来源的孤、老、残、幼和收入不能维持基本生活的贫困户，以及农村中主要劳动力病残或死亡的家庭，提供定期或临时性补助；②农村"五保户"救济，这是指对农村中一部分"五保户"即享受保吃、保医、保住、保穿、保葬的孤寡老人、残疾人的分散供养提供定期定量资助；③灾民救济，这是指向遭受严重自然灾害而遇到生活困难的城乡居民提供的必要资助。

扩展阅读 3-21 社会救助的内容

3. 社会福利

社会福利是现代社会广泛使用的一个概念，它有广义概念和狭义概念之分。广义的社会福利是指提高广大社会成员生活水平的各种政策和社会服务，旨在解决广大社会成员在各个方面的福利待遇问题。狭义的社会福利是指对生活能力较弱的儿童、老人、母子家庭、残疾人、慢性精神病人等的社会照顾和社会服务。社会福利所包括的内容十分广泛，不仅包括生活、教育、医疗方面的福利待遇，而且包括交通、文娱、体育等方面的待遇。社会福利是一种服务政策和服务措施，其目的在于提高广大社会成员的物质和精神生活水平，使之得到更多的享受。同时，社会福利也是一种职责，是在社会保障的基础上保护和延续有机体生命力的一种社会功能。

社会福利一般包括现金援助和直接服务。现金援助通过社会保险、社会救助和收入补贴等形式实现。直接服务通过兴办各类社会福利机构和设施实现，主要内容有医疗卫生服务、文化教育服务、劳动就业服务、住宅服务、孤老残幼服务、残疾康复服务、犯罪矫治及感化服务、心理卫生服务、公共福利服务等。服务对象包括老年人、残疾人、妇女、儿童、青少年、军人及其家属、贫困者，以及其他需要帮助的社会成员和家庭等。服务的形式有人力、物力、财力的帮助，包括国家、集体、个人兴办的社会福利事业的收养、社区服务、家庭服务、个案服务、群体服务等。

社会福利制度一般来讲具有四个特点。

一是社会福利是社会矛盾的"调节器"，每一项社会福利计划的出台总是带有明显的功利主义目的，总是以缓和某些突出的社会矛盾为终极目标。

二是社会福利的普遍性，社会福利是为所有公民提供的。

三是利益投向呈一维性，即不要求被服务对象缴纳费用，只要公民属于立法和政策划定的范围之内，就能按规定得到应该享受的津贴服务。

四是社会福利较社会保险而言是较高层次的社会保障制度，它是在国家财力允许的范围内，在既定的生活水平的基础上，尽力提高被服务对象的生活质量。

二、财政补贴

（一）财政补贴的概念

财政补贴是指一国政府根据一定时期政治经济形势及方针政策，为达到特定的目的，对指定的事项由财政安排的专项资金补助支出。财政补贴是政府进行的一种社会产品再分配的过程，通过财政补贴，政府将其从社会获得的一部分收入再无偿转移给某些企业或居民支配和使用，财政补贴在一定时期内适当运用有益于协调政治、经济和社会中出现的各种利益矛盾，起到稳定物价、保护生产经营者和消费者的利益、维护社会安定、促进商品经济发展的积极作用。

（二）财政补贴的分类

1. 从补贴对象划分，财政补贴可以分为价格补贴、企业亏损补贴、利息补贴、职工生活补贴、外贸补贴等多项内容

价格补贴是国家运用价值规律的作用，为调节生产和消费而调整价格政策，造成经营者经营困难，从而由国家财政给予的补贴。

企业亏损补贴是指由于国家政策的多方面干预，使企业发生亏损而由国家财政给予的补贴，这种补贴主要限于国有企业。

利息补贴是指国家对某些企业或项目的银行贷款利息，在一定时期内给予全部或一定比例的补贴。

职工生活补贴是指国家对生活必需品价格调整后，为了保证职工和居民的生活水平不降低而由财政给予职工或城镇居民的生活补贴。

外贸补贴是指国家财政以各种形式对外贸出口和进口给予的补贴，其中主要是用于弥补外贸企业的政策性亏损，因此它也属于企业亏损补贴。

2. 从财政补贴列收列支的不同方法划分，可分为财政直接列入支出和冲减财政收入两种方法

财政直接列入支出是指在编制预算时将财政补贴作为财政支出的一个方面。

冲减财政收入是指将财政补贴的支出在财政收入中冲减。

3. 从财政补贴的环节划分，分为生产环节补贴、流通环节补贴和消费环节补贴

生产环节补贴是指财政直接拨付给生产企业的财政补贴，它是各国财政补贴的主要内容，我国财政提供的国有企业亏损补贴中大部分用于弥补生产企业的补贴。

流通环节补贴是指财政拨付给商业批发部门及零售行业的补贴，例如财政平抑市场肉价和蔬菜价格补贴等。

消费环节补贴是财政为了稳定居民的生活水平向消费者提供的补贴，例如我国向城市居民提供的物价补贴等。

4. 从补贴的透明度划分，可分为明补和暗补

明补是直接以货币的形式对职工的补贴，例如财政对职工的副食品补贴等。暗补是以低价的形式向居民或单位提供物资的补贴，例如生产资料价格补贴等。

（三）财政补贴的内容

1. 价格补贴

价格补贴指国家或社会集团向某种商品的生产经营者或消费者无偿支付补贴金，以维持一定价格水平的措施。其实质是对这些生产经营者或消费者的经济利益损失所做的补偿，一般多用于农业、对外贸易和交通运输业。

（1）农副产品价格补贴。根据补贴对象的不同，农副产品价格补贴分为两类：一是商业企业价差补贴。这是由于农副产品收购价格大幅提高而其销售价格没有相应提高，国家为了弥补农副产品购销价格差，对商业企业给予的补贴，比如国家对于粮食、棉花、

肉食品、蔬菜等给予的价差补贴。二是城镇居民副食品价格补贴。这是副食品价格提高后，国家为了保证城镇人口的生活水平不受影响而向城镇居民或职工发放的补贴。

（2）农业生产资料价格补贴。这是国家为了以低于价值的销售价格向农民出售生产资料，而向出售的有关企业给予拨付的价差补贴。国家给予价差补贴的生产资料主要有化肥、农药、农业用电、农用塑料薄膜等。

（3）日用工业品价格补贴。这是国家为了使日用工业品的批发价格或市场零售价格在成本和出厂价格上升的情况下保持不变，向商业企业给予的亏损补贴。国家给予补贴的日用工业品主要有学生课本、报刊、民用煤等。

（4）工矿产品价格补贴。这是中央财政对地方调出省外的统配煤、国家收购的黄金等工矿产品，因调出或收购价格较低而给予的财政补贴。

2. 企业亏损补贴

企业亏损补贴又称国有企业计划亏损补贴，主要是指国家为了使国有企业能够按照国家计划生产经营一些社会需要，但由于客观原因生产经营中将出现亏损的产品，而向这些企业拨付的财政补贴。

企业亏损补贴与价格补贴两者有所不同，主要区别在以下几个方面：

①补贴对象不同。价格补贴的对象是规定的产品，而企业补贴的对象是企业本身。

②补贴的环节不同。价格补贴的环节是在流通领域，而企业补贴的环节在生产领域。

③补贴用途不同。价格补贴主要用于由价格变动引起的困难补助，企业亏损补贴主要用于弥补企业的生产经营中的亏损。

④预算处理的方法不同。价格补贴作为直接的财政支出处理，企业亏损补贴都是按入退库处理，也就是冲减国家财政收入的形式。

3. 财政贴息

财政贴息是指国家财政对使用某些规定用途的银行贷款的企业，就其支付的贷款利息提供的补贴。它是一种比较隐蔽的财政补贴，其实质是财政代替企业向银行支付利息，是国家财政支持有关企业或项目发展，帮助其承担市场风险的一种形式。

4. 税收支出

税收支出，是指国家财政根据税收制度的各种优惠规定对于某些纳税人或课税对象给予的减税免税，它也是一种比较隐蔽的财政补贴。税收支出减少了国家财政收入，实质上是以税收方式发生的一笔财政支出。

（四）财政补贴的经济影响

财政补贴总是直接或间接与价格变动有关，不是财政补贴引起价格变动，就是价格变动导致财政补贴，因此，财政补贴会影响资源配置、需求和供给。

1. 财政补贴对资源配置的影响

财政补贴与价格变动密切相关，因而财政补贴会改变原先的相对价格体系，引起生产者和消费者行为的变化，生产者倾向于生产更多的补贴品，消费者倾向于消费更多的补贴品。价格是市场机制引导资源配置最重要的信号，因此相对价格发生变动后，资源配置也随之变化。

2. 财政补贴对需求的影响

一方面,财政补贴会影响价格水平,价格是影响需求的最重要因素之一。一般而言,商品和劳务的价格越低,企业和个人对它们的需求越大,因而财政补贴会影响需求。另一方面,财政补贴改变了国民收入中原有的分配结构,一部分企业或个人由于获得财政补贴而增加了收入,购买力增强,有能力购买更多的产品和劳务,从而对产品和劳务的需求增加。

3. 财政补贴对供给的影响

对企业的财政补贴会降低企业的生产成本,提高企业的盈利水平,于是企业认为从事该生产活动有利可图,从而增加供给。对个人的财政补贴增加了个人可支配收入,购买力增强,个人对产品和劳务的需求增加,由此刺激供给相应增加。

(五)财政补贴的作用

财政补贴与税收、公债等财政范畴一样,都可以对经济起到调节作用,在市场经济条件下,财政补贴是对市场机制的补充和矫正。从我国具体情况来看,财政补贴有以下三方面的作用。

1. 有助于国家推行价格改革

国家在推行价格改革的同时,可以利用财政补贴手段给予价格改革中的利益受损者一定的经济补偿。这种财政补贴是价格改革的辅助做法,可以避免价格因改革而剧烈波动,从而有利于价格改革的顺利实施。如我国为了解决农副产品价格过低的问题,多次提高了农副产品的收购价格,但为了保证城镇居民的生活不受农副产品价格上涨的影响,一方面向农副产品生产厂商提供价差补贴,另一方面直接向城镇居民或职工发放价格补贴。

2. 有助于国家贯彻产业政策

农业、基础产业和高新技术产业都是国家鼓励发展的重点产业,这些部门要么受自然条件影响较大,要么盈利率低或风险较高,所以国家都需要给予一定的政策扶持。如近年来,我国实行粮食风险基金制度就是为了防止"谷贱伤农",国家在预算中设立了一笔粮食风险基金,当粮食市场价格低于国家制定的最低收购价时,国家要按最低收购价向农民收购粮食,价差用粮食风险基金弥补。

3. 有助于国家实现收入公平分配

财政补贴也可以发挥矫正收入分配不公,保障低收入阶层生活水平的作用。长期以来,国家对人民生活必需品以及一些社会公益事业给予一定的财政补贴,以限制其价格的上涨,在一定程度上,提高了低收入家庭的消费能力和生活水平,对实现收入公平分配和促进社会安定都是有益的。

扩展阅读 3-22 财政补贴的特征

三、税式支出

税式支出,是指国家为达到一定的政策目标,在税法中对正常的税制结构有目的、有意识地规定一些背离条款，造成对一些特定纳税人或课税对象的税收优惠，以起到税收激励或税收照顾的作用，基于这些对正常税制结构的背离条款所导致的国家财政收入的减少、放弃或让与就构成财政上的税式支出。

（一）税式支出的本质特征

（1）税式支出是一种虚拟性支出。财政支出伴随实实在在的资金流动过程，而税式支出尽管名为支出，但无论在财政部门的账面上还是在纳税人的账面上，都不存在资金上收下拨的过程。之所以称其为支出，一方面是基于经济效果的分析，税收优惠对国家和对纳税人而言，其效果同将税款先收上来再加以返还，和先纳税再接受财政补贴一样。另一方面，也是出于对政府税收优惠考核衡量计算的需要。因此，不应当将税式支出理解成一个会计概念。

（2）税式支出具有对照性特征。预算内每项财政支出的数量及其构成并不直接取决于财政收入项目的数量及构成情况。然而税式支出中每项支出都取决于税收收入的构成状况，即税法中并不存在直接的"支出"条款，但税法的不同结构的对照却决定了税式支出的存在。

（3）税式支出是一种特定性支出。税式支出的特定性有两重含义：一是指税式支出必须针对特定的政策目标，具有明确的目的。二是税式支出的享受对象也是符合特定目标的特别纳税人，这些纳税人希望获得这种优惠，就需要按优惠条件的引导去行动。特定性是税式支出管理的重要方面，也是发挥税式支出杠杆作用的重要保证。特定性的对立面是泛延性，即税收优惠偏离特定政策目标，或税收优惠被纳税人滥用。这些都将丧失税式支出的诱导作用和公平照顾的作用，导致税式支出负面效应的放大，如管理难度大、侵蚀税基、减少财政收入和税制难以实现公平原则等。

（4）税式支出的财政效益具有不确定性。财政预算内支出方向和数量具有鲜明的计划性和确定性，而税式支出在实施某项税收优惠时，数额并不能确定，无法像预算内支出那样周密计划、安排，而是隐含在日常税收活动之中。一方面，某项税式支出的具体额度要待税收优惠实施取得阶段性成效之后，通过与"正常"税制加以对比核算方能够得出。例如，对税收递延的税式支出的估算是否考虑货币时间价值，如何确定递延期和折现率等，选择不同，结果大不相同。同时，随测算角度和方法的不同，税式支出数额也不同，这也使税式支出的效果存在不确定性。此外，税式支出不但取决于某项优惠政策意图的引导，还取决于经济主体对引导的敏感程度。另一方面，一国税式支出总规模也难以确切估算，相关项目的税式支出之间相互影响，相互牵连，不能简单地进行加总。

（二）税式支出的正面效应

（1）有利于鼓励微利有益产品的生产。在市场经济条件下，产品的生产者自主经营、自负盈亏。因此，在利润最大化目标的驱动下，产品的生产者一般不愿意生产那些微利产品（产品的社会效益大于产品的企业效益）。如果政府实行适当的税式支出政策，使产品的外部效益转化为企业内在的经济利益，增加微利产品的税后盈利，就能很好地促进产品的生产者增加微利有益产品的供给。

（2）有利于增加低收入者的收入，提高整个社会的福利水平。政府可以通过免税、减税、应税所得扣除等特殊规定，减轻低收入者的纳税负担，提高低收入者的实际收入，从而使整个社会的福利水平提高。

（3）有利于吸引外资，引进先进技术，增加就业机会。尽管税式支出可能减少了政府当前的税收收入，但这种"损失"可以换来国外的资金、先进技术和管理经验，既能利用国外资源，开拓国际市场，增加出口换汇，又可以带动国内其他行业的发展，增加就业机会。

（4）有利于消除市场经济发展的盲目性。税式支出可从一定程度上规范纳税人的经济行为，对消除市场经济发展中的盲目性具有重要作用。

（三）税式支出的负面效应

（1）背离了市场经济所要求的税收公平原则。在市场经济体制下，微观主体主要通过价格、税收等做出资源配置的判断，而税式支出的运用会改变税收信号，引导资源为寻求税收优惠而向低效率的部门流动，结果是扰乱市场秩序，成为保护落后的一种手段。

（2）税式支出的"逆向"效果和对非纳税人的"排除"增加了新的分配不公。税式支出的"逆向"效果即随着所得额的增大，受益程度提高，大部分税式支出流向拥有高收入的纳税人，这种"逆向"特征在累进税制中表现得尤为明显。

（3）导致税法复杂化，增加了税收征管的难度。税式支出作为一种特别措施，由于种类繁多、形式各异、效应不同，而且各种税式支出措施都有其特定的政策目标、实施范围和执行标准，因而大大增加了税法的复杂性和税收征管的难度。

（4）减少了国家的财政收入，造成了税收收入的流失。税式支出是以政府放弃一部分本应收取的税收收入为代价的。大量的税式支出使法定税率与实际税率严重背离，侵蚀了国家的财政收入，造成政策性税收收入的流失。另外，税式支出为大多数纳税人的"寻租"行为提供了机会。

扩展阅读 3-23 税式支出的概念来源

（四）税式支出对市场机制的影响

税式支出的目的是鼓励纳税人从事政府所支持的行业，它是通过给予特定的纳税人或经济活动一定的优惠待遇而对整个经济结构产生影响的，其机理是通过影响总供给和总需求从而影响市场机制。

从商品课税来看，税式支出的作用主要是降低产品成本，比如对某企业实施了税式支出（减免税）政策，假定其他条件不变，那么该企业的生产成本就会相应下降，使生产经营者愿意并能够扩大再生产，使产品供给量增加，从而影响市场的总供给。同时，实行税收减免后，企业可以以低于同类产品的市场价格出售其产品，价格的降低增大了产品的市场竞争力，销售量增加，因而其利润并不因此而降低。从所得税方面来看，税式支出的作用主要表现在增加利润，例如某生产型外商投资企业享受"免二减三"的优惠政策，有盈利的第一年和第二年享受免税的优惠政策，这直接表现为企业利润的增加。

（五）税式支出对产业结构的影响

在整个国民经济中，对一定产业实施税式支出政策，会随着征税产业的税负再分配，引起资本向税收优惠产业流动，从而实现资源的再配置，落实国家的产业政策。产业结构的调整包括限制发展过快的产业和鼓励支持相对滞后的产业发展两方面内容，主要是通过调整资产存量、调节资产增量的方式来实现。税式支出是促进和加快"瓶颈"产业发展的有效手段之一。一方面，可以通过制定税式支出政策，促进企业对资产存量的调整，实现资产由长线产品向短线产品转移。另一方面，由于产业结构的形成主要在于投资，税式支出可以影响新增投资的方向和规模，从而实现对资产增量的调节。通过税式支出政策的贯彻实施，可以从宏观上引导社会资源流向国家鼓励发展的产业和地区，从而实现产业结构的调整。

本章小结

财政支出的目的是满足政府履行其职能的需要，因此政府职能范围的大小决定了财政支出的范围。在履行财政支出职能的时候，要遵循量入为出原则、统筹兼顾、全面安排、保证重点、优化资源配置、讲求资金使用效益的原则。财政支出在实际应用过程按照一定的标准进行分类，按照费用类别分为经济建设费、社会文教费、国防费、行政管理费等；按照经济性质分类分为购买性支出和转移性支出。购买性支出可分为两大类，一是社会消费支出，二是投资性支出。政府转移性支出包括社会保障支出、财政补贴支出、税式支出。市场经济条件下的财政支出结构中，经济支出不占主要地位，资本支出一般不在财政支出中占有重要地位。

即测即练

复习思考题

1. 市场经济条件下，财政支出的结构有什么特征？
2. 财政支出如何兼顾公平与效率？
3. 财政支出应该遵循的基本原则有哪些？
4. 简述财政支出的目的和范围。
5. 简述按经济性质对财政支出的分类及其经济分析意义。

实训内容

1. 调研我国财政支出的状况，分析财政支出不断增长的原因。
2. 调研我国社会保障制度状况，了解我国社保体系的基本内容。

第四章

政 府 预 算

学习目标

1. 掌握政府预算的概念；
2. 了解政府预算的类别及应遵循的原则；
3. 掌握政府预算的编制、执行和决算过程；
4. 掌握部门预算及其改革。

技能目标

1. 能够熟悉政府预算中的编制方法；
2. 掌握分析政府预算管理问题的正确方法以及操作技能。

素质目标

1. 能够全面了解国内外政府预算管理的历史、现状、改革动向和学术前沿；
2. 具有良好的政府公共预算管理的理念和素养。

导入案例

2019"国家账本"出炉：34万亿元预算支出安排释放财政政策积极有力信号

随着"国家账本"的公布，2019年的政府收支预算也随之浮出水面。

2018年3月5日，十三届全国人大二次会议开幕，2018年中央和地方预算执行情况与2019年中央和地方预算草案的报告提请十三届全国人大二次会议审议。

按照预算报告安排，2019年中央一般公共预算收入8.98万亿元，比2018年执行数同口径增长5.1%，加上从中央预算稳定调节基金调入2 800亿元。支出方面，2019年中央一般公共预算支出为33.94万亿元，增长6.5%，其中一般公共服务支出1 990.46亿元，下降3.1%，教科文卫等支出均有不同程度的增长。

"此次支出安排释放了财政政策积极有力的信号，有利于更好引导企业预期和增强市场信心，也考虑为应对今后可能出现的风险隐患，留出政策空间。"国家行政学院经济学部教授冯俏彬表示。

据了解，在减税2万亿元的背景下，2019年财政收入形势依然严峻，收支平衡压力较为突出。

"在减费降税的同时，平衡好预算也是个很大的事情，总理在报告中讲到了，要扩大赤字规模至2.8%，同时挖掘潜力，把一些沉淀基金都收回来，这可能涉及几千亿元的资金，此外，国有企业要多上报利润、多做贡献，这些都是为了给我们减税降费做配套工作。"全国政协委员、国家税务总局副局长孙瑞标表示。

按照政府工作报告要求，必须牢固树立底线思维，切实增强忧患意识，提高风险防控能力，平衡好稳增长和防风险的关系，进一步加强政策和资金统筹，在加大减税降费力度和着力保障重点支出的同时，保持财政可持续。

尽管经济面临下行压力，但我国去年的"国家账单"成绩表现良好。

政府工作报告指出，2018年，全国一般公共预算收入18.3万亿元，为预算的100.1%，比2017年同口径增长6.2%，加上调入资金及使用结转结余，包括中央和地方财政从预算稳定调节基金、政府性基金预算、国有资本经营预算调入资金，以及地方财政使用结转结余资金，收入总量为19.8万亿元，全国一般公共预算支出22.1万亿元，完成预算的105.3%，增长8.7%，加上补充中央预算稳定调节基金，支出总量为22.2万亿元，收支总量相抵，赤字2.4万亿元，与预算持平。

按照要求，2019年积极的财政政策要加力提效，发挥好逆周期调节作用，增强调控的前瞻性、针对性和有效性，推动经济高质量发展。

"'加力'体现在实施更大规模的减税降费和加大支出力度，这也为财政收入带来较大压力。"联讯证券首席宏观研究员李奇霖对《华夏时报》记者表示。

从财政收入形势看，受经济下行压力加大、实施更大规模减税降费，以及上年部分减税降费政策翘尾减收等因素影响，预计2019年财政收入增速将有所放缓。

但支出方面并没有明显缩减。按照计划，2019年中央一般公共预算支出33.94万亿元，增长6.5%，其中一般公共服务支出1 990.46亿元，下降3.1%；继续增加财政支出规模，安排全国财政赤字2.76万亿元，比2018年增加3 800亿元，赤字率由2.6%提高到2.8%，同时安排地方政府专项债券2.15万亿元，比2018年增加8 000亿元，这样的安排与各方面支出需求相适应。

据了解，各领域对财政资金需求很大，支持深化供给侧结构性改革、打好三大"攻坚战"、实施乡村振兴战略、加强科技创新和关键技术攻关、建设提升自然灾害防治能力若干工程、加大基本民生领域投入力度、支持外交国防、增强基层财政保障能力等，都需要予以重点保障。

收支压力增大，收支平衡被放在了更加重要的位置上。

政府工作报告指出，2019年财政收入形势较为严峻，收支平衡压力较为突出，必须牢固树立底线思维，切实增强忧患意识，提高风险防控能力，平衡好稳增长和防风险的关系，进一步加强政策和资金统筹，在加大减税降费力度和着力保障重点支出的同时，保持财政可持续。

按照安排，2019年赤字率拟按2.8%安排，比2018年预算高0.2百分点；财政赤字2.76万亿元，其中中央财政赤字1.83万亿元，地方财政赤字9 300亿元。

在冯俏彬看来，这个规模低于市场此前3%的预期，这也反映了2019年赤字率更为稳妥，也给未来政策调整留有空间。

与此同时，按照赤字率，2019年拟安排地方政府专项债券2.15万亿元，比2018年增加8 000亿元，为重点项目建设提供资金支持，也为更好防范地方政府债务风险创造条件。

这是我国地方政府专项债券首次突破2万亿元。

不过，在李奇霖看来，2019年利率债供给5.22万亿元，低于2018年，压力不大。其中国债净供给1.83万亿元，地方一般债券9 300亿元，专项债2.15万亿元，置换债3 100亿元。但专项债，2018年限额8.6万亿元仅使用7.4万亿元，有1.2万亿元的额度可在今年继续使用，不在2.15万亿元的预算内，虽然按照往年的经验，这一部分额度主要集中在经济较为发达的省份，一般有较大剩余，但考虑到今年减税、扩基建等政策对财政压力较大，不排除会使用该额度开源，缓解财政的压力，从而增大地方专项债的供给压力。

"赤字率、财政赤字和新增一般专项债额度显示，积极力度低于预期。由于2019年PPI同比大概率将低于2018年的3.5%，CPI同比预计仅比2018年的2.1%小幅回升，名义GDP增速达到9.5%有一定难度。实际赤字率可能超过2.8%，需要通过预算稳定基金等方式调节。今年重点在减税降费，全年给企业减税降费近2万亿元，规模高于2018年。"李奇霖指出。

减税增强、赤字增加，在这样的背景下，政府工作报告指出，今年财政支出超过33万亿元，增长6.5%。中央对地方均衡性转移支付增长10.9%。改革、完善县级基本财力保障机制，缓解困难地区财政运转压力，决不让基本民生保障出问题。

（资料来源：《华夏时报》）

第一节 政府预算概述

一、政府预算的含义及其特征

政府预算是以年度财政收支的形式存在的，它是对年度政府财政收支的规模和结构进行的预计和测算。其具体形式是按一定的标准将政府预算年度的财政收支分门别类地列入各种计划表格，通过这些表格可以反映一定时期政府财政收入的具体来源和支出方向。

政府预算是具有法律效力的文件，表现为政府预算的级次划分、收支内容、管理职权划分等都是以《预算法》的形式规定的，预算的编制、执行和决算的过程也是在《预算法》的规范下进行的。政府预算编制后要经过国家立法机构审查批准后方能公布并组织实施。预算的执行过程受法律的严格制约，不经法定程序，任何人无权改变预算规定的各项收支指标，这就使政府的财政行为通过预算的法制化管理被置于民众的监督之下。

政府预算是财政体系的重要组成部分，并同国家财政具有内在的联系。从财政收支的内容上看，政府预算是国家财政的核心，但从起源看，两者不具有一致性。国家财政

扩展阅读 4-1 资本主义生产方式是政府预算产生的根本原因

随国家的产生而产生，而政府预算是社会发展到封建社会末期资本主义初期的产物，即是国家财政发展到一定阶段的产物。当国家财政要求制定统一的年度收支计划，而且要求经过一定的立法程序审查批准时，才出现政府预算。因此，简而言之，政府预算就是具有法律效力的国家年度财政收支计划。

（一）政府预算的含义

政府预算是具有法律规定和制度保证的，经法定程序审核批准的政府年度财政收支计划。其具体含义包括以下内容：

（1）从技术方面看，政府预算包括两层含义：①在形式上，政府预算是政府的财政收支计划，以预算平衡表的形式体现，预算平衡表反映了政府资金的来源和流向，体现了政府的年度工作重点和方向。由于政府的各项工作都离不开资金支持，因此，从一定意义上讲，政府预算又可以说是政府的工作计划；②在内容上，政府预算是政府对财政收支的计划安排，反映可供政府集中支配的财政资金数量的多少，是财政部门按法定程序管理财政资金的活动。

（2）从政治方面看，政府预算是重大的政治行为。①政府预算指标背后反映的是政府在做什么和不做什么之间做出的选择；②政府预算反映了支出上的优先权；③政府预算反映了政府准备购买的具体公共物品和服务及其成本。

（3）从本质方面看，政府预算是国家和政府意志的体现。政府预算需要经过国家权力机关的审查和批准才能生效，是一个重要的法律性文件（属于年度立法），政府预算从编制、审查批准、执行、调整和决算，都要依照法律规定进行。

（二）政府预算的特征

1. 法律性

与封建专制的预算相比较，现代预算的鲜明特征就是它的法律性。所谓法律性，是指政府预算的收支形成和执行结果都要经过立法机关审查批准，政府预算按照一定的立法程序审批之后，就形成反映国家财政资金来源规模、去向和用途的法律性规范和约束政府收支行为的法律文本。

2. 预测性

预测性是指政府通过编制预算可以对预算收支规模、收入来源和支出用途进行事先的设想和预测，也就是对预算年度的预算收入和支出的各项指标进行科学的预计和测算，使之与客观情况相符合。国际上预测时常用的技术手段主要包括专家预测法、趋势预测法、决定因子预测法和计量预测法。专家预测法是指利用相关专家最好的"猜测"来进行预测，不过这种方法更适用于年度预算预测。趋势预测法则是一种更为系统化的预测方法，这种方法主要根据过往数据的变动情况做出预测，在所预测的对象不随经济、人口等情况有较大波动的情况下较为适用。决定因子预测法则将政策制定作为假设来直接进行预测，通过预测各因素的变化来最终实现预测。计量预测法建立在过往的数据关系在未来仍会保持这一假定上，通过分析各种社会经济变量之间的关系来实现预测，这种方法对数据可得性、广泛性以及计算机和统计相关知识的要求较高。

3. 集中性

集中性是指预算资金作为集中性的政府财政资金，其收支规模、收入来源、支出去向、收支结构比例和预算平衡等状况，由国家按照社会生产力水平、社会公共需要和政治经济形势的需要，从国家整体利益出发依法进行统筹安排，集中分配。

4. 综合性

综合性是指政府预算是各项财政收支的汇集点和枢纽，综合反映国家财政收支活动的全貌，反映政府活动的范围和方向，是国家的基本财政收支计划。

二、政府预算的分类

（一）按收支管理范围分类，政府预算可分为总预算和单位预算

总预算是各级政府的基本财政收支计划，它由各级政府的本级预算和下级政府总预算组成。

单位预算是政府预算的基本组成部分，是各级政府的直属机关就其本身及所属行政事业单位的年度经费收支所汇编的预算，另外还包括企业财务收支计划中与财政有关的部分，它是机关本身及其所属单位履行其职责或事业计划的财力保证，是各级总预算构成的基本单位。

（二）按照预算的级次分类，政府预算可分为中央政府预算和地方政府预算

中央政府预算是指经法定程序审查批准的，反映中央政府活动的财政收支计划。我国的中央政府预算由中央各部门的单位预算、企业财务收支计划和税收计划组成，财政部将中央各部门的单位预算和中央直接掌管的收支等，汇编成中央预算草案，报国务院审定后提请全国人民代表大会审查。中央预算主要承担国家的安全、外交和中央国家机关运转所需的经费，调整国民经济结构、协调地区发展、实施宏观调控的支出和由中央直接管理的事业发展支出，因而在政府预算体系中占主导地位。

地方政府预算是指经法定程序审查批准的，反映各级地方政府收支活动计划的总称。它是政府预算体系的有机组成部分，是组织、管理政府预算的基本环节，由省、地、县、乡（镇）预算组成。地方预算担负着地方行政管理和经济建设、文化教育、卫生事业、抚恤等支出，它在政府预算中占有重要地位。

（三）按编制形式分类，政府预算可分为单式预算和复式预算

1. 单式预算

单式预算是传统的预算形式，其做法是在预算年度内，将全部的财政收入与支出汇集编入单一的总预算内，而不区分各项财政收支的经济性质。其优点是把全部的财政收入与支出分列于一个统一的预算表上，这就从整体上反映了年度内政府总的财政收支情况，整体性强，便于立法机关审议批准和社会公众了解，而且简便易行。单式预算的基本特点如下。

（1）将政府各种财政收入与支出分别汇集，共同编入单一的总额形式的预算报表内。

（2）不是按照财政收支的经济性质，而是按照财政收入的具体来源（如各类税收收

入、非税收收入）和财政支出的具体目标（如购买办公设备、日用消耗物品、支付雇员薪金等），分别进行总额预算。单式预算在美国又称为"分项排列预算"。

（3）整体性强。预算收支安排情况全貌和预算平衡情况一目了然，便于对预算收支规模、结构及平衡关系的合理性、科学性进行全面分析，也便于立法机构的审议和社会公众的了解与监督。

（4）便于统筹实施，组织预算执行，增强政府运用财政资金的力度。

（5）结构简单，易于编制实行。

由于把全部的财政收入和支出分列于预算平衡表上，单一汇集平衡，因此单式预算能从总体上反映年度内财政收支情况，完整性强，便于立法机关的审议和被社会公众理解。单式预算的这种编制组织方法完全符合根据古典预算平衡理论而确立的传统预算原则，它体现了国家预算的完整性、统一性、可靠性、公开性和年度性。20世纪30年代以前，大多数国家在编制政府预算时使用单式预算形式。

单式预算的不足是不加区分地把不同性质的财政收支项目编制在一个预算内，不能真实反映预算收支平衡结果，不利于财政部门对不同性质的财政收支进行分别管理，不利于政府对财政收支活动进行经济分析和比较，特别是各种性质的不同收支之间没有对应关系，难以具体反映预算赤字和盈余的成因及性质。同时，单式预算将国有资产收益（所有者收益）与国家税收混在一起，将国家经常性支出和投资支出混在一起，使国有资产产权关系、企业经营责任不明确，以及参与企业分配的依据不清晰等。

2. 复式预算

复式预算是从单式预算组织形式演变而来的，其做法是在预算年度内，将全部的财政收入与支出按经济性质汇集编入两个或两个以上的收支对照表，从而编成两个或两个以上的预算。这种组织形式的典型例子是把政府预算分成经常预算和资本预算两个部分。其中经常预算主要以税收为收入来源，以行政事业项目为支出对象。资本预算主要以国债为收入来源，用于经济建设支出和宏观调控。首先，复式预算组织形式把政府的一般性质上的经常收支列为经常性预算，把政府的资本投资支出列为资本预算，这样就区分了各项收入和支出的经济性质和用途，便于政府权衡支出性质，分出轻重缓急，做到资金使用的有序性，比较合理地安排各项资金，便于经济分析和科学的宏观决策与控制。其次，把预算分成经常预算和资本预算两个部分，两个部分以各自来源应付各自的支出，各自平衡，这就打破了预算的完整性原则和传统的收支平衡观念。最后，由于把国债收入作为资本预算的正常收入项目，这就使得资本预算总是平衡的，只有经常预算的收支才可能有差额。

采用复式预算制，一方面便于考核预算资金的来源和用途，另一方面有利于分析预算收支对社会需求的影响。采用复式预算使得资本预算投资的伸缩性较大，有助于使预算成为促进经济发展的强有力杠杆，有利于提高就业水平。不过，复式预算在执行过程中也暴露出许多缺点：①复式预算的资本支出的资金来源，主要依赖于举债，如果举债规模控制不当，容易导致通货膨胀、物价上涨，影响国民经济的稳定；②经常性预算支出的资金来源主要是税收收入，而一国税收收入在整个预算收入中一般占有很大比重，这样容易掩盖支出浪费的现象；③将预算分成经常预算和资本预算两个部分，还会给预算编制带来困难，如经常预算和资本预算科目的划分标准就很难统一。

与单式预算比较，复式预算对于加强预算资金管理、提高资金使用效益有重要作用。

（1）可以清楚地区分经常性预算与建设预算的收支情况，增强预算的透明度。

（2）用特定的收入保证特定的支出的需要，在预算收支之间建立比较稳定的对应关系，便于分析各种预算资金来源及使用情况有利于加强管理和监督。

（3）可以清楚反映国家预算平衡状况。坚持经常性预算的收支平衡、建设性预算的量力而行。

（4）有利于国际的信息交流，借鉴国际经验，提高我国的财政管理水平。

（四）按编制方法分类，政府预算可分为增量预算和零基预算

1. 增量预算

增量预算方法又称调整预算方法，是指以基期成本费用水平为基础，结合预算期业务量水平及有关影响成本因素的未来变动情况，通过调整有关原有费用项目而编制预算的一种方法。这是一种传统的预算方法。

增量预算方法有三个假设前提：①现有的业务活动是必需的；②原有的各项开支都是合理的；③增加费用预算是值得的。

增量预算有两大特点。

（1）资金被分配给各部门或单位，然后这些部门或单位再将资金分配给适当的活动或任务。

（2）增量预算基本上都是从前一期的预算推演出来的，每一个预算期间开始时，都采用上一期的预算作为参考点，而且只有那些要求增加预算的申请才会被审查。

这两个特点可能产生三个问题。

（1）增量预算往往缺乏针对性。当资金分配给各部门以后，在一个部门内部区分活动的优先次序变得困难起来。各个部门通常具有多重目标和从事多项活动，但增量预算并不考虑这种活动的多样性，它们只管把资金分配给部门而不是分配给活动或任务。对于具有多重目标的部门或单位，一些目标比其他目标更加重要。此外，实现不同目标的难易程度往往存在差异。而增量预算对此不加区分。因此，作为一种计划工具，增量预算方法缺乏有效的针对性。

（2）用预算来控制成本或提高效率时，增量预算的缺陷显得更加严重。事实上，增量预算最容易掩盖低效率和浪费。其中，最普遍的问题就是，在典型的增量预算中，原有的开支项一般很难被砍掉，即使一些开支项已没有设立的必要了。这是因为在编制新年度的预算时，部门会首先参看上一期的资金是怎样分配的，然后再加上对新活动的预算要求和通货膨胀率，而最高管理层往往只审查那些增加的部分，很少考虑原有的各项拨款是否都应该继续，结果是某些活动分配到的资金远远超过其实际的需要。

（3）增量预算往往缺乏结构性、灵活性、系统性，不利于控制成本或提高效率。

2. 零基预算

零基预算法是指对任何一个预算期，任何一种费用项目的开支，都不是从原有的基础出发，即根本不考虑基期的费用开支水平，而是一切以零为起点，从零开始考虑各费用项目的必要性，确定预算收支，编制预算。

和传统预算编制方法，零基预算具有以下优点：

（1）有利于提高"投入-产出"意识。传统的预算编制方法，零基预算是以"零"为起点观察和分析所有业务活动，并且不考虑过去的支出水平。

（2）有利于合理分配资金。经过成本-效益分析，部门是否应该存在、支出金额应该是多少，都要进行分析计算，精打细算，量力而行，资金分配能更加合理。

（3）有利于发挥基层单位参与预算编制的创造性。零基预算的编制过程中内部情况易于沟通和协调，整体目标更趋明确，容易达成共识，有助于调动基层单位参与预算编制的主动性、积极性和创造性。

（4）有利于提高预算管理水平。零基预算极大地增加了预算的透明度，预算支出中的人头经费和专项经费一目了然，各级之间争吵的现象可能缓解，预算会更加切合实际，整个预算的编制和执行也能逐步规范，预算管理水平得以提高。

（五）按投入项目能否直接反映其经济效果分类，政府预算可分为项目预算和绩效预算

项目预算是指反映项目的用途和支出金额，而不考虑其支出经济效果的预算。绩效预算是指根据成本-效益比较的原则，决定支出项目是否必要及其金额大小的预算形式。具体说就是有关部门先制订需要从事的事业计划和工程计划，再依据政府职责和施政计划选定执行实施方案，确定实施方案所需的支出费用所编制的预算。绩效预算是一种比较科学的预算方法，其特点有二：一是绩效预算重视对预算支出效益的考察，预算可以明确反映出所产生的预计效益；二是按职责、用途和最终产品进行分类，并根据最终产品的单位成本和以前计划的执行情况来评判支出是否符合效率原则。

（六）按预算作用的时间分类，政府预算可分为年度预算和中长期预算

年度预算是指预算有效期为一年的政府收支预算，这里的年度是指预算年度，有公历年制和跨历年制。中长期预算也称中长期财政计划，一般1年以上10年以下的计划称中期计划，10年以上的计划称长期计划。在市场经济下，经济周期性波动是客观存在的，而制订财政中长期计划是在市场经济条件下政府进行反经济周期波动，从而调节经济的重要手段，是实现经济增长的重要工具。

三、政府预算体系

政府预算体系与我国行政区域的划分相适应。政府预算由中央预算和地方预算组成，地方预算由省（直辖市、自治区、计划单列市）、市、县（市、自治县）和乡（镇）预算组成，因此，我国的预算体系由五级预算组成。不具备设立预算条件的乡、民族乡、镇，经省、自治区、直辖市政府确定，可以暂不设立预算。国务院编制中央预算草案，并由全国人民代表大会批准后执行。地方各级政府编制本级预算草案，并由同级人民代表大会批准后执行。地方各级预算收支统称地方财政收支。

扩展阅读 4-2　各级人民代表大会拥有的预算管理权限

从预算体系看，目前我国各级政府预算包括由一般公共预算、政府性基金预算、国有资本经营预算、社会保险基金预算共

同构成。一般公共预算、政府性基金预算、国有资本经营预算、社会保险基金预算应当保持完整、独立。政府性基金预算、国有资本经营预算、社会保险基金预算应当与一般公共预算衔接。

（一）一般公共预算

一般公共预算是对以税收为主体的财政收入，安排用于保障和改善民生、推动经济社会发展、维护国家安全、维持国家机构正常运转等方面的收支预算。

一般公共预算的内涵如下：

中央一般公共预算包括中央各部门（含直属单位，下同）的预算和中央对地方的税收返还、转移支付预算。

中央一般公共预算收入包括中央本级收入和地方向中央的上解收入。

中央一般公共预算支出包括中央本级支出、中央对地方的税收返还和转移支付。

扩展阅读 4-3　中央与地方的一般公共预算包含的内容

（二）政府性基金预算

政府性基金预算是对依照法律、行政法规的规定在一定期限内向特定对象征收、收取或者以其他方式筹集的资金，专项用于特定公共事业发展的收支预算。

政府性基金预算应当根据基金项目收入情况和实际支出需要，按基金项目编制，做到以收定支。

政府性基金预算的管理原则是"以收定支、专款专用、结余结转使用"。基金支出根据基金收入情况安排，自求平衡，不编制赤字预算。当年基金预算收入不足的，可使用以前年度结余资金安排支出；当年基金预算收入超出预算支出的，结余资金结转下年继续安排使用。各项基金按规定用途安排，不调剂使用。

（三）国有资本经营预算

国有资本经营预算是对国有资本收益做出支出安排的收支预算。

国有资本经营预算应当按照收支平衡的原则编制，不列赤字，并安排资金调入一般公共预算。

国有资本经营预算的必要性如下：

（1）有利于国有资本出资人充分发挥它的职能作用。国资委作为国有资本出资人的代表，其职能应定位为对国有资本的监督管理，包括国有资本的产权监管、运营监管和国有资本总量与结构的调控管理，但不能直接干预企业的生产经营活动。国有资本经营预算反映的预算期内国有资本经营的目标，是国有资本经营计划的财务安排，是国资委职能作用发挥的基础。

（2）有利于实现政府作为国有资本所有者的监管职能。在市场经济条件下，按照政资分离的原则，公共预算的编制和实施体现着政府行使社会管理职能的需要；而国有资本经营预算则体现政府行使国有资本所有者职能的需要，其收入应主要来源于国家以国有资本所有者身份取得的各种国有资本收益，其支出必须用于国有资本的再投入。

（3）有利于国有资本出资人加强对国有资本经营者的约束与控制。在目前国有资产管理的"两级三层"模式中，国资委与国有资本经营公司既是国有资本的出资人代表，又是国有资本的经营者。国资委要对国有资本运营公司的经营者进行约束控制，国有资本经营公司要对被其控制或参股公司的经营者进行产权约束。而约束与控制的一个重要手段就是分级建立国有资本经营预算。

（4）有利于强化对国有资产的规范化管理。国有资本所有权和经营权随着国有企业的改组和改制实现了分离后，政府与国有企业经营者之间就形成了一种"委托-代理"关系。由于信息不对称，代理人有可能发生损害所有者权益的"道德风险"。为了预防这种"道德风险"的发生，必须建立国有资本经营预算，以便对国有资本经营活动进行统筹规划，对国有企业经营者的业绩进行考核和评价，从而最大限度地减少"道德风险"，确保国有资本的保值增值。

（5）有利于完善我国复式预算制度。我国国家财政必须建立起包括公共预算、国有资本经营预算和社会保障预算在内的复式预算制度，以利进一步转变和拓宽国家财政职能，增强财政宏观调控能力，强化预算约束。可见，建立国有资本经营预算乃是我国深化财政体制改革、促进复式预算制度不断完善发展的需要。

（四）社会保险基金预算

社会保险基金预算是对社会保险缴款、一般公共预算安排和其他方式筹集的资金，专项用于社会保险的收支预算。

社会保险基金预算应当按照统筹层次和社会保险项目分别编制，做到收支平衡。

社会保险基金预算有四点作用。

（1）便于对各项社会保险基金收支活动进行统一安排，合理规划，以实现基金收支平衡。

扩展阅读4-4 预算体系之四本账

（2）便于维护各项社会保险基金的安全，防止挤占、挪用基金等现象的发生。

（3）便于合理安排社会保险基金的投资，更好地实现社会保险基金的保值增值。

（4）便于节省管理成本，防止社会保险基金的流失。

第二节 政府预算周期

一、政府预算编制

预算编制是指各级政府、各部门、各预算单位进行筹集和分配预算资金年度规划的预算活动，是《预算法》必须规范的主要内容。预算编制是整个预算工作程序的开始。国务院应及时下达关于编制下一年度预算草案的通知，具体事项由国务院财政部门部署，各级政府、各部门、各单位应当按照国务院规定的时间编制预算草案。地方政府应按国务院规定的时间，将本级总预算草案报国务院审核汇总。预算编制应当遵守国家编制预算的原则,按照编制办法和程序进行。

年度预算草案指示的内容通常包括相关法律、法规,国民经济和社会发展计划、财政中长期计划以及有关的财政经济政策,本级政府预算管理职权和财政管理体制确定的预算收支范围,上一年度预算执行情况和本年度预算收支变化因素等。各级政府及部门根据下年度预算草案指示,结合本级政府或本部门具体情况,提出本行政区域或本部门编制预算草案的具体要求。

1. 必须按照复式预算方法编制

自中华人民共和国成立至1991年,我国预算均采用单式预算编制方法,从1992年度起,由单式预算编制改按复式预算编制,这是一项重要的财政管理体制的改革成果。《预算法》以法律形式巩固了这项成果,明确规定中央预算和地方各级政府预算采用复式预算编制。

2. 实行量入为出、收支平衡的原则

《预算法》要求中央政府公共预算不列赤字。中央预算中必需的建设投资的部分资金,可以通过举借国内和国外债务等方式筹措,但是借债应当有合理的规模和结构。地方各级预算按照量入为出、收支平衡的原则编制,不列赤字。除法律和国务院另有规定外,地方政府不得发行地方政府债券。

3. 应与国民生产总值的增长率相适应

各级预算收入的编制,应当与国民生产总值的增长率相适应。按照规定必须列入预算的收入,不得隐瞒、少列,也不得将上年的非正常收入作为编制预算收入的依据。中央预算和地方各级政府预算,应当参考上一年预算执行情况和本年度收支预算进行编制。

4. 应当贯彻勤俭节约的原则

《预算法》要求各级预算支出的编制,应当贯彻勤俭节约的原则,严格控制各部门、各单位的机关运行经费和楼堂馆所等基本建设支出。

5. 应当统筹兼顾、确保重点、妥善安排

各级预算支出的编制,应当统筹兼顾、确保重点,在保证政府公共支出合理需要的前提下,妥善安排其他各类预算支出。中央预算和有关地方政府预算中安排必要的资金,用于扶助经济不发达的民族自治地方、革命老根据地、边远、贫困地区发展经济文化建设事业。各级政府预算按照本级政府预算支出额的1%~3%设置预备费,用于当年预算执行中的自然灾害救灾开支及其他难以预见的特殊开支。

6. 应当按规定设置预算周转金

各级政府预算应当按照国务院的规定预算周转金。各级政府上一年预算的结转资金,应当用于结转项目的支出,连续两年未用完的结转资金,应当作为结余资金管理。

二、政府预算的执行

预算执行是各级财政预算的具体组织实施,是政府预算组织、实现收入、支出、平衡和监督过程的总称,它涉及每一笔收

扩展阅读 4-5 我国政府每年预算编制时间

支活动，贯穿于整个预算年度的始终，是一项艰巨、复杂、细微的日常工作，成为预算管理的关键。

（一）财政部门预算执行的任务

政府预算执行是预算方案的具体实施环节。政府预算通常由本级政府组织执行，本级财政具体负责。财政部门的具体任务如下：研究落实财政税收政策的措施；制定组织预算收入和管理预算支出的制度和办法；督促各收入征收部门、缴款单位完成预算收入任务；根据年度支出预算和季度用款计划，合理调度、拨付预算资金，不办理无预算、无用款计划、超预算、超用款计划拨款或擅自改变支出用途以及越级办理拨款等；监督检查各部门、单位预算资金使用情况，健全完善其财务制度和会计核算体系；编报、汇总分期预算执行数字，分析执行情况，定期向本级政府或上级财政报告执行情况并提出增收节支建议。

（二）预算收入部门的任务

各级政府预算收入部门，包括财政、税务、海关和各种非税收入收缴部门等。预算收入部门的任务是依法组织收入，并按照财政管理体制将预算收入缴入中央国库和地方国库，未经财政部门批准不得将预算收入存入国库以外的过渡性账户；各项减征、缓征或免征要依法办理，不得擅自决定。一切有上缴预算收入任务的部门和单位，应依法按规定的预算级次、预算科目、缴库方式和期限缴入国库，不得截留、占用、挪用或拖欠。

1. 组织预算收入与促进生产发展相结合

组织收入过程中，必须讲求生财之道，要面向生产，促进生产全面发展，并根据财源结构的变化采取措施拓宽财源。

2. 组织预算收入与坚持政策相结合

国家财政收入组织过程中，必然涉及国家与企业、集体和个人方面的经济利益，因此在组织财政收入中，必须按政策办事。

3. 组织预算收入与遵守法律法规相结合

在组织收入中要增强法律观念，坚持依法办事，各预算执行机构不得将预算收入转为预算外收入，不得将预算收入随意退库等。

4. 以日常管理促使预算收入真实

（三）预算支出部门的任务

各级政府、部门、单位要依法加强支出管理，严格执行预算和财政制度，不得擅自扩大支出范围、提高开支标准，严格按照标准考核监督。

（四）预算资金的国库管理

政府的全部收入应当上缴国家金库（以下简称国库），任何部门、单位和个人不得截留、占用、挪用或拖欠。

对于法律有明确规定或者经国务院批准的特定专用资金，可

扩展阅读 4-6 政府预算支出执行的基本要求

以依照国务院的规定设立财政专户。

各级国库应当按照国家有关规定，及时准确地办理预算收入的收纳、划分、留解、退付和预算支出的拨付。

各级国库库款的支配权属于本级政府财政部门。除法律、行政法规另有规定外，未经本级政府财政部门同意，任何部门、单位和个人都无权冻结、动用国库库款或者以其他方式支配已入国库的库款。

各级政府应当加强对本级国库的管理和监督，按照国务院的规定完善国库现金管理，合理调节国库资金余额。

各级政府应当加强对本级国库的管理和监督。

三、政府预算调整

政府预算的调整，是政府预算执行的一项重要程序。尽管政府预算是经过预测和反复地核算编制而成的，但由于人们的主观认识不可能完全符合客观实际，这就决定了各项收支计划的安排不可能完全准确无误。同时，在政府预算执行过程中，宏观情况的发展变化也会造成预算收支不断发生一些变化，政府预算的某些部分的收支超过或达不到原定计划，从而影响着原有预算的执行。为了随时解决预算执行中出现的新情况、新问题，使年度预算符合客观实际，保证政府预算执行任务顺利完成，就需要对预算进行及时的调整。

政府预算调整按调整幅度不同而分为全面调整和局部调整。

1. 全面调整

所谓预算的全面调整，是指国家对原定国民经济和社会发展计划做较大调整时，政府预算也相应对预算收支的总盘子进行的大调整。它涉及面广，工作量大，实际上等于重新编制政府预算。全面调整并不经常发生。在中国，全面调整由国务院提出调整预算计划，上报全国人民代表大会审查批准，然后下达各地区、各部门执行。财政部门和主管部门经过上下协商，反复平衡，最后确定政府预算收支的新规模。

2. 局部调整

局部调整是对政府预算做的局部变动。在政府预算执行中，为了适应客观情况的变化，重新组织预算收支平衡，是经常发生的。中国政府预算的局部调整方法主要有以下几种：

（1）动用预备费。在预算执行中，如果发生较大的自然灾害和经济上的重大变革，发生原来预算没有列入而又必须解决的临时性开支等情况，可以动用预备费。预备费是用于应急的资金，应从严掌握，一般应控制在下半年使用，并需要报经同级政府批准。批准动支后，再列入指定的预算支出科目。

（2）预算追加、追减。在原核定预算收支总数不变的情况下，追加、追减预算收入或支出数额。各部门、各单位需要追加、追减收支时，均应编制追加、追减预算，按照规定的程序报经主管部门或者财政部门批准后，财政部门审核并提交各级政府或转报上级政府审定通过后执行。财政部门办理追加、追减预算时须经各级人大常委会批准，方可执行。

（3）经费流用，亦称"科目流用"，是在不突破原定预算支出总额的前提下，由于预算科目之间调入、调出和改变资金使用用途形成的预算资金再分配，而对不同的支出科目具体支出数额进行调整。为了充分发挥预算资金的使用效果，可按规定在一些科目之间进行必要的调整，以达到预算资金的以多补少、以余补缺的目的和作用。经费流用的原则包括：①调剂只能此增彼减，不能突破预算总规模和收支平衡或原定的收支差额；②调剂要有利于提高资金使用效益，不能影响各项事业的完成；③遵循流用范围限制，一般要求基建资金不与流动资金流用、人员经费不与公用经费流用、专款一般不与经费流用等；④必须通过一定的审批程序，不同科目间的预算资金需要调剂使用的，审批上必须按照国务院和财政部门的有关规定，报经批准。

（4）预算划转。由于行政区划或企事业、行政单位隶属关系的改变，在改变财务关系的同时，相应办理预算划转，将其全部预算划归新接管的地区和部门。预算的划转，应报上级财政部门；预算指标的划转，由财政部门和主管部门会同办理；企事业单位应缴的各项预算收入及应领的各项预算拨款和经费，一律按照预算年度划转全面预算，并将年度预算执行过程中已经执行的部分，即已缴入国库的收入和已经实现的支出一并划转，由划出和划入的双方进行结算，即划转基数包括年度预算中已执行的部分。

预算调整必须经有关的权力机构审查和批准，未经批准不得调整预算。各部门、各单位的预算支出，不同科目间需要调整使用的，必须按财政部门的规定报经批准。在预算执行中，地方各级政府因上级政府增加不需要本级政府提供配套资金的专项转移支付而引起的预算支出变化，不属于预算调整。

四、政府决算

（一）政府决算的概念

政府决算是经法定程序批准的年度政府预算执行结果的会计报告和总结，是政府政治、经济活动在财政上的集中反映，简称政府决算。按行政层级划分，它包括中央政府财政决算和地方各级政府财政决算；按组织形式划分，包括财政总决算、部门决算和单位决算。政府各部门所属的行政、事业、企业单位，按其主管部门部署编制本单位决算。各部门在审核汇总所属各单位决算基础上，连同部门本身的决算收支数字，汇编成本部门决算，并报送本级财政部门。各级地方政府按国家统一规定，正确、完整、及时地编制决算，并自下而上地逐级审查汇总编制，最后编制成国家决算。

（二）政府决算的组成

（1）按照政府决算的级次划分，分为中央决算和地方决算。中央决算由中央各主管部门编制，报送财政部审核后汇总编制。中央决算包括中央主管部门及行政事业单位决算、中央直属企业财务决算、中央负责的基本建设财务决算、国库年报和税收年报等。

地方决算由地方各级主管部门编制，报送财政部门审核后汇总编制。地方决算由同级主管部门汇总所属行政事业单位决算、企业财务决算、基本建设财务决算、国库年报和税收年报等。各级地方总决算由地方本级决算和所属下级决算汇编而成。

（2）按照政府决算的内容划分，分为决算报表和决算文字说明两部分。

（3）按政府决算报送的单位划分，分为总决算和单位决算。

（三）政府决算的审批

县级以上各级政府决算经本级人民代表大会常务委员会批准后，本级政府财政部门应当自批准之日起 20 日内向本级各部门批复决算。各部门应当自本级政府财政部门批复本部门决算之日起 15 日内向所属各单位批复决算。地方各级政府应当将经批准的决算，报上一级政府备案。

（四）政府决算的原则

（1）数字准确。政府决算是政府预算执行的总结，是国民经济活动在财政上的集中反映。只有集中反映一年来预算执行的客观结果，才能真正做到向人民如实报账，并对一年来国民经济和社会发展、预算执行和管理做出正确的评价和总结，为指导今后的财经工作提供可靠的资料依据。因此，决算的编制要坚持实事求是，如实反映情况。

（2）内容完整。政府预算要求政府收支都要在预算中得到充分完整的反映，决算作为预算执行结果的会计报告，也要求完整体现政府的实际收支结果。因此，必须严格按照国家和上级决算编制要求和布置的预算表格等，全面落实，认真填报，不能自行取舍和遗漏。在决算编制中，还应写出有情况、有分析、有总结的决算说明书。

（3）报送及时。决算编制对于下年度的预算编制具有重要的参考价值，因此对其有很强的时间要求，要及时编制，及时报送，否则就难以发挥决算应有的作用，也就失去了决算编制的意义。各地、各部门、各单位都必须严格按照上级规定的期限编报决算，把决算工作作为预算管理的中心环节来完成。

（五）政府决算的意义

（1）政府决算是国家政治经济活动在财政上的集中反映，体现了预算年度政府活动的范围和方向。

（2）政府决算反映政府预算执行的结果，体现国家经济建设和社会事业发展的规模与速度。

（3）政府决算是制定国家经济财政政策的基本依据。

（4）政府决算是系统整理和积累财政统计资料的主要来源，并为制定安排下一预算年度预算收支指标提供数字基础。

扩展阅读 4-7 预算与决算的区别和联系

第三节 政府预算管理制度

一、政府收支科目制度

政府收支分类是财政预算管理的一项重要的基础性工作，直接关系到财政预算管理的透明度，关系到财政预算管理的科学化和规范化，是公共财政体制建设的一个重要环节。

现行政府收支分类科目体系包括收入分类、支出功能分类和支出经济分类三部分，其中收入分类反映政府收入的来源和性质，支出功能分类反映政府各项职能活动，支出经济分类反映各项支出的经济性质和具体用途，对进一步深化各项财政改革、提高预算透明度和财政管理水平，具有十分重要的推动作用。

随着《财政部关于印发〈2019年政府收支分类科目〉的通知》（财预〔2018〕108号）的下发，《2019年政府收支分类科目》（以下简称《2019年科目》）正式印发。《2019年科目》结合目前政府机构改革和预算管理工作精细化要求进行了一定的调整。具体体现在以下三个方面。

1. 根据政府机构改革方案调整相关科目

如增设"灾害防治及应急管理支出"类级支出科目和"市场监督管理事务""退役军人管理事务""医疗保障管理事务"等款级支出科目，修改"国土海洋气象等支出""文化体育与传媒支出"等类级支出科目为"自然资源海洋气象等支出""文化旅游体育与传媒支出"。

2. 根据政策变化调整相关科目

如删除"营业税"税收收入科目，删除"排污费收入""会计从业资格考试费""卫生监测费""婚姻登记证书工本费"等政府性基金、行政事业性收费对应收入科目，增设各领域共同财政事权转移支付收入等一般转移支付收入科目。

3. 配合预算管理精细化要求调整了相关科目

如增设"棚户区改造专项债券转贷收入""棚户区改造专项债券转贷支出"等反映地方政府专项债券预算管理需要的收支科目，正式将"人民监督员选任管理经费"列入《2019年科目》，便于核算人民监督员选任管理工作各项费用，将为人民监督员工作开展提供更好保障。

扩展阅读4-8　2020年政府收支分类科目修订前后对照表

建立一套规范的政府收支分类体系，有利于全面、准确、清晰地反映市场经济条件下政府的收支活动，合理把握财政调控力度，进一步优化支出结构，利于公共财政体系的建立。通过建立集约型的预算管理模式，提高政府提供公共产品和服务的效率；有利于继续深化部门预算、国库集中收付、政府采购等各项改革，增加预算透明度，强化财政监督，从源头上防止腐败。围绕以人为本、以结果为导向、以市场为基础等原则，转变政府职能，对推进政府治理理念和模式都具有重大意义。

二、部门预算制度

（一）部门预算基本概念

部门预算是编制政府预算的一种制度和方法，它由政府各个部门编写，反映政府各部门所有收入和支出情况，通俗讲，即一个部门一本预算。"部门"具有特定含义，是指那些与财政直接发生经费领拨关系的一级预算会计单位。具体而言，部门预算中所指的"部门"包括三类：一是开支行政管理费的部门，包括人大、政协、政府机关、共产党机关、民主党派机关、社团机关；二是公检法司部门；三是依法（参照）公务员管理的事业单位，如气象局、地震局等。

（二）部门预算管理内容

实行部门预算制度，需要将部门的各种财政性资金、部门所属单位收支全部纳入预算编制（综合预算）。部门预算收支既包括行政单位预算，也包括事业单位预算；既包括一般收支预算，也包括政府基金收支预算、国有资本经营预算、社会保障基金预算；既包括财政部门直接安排预算，也包括有预算分配权部门安排的预算。2011 年，取消预算外资金收支计划。

（三）部门预算的特征

（1）从编制范围看，部门预算涵盖了部门或单位所有的收入和支出，实现一个部门一本预算，属于综合预算。

（2）从支出角度看，部门预算包括部门或单位所有按支出功能分类的不同用途的资金可以全面反映一个部门或单位各项资金的使用方向和具体使用内容，属于全面预算。

扩展阅读 4-9 我国部门预算管理改革的背景

（3）从编制程序看，部门预算是在基层单位预算的基础上，逐级审核汇总而成，属于汇总预算。

（4）从细化程度看，部门预算既细化到具体预算单位和项目，又细化到按预算科目划分的各支出功能，属于细化预算。

（5）从法制性看，部门预算必须符合国家有关政策、规定，按照法定程序进行编制、审批、属于法制预算。

（四）部门预算编制程序

中央部门预算采取自下而上的编制方式，编制程序实行"二上二下"的基本流程。部门预算编制程序分为"一上一下""二上二下""三上三下"等很多种，但目前大多数地方都实行"二上二下"的基本流程，现就这一流程的具体内容进行说明。

（1）"一上"：财政部门印发部门预算编制的有关文件、通知，明确部门预算编制工作要求。部门从基层预算单位起按财政要求编制单位年度收支预算建议计划，逐级报送给主管部门。部门对各基层单位的预算建议计划进行审核、分析、汇总，并编制部门收支预算建议计划上报给财政部门。

（2）"一下"：财政部门内部有关业务处室会同有关部门审核预算建议计划，并提出审核意见报财政预算主管处。财政预算主管处审核汇总后，根据财力情况提出总量支出建议控制指标，报同级政府同意后下达给部门。

（3）"二上"：各部门按财政预算控制数重新调整本部门预算草案，上报财政部门审核。

（4）"二下"：财政部门内部有关业务处会同有关部门进一步审核汇总部门预算，提出意见报财政预算主管处。财政预算主管处汇总本级财政收支预算草案，上报同级政府批准，并提请同级人代会审议。部门预算草案经人代会通过后，财政部门直接将预算批复给部门，再由部门逐级批复给基层单位。

在"二上二下"的过程中，各部门与财政部门随时可就预算问题进行协商、讨论、及时、充分地交流。

（五）部门预算的编制方法

收入预算编制采用标准收入预算法。通过对国民经济运行情况和重点税源调查，建立收入动态数据库和国民经济综合指标库，在对经济、财源及其发展变化趋势进行分析论证的基础上，选取财政收入相关指标，建立标准收入预算模型，根据可预见的经济性、政策性和管理性等因素，确定修正系数，编制标准收入预算。

支出预算编制采用零基预算法。支出预算包括基本支出预算和项目支出预算，其中，基本支出预算实行定员定额管理，人员支出预算按照工资福利标准和编制定员逐人核定。日常公用支出预算按照部门性质、职责、工作量差别等划分若干档次，制订中长期项目安排计划，结合财力状况，在预算中优先安排急需可行的项目。在此基础上，编制具有综合财政预算特点的部门预算。

1. 单位预算的编制采用零基预算法

（1）摸清家底，对本部门、本单位的所有可供使用的资源进行清理和计算，产生本年度的收入和可供使用的资源预算。

（2）对部门和单位的本年度人员机构和提出的各项工作任务进行排队，然后，根据轻重缓急，确定本年度本部门、本单位必须做的几项工作，同时计算每项工作的实际成本，确定每项工作完成后所达到的最终效果。

（3）核定每项工作所需经费，并在预算编制时和预算执行过程中考核每项工作经费的使用效果和效率，采取一定的方法对预算执行过程中的资金使用情况实行追踪问效制度。

2. 编制部门预算的注意事项

（1）各级领导要高度重视预算编制工作，要把这项工作当作一件大事来抓，同时要与财政部进行积极沟通，在财政部积极协调的基础上，共同做好这项工作。

（2）组织上要充分给予保证。要成立预算编制相应机构，建立计算机支持系统等。

（3）部门内分工要明确，责任不清协调不好，会影响编制时间和质量。要明确责任，做到分工合理、相互配合、环环相扣，保证预算工作的顺利进行。

（4）要明确部门预算的指导思想和基本原则，保证部门预算要围绕本部门中心工作。

（5）部门预算的编制要有预见性，准确程度要高。预算一旦确定就不能调整，这就要把握重点，充分预算下一年的业务工作，认真估算各项业务所需要的资金，又要充分考虑财政的可能，分清轻重缓急。

（六）部门预算的执行

1. 分解落实预算指标

各部门各单位的预算编审班子对经法定程序批准的预算要进行分解，层层落实到具体的科室和个人，不得留有未落实的预算。

2. 制定实施预算的各项管理制度和管理办法

为了保证预算的完全执行，预算编审班子必须制定一系列的管理制度和管理办法。具体应包括如下内容（各部门各单位可以根据本部门本单位的实际情况，进行增加和修改）。

（1）建立日常的管理机构和组织，建议仍然由预算编审班子负责。

（2）根据责、权、利相结合的原则和可变、可控的原则，合理确定各职能科室和个人在预算执行中应负的责任和应享的权利。

（3）制定各种支出控制定额。

（4）制定预算执行的考核标准和考核办法，建立权、责、利相结合的奖惩制度。

3. 单位的非财政预算内拨款的收入，要按照有关规定，实行财政专户管理

财政拨款按照单位的季度用款计划每月从财政国库拨到各单位支出户。单位取得的收入必须首先直接缴入预算外资金财政专户，然后根据单位年度收支预算和季度用款计划，结合预算内拨款情况按月从预算外资金财政专户拨入单位支出户，财政拨款和财政专户拨款二者共同形成单位可以直接使用的收入来源。

4. 及时、真实、准确地反映预算执行情况

各部门各单位要按照财政部门的要求，认真编制预算执行情况月报表及相关报表，认真编写预算执行情况说明书。

5. 预算检查

各部门各单位的预算编审班子要经常对本部门本单位的预算执行情况进行检查，对照本年度的总体目标，分析预算执行中的不正常因素和对预算执行有重大影响的因素和环节，及时发现问题，采取措施。

6. 预算调整

在预算执行过程中因遇到不可克服的因素需要增加支出或者减少收入，就应该对预算进行调整，具体的预算调整程序应按有关规定进行。

（七）部门预算的监督

（1）部门和单位自身的监督。事前对预算编制审核汇总，事中监控要定期和不定期地对预算执行情况进行检查，事后检查核证对预算的审核汇总，各部门各单位要充分重视自身的预算监督工作。

（2）财政监督。这是财政部门固有的一项重要职能，也是财经法规正确执行和财政资源安全有效运行的重要保障。从单位预算编制工作的布置，到预算执行的结束，财政部门始终在履行监督职能，考核整个预算过程的绩效情况。

（3）审计监督。政府审计部门也是监督整个预算过程的重要部门。

以上三方面相互配合，共同构成整个部门预算过程的监督机制。

（八）部门预算存在的问题

（1）预算分配权不统一，预算统筹能力差。预算分配权的分散，肢解了财政宏观职能；分散了资金投入机制，资金统筹使用难度大；虚置了财政责任主体，推诿扯皮时有发生。

（2）预算编报不完整，部门资金游离于监管之外。从资金管理范围看，纳入预算管理的非税收入并不完整；从资金管理方式看，大部分预算外资金、政府性基金收入和专项收入仍按照以收定支的方式核定预算。

（3）预算核定方法不科学，弱化了财政分配职能。部门预算分配体系没有完全改变基数增长的管理方式，没有形成纯粹的零基预算编制模式；缺乏动态调整机制；预算分配的公平公正问题突出。

（4）预算透明度不高，降低了预算公信力。预算公开的内容比较粗糙，不够细化，精确性不高；预算的有关解释材料也较少，而且专业性较强。

（5）预算约束力不强，破坏了预算的严肃性。年初预算到位率低，执行中预算追加不够细化，项目支出经济分类改革进展缓慢；监督管理机制薄弱，难以有效发挥制衡机制。

（6）财政资金绩效水平低，降低了资金效益。财政拨款结余资金规模较大，绩效评价制度进展缓慢，预算单位铺张浪费的问题比较严重。

（九）部门预算问题应对措施

（1）理清部门预算管理职责，建立规范的部门预算管理流程。增强预算单位的主体地位；优化预算管理措施结构，约束性措施和激励性制度并重；建立有效的磋商机制和信息交流制度。

（2）以定员定额管理为核心，推进基本支出管理。打造人员基础信息数据库；完备行政事业单位收入信息库，严格事业单位编制控制机制；清理各项津贴补贴政策，建立统一的工资福利制度。

（3）推进项目库和标准体系建设，完善项目支出预算管理。细化项目处理标准，均衡项目支出；加强项目库管理，建立项目库动态管理机制，夯实项目支出管理的基础；推进项目支出定额标准体系建设。

（4）建立高效的绩效评价体系。推动建立行政问责制度，推进服务型政府建设；建立科学的绩效评价指标体系，规范绩效评价流程，严格审核确认绩效评价对象；建立推进绩效评价的激励约束措施。

（5）稳步推进预算公开，提高预算透明度。进一步完善《预算法》等制度体系，提高预算信息公开的法律地位；进一步完善向人大报告制度；大力推进预算信息社会公开，加强预算公开监管和指导。

扩展阅读4-10 新《预算法》修法背景：1995年以来预算制度的改革与成效

（6）建立全方位多层次广覆盖的预算监督体系。健全预算监督法律，提高预算监督法律地位；健全预算监督工作机制，提高信息共享水平；改进预算监督方式，提高预算监督效果；重视预算单位内部监督，完善预算内控机制；完善监督问责机制，加大违规惩处力度。

三、国库集中支付制度

（一）国库的含义

国库顾名思义即"国家金库"，这是我们对国库含义通常的理解，也是传统意义上的国库的基本含义。

由于国库的资金主要来源于国家的税收，国库的职能与一个国家的预算执行紧密相连，所以近代西方的资产阶级革命成功后，无不从税收法治的角度努力恢复国库作为"国家金库"的本来面貌，不使国库资金成为私人财产。

中华人民共和国成立后实行过计划经济体制，整个财政体制都通过计划、指令等进行安排，国库只被动地承担保管职能，国库在财政体制中的地位甚低，这时我国的国库与传统国库并无二致。改革开放以来，我国就财税体制进行了一系列改革，但重点是调整收入分配关系，基本未对预算管理和国库管理制度进行大的调整。而近年来的国库集中支付制度改革，将改变传统国库的面貌，使其承担更多的任务。

随着社会主义市场经济体制下公共财政的建立和发展，传统型政府向"现代型、法治型"政府过渡，政府职能从以前的全面参与经济生活转为不直接介入经济发展，而只为经济发展提供服务和强化公共管理职能。政府对经济的发展只从宏观领域进行调控，不进入微观经济领域。受上述诸多经济和政治体制改革的影响，我国传统的国库职能明显已经不合时宜，必须对其进行改革。

结合历史和现实情况，国库的职能可以从广义和狭义两方面概括。狭义的国库职能就是"保管职能"，即保管政府的资产和负债，也就是我们通常所说的国家金库。从广义角度看，国库的职能除了上述基本职能外，还包括对政府的预算执行进行控制，对现金流量进行预测、管理和监督，管理政府银行账户，进行财务规划，管理公共债务以及国外赠款和国际援助等金融资产。狭义上的职能即是传统国库的职责，而广义上的职能才是现代国库的职能，也是我国进行国库集中支付制度改革的目的所在。

（二）国库集中收付制度的概念

国库集中收付制度是指建立国库单一账户体系，所有财政性资金都纳入国库单一账户管理，收入直接缴入国库或财政专户，支出通过国库单一账户体系，按照不同支付类型，采用财政直接支付与授权支付的方法，支付到商品或货物供应者或用款单位。

（三）国库集中收付制度的基本特征

（1）财政统一开设国库单一账户，各单位不再另设银行账户。

（2）所有财政收入直接缴入国库，不再通过其他中间环节。

（3）各部门、各单位根据自身需要，在预算确定的范围内，决定购买何种商品和劳务，但付款过程由国库集中处理，所有财政支出均由财政集中支付到商品和劳务的提供者。

（4）财政设立专门的国库现金管理和支付执行机构。

（四）国库单一账户体系的构成

单一账户体系是指实行财政国库集中支付后，用于所有财政性资金收支核算管理的账户体系。财政部、中国人民银行《财政国库管理制度改革试点方案》将我国财政国库账户设置为国库单一账户、预算外资金财政专户、财政部门零余额账户、预算单位零余额账户和特设专户五类账户的集合，统称为国库单一账户体系。其中，单位最常使用的、最重要的账户为"财政部门零余额账户"和"预算单位零余额账户"。

（1）国库单一账户。财政部门在同级中国人民银行分支行开设国库单一账户，用于记录、核算、反映预算资金的收入和支出活动,并用于与财政部门在商业银行开设的零余额账户的支付清算。

(2) 预算外资金财政专户。财政部门在商业银行开设预算外资金财政专户,用于记录、核算、反映预算外资金的收入和支出活动,并用于与财政部门在商业银行开设的零余额账户的支付清算。

(3) 财政部门零余额账户。财政部门在商业银行开设零余额账户,用于财政直接支付,并与国库单一账户、预算外资金财政专户进行支付清算。

(4) 预算单位零余额账户。财政部门在商业银行为预算单位开设零余额账户,用于财政授权支付,并与国库单一账户、预算外资金财政专户进行支付清算。

(5) 特设专户。由于我国现处于改革和发展的关键时期,政策性支出项目较多,对资金的支出有特殊要求,经国务院或国务院授权财政部批准,特设置预算单位开设的特殊专户(简称特设专户)。该账户用于记录、核算和反映预算单位的特殊专项支出活动,并与国库单一账户清算。预算单位不得将特设专户的资金转入本单位其他账户,也不得将其他账户资金转入本账户核算。

财政部是管理国库单一账户体系的职能部门,任何单位不得擅自设立、变更或撤销国库单一账户体系中的各类银行账户。中国人民银行按照有关规定,应加强对国库单一账户和代理银行的管理监督。这里所指的代理银行,是指财政国库管理制度改革试点中,由财政部确定的、具体办理财政性资金支付业务的商业银行。

(五) 财政支出支付方式及适用范围

按照不同的支付主体,对不同类型的支出分别实行财政直接支付和财政授权支付。

(1) 财政直接支付:由财政部门开具支付令,通过国库单一账户体系,直接将财政资金支付到收款人或用款单位账户。实行财政直接支付的支出主要包括工资支出、工程采购支出、物品和服务采购支出,以及适宜实行财政直接支付的其他支出。

(2) 财政授权支付:预算单位根据财政授权,自行开具支付令,通过国库单一账户体系将资金支付到收款人账户。实行财政授权支付的支出为未纳入财政直接支付管理的购买支出和零星支出。

扩展阅读 4-11　财政直接支付

扩展阅读 4-12　财政授权支付指令

(六) 财政收入收缴方式

财政收入的收缴分为直接缴库和集中汇缴。

(1) 直接缴库。由缴款单位或者缴款人依法直接将应缴收入缴入国库单一账户或者预算外资金财政专户。

(2) 集中汇缴。由征收机关依法将所收的应缴收入汇总缴入国库单一账户或预算外资金账户专户。

(七) 现阶段实行国库集中支付制度应遵循的原则

(1) 制定具体办法要尽量避免与有关法律、法规相冲突。

(2) 坚持节约财政资金,提高资金使用效益的原则。

（3）坚持简便易行，不影响各部门、各单位正常资金使用的原则。
（4）正确处理国库集中支付与单位财务管理关系的原则。
（5）坚持理论与实际相结合的原则。制定具体办法要在财政部改革方案的基础上，结合本地的改革实际进行。
（6）坚持积极稳妥、分类实施、逐步到位的原则。国库集中支付制度的实施是一个复杂的系统工程，涉及各方的利益关系，必须做好充分的调研和宣传工作，取得各方面的理解和支持，以减少改革的阻力。具体实施时，要先易后难，对各种资金合理分类，分步实行集中支付。

（八）实行国库集中收付制度的意义

1. 实行国库集中收付制度可以消除现行国库管理制度的诸多弊端

现行的以多重账户为基础的分级分散收付制度存在诸多弊端。一是重复和分散设置账户，导致收支活动透明度不高，大量预算外资金游离于预算管理之外，不利于实施有效管理和全面监督。二是财政收支信息反馈迟缓，难以及时为预算编制、执行分析和宏观调控提供可靠依据。三是收入执行中征管不严，入库时间延滞，退库不规范，财政收入流失问题时有发生。四是支出执行中资金分散拨付，相当规模的财政资金滞留在预算单位，难免出现截留、挤占、挪用等问题，既降低了资金使用效率，又容易诱发腐败现象。因此，现行的以多头设置账户为基础、分散进行的资金缴拨方式，已经不适应新形势下建立公共财政框架的发展要求，必须从根本上进行改革。

2. 实行国库集中收付制度是建立与社会主义市场经济体制相适应的公共财政框架的内在要求

当前的各项改革，如部门预算改革、国库集中收付制度改革、"收支两条线"改革、政府采购制度改革等都属于建立与社会主义市场经济发展相适应的公共财政框架的财政改革，这些制度是社会主义市场经济条件下公共财政预算管理的核心制度，这几项改革紧密联系，互为条件，缺一不可。特别是国库集中收付制度，它是整个财政管理的有机组成部分，是预算执行的制度性保障。

3. 实行国库集中收付制度，有利于提高政府对财政资金的调控能力

实行国库集中收付后，预算内外资金集中在一起，政府和财政部门掌握了所有的财政资金，这在很大程度上解决了在当前财政转移支付制度不完善的情况下，地方财政收入的季节性不均衡与支出之间存在的矛盾，实现由粗放型管理向集约型管理的转变，增强地方政府的宏观调控能力。

4. 实行国库集中收付制度，有利于提高依法理财水平，强化预算执行过程监督

5. 实行国库集中收付制度，有利于国库资金统一调度，降低财政资金运行成本，提高资金使用效率

实行国库集中收付后，可以有效解决过去财政资金多环节拨付和多户头存放问题。预算单位的资金全部集中在国库中，预算支出所需资金由财政账户直接拨付，减少了中间环节，使预算资金到位及时，从而有效降低资金划拨支付成本，提高了预算资金的使

用效率；也改变了资金由预算单位层层下拨，环节多、在途时间长、支付程序烦琐、工作效率低下的局面，方便各单位支出需要。

6. 实行国库集中收付制度，有利于防止腐败现象的发生，促进廉政建设

通过集中收付和加强对各部门、各单位每项支出的审核，将所有部门的账务账目、资金来源和使用去向，全部纳入依法治理、规范管理的轨道，提高了收入来源和资金使用的透明度，规范了资金使用者的行为，能够较好地杜绝不合理支出和各种违规、违纪支出，这样也就可以在很大程度上防止腐败的发生，从而促进廉政建设。

（九）建立国库集中支付制度的保障措施

1. 国库集中支付首要前提是明确政府职能

在社会主义市场经济体制下的财政是公共财政，整个政府预算管理体制的建立是以划分市场和政府各自的职能为基础的，只有明确了政府在国家事务和社会经济生活中的角色，才能确定政府应该通过税收、各种收费、国债等方式筹集多少收入，分别用于哪些项目，各花费多少金额。国库集中支付制度要求各级政府支出部门根据年初预算合理确定所需购买的商品和劳务或者它们需要被调拨的资金数额，而制定预算计划本质上就是决定政府的支出安排。这种支出安排的范围应主要限定在政权机关和那些代表社会共同利益和长远利益的非营利性的领域和事务，包括政权建设、基础教育、基础科研、环境保护等。因此，明确政府职能和各级政府的职权范围是实行国库集中支付制度的基础和前提。

2. 国库集中支付以建立和完善部门预算为目标

国库集中支付与部门预算是相互配套，不可分割的。一方面，预算编制只有采取部门预算的方法，国库集中支付才能付诸实施，因为集中支付制下的分类账户本身就是按政府各支出部门设置的，各支出部门必须严格按照编制好的部门预算来确定用款项目和用款时间，并通过单一账户进行资金划拨，这有利于预算的执行操作，防范和制止预算执行中的不规范做法，便于预算审查和监督。另一方面，国库分类账户和政府财务信息系统很好地反映了各部门资金的使用情况和预算执行效果以及存在的问题，有利于下一年度按照零基预算的方法重新编制新的部门预算。

3. 国库集中支付以建立国库单一账户体系为核心内容

国库单一账户体系主要由以下部分组成：财政部门在中国人民银行开设的用于记录、核算、反映纳入预算管理的政府资金的国库单一账户，财政部门按资金使用性质在商业银行为预算单位开设的用于预算资金的日常支付和国库单一账户清算的零余额账户，财政部门在商业银行开设的用于记录、核算、反映预算外资金使用情况的预算外资金账户，用于记录、核算和反映预算单位的小额零星支出的小额现金账户，经国务院批准或授权财政部批准开设的特设账户。国库单一账户集中了所有的财政资金，并且只有财政国库部门才可以签发支付命令。

4. 国库集中支付以严格的监督管理和控制体系作为重要保障

完善责任制度，强化执法监督是有效发挥国库职能的重要保障。国库集中支付制度

要充分发挥其强化预算约束和监督、提高资金使用效率的作用，离不开严格的管理、监督执行机制，包括政府财政内部监督和外部监督，专业监督、社会监督和舆论监督，对资金和财务的监督，事前、事中和事后的监督等。这是国库集中支付体系顺利进行的关键环节。

5. 国库集中支付与政府采购制度相互配合

国库集中支付的显著特点是资金的流转链条短、速度快、支付程序简洁，各资金使用部门没有资金的直接支配权，因此填补了预算外资金管理方面的漏洞。但是，仅有集中支付制度还不足以保证政府支出的绝对合理性、合法性和安全性，因为它无法彻底排除由于利益驱动而使支出部门与供货商勾结起来共同侵吞财政资金的可能性，不能根本杜绝腐败现象。政府采购制度遵循"公开、公平、公正"的原则，极大地增强了采购过程的透明度，在提高政府资金使用效益的同时，使腐败行为失去了滋生和蔓延的土壤。因为此时支出部门只要将所需商品和劳务的规格和数量告知政府采购机构，由该机构负责具体的招标事宜，因而切断了支出部门与供货商之间的联系渠道。

四、政府采购制度

政府采购，是指各级国家机关、事业单位和团体组织，使用财政性资金采购依法制定的集中采购目录以内的或者采购限额标准以上的货物、工程和服务的行为。政府采购不仅是指具体的采购过程，而且是采购政策、采购程序、采购过程及采购管理的总称，是一种对公共采购管理的制度，是一种政府行为。

（一）政府采购制度的产生和发展

政府采购制度是在长期的政府采购实践中形成的对政府采购行为进行管理的一系列法律和惯例的总称。具体来说，政府采购制度包括以下三方面的内容：一是政府采购政策，包括采购的目标和原则；二是政府采购的方式和程序；三是政府采购的组织管理。

政府采购制度最早形成于18世纪末的西方国家，其主要特点是对政府采购行为进行法制化的管理。1782年，英国政府首先设立文具公用局，作为特别负责政府部门所需办公用品采购的机构，该局以后发展为物资供应部，专门采购政府各部门所需物资。美国在1791年颁布了《联邦采购法规》，此法的颁布和实施，说明政府已经开始对政府采购问题进行制度建设和机构建设，标志着政府采购制度的初步形成。

政府采购制度起源于自由市场经济时期，但其成熟与完善却是在政府大规模干预经济的现代市场经济时期。自由市场经济崇尚政府的"守夜人"角色，强调"看不见的手"对市场经济的调节作用，政府所掌握的财力很小，对公共工程和物资采购的规模很小，这就决定了政府采购市场的不发达和政府采购制度的不完善。到了现代市场经济时期，尤其是20世纪30年代的"大萧条"使推崇政府干预的凯恩斯主义盛行，政府在经济中的作用日益突出，所掌握的财政收入占国民收入比重迅速上升，政府采购的规模也随之扩大，对社会经济产生了广泛的影响，在这种情况下，政府采购制度就大范围地发展和完善起来了。

在 1979 年之前，政府采购是封闭的，不对外开放，购买的是本国商品，因而与国际贸易的关系容易协调。1947 年的《关税和贸易总协定》将规模巨大的政府采购刻意排除在外，主要是考虑避免与当时各缔约国普遍采购本国商品、保护本国产业的政策相冲突。随着国际贸易的迅速发展，政府采购规模越来越大，每年政府采购金额达数千亿美元，占国际贸易总额的 10%以上。一些工业化国家急于为本国产品开拓海外市场，部分国家则希望打破贸易壁垒来解决本国贸易失衡问题，政府采购作为一个潜在的大市场，在国际贸易领域日益受到重视。在这种背景下，一些欧美国家提出应将政府采购纳入国际协议，并利用"东京回合谈判"的机会，于 1979 年通过了《政府采购守则》，但其性质是非强制的，由各缔约方在自愿的基础上签署，通过相互谈判确定政府采购开放的程度。

《政府采购守则》于 1981 年生效，但由于该守则涵盖的政府采购市场仅是各缔约方政府采购总额的一小部分，因而在国际贸易中的作用是非常有限的。在世界贸易组织"乌拉圭回合谈判"期间，《政府采购守则》的内容被大幅度调整，形成了世界贸易组织的《政府采购协议》，于 1996 年 1 月 1 日正式生效实施。该协议规定，采购实体不仅包括中央政府，还包括地方政府及公用事业单位，并相应规定了中央政府、地方政府、公用事业单位货物、工程和服务采购的门槛价。

除了世界贸易组织对政府采购的规范以外，其他一些地区和机构也进行了类似的努力。如欧共体早在 1966 年就在《欧共体条约》中对政府采购做出了专门规定。世界银行于 1985 年颁布了以强化对招标采购的严密监管而著称的《国际复兴开发银行贷款和国家开发协会贷款采购指南》，并且采取了一系列的监管措施，从而在世界银行成员国范围内大大促进了政府采购的实践工作。这些都说明，政府采购制度不仅涉及国内法律、政策、习俗和惯例，而且与其他国家的联系越来越密切，这就要求在规范政府采购制度时，既要处理好国内各方的利益关系，也要处理好国与国之间的利益关系。

扩展阅读 4-13 中国政府采购发展历程

（二）政府采购制度的特点和意义

1. 政府采购的特点

（1）资金来源的公共性。政府采购的资金来源为财政拨款和需要由财政偿还的公共借款，这些资金的最终来源为纳税人的税收和公共服务收费。在财政支出中具体表现为采购支出，即财政支出减去转移支出的余额。

（2）采购主体的特定性。政府采购的主体，也称采购实体，为依靠国家财政资金运作的国家机关、事业单位和社会团体，不包括国有企业等。

（3）采购活动的非商业性。政府采购为非商业性采购，它不是以盈利为目标，也不是为了销售，而是通过采购为政府部门提供消费品或向社会提供公共利益。

（4）采购对象的广泛性。政府采购的对象包罗万象，既有标准产品也有非标准产品，既有有形产品也有无形产品，既有价值低的产品也有价值高的产品，既有军用产品也有民用产品。为了便于统计，国际上通行的做法是按性质将采购对象划分为货物、工程和服务三大类。

（5）政策性。采购实体在采购时不能体现个人偏好，必须遵循国家政策的要求，包括最大限度地节约财政资金、优先购买本国产品、保护中小企业发展、保护环境等。

（6）规范性。政府采购不是简单的一手交钱一手交货，而是按有关政府采购的法规，根据不同的采购规模、采购对象及采购时间要求等，采用不同的采购方式和采购程序，使每项采购活动都要规范运作，体现公开、竞争等原则，接受全社会的监督。

（7）影响力大。政府采购不同于个人采购、家庭采购和企业采购，它是指一个整体，这个整体是一个国家最大的单一消费者，其购买力非常巨大，有关资料统计，通常一国的政府采购规模要占到整个国家国内生产总值（GDP）的10%以上，因此，政府采购对社会的影响力很大。采购规模的扩大或缩小、财政结构的变化都将对整个社会的总需求和总供给、国民经济产业结构的调整等产生举足轻重的影响。

2. 政府采购的意义

（1）政府采购有利于节省财政支出。节省财政支出是推行政府采购制度的基本目的，当前我国财政管理中的三大症结是财政资金短缺、使用效率低下和运作不透明，这三个问题与分散采购制度不无联系。

（2）政府采购有利于消除腐败。实行政府采购制度有利于从源头上堵塞漏洞，为反腐倡廉提供了制度保障。

（3）政府采购是政府宏观调控的重要手段。随着我国经济向市场化推进，经济的周期性波动也越来越明显，在这种情况下，要保持国民经济的稳定发展，就必须发挥政府宏观政策的作用，而政府采购就是这样一种宏观调控的手段。政府是市场经济中唯一的买主，在我国，全社会每年生产的商品和劳务中约有25%是由政府购买的，因而政府采购的数额和内容会对市场供求产生重大的影响。当经济过热时，压缩政府采购可以把过热的需求降下来；在经济萧条时，加大政府采购，可以刺激市场需求。

（三）政府采购制度的基本内容

具体的政府采购制度是在长期的政府采购实践中形成的对政府采购行为进行管理的一系列法律和惯例的总称。

1. 政府采购制度的内容

（1）政府采购法规。主要表现为《中华人民共和国政府采购法》（以下简称《政府采购法》），主要有总则、招标、决议、异议及申述、履约管理、验收、处罚等内容。

（2）政府采购政策。主要表现为政府采购的目的、采购权限的划分、采购原则和程序、采购范围和方式、信息披露等方面的规定。

（3）政府采购程序。主要包括政府单位采购计划的拟定、审批，采购合同签订、价款确定、履约时间、违约披露等方面的规定。

（4）政府采购管理。主要包括管理原则、管理机构、审查机构与仲裁机构的设置，争议与纠纷的协调和解决等内容。

2. 政府采购原则

（1）公开透明原则。公开透明是政府采购必须遵循的基本原则之一，政府采购被誉为"阳光下的交易",即源于此。政府采购的资金来源于纳税人缴纳的各种税金,只有坚持公开透明,才能为供应商参加政府采购提供公平竞争的环境,为公众对政府采购资金的使用情况进行有效的监督创造条件。公开透明要求政府采购的信息和行为不仅要全面公开,而且要完全透明,仅公开信息但仍搞暗箱操作属于违法行为。依《政府采购法》精神,公开透明要求做到政府采购的法规和规章制度要公开,招标信息及中标或成交结果要公开,开标活动要公开,投诉处理结果或司法裁减决定等都要公开,使政府采购活动在完全透明的状态下运作,全面、广泛地接受监督。

(2)公平竞争原则。公平原则是市场经济运行的重要法则,是政府采购的基本规则。公平竞争要求在竞争的前提下公平地开展政府采购活动。首先,要将竞争机制引入采购活动中,实行优胜劣汰,让采购人通过优中选优的方式,获得价廉物美的货物、工程或者服务,提高财政性资金的使用效益。其次,竞争必须公平,不能设置妨碍充分竞争的不正当条件。公平竞争是指政府采购的竞争是有序竞争,要公平地对待每一个供应商,不能有歧视某些潜在的符合条件的供应商参与政府采购活动的现象,而且采购信息要在政府采购监督管理部门指定的媒体上公开披露。《政府采购法》有关这方面的规定将推进我国政府采购市场向竞争更为充分、运行更为规范、交易更为公平的方向发展,不仅使采购人获得价格低廉、质量有保证的货物、工程和服务,同时还有利于提高企业的竞争能力和自我发展能力。

(3)公正原则。公正原则是为采购人与供应商之间在政府采购活动中处于平等地位而确立的。公正原则要求政府采购要按照事先约定的条件和程序进行,对所有供应商一视同仁,不得有歧视条件和行为,任何单位或个人无权干预采购活动的正常开展。尤其是在评标活动中,要严格按照统一的评标标准评定标的或供应商,不得存在任何主观倾向。为了实现公正,《政府采购法》提出了评标委员会和有关小组的人员要来自多方,要达到一定人数,且人数必须为单数,相关人员要回避,同时规定了保护供应商合法权益及方式。这些规定都有利于实现公正原则。

(4)诚实信用原则。诚实信用原则是发展市场经济的内在要求,在市场经济发展初期向成熟时期过渡阶段,尤其要大力推崇这一原则。诚实信用原则要求政府采购当事人在政府采购活动中,本着诚实、守信的态度履行各自的权利和义务,讲究信誉,兑现承诺;不得散布虚假信息;不得有欺诈、串通、隐瞒等行为;不得伪造、变造、隐匿、销毁需要依法保存的文件;不得规避法律法规;不得损害第三人的利益。《政府采购法》对此以及违法后应当承担的法律责任做了相应规定。坚持诚实信用原则,能够增强公众对采购过程的信任。

3. 政府采购实体

世界贸易组织的《政府采购协议》将缔结方的政府采购实体分为中央政府、次中央政府及其他实体,如公共企业、事业单位等。

4. 政府采购范围

根据《政府采购法》第二条的规定,政府采购的范围应当包括两个方面。

(1)采购依法制定的集中采购目录以内的货物、工程和服务。在我国政府采购实行集中采购和分散采购相结合的方式，政府采购必须严格按照批准的预算执行。集中采购的范围即集中采购目录由省级以上人民政府公布确定，属于中央预算的政府采购项目，其集中采购目录由国务院确定并公布。

1999年6月1日国务院办公厅转发了国务院机关事务管理局《关于在国务院各部门机关试行政府采购的意见》（以下简称《意见》），在该《意见》中规定，根据目前情况，纳入国务院各部门机关试行政府采购范围的项目如下。

①汽车、锅炉、电梯、计算机及其辅助设备、复印机、传真机、空调器、办公家具等物资；

②投资额在50万元以上的非生产性修缮工程；

③大型会议接待、车辆保险和车辆维修等服务项目。

对属于地方预算的政府采购项目，其集中采购目录由省、自治区、直辖市人民政府或者其授权的机构确定并公布。同时，《政府采购法》明确规定纳入集中采购目录的政府采购项目，应当实行集中采购。

（2）采购限额标准以上的货物、工程和服务。所谓的限额标准是指由中央和省、直辖市、自治区政府所确定的应当采取政府采购方式集中进行采购货物、工程和服务的最低金额标准。至于政府采购限额标准，《政府采购法》依然采取分级管理的原则，属于中央预算的政府采购项目，由国务院确定并公布；属于地方预算的政府采购项目，由省、自治区、直辖市人民政府或者其授权的机构确定并公布。

此外，《政府采购法》还确定了对国产货物优先采购的原则，即法律明确规定除需要采购的货物、工程或者服务在中国境内无法获取，无法以合理的商业条件获取的，为在中国境外使用而进行采购的，以及其他法律、行政法规另有规定的以外，政府采购应当采购本国货物、工程和服务（本国货物、工程和服务的界定，依照国务院有关规定执行），同时政府采购应当有助于实现国家的经济和社会发展，包括保护环境、扶持不发达地区和少数民族地区、促进中小企业发展。

5. 政府采购模式

政府采购模式可分为三种，即集中采购模式、分散采购模式和集中采购与分散采购相结合模式。

集中采购模式是指由一个专门的机构负责本级政府的所有采购事项。

分散采购模式是指绝大部分项目由需求单位根据有关法规自行采购。

国际经验表明，在推行政府采购制度的初始阶段，宜采用集中采购与分散采购相结合的模式。

6. 政府采购方式

根据招标范围的不同可将政府采购方式分为公开招标采购、选择性招标采购和限制性招标采购。

（1）公开招标采购。这是指通过公开程序，邀请所有有兴趣的供应商参加投标。

（2）选择性招标采购。这是指通过公开程序，邀请供应商提供资格文件，只有通过资格审查的供应商才能参加后续招标。或者通过公开程序，确定特定采购项目在一定期限内的候选供应商,作为后续采购活动的邀请对象。这种方式要求在确定有资格的供应商时应平等对待所有供应商,并尽可能邀请更多的供应商参加投标。

(3)限制性招标采购。这是指不通过预先刊登公告程序,直接邀请一家以上的供应商参加投标。

采购方式还可以按照是否具备招标性质分两种,一是招标性采购,二是非招标性采购。

从采购方式的发展来看,招标采购方式已成为一种主要的政府采购方式。招标采购方式最能体现政府采购的有效竞争、公平和公开原则。第一,招标采购方式是一种引发竞争的采购程序,是竞争的一种具体方式,这种竞争性充分体现了现代竞争的平等、信誉、正当和合法等基本原则。第二,招标程序具有很强的公平性。

(四)政府采购合同的类型

一般来说,政府与供应商所签订的合同可分为四种类型,即固定费用合同、成本加固定费用合同、成本加比例费用合同、成本加激励费用合同。

1. 固定费用合同

固定费用合同也称固定价格合同,是指不管项目最终成本多大,政府都按已商量的价格购买物品的一种合同,这是一种最简单的合同类型。如果政府所要购买的物品在规格、质量、性能等方面都比较确定,而且在生产方法、可行性等方面的不确定性很小,那么,固定费用合同就是可取的。

这种合同的最大优点是促使企业尽可能地使生产成本最小化。其缺点是企业为了尽可能地降低成本,有可能偷工减料,质量难以保证。企业认为这种合同是有风险的,因为它将独自承担未预测到的成本超支。

2. 成本加固定费用合同

成本加固定费用合同是指政府向供应商支付项目的成本加一个固定费用的一种合同。其优点是政府保证企业的生产成本能得到补偿,而且还能有一定的利润。其缺点是供应商努力控制成本的积极性不大,因为任何成本超支都将由政府承担。不仅如此,这种合同还可能导致企业的欺诈行为,把有疑问的项目包括在成本中。因此,在成本加固定费用合同下,政府必须监管和审计企业的成本。

3. 成本加比例费用合同

成本加比例费用合同是指政府向供应商支付项目的成本再加上一定比例作为利润的一种合同,这种合同更适合于产品的成本和最终产量并不确定的情况。成本加比例费用合同与成本加固定费用合同的优缺点相似,只是成本加比例费用合同更能保证企业的投资收益率,但企业的成本越大,赚取的利润越多,故企业控制成本的积极性更小。

4. 成本加激励费用合同

成本加激励费用合同又称成本分摊合同,是指政府向供应商支付固定费用和一定比例的生产成本的一种合同。本合同的优点是通过政府与企业成本的分摊,降低了企业的不确定性,同时企业管理者有动力关注成本,通过规定成本分摊的比例,政府可以尽可能少地承担预期成本。缺点是不能科学地确定成本分摊比例,政府的成本分摊比例越高,企业需要用固定费用补偿其风险的比例越小，企业削减成本的动力越小。因此，最优的成本分摊比例是使固定费用和政府承担的生产成本的总额最小化的比例。

综上所述，当政府所需要的产品能明确界定且能用现有技术进行生产时，固定费用合同是简单的，也是对政府购买最有效的方法。但是，当存在不确定性时，其他三种类型的合同更适用。

（五）执行中应注意的问题

《政府采购法》规定的政府采购原则，除涉外性原则外，基本上涵盖了国际上通行的基本原则，充分体现了立法宗旨的要求，在执行中应当严格遵循。总结我国政府采购情况的经验与教训，应当注意以下四个方面的问题。

（1）不得擅自使用涉外性原则。如前所述，政府采购的涉外性原则，是政府采购市场开放后应当遵循的一项基本原则。根据 WTO 的规则以及国际惯例，政府采购市场开放是对等的，不是单边开放。由于社会各界对政府采购的国际规则了解不够，造成了我国政府采购市场的单边开放，采购人采购外国产品的现象非常普遍，外国产品和外国供应商大量进入了我国的政府采购市场，而我国的产品和供应商却无法也无权进入外国政府采购市场。这种现象挤占了我国产品和供应商应有的市场，严重损害了公共利益和国家利益。按照《政府采购法》的规定，政府采购的公平竞争是指国内产品和国内供应商之间的竞争，公正是指采购人与国内供应商之间的交易要做到公正，都不涉及外国产品和外国供应商。《政府采购法》实施后，采购人要严格按照法律规定，采购国内货物、工程和服务。否则，擅自采购外国货物、工程和服务的行为，属于违法行为，要受到严肃处理。

（2）要消除地区封锁和行业垄断，促进充分竞争。目前，地区封锁和行业垄断现象较为普遍，分割了政府采购市场，阻碍了生产要素的自由流动。这种格局难以实现公平竞争，也妨碍了充分竞争，阻碍了全国政府采购大市场的形成和发展，限制了政府采购制度优越性的发挥。因此，要从全局和大局出发，破除壁垒，为政府采购营造充分竞争的社会环境。

（3）要提高政府采购的透明度。政府采购信息必须按照《政府采购法》规定，在财政部指定的媒体上全面、及时地公布。要将公开招标作为主要采购方式，采购过程和各项采购决定都要做到公开透明，从根本上消除暗箱操作行为。

（4）要抑制个人偏好，避免因干预正常采购活动而影响政府采购原则贯彻落实。

本章小结

政府预算管理体制是国民经济管理体制的重要组成部分，也是政府预算制度的一个重要组成部分。政府预算的编制、预算的执行、预算的调整和预算的决算都有严格的时间要求和内容规范。部门预算是政府预算的组成部分，它能够全面反映部门的各项开支。国库集中收付制度是所有财政性资金都纳入国库单一账户管理，收入直接缴入国库或财政专户，支出通过国库单一账户体系，按照不同支付类型，采用财政直接支付与授权支付的方法，支付到商品或货物供应者或用款单位。政府采购的一系列法规、政策和制度的总称是指以公开招标、投标为主要方式选择供应商（厂商），从国内外市场上为政府部门或所属团体购买商品或服务的一种制度。它遵循公开透明、公平竞争、公正和诚实守信的原则。政府采购的范围包括依法制定的集中目录以内或采购限额标准以上的货物、工程和服务。因为招标采购具有很强的公平性，所以它是政府的主要采购方式。

即测即练

复习思考题

1. 简述政府预算的含义。
2. 简述编制部门预算的意义及其基本内容。
3. 政府采购制度的内容有哪些？
4. 简述我国政府采购制度的特点和意义。

实训内容

分析我国政府采购制度存在的问题，说说应从哪些方面完善政府采购制度。

第五章

金融导论

学习目标

1. 了解金融的产生和发展；
2. 领会货币的本质、职能和货币制度；
3. 熟悉信用的主要形式；
4. 熟悉利率的种类和影响利率的因素。

技能目标

1. 理解货币制度、信用形式和利率种类；
2. 掌握影响货币、信用和利率的因素。

素质目标

1. 掌握观察和分析金融问题的正确方法；
2. 能运用相关理论知识分析我国金融调控的一些政策；
3. 培养独立辨析金融理论和解决实际问题的能力。

导入案例

央行数字货币对金融体系的可能影响

近年来，伴随着信息革命的不断深化和数字经济迅猛发展，国际社会和主要经济体高度关注央行数字货币（central bank digital currency，以下简称 CBDC）研发。瑞典等已进入 CBDC 试点测试阶段，部分经济体正处于研发阶段，另有一些经济体仍在论证 CBDC 的可行性。2020 年 11 月 6 日，中国人民银行发布了《中国金融稳定报告（2020）》，对 2019 年以来我国金融体系的稳健性状况进行了全面评估。该报告指出，中国人民银行自 2014 年起开始研究法定数字货币，并于 2017 年年末组织部分商业机构共同开展数字人民币体系（DC/EP）的研发。目前，数字人民币体系已基本完成顶层设计、标准制定、功能研发、联调测试等工作，正在遵循稳步、安全、可控、创新、实用原则，先在深圳、苏州、雄安新区、成都等地进行内部封闭试点测试。

目前，由于各经济体CBDC的研发背景、目标、设计等有所差异，对金融体系的潜在影响也不尽相同。国际组织及部分经济体央行对CBDC可能给金融体系带来的影响开展了前瞻性研究。总体来看，认为CBDC的潜在影响因其类型、运营方式和计息机制的不同而有较大差异。采用单层运营模式或计付利息的零售型CBDC对货币政策传导、金融脱媒的影响较大，批发型CBDC和采用双层运营模式且不计付利息的零售型CBDC则对金融体系影响较小。

央行数字货币的发行会对传统的金融体系产生怎样的影响？

第一节　金融的产生与发展

一、金融的概念

金融通常理解为货币资金的融通。货币资金融通的主要对象是货币，融通采用的主要方式是有借有还的信用方式，组织和操作资金融通的主要机构是银行及非银行金融机构。因此，金融活动由货币、信用和金融机构（主要是银行）三方面构成。金融是与货币、信用与金融机构（主要是银行）直接相关的经济活动的总称。

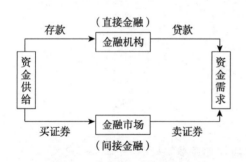

图 5-1　直接金融与间接金融的关系

货币资金的融通按其有无媒介体作用划分为直接金融和间接金融两大类。直接金融是指不通过金融中介机构，资金的供求双方直接协商进行融通资金，比如商业信用、证券发行、民间借贷等。间接金融是指资金供求双方不直接联系，而是通过金融中介机构进行资金融通，比如金融机构办理的存、贷款等。直接金融与间接金融的关系如图 5-1 所示。

二、金融的产生

由于金融的范围包括相互统一的货币、信用和金融机构三个范畴，因此了解金融的产生，需要从货币、信用和金融机构三方面入手。

金融是伴随着商品货币关系的发展而发展的，在金融范畴中，最早出现的就是货币，货币是商品交换发展的产物。最早的商品交换形式是物物交换。但随着商品生产的不断发展，参与交换的商品越来越多，简单的物物交换形式在时间和空间上限制了交换的发展，为此，用于衡量和表现其他一切商品价值的特殊商品——货币就随之产生了。货币作为一般等价物的特殊商品，成为商品交换的媒介，使得简单的商品交换发展成为商品流通。

信用是指经济上的借贷行为，也是伴随着商品货币关系的发展而产生的。最初的信用是实物借贷，但在商品货币经济中，信用主要采取货币借贷形式。

在原始社会末期、奴隶社会和封建社会，高利贷信用是当时的主要信用形式。高利贷最初是以实物形式存在，随着商品货币关系的发展，逐渐转为以货币为主要形式。在农业经济社会，人们需要的产品大部分是自给自足，商品交换不发达。生产经营中很少有高利贷，随着资本主义生产关系的不断深入发展，在资本主义再生产过程中，出现了一些资本家有部分货币资本暂时闲置，另一些资本家又有临时货币资本短缺。这样，信用使货币资金的盈余者和需求者联系起来，形成了借贷关系，产生了借贷资本。随着商品生产、交换及信用的深入发展，金融活动的范围日益扩大，促使货币的汇兑、保管等业务的发展，特别是为了适应国际贸易发展，产生了货币兑换业，专门经营货币兑换业务。为了适应这种需要，逐渐出现一部分人专门从事货币兑换业务，出现货币经营业。早期的货币经营业者只是单纯地办理与货币兑换、保管和汇兑有关的货币收付业务，收取一定的保管费和手续费。随着业务的扩大，他们手中集中了大量货币，便开始将这些保管的钱贷放出去，收取利息，同时用支付存款利息的方法，吸收大量存款，赚取存贷利息的差额，这样货币收付与信用活动结合起来，货币经营业便发展成为银行。

随着资本主义生产方式的确立，新兴的资产阶级为了使金融机构能够适应生产社会化的需要，就以股份企业的形式组建股份制银行，由于其资本雄厚，规模大，经营新，发展快，后来成为资本主义银行的主要形式。1694年，在英国伦敦建立起来的英格兰银行就是第一家股份制银行。1845年，英国设在广州的丽如银行（也称东方银行）分行是我国最早出现的银行。1897年，中国创立了第一家股份制银行——中国通商银行。

从历史上看，商品交换的发展促使货币产生，商品货币关系的进一步发展又促使借贷活动产生，而随着货币收付和信用活动规模的扩大，又出现了专门组织货币收付和借贷活动的金融机构——银行。在银行出现以后，流通中的货币一般是由银行发行的，社会各单位的货币收付也大都通过银行划转存款来完成，这样货币资金收付、信贷资金收支和银行资金收支相互渗透、相互结合，构成了密不可分的统一活动过程，由此形成了金融。

三、金融业的发展

金融产生于原始社会末期，从自给自足的自然经济社会发展到商品生产、交换及信用较为发达商品经济社会，经历了一个较长的历史阶段。现代的金融业与过去相比，已经发生了很大的变化，特别是20世纪80年代以来，国际金融业变化巨大而深刻，有人称其为金融革命，也有人称其为金融创新。总之，与过去相比，金融业主要有以下几方面变化。

1. 金融业务扩展

传统的金融业务主要是存款、贷款、汇兑等业务，业务品种比较单一。与传统金融业务相比，现代的金融业务扩展了许多，金融业务品种越来越丰富。如储蓄存款、抵押贷款、信托、投资、保险、债券股票的买卖、信用卡、旅行支票等，以及新兴金融业务，如期货、期权、房地产金融等。

2. 金融服务范围的扩大

现代金融服务的对象涉及政府、厂商、组织、居民户和消费者个人等；金融服务范围从国际的金融活动,如国际货币汇兑、国际间证券交易、国际银行的联合信贷等,到居民家庭的各种服务,如银行代发工资、代办家庭的各种收支、个人消费信贷、证券代购以及提供各种信息咨询等,现代金融服务已经扩展到整个经济生活的所有领域。

3. 金融组织体系的扩展

现代金融体系的扩展,从银行方面看,在商业银行发展的基础上产生了中央银行,随着经济的发展产生了许多具有不同功能的银行,如政策性银行。在现代金融体系中,除了有各种类型的银行之外,还有多种非银行金融机构,如证券公司、保险公司、信托投资公司、财务公司、合作性金融机构等。

4. 金融工具增多

随着金融创新的发展,新的金融工具不断产生。根据融资期限的不同,可将金融工具分为货币市场金融工具和资本市场金融工具。前者主要包括商业票据、银行承兑汇票、短期公债、大额可转让定期存单等,这类金融工具期限短、风险小、流动性强;后者主要包括股票、公司债券及中长期公债等,这类金融工具期限长、风险大、流动性较弱。金融工程的发展使各种金融衍生工具不断创新,新的金融工具大量出现。随着现代金融创新的发展,还会产生更多的新的金融工具,金融工具的多元化对金融业的发展特别是金融市场的发展起了重要的推动作用。

5. 金融信息化

随着电子技术的发展,计算机和信息技术在金融业的操作管理中的应用越来越普遍。网络技术的发展使银行业务发生了重大变化,网络银行迅速发展。

第二节 货币与货币制度

一、货币的起源

人类使用货币的历史产生于物物交换的时代。在经历了长期的无数次的物物交换的过程中,人们逐渐发现,如果将自己手中的商品先换成一种大众都能普遍接受的商品,然后再用其交换自己所需要的商品,这样就能解决物物直接交换中可能产生的矛盾,交换比较容易成功。经过不断地筛选,最终确定一种人们能普遍接受的商品来表现自己用来交换的商品价值。这种商品就是一般等价物,原来的物物交换变成了由一般等价物作为媒介的商品交换。马克思认为,从商品世界分离出来,固定地充当一般等价物的特殊商品,就是货币。货币是商品交换的产物,是价值形态发展的必然结果。

扩展阅读 5-1 货币起源说

二、货币形式的发展

在人类货币发展史上,不同民族、不同国家和地区,因经济发展水平和文化条件不同,出现过各种不同形态的货币。

货币形态又称货币形式，货币形式的发展实际上就是要解决由什么来充当货币的问题。从货币的发展史来看，充当过货币的物品很多，经历了由低级向高级的不断演变过程。大致来看，货币材料的演变是沿着实物货币—金属货币—代用货币—信用货币—电子货币—数字货币这样的历史顺序而发展演变，但这并不说明它们之间有严格的此生彼亡的界限。

1. 实物货币

实物货币又称商品货币，是货币最原始、最朴素的形式。在人类经济史上，很多种商品，都曾在不同时期扮演过货币的角色，如龟壳、海贝、蚌珠、皮革、谷物、布帛、牲畜、农具等。由于以实物形式存在的货币，大都具有形体不一、不易分割保存、不便携带、价值不稳定等缺陷，并不能很好地满足交换对货币的要求，因此不能成为理想的交易媒介。

2. 金属货币

充当货币的金属主要是铜、银、金。与实物货币相比，金属货币具有价值稳定、易于分割储藏等优点，这些自然属性使其更适宜充当货币。就金属货币本身发展而言，金属货币经历了从贱金属到贵金属、从称量制到铸币制的发展过程。以贵金属黄金作为货币材料的时期是金属货币发展史上的鼎盛时期。1817年，英国通过立法确认了金本位制度，此后其他国家纷纷效仿英国的做法。到19世纪中后期，金本位制已经在全世界范围内普遍采用。金属货币虽然价值稳定、易于分割储藏，但大量携带很不方便，且在日常的交易使用中也会有磨损。况且贵金属的储量有限，难以满足日益增长的商品流通需求。于是更加便捷的代用货币出现了。

3. 代用货币

代用货币是指在贵金属流通制度下，代替金属货币流通的货币形式。代用货币通常是纸质的，相当于一种实物收据，可由政府或银行发行，但要求有足量的金属保证，以满足代用货币的随时兑现。代用货币由银行发行时称为银行券。货币作为交换的媒介，只是交换的手段，而不是交换的目的。对于交易者来说，他们并不关心货币本身的价值，而是它能否起媒介作用。正如马克思所说，货币处在流通领域中，"只是转瞬即逝的要素。它马上又会被别的商品代替。因此，在货币不断转手的过程中，单有货币的象征存在就够了"。这就产生了由价值符号或代用货币代替真实货币的可能性。代用货币的效力与金属货币相同，能够与金属货币自由兑换，且与金属货币相比较具有印刷成本低，便于保管、携带和运送等特点。

随着经济发展，货币需求量增大，代用货币因发行量受到金属储备的限制，不能满足经济发展的需要。随着金本位制的崩溃，代用货币也就退出了历史舞台，被信用货币所取代。

4. 信用货币

信用货币是以信用为保证，通过一定信用程序发行和流通的货币。它本身的价值远远低于其货币价值，不代表任何金属货币，只是一种价值符号或信用凭证，通过国家强制力赋予的名义价值进行流通，完全依靠银行信用和政府信用发挥一般等价物的作用。

信用货币是货币进一步发展的产物,目前世界上几乎所有的国家都采用这种货币形式。从历史的观点看,信用货币是金属货币制度崩溃的结果。20 世纪 30 年代,发生了世界性的经济危机,引起经济的恐慌和金融混乱,迫使主要资本主义国家先后脱离金本位和银本位,国家所发行的纸币不能再兑换金属货币,因此,信用货币便应运而生。一般来说,信用货币作为一般的交换媒介应具备两个条件,一是人们对此货币有信心,二是货币发行的立法保证,二者缺一不可。

信用货币是通过银行信贷方式投入流通的,主要形式是现金和存款货币。现金包括纸币和辅币,由中央银行经国家授权发行,是中央银行的负债。存款货币是指能够发挥货币作用的银行存款,包括活期、定期等各类存款,由商业银行创造,是商业银行的负债。从广义来看,信用货币还包括其他能充当支付手段和流通手段的各种信用凭证,如银行汇票、商业票据及其他短期债券等。

信用货币克服了金本位制下货币供应缺乏弹性问题,使货币当局在应对经济危机等困局时有了更大的发挥空间,但信用货币使货币发行摆脱了传统束缚,对任何一个国家而言,印钞都是一项几乎无本的生意,所以信用货币可能出现超发现象。货币超发所带来的通货膨胀,是对国民财富的"洗劫"。信用货币体系自身存在的问题随着一次次经济危机的爆发,开始引起很多人的反思。

5. 电子货币

电子货币依托金融电子化网络,以电子计算机技术和通信技术为手段,以电子数据形式存储在计算机系统中,通过计算机网络系统,以电子信息传递的形式实现货币流通和支付的功能。银行卡就是我们常见的电子货币的载体之一。电子货币不是独立的货币,是信用货币的数字化形式。

电子货币现已广泛地渗透到现代生活中,它在完成交易支付时比纸币更加便利和快捷,还大大节约了印制纸币必须花费的昂贵成本。此外,电子货币比纸币更不易伪造,使用起来更安全。电子货币的这些优点使人们越来越接受电子货币这一新型货币形式和移动支付方式,并因此催生了第三方支付机构,如支付宝和微信支付。我国流行的电子货币主要有储值卡型电子货币、信用卡应用型电子货币、存款利用型电子货币、现金模拟型电子货币。

电子货币虽然与纸币相比更加便利、更加安全,但是仍然存在着不可忽视的缺点。现行的货币体系依靠银行的金融体系,银行卡必须依附于一家银行的设定以及现今时常发生的银行卡盗刷情况都在促使我们追求更加便利、更加安全的货币形式。近几年出现的区块链技术为解决这些问题提供了一个创造性的思路。

6. 数字货币

关于数字货币的定义,目前尚无统一定论。各国央行对数字货币的理解、使用目的和技术路线并不相同。数字货币依据发行主体不同分为私人数字货币和法定数字货币。私人数字货币有比特币、莱特币、瑞波币和以太坊等。这些"代币"究竟应当算作私人数字货币还是虚拟货币,至今仍存争议。法定数字货币又称

扩展阅读 5-2 中国央行数字货币的研究进展及发行规划

央行数字货币,是由一国中央银行根据政府法令以数字化形式发行的电子货币。法定数字货币由国家信用背书,与法定货币等值。本书提及的数字货币特指法定数字货币。

数字货币可以大大降低货币的发行、流通和管理成本。通过鼓励个人和企业在各类商业场景中使用法定数字货币,可以有效提高交易频率,提升经济交易活动的便利性和透明度,减少洗钱、偷税漏税等违法犯罪行为,提升央行对货币供给和货币流通的控制力。

扩展阅读 5-3　全球央行数字货币项目开始进入测试阶段

扩展阅读 5-4　电子货币、虚拟货币、数字货币的区别

三、货币制度

(一)货币制度的主要内容

货币制度,简称"币制",是国家以法律形式规定货币流通的结构和组织形式。货币制度大体包括以下四个方面。

1. 规定货币材料

货币材料简称"币材",是货币制度的最基本内容。不同的币材的选择就构成了不同的货币制度。如用金、银或金银并用,就分别称为金本位制、银本位制、金银复本位制。目前世界各国基本都实行不兑现的信用货币制度,因而对币材不再详细介绍。

2. 规定货币单位

货币单位是指货币制度中规定的货币计量单位。货币单位的规定主要有两个方面,一是规定货币单位的名称,二是确定货币单位的"值"。

3. 确定本位币和辅币的发行和流通程序

在金属货币制度下,主位币是按照国家规定的货币金属和货币单位而铸造的,是一种足值铸币。金属货币制度下,对本位币有以下规定:①本位币是自由铸造还是限制铸造。②规定铸币的磨损公差。③本位币具有无限的法定支付能力,即无限法偿。信用货币出现后,最初是分散发行的,例如银行券在早期是由各个商业银行自主发行的,但后来为了解决银行券分散发行带来的混乱问题,各国逐渐通过法律把银行券的发行权收归中央银行。在当代不兑现的信用货币制度下,本位币的发行权集中在中央银行或政府指定机构。

辅币是本位币单位以下的小额货币,专供零星交易和找零使用。在金属货币制度下,辅币的主要特征是:①辅币是用贱金属铸造的不足值的铸币,辅币铸造权由国家垄断并强制流通,铸币收入归国家所有。②辅币可以按固定的比例与本位币自由兑换。③辅币的支付能力是有限的,即有限法偿。金属货币退出流通后,辅币制度仍然保存下来,在当代不兑现的信用货币制度下,辅币的发行权一般都集中于中央银行或政府机构。

4. 规定货币发行准备制度

货币发行的准备制度是指在货币发行时须以某种金属或某几种形式的资产作为其发行货币的准备,从而使货币的发行与某种金属或某些资产建立起联系和制约关系。各国

所采用的货币发行准备制度的具体内容,一般均在本国有关法律中予以明确规定。在不同的货币制度下,货币发行的准备制度是不同的。在金属货币制度下,货币发行以法律规定的贵金属(金或银)作为准备。在现代信用货币制度下,多数国家都采用以资产主要是外汇资产作为货币发行的准备,也有的国家以物资作为准备,还有些国家的货币发行采取与某个国家的货币直接挂钩的方式,如盯住美元或英镑等。

目前各国货币发行准备的构成一般有两大类:一是现金准备,包括黄金、外汇等具有极强流动性的资产;二是证券准备,包括短期商业票据、财政短期国库券、政府公债券等,这些证券必须是在金融市场上流通的证券。

(二)货币制度的演进

若以币材划分,货币制度大体可分为金属货币本位制和信用货币本位制两类。具体见图5-2。

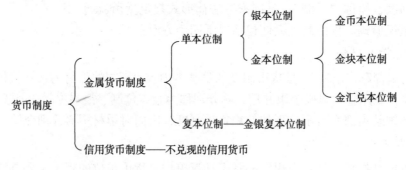

图 5-2 货币制度的主要类型

1. 银本位制

银本位制是以白银为货币金属,以银币为本位币的一种货币制度。它是历史上最早的金属货币制度。银本位制的基本内容包括:以白银为本位币币材,银币为无限法偿货币,具有强制流通的能力;本位币的名义价值与本位币所含的一定成色、重量的白银相等,银币可以自由铸造、自由熔化;银行券可以自由兑现银币或等量白银;白银和银币可以自由输出输入。银本位制在16世纪以后开始盛行,至19世纪末期被大部分国家放弃。其主要原因是:①白银价值不稳定;②与黄金相比,白银价值相对较低,为大宗商品交易带来许多不便;③从19世纪40年代起,世界黄金产品激增,黄金产量的大增为当时金银复本位制和金本位制代替银本位制提供了物质基础。

2. 金银复本位制

金银复本位制是由国家法律规定的以金币和银币同时作为本位币,均可自由铸造,自由输出输入,自由兑换,同为无限法偿币的货币制度。16—18世纪,欧洲国家纷纷建立金银复本位制度。与银本位制相比,金银复本位有以下优点:第一,金银并用,币材充足,满足了当时生产扩大对通货的需求。第二,便利交易。金币价值较高,用于大宗批发交易;银币价值较小,用于小额交易。

复本位制主要有三种类型:平行本位制、双本位制、跛行本位制。

（1）平行本位制。在平行本位制下，金银铸币各按其自身所包含的价值并行流通。因商品具有金币和银币表示的双重价格，金银市场比价波动必然引起商品双重价格比例波动，引起价格混乱，给商品流通带来诸多困难。

（2）双本位制。为了克服平行本位制的问题和困难，国家便以法律规定金币和银币之间的固定比价，即金币和银币按法定比价进行流通和交换，实行双本位制。双本位制虽然可以避免平行本位制带来的弊病，但又违背了价值规律。当金银的法定比价与市场比价不一致时，就会产生"劣币驱逐良币"的现象。由于这一现象是由16世纪英国财政大臣托马斯·格雷欣发现并提出的，所以又称为"格雷欣法则"。

（3）跛行本位制。为了解决"劣币驱逐良币"现象，资本主义国家又采用跛行本位制，即金、银币都是本位币，但国家规定金币能自由铸造，而银币不能自由铸造，并规定银币不具有无限清偿能力，金币和银币按法定比价交换。这种货币制度中的银币实际上已成了辅币。这种跛行本位制是金银复本位制向金本位制的过渡形式。

3. 金本位制

由于金银复本位制是一种不稳定的货币制度，对资本主义经济发展起了阻碍作用，甚至导致货币制度事实上的倒退，为了保证货币制度的稳定性，更好地发挥货币制度对商品经济的促进作用，英国率先实现金本位制度。金本位制有金币本位制、金块本位制和金汇兑本位制三种形式。

金币本位制是典型的金本位制。其基本特点是：只有金币可以自由铸造，有无限法偿能力；辅币和银行券与金币同时流通，并可按其面值自由兑换为金币；黄金可以自由输出输入；货币发行准备全部是黄金。在金币本位制下，银行券的发行制度日趋完善，中央银行垄断发行后，银行券的发行准备和自由兑现曾一度得到保证，从而使银行券能稳定地代表金币流通。

金块本位制又称生金本位制，国内不铸造、不流通金币，黄金退居准备金地位，集中存储于政府，由国家发行代表一定重量和成色黄金的银行券代替金币流通，银行券不能自由兑换黄金，只能按规定的含金量在一定数额以上、一定用途内兑换金块。

金汇兑本位制又称为虚金本位制。在这种货币制度下，货币单位仍规定有含金量，但国内不流通金币，以国家发行的银行券当作本位币流通。银行券不能直接在国内兑换黄金。中央银行在另一个实行金币本位制或金块本位制国家存储黄金和外汇，并规定本国货币与该国货币的兑换比率。居民可按这一比率用本国银行券兑换该国货币，再向该国兑换黄金。

4. 信用货币制度

信用货币制度，突破了货币商品形态的桎梏，是货币制度演进中质的飞跃，以本身没有价值的信用货币作为流通中的一般等价物，是国家强制流通的价值符号，具有无限法偿能力。20世纪70年代中期以来各国实行的普遍是不兑现的信用货币制度，其发行不以金、银为保证，而是依据经济发展的客观需要，通过信用程序进入流通领域。信用货币制度的基本特点：第一，流通中的货币都是信用货币，主要由现金和银行存款构成。第二，流通中的货币都是通过信用程序投入流通的，货币流通是通过银行的信用活动进行调节。第三，国家对货币流通的管理成为经济正常发展的必要条件，这种调控主要是央行运用货币政策实现。

在货币电子化背景下，人们的支付方式正经历从现金支付到电子支付的转变，电子货币使实体货币和观念货币发生了分离，出现"去实体化"。此时，货币将成为一个抽象的计价单位。但无论是金融机构发行的电子货币，还是货币当局发行的法定数字货币，都是以政府信用背书，因此仍属于信用货币制度范畴。只是这种以崭新技术支撑的货币形式是无形的，其发行和流通也将虚拟化，对传统的货币金融理论造成了强烈的冲击，同时随着货币电子化的快速发展，对中央银行的金融调控和监管提出新的挑战。

（三）我国现行的货币制度

我国现行的货币制度较为特殊，是"一国多币"的特殊货币制度。人民币是我国内地的法定货币，我国香港、澳门、台湾地区实行不同的货币制度。不同地区的法定货币仅限于本地区流通，人民币与港元、澳门元之间按以市场供求为基础决定的汇价进行自由兑换，澳门元与港元直接挂钩，新台币主要与美元挂钩。

1948年12月1日，中国人民银行在石家庄正式宣告成立，并开始发行人民币，人民币成为国家的本位货币。中国人民银行的成立和人民币的发行，标志着中华人民共和国货币制度的开端。

我国人民币制度主要包括五个方面的内容。

（1）我国法定货币是人民币。人民币单位为"元"，元是本位币，即主币，辅币名称为"角"和"分"。分、角、元均为10进制，辅币与主币一样具有无限法偿能力。人民币由国家授权中国人民银行统一发行与管理。人民币的票券、铸币种类由国务院决定。

（2）人民币是一种不兑现的信用货币，没有含金量，是代表一定价值的货币符号，以现金和存款货币两种形式存在，现金由中国人民银行统一发行，存款货币由银行体系通过业务活动进入流通。

（3）人民币的发行实行高度集中统一，货币发行权集中于中央政府，由中央政府授权中国人民银行统一发行与管理。人民币的发行要适应生产发展和商品流通的正常需要，通过银行信贷程序进行。

（4）人民币是我国唯一合法通货。国家规定禁止金银和外汇在国内市场上计价、流通、结算和私自买卖。严禁仿造人民币。

（5）黄金、外汇由中国人民银行集中掌管，作为国际支付的准备金，统一调度。外汇汇率实行以市场供求为基础，单一的、有管理的浮动汇率，由中国人民银行每日公布。

第三节 信 用

信用产生离不开商品货币经济。随着商品生产和交换发展，货币与商品的互换在时间和空间上产生了不一致，出现了货款的延期支付，即商品赊销，买卖双方结成了借贷关系，即信用关系，也就是债权人与债务人的关系。随着商品经济的进一步发展，为克服商品赊销的局限性，产生了货币形态的借贷。在货币借贷关系中，货币所有者将货币贷出，并约定归还日期及利息率；货币借入者在获取货币时要承诺到期偿还本金和利息。一般来说，信用具有偿还性和付息特征，而偿还性是其最基本的特征。

信用作为一种借贷行为，是通过一定方式表现出来的。根据借贷主体的不同，信用形式主要有商业信用、银行信用、国家信用、消费信用、国际信用和民间信用。其中商业信用和银行信用是最基本的信用形式。

一、商业信用

商业信用是指企业之间相互提供的，与商品交易直接相联系的信用，如商品赊销和预付货款。商业信用的信用工具形式主要是商业票据。

商业信用具有以下特点：

（1）信用的借贷双方都是经济企业，反映的是不同的商品生产企业或商品流通企业之间因商品交易而引起的债权债务关系，是一种直接信用。

（2）以商业信用贷出去的资本是处于产业资本循环过程中最后一阶段的商品资本，而不是社会上闲置的资本。商业信用虽然是以商品形态提供的信用，但它的活动包含着两种不同性质的经济行为，即买卖行为和借贷行为。一个企业把一批商品赊销给另一个企业时，商品的所有权发生了转移，商品的买卖行为完成了，但商品的货款并未立即支付，从而使卖者变成了债权人，买者变成了债务人，买卖双方形成了债权债务关系，并以货币的形式存在，这种借贷行为还没有从再生产过程中独立出来。

（3）商业信用的供求与经济景气状态一致。在经济繁荣时期，由于生产扩大，商品增加，商业信用的供应和需求会随之增加。而在经济衰退时期，生产下降，商品滞销，对商业信用的需要也会减少。

由商业信用的上述特点所决定，其存在和发展有一定的局限性，主要表现为以下三点。

（1）商业信用在授信规模上的局限性。商业信用的规模受企业资本金的限制，而且只限于企业暂时不能投入生产过程的那部分资本金。因此，商业信用提供规模有限，信用期限短。

（2）商业信用在授信方向和范围上的局限性。由于商业信用是以商品形式提供的，而商品均具有特定的使用价值，商业信用的需求者就是商品的购买者，因此就决定了信用具有方向性，即只能由商品的卖方向商品的买方提供，而不能相反。此外，商业信用是直接信用，只适用于有商品交易关系的企业，并且借贷双方只有在相互了解对方的信用和偿还能力的基础上才可能确立信用关系。

（3）商业信用在期限上的局限性。由于商业信用所提供的是在循环过程中的商品资本，如不能按时以货币形态收回，就会影响产业资本的正常循环和周转。因此，一般来说商业信用是短期信用，而且一旦无法及时收回，就会影响企业自身正常的生产和经营。

此外，商业信用在管理和调节上也存在局限性。由于商业信用是在众多的企业之间发生的，经常形成一条债务链，如果某一企业到期不能支付所欠款项，就会引起连锁反应，触发信用危机。

二、银行信用

银行信用是银行及各类金融机构以货币形式提供的信用,它包括两个方面:一是吸收存款,集中社会各方面的闲置资金;二是通过发放贷款及证券投资,对集中起来的闲置资金加以运用。

银行信用是在商业信用的基础上产生和发展起来的,是现代信用的基本形式。银行信用具有以下特点。

(1)银行信用是以货币形态提供的间接信用。银行及各类金融机构作为银行信用活动的主体,在信用活动中充当信用中介,在货币资本所有者和使用者之间起媒介作用。银行信用所贷出货币资本是从产业资本中游离出来的暂时闲置的货币资金,以及社会各阶层的货币收入,是相对独立的借贷资本。因银行信用能广泛动员社会各方面闲置资金,突破个别企业拥有资金限制,信用规模大大超过商业信用。

(2)银行信用以货币形态提供,不受商品流通方向限制,能向任何生产部门提供信用,克服了商业信用在提供信用方向的局限性。

(3)银行信用的资金来源主要依靠吸收存款,因客户存取时间不一致,为银行发放长期贷款提供了资金来源。因此,银行信用的期限比商业信用更加灵活,可以提供短期信用,也可提供长期信用。

(4)银行信用具有较大的灵活性和广泛的接受性。由于银行信用是以货币形态提供的信用,它适用于任何部门。可以根据工商企业的不同需求,灵活地在流通规模、范围等方面给予对方最大的满足。银行的信用活动对象除了工商企业外,还涉及国家政府部门、各种经济单位和居民个人等各个社会阶层。此外,银行的信誉是可靠的。因此,银行信用具有广泛的接受性。

三、国家信用

国家信用是国家政府作为债务人,以借债的方式向社会筹集资金的一种信用形式,其实质是国家借款。国家信用形式有多种,如发行各种政府债券、向银行借款、向国外借款,以及在国际金融市场上发行债券。国家信用的典型形式是发行公债券和国库券。

国家信用的特点主要表现为:①国家信用的运用是以政府信誉为担保,因此政府债券具有信誉好、收益高、风险小、流动性强的优势;②国家信用与银行信用在数量上此消彼长。国家信用和银行信用具有共同的资金来源,它们都是通过信用形式集中社会各方面的闲置货币资金。企业与居民用于购买政府债券的资金增多,用于银行存款与储蓄的资金就会减少,反之亦然。

四、消费信用

消费信用是商业企业、银行和其他金融机构以商品或货币形式向消费者提供的一种信用。提供信用的对象和债务人与商业信用、银行信用有所不同。消费信用提供的对象是耐用消费品(家具、汽车、电器、房屋等),债务人都是购买消费品的消费者。

消费信用按其性质来说主要有两种形式：一种是类似商业信用，由工商企业以赊销或者分期付款方式向消费者提供商品和劳务；另一种属于银行信用，由银行直接向购买耐用消费品的个人发放贷款，或者是由银行向提供商品与劳务的工商企业发放贷款。

消费信用可以缓和消费者有限购买力与现代化生活需求的矛盾，对生产有一定的积极促进作用。但消费信用发展需要一定的条件，如银行雄厚的资金实力、市场充足的商品供应等。

五、国际信用

国际信用是不同国家（或地区）间发生的借贷行为，其债权人、债务人是不同国家的政府、机构或公民。随着国际经济交往的日益频繁，国际信用成为进行国际结算、扩大进出口贸易的主要手段之一。国际信用种类繁多，归纳起来可分为以下五种类型。

（1）出口信贷：银行给予本国出口商或外国进口商低于市场利率的贷款。出口信贷又分为卖方信贷和买方信贷。

（2）国际间银行信贷：一国银行或银团向另一国银行、大企业或政府提供的货币贷款。

（3）补偿贸易：买方以赊销方式进口设备和技术等，并以该项目建成投产后的产品或其他指定的商品还本付息的一种信用方式。

（4）政府间信贷：一国政府向另一国政府提供的优惠性贷款。

（5）国际金融机构贷款：世界性或区域性国际金融机构向其成员国提供的贷款。

六、民间信用

民间信用是居民个人之间以货币或实物形式所提供的有偿有息的借贷活动。民间信用是不通过银行或其他金融机构的直接信用，具有较强的自发性、分散性和非公开性，利率由资金供求双方议定的，借贷利率较高，风险较大。

第四节 利 率

一、利息及其本质

利息是指在借贷活动中，债务人支付给债权人的超过借贷本金的那部分货币资金，是债务人为取得货币使用权所付出的代价，因此，利息又称为借贷资金的"价格"。

货币在商品运动中充当交换媒介，本身价值不会增加。债务人用借入资金在商品市场上购买了劳动力和生产资料，通过生产获得利润。利润的一部分以利息的形式支付给借贷资金的所有者，另一部分归资金的使用者所有。可见，利息虽然产生于借贷关系，但是实质上来源于利润，是利润的一部分。利润是劳动者劳动创造的剩余产品的价值表现形式，因此，利息是剩余产品价值的转化形式，体现借贷双方共同分配劳动者创造的剩余产品价值的关系，这种分配关系在不同的生产方式条件下反映了不同的生产关系。

二、利率及其种类

利率指借贷期内所形成的利息额与本金的比率，用以表示利息水平的高低，也用以反映资金的"价格"。在实践中，它是一个比利息更有意义的经济指标。利息率通常用年利率、月利率和日利率表示。

单利和复利是计算利息的两种基本方法。

单利法只以本金计算利息，不考虑利息的再投资情况，其计算公式是

$$I = P \cdot r \cdot n$$
$$S = P(1 + r \cdot n)$$

式中，I 为利息额，P 为本金，r 为利息率，n 为借贷期限，S 为本利和。

例如某人借款 1 000 元，年利率为 5%，借款期限为 3 年。到期时贷款应得利息按单利法计算是

$$I = 1\,000 \times 5\% \times 3 = 150（元）$$

本利和为

$$S = 1\,000 \times (1 + 5\% \times 3) = 1\,150（元）$$

复利是指计算利息时，将上期利息转为本金再继续计算利息，即俗称的"利滚利"。其计算公式是

$$S = P(1 + r)^n$$
$$I = S - P = P[(1 + r)^n - 1]$$

如上例按复利计算本利和为

$$S = 1\,000 \times (1 + 5\%)^3 = 1\,157.625（元）$$
$$I = 1\,156.625 - 1\,000 = 157.625（元）$$

复利法计算方法虽然比较复杂，但它体现了资金的时间价值，更为科学和合理。复利法在投资决策、财务管理等领域中有着极为广泛的应用。

三、利率的种类

按照不同的标准，利率主要分为三类。

1. 考虑通货膨胀影响，可将利率分为名义利率和实际利率

名义利率是指金融市场上实际存在并发挥作用的利率，而实际利率是名义利率剔除通货膨胀因素后的真正利率。它们之间的关系可近似地表示为

实际利率 = 名义利率 - 通货膨胀率

2. 借贷期内利率是否调整，可分为固定利率和浮动利率

固定利率是指在借贷期内不进行调整的利率。固定利率简便易行，便于借贷双方计算成本与收益。借贷期限较短或市场利率变化不大时，一般用固定利率。浮动利率是在借贷期内随市场利率变化而定期调整的利率。一般调整期和调整依据由借贷双方在签订借贷协议时商定。

3\. 根据利率自由变动，可分为市场利率、公定利率与官定利率

市场利率是指由借贷资金供求关系决定的利率。供大于求，市场利率下跌；供小于求，市场利率上升。官定利率是由政府金融管理部门或由中央银行确定的利率，它的升降变动更多地顺应国家政策的意图，体现国家对金融市场的控制。公定利率是由非政府的金融民间组织所确定的利率。公定利率对会员银行具有约束力。在我国，绝大多数利率都是官定利率。在发达国家以市场利率为主，同时有官定、公定利率。官定利率对公定利率和市场利率有着较大的影响。当官定利率提高或降低时，公定利率和市场利率往往随之提高和降低。

扩展阅读 5-5 利率的结构

四、利率的决定因素

利率是如何决定的，即利率的水平受哪些因素影响，这是金融学理论和社会经济实践中的一个重要的课题。

（一）马克思主义的利率决定理论

马克思的利率决定理论是以剩余价值在不同资本家之间的分割为出发点的。利息是贷出资本家从借入资本的资本家那里分割出来的一部分剩余价值。剩余价值表现为利润，因此利息只是利润的一部分，利息量的多少取决于利润总额，利息率取决于平均利润率。利息率的变化范围应在零和平均利润率之间。当然，不排除利息率超出平均利润率，或实际成为负数的特殊情况。利润率决定利息率，从而使利息率具有以下特点。

（1）平均利息率有下降趋势。随着技术的发展和社会资本有机构成提高，平均利润率逐步下降，因此，平均利息率也呈同方向变化。

（2）平均利润率下降的趋势是一个非常缓慢的过程，就某一阶段而言，它往往是一个相对稳定的量，因此平均利息率也具有相对稳定性。

（3）决定利息率的因素也具有偶然性。由于利息率的高低是两类资本家分割利润的结果，因此使利息率的决定具有很大的偶然性。往往习惯、法律效应、竞争等因素都会直接影响利率的水平。

（二）西方经济学的利率决定理论

1\. 古典利率理论

古典利率理论认为，利率取决于边际储蓄曲线与边际投资曲线的均衡点。投资是利率的递减函数。储蓄是利率的递增函数。储蓄额与利率成正相关关系。古典利率理论可以用图 5-3 来表示。

图 5-3 中，I 是投资曲线，向下倾斜，表示投资与利率负相关。S 是储蓄曲线，向上倾斜，表示储蓄与利率正相关。I 曲线与 S 曲线的相交点 A 点对应的利率 r_0 表示均衡利率。若边际投资倾向不变，边际储蓄倾向提高，S 曲线向右平移至 S'，与

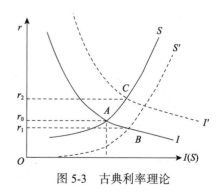

图 5-3 古典利率理论

I 曲线形成新的均衡利率 r_1，$r_1<r_0$，说明在投资不变的前提下，储蓄提高导致利率下降。若边际储蓄倾向不变，边际投资倾向提高，I 曲线向右平移至 I'，与 S 曲线形成新的均衡利率 r_2，$r_2>r_0$，说明在储蓄不变的前提下，投资的增加导致利率上升。

2. 流动偏好利率理论

流动偏好理论是凯恩斯的利率理论。凯恩斯认为，利率取决于货币的供求状况，而货币的供给量取决于货币当局；货币的需求量主要取决于人们对现金的流动偏好。凯恩斯认为，流动偏好即手持现金是利率的递减函数。利息是放弃流动偏好的报酬。

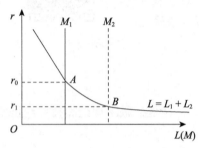

图 5-4 流动偏好利率理论

如果人们对流动性的偏好强，愿意持有的货币数量就增加，当货币的需求大于货币的供给时，利率上升；反之，人们的流动性偏好转弱时，便对货币的需求下降，利率下降。因此，利率由流动性偏好曲线与货币供给曲线共同决定（图 5-4）。

货币供给曲线 M 是由货币当局决定，货币需求曲线 $L=L_1+L_2$。L_1 表示交易和谨慎货币需求，L_2 表示投机货币需求，L 表示货币总需求。它是一条由上到下、由左到右的曲线，越向右，越趋向与横轴平行。当货币供给曲线与货币需求曲线的平行部分相交时，利率将不再变动，货币供给的增加，将导致储蓄的增加，它不会对利率变动产生影响。这就是凯恩斯的"流动性陷阱"。

3. 可贷资金理论

新古典的利率理论，也被称为可贷资金学说，其提出者是剑桥学派的罗伯逊（D. H. Robertson）。该理论认为，市场利率不是由投资与储蓄决定的，而是由可贷资金的供给和需求来决定的。

可贷资金需求包括某期间投资需求和该期间人们希望保有的货币余额，用公式来表示，即

$$D_L = I + \Delta M_d$$

式中，D_L 为可贷资金的需求量，I 为投资，ΔM_d 为该时期内货币需求改变量。

可贷资金的供给包括该期间内储蓄和货币供给量的变动，用公式来表示，即

$$S_L = S + \Delta M_s$$

式中，S_L 为可贷资金的供给，S 为储蓄，ΔM_s 为该时期内货币供应的改变量。

可贷资金学说认为，ΔM_d 和 I 是利率的递减函数，而 ΔM_s 却是货币当局调节货币流通的工具，是关于利率的外生变量。储蓄与投资决定自然利率 r_0（即当 $I=S$ 时的利率）；而市场利率（r_1）则由可贷资金的供求关系来决定，即 r_1 取决于 $D_L=S_L$，即

$$I + \Delta M_d = S + \Delta M_s$$

可以看出，如果投资与储蓄这一对实际因素的力量对比不发生变化，按照该理论，货币供需力量对比的变化足以改变利率。因此，利率在一定程度上是货币现象（见图 5-5）。

扩展阅读 5-6 "劣币驱逐良币"的奇特规律

可贷资金理论从流量的角度研究借贷资金的供求和利率的决定,可以用于对金融市场的利率进行分析。

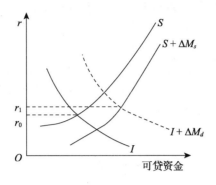

图 5-5　可贷资金理论

本章小结

　　金融是与货币、信用与金融机构(主要是银行)直接相关的经济活动的总称。货币资金的融通按其有无媒介体作用划分为直接金融和间接金融两大类。现代的金融业,尤其是20世纪80年代以来,在金融业务扩展、金融服务范围、金融组织体系、金融工具种类及金融信息化程度等方面都发生巨大变化。

　　货币是商品交换的产物,是价值形态发展的必然结果。从货币的发展史来看,充当过货币的物品很多,经历了由低级向高级的不断演变过程。大致来看,货币材料的演变是沿着实物货币—金属货币—代用货币—信用货币—电子货币—数字货币这样的历史顺序而发展演变,但这并不说明它们之间有严格的此生彼亡的界限。

　　若以币材划分,货币制度大体可分为金属货币本位制和信用货币本位制两类。信用货币制度,突破了货币商品形态的桎梏,是货币制度演进中质的飞跃,以本身没有价值的信用货币作为流通中的一般等价物,是国家强制流通的价值符号,具有无限法偿能力。20世纪70年代中期以来各国实行的普遍是不兑现的信用货币制度。

　　在货币电子化背景下,人们的支付方式正经历从现金支付到电子支付的转变,电子货币使实体货币和观念货币发生了分离,出现"去实体化"。但无论是金融机构发行的电子货币,还是货币当局发行的法定数字货币都是以政府信用背书,因此仍属于信用货币制度范畴。

　　我国现行的货币制度是"一国多币"的特殊货币制度。人民币是中华人民共和国的法定货币,中国香港、澳门、台湾地区实行不同的货币制度。不同地区的法定货币仅限于本地区流通,人民币与港元、澳门元之间按以市场供求为基础决定的汇价进行自由兑换,澳门元与港元直接挂钩,新台币主要与美元挂钩。

　　信用作为一种借贷行为,是通过一定方式表现出来的。根据借贷主体的不同,信用形式主要有商业信用、银行信用、国家信用、消费信用、国际信用和民间信用。其中商业信用和银行信用是最基本的信用形式。

利息是剩余产品价值的转化形式，体现着借贷双方共同分配劳动者创造的剩余产品价值的关系，这种分配关系在不同的生产方式条件下反映了不同的生产关系。利率是指借贷期内所形成的利息额与本金的比率，用以表示利息水平的高低，也用以反映资金的"价格"。利息率通常用年利率、月利率和日利率表示。单利和复利是计算利息的两种基本方法。关于利率是如何决定的，马克思主义的利率决定理论认为利息率取决于平均利润率；古典的利率理论认为，利率取决于边际储蓄曲线与边际投资曲线的均衡点。流动偏好理论是凯恩斯的利率理论，凯恩斯认为利率取决于货币的供求状况。新古典的利率理论认为，市场利率不是由投资与储蓄决定的，而是由可贷资金的供给和需求来决定的。

即测即练

复习思考题

1. 简述货币制度的构成要素。
2. 为什么说金币本位制是一种相对稳定的货币制度？
3. 货币制度的演变说明了什么？
4. 银行信用为什么会取代商业信用，成为现代信用的主要形式？
5. 根据利率的影响因素，分析我国下一年的利率走势。

实训内容

2020年10月23日，中国人民银行公布了《中华人民共和国中国人民银行法（修订草案征求意见稿）》，该法迎来2003年以来的首次修订。征求意见稿规定：人民币包括实物形式和数字形式；为了防范虚拟货币风险，任何单位和个人不得制作、发售代币票券和数字代币，以代替人民币在市场上流通。这为发行数字货币提供了法律依据。

央行数字货币自去年8月首次公开后，推进速度屡超市场预期，试点区域和应用场景持续拓展。在深圳数字人民币红包投入使用之后，中国人民银行数字货币研究所所长穆长春在2020外滩金融峰会强调，数字人民币是法定货币，与纸钞和硬币等价，纸钞和硬币能买的数字人民币都能买，黄金、外汇也是如此。在可预见的将来，数字人民币和纸钞将长期并存。未来老百姓使用微信、支付宝支付，不仅可以选择商业银行存款货币，也可以选择数字人民币。

近日，中国人民银行数字货币研究所与银联商务股份有限公司正式签署战略合作协议，共同研究数字人民币试点测试中线上线下支付场景等领域的创新应用。双方将结合银联商务的现有业务场景，基于数字人民币特性和钱包生态体系，共同研究拓展数字人民币的产品功能和应用范围，促进数字人民币生态体系建设。

根据上述材料及本章关于货币与货币制度的相关知识，分析下列问题。

1. 央行法定数字货币流通是否可以完全取代现金？
2. 现钞需要防伪和防假问题，数字人民币钱包是否需要防伪和防假？
3. 支付结算中，人们是否可以拒收数字人民币？

第六章

金融机构体系

学习目标

1. 理解金融机构体系的概念；
2. 了解金融机构的主要类型；
3. 了解我国金融机构体系的构成；
4. 理解中央银行、商业银行、政策性银行及非银行金融机构的职能及业务。

技能目标

1. 能够根据性质和特征区分各类金融机构；
2. 能够正确识别金融业务分别属于哪类金融机构。

素质目标

1. 能对各类金融机构在经济领域中的作用进行分析；
2. 能结合当下的经济形势，分析各类金融机构未来的发展方向；
3. 具备分析问题、解决问题的能力。

导入案例

银保监会强调完善金融机构体系

中国银保监会 2020 年 12 月 23 日消息，银保监会党委书记、主席郭树清日前主持召开党委扩大会议，传达学习中央经济工作会议精神，研究部署贯彻落实工作。会议要求，完善多层次、广覆盖、差异化金融机构体系。健全金融机构治理，严格规范股东股权管理。加快推动理财、信托转型发展，培育壮大机构投资者。完善债券市场法制，促进多层次资本市场发展，提高直接融资比重。规范发展第三支柱——养老保险。

做好经济金融工作对我国现代化建设具有重要作用，应持续提升金融服务实体经济实效，深入推进银行业保险业改革开放，坚决守住不发生系统性金融风险的底线。银行保险业在把握明年经济工作时，从五个方面细抓落实。

一是全力支持构建新发展格局。加快构建金融有效服务实体经济的体制机制，助推经济转型和结构调整，增强产业链、供应链自主可控能力，使国内大循环畅通。推进更高水平金融开放，促进国内国际"双循环"。

二是助力提升国民经济整体效能。持续优化金融资源配置，加大对科技创新、小微企业、绿色发展的金融支持，强化普惠金融服务。支持扩大国内需求，激发消费潜在活力，增强投资增长后劲。大力发展农业保险，加大金融扶贫力度。

三是抓好各种存量风险化解和增量风险防范。保持宏观杠杆率基本稳定，前瞻应对不良资产反弹，精准防控重点领域金融风险。多渠道补充银行资本金。压实各方责任，推动中小银行深化改革，化解风险。

四是深化金融供给侧结构性改革。完善债券市场法制，促进多层次资本市场发展，提高直接融资比重。规范发展第三支柱——养老保险。

五是完善现代金融监管体系。强化反垄断和防止资本无序扩张，坚持金融创新必须在审慎监管的前提下进行。提高金融法治化水平，对各类金融活动和行为依法实施全面监管。深化"放管服"改革，发展监管科技，大力提升监管效能。

健全金融机构体系，有助于发挥金融支持实体经济的实效。金融机构体系运行良好与否，影响着我国经济的长远发展。因此，明确金融机构体系的组成部分，明确各金融机构的性质与职能意义非凡。

（资料来源：《中国证券报》）

第一节 金融机构体系概述

一、金融机构体系的定义

金融机构是指以货币资金为经营对象，从事金融活动、维护金融体系正常运行的组织机构。

金融机构有狭义和广义之分，狭义的金融机构是指在间接融资领域当中，充当资金融通的媒介，进行信贷活动的机构。商业银行和其他从事存、贷款业务的金融机构都属于狭义的金融机构。广义的金融机构包含的范围更广，所有经营金融领域业务活动的机构都属于金融机构，除间接融资领域的中介机构外，还包括直接融资领域中的金融机构和提供各种金融服务的机构，如证券公司、保险公司、信托投资公司、金融资产管理公司等。

金融机构体系是指从事金融活动的各类组织机构所组成的系统。金融机构体系通常包括中央银行、商业银行、专业银行和非银行金融机构。中央银行是金融机构体系的核心，商业银行是金融机构体系的主体，专业银行和非银行金融机构是金融机构体系的重要组成部分，它们一起维护着金融体系的稳定运行。

目前世界上存在的金融机构体系包括以下三种：一是以中央银行为核心的金融机构体系，二是高度集中的金融机构体系，三是没有中央银行的金融机构体系。我国同大多数国家一样，都是采以中央银行为核心的金融机构体系。

二、金融机构的类型

按照不同的分类标准，金融机构可以分为不同的类型。根据是否在金融体系中承担监管职能，可以分为一般金融机构和金融监管机构；根据业务特征，如是否通过吸收存款来筹集资金，可以分为银行和非银行金融机构；根据是否承担政策性业务，可以分为政策性金融机构和商业性金融机构；根据在金融活动中所起的所用，可以分为提供证券买卖中介服务的投资类金融机构、经营各类保险保障业务的保险类金融机构和提供资信评估与其他金融信息咨询服务的信息咨询服务类金融机构；根据地理范围的不同，可以分为全球性国际金融机构、区域性国际金融机构和全国性金融机构。

不同类型的金融机构发挥着各自不同的职能，保证着金融体系的稳定运行。一般来说，金融机构的主要类型有中央银行、商业银行、专业银行、非银行金融机构和国际性金融机构。

（一）中央银行

中央银行是金融体系的核心，在一国的金融体系中发挥着不可替代的作用。中央银行是在漫长的银行发展历史中，从商业银行中独立出来的一种银行，以发挥其独特的作用。中央银行的主要作用在于制定和执行金融政策，发行货币，调节货币流通，对整个金融体系进行宏观调控，并代表国家参与国际性金融事务。

作为执行金融监管职能的部门之一，中央银行代表国家制定并执行货币政策，调控经济运行，通过业务活动对宏观经济进行有效的管理。

中央银行及中央银行制度是以银行为代表的金融业发展到一定历史阶段的产物。17世纪下半叶，工业革命的兴起解放了生产力，西方资本主义国家的生产方式和经济关系发生了巨变，而经济发展水平的提高也极大地促进了金融业的发展。银行的普遍设立和业务创新促进了货币和信用活动与工商业发展的融合，使资本主义工商业的发展上了一个台阶。

银行作为全社会闲置资金的吸纳中心，维护着金融体系的稳定运转。然而，此时的银行信用体系还比较脆弱，银行业的发展并不一帆风顺。不同银行发行的银行券受社会接受的程度不同，急剧增长的票据交换和清算业务也增加了银行的经营负担，降低了运营效率，经营不善的银行破产倒闭，进一步冲击了脆弱的银行信用体系。此时的金融业亟须建立统一的监管与竞争规则来维护金融秩序，各国纷纷建立中央银行来解决信用货币的统一发行问题、统一票据交换与清算问题、银行的支付保证能力问题以及金融监管问题。

中央银行可以由实力强大的银行发展而来，即由政府赋予特定的大银行以特权与职能，使其逐步具备中央银行的特征。此外，政府也可以出面建立中央银行，通过法律赋予其集中货币发行权，对其他银行提供清算服务以及金融监管的权力。不同国家中央银行的制度形式、权力结构、独立性都有所不同。早期最有代表性的中央银行是瑞典国家银行、英格兰银行和美国联邦储备银行。

（二）商业银行

商业银行是以经营工商业存贷款为主要业务，并为客户提供多种服务的金融机构。

在商业银行的发展初期,由于其主要吸收短期存款,发放短期商业贷款的业务性质而被称为商业银行。同时,由于其具有吸收活期存款的功能,也被称为存款货币银行。

银行业的起源可追溯至公元前 2000 年的巴比伦时期。那时的寺庙已经开始对外放款,并且需要债务人开具类似于本票的文书,交由寺院存管,而且这种文书可以进行转让。此后到公元 200 年,罗马出现经营货币兑换业务,以及经营贷放、信托业务的机构,已初具现代银行业的雏形。现代商业银行业的形成源于资本主义商业银行的出现,生产力的发展与技术进步带来了巨大的变革,银行的贷款对象也从政府等特权阶级逐渐发展为资本主义工商业。1694 年,英国第一家资本主义股份制银行——英格兰银行的出现,标志着资本主义现代银行制度的形成,也标志着商业银行的正式产生。

与早期仅发放基于商业行为的自偿性贷款不同,现代商业银行的经营范围更为广泛,除经营存贷款业务外,还为客户提供票据贴现、货币保管、支付结算、理财等金融服务。商业银行的机构数量多、业务渗透面广、发展历史长、资产比重大,是金融体系中的重要组成部分,发挥着骨干作用。

20 世纪 90 年代以来,银行资本越来越集中,国际银行业竞争激化,传统的专业化金融业务分工的界限越来越模糊,全球金融一体化趋势逐渐增强。进入 21 世纪,全球一体化、各国之间的经济与贸易往来更为密切,互联网技术的变革给银行业的发展带来了机遇和挑战,金融创新和金融科技蓬勃发展,未来银行业的发展也必将呈现新局面。

扩展阅读6-1 柜坊——我国早期银行的雏形

(三)专业银行

专业银行是指专门经营指定范围内的业务和提供专门性金融服务的银行。随着社会经济的不断发展,银行业的分工也开始出现,银行需要具有某一专业领域的业务与服务技能,专业银行应运而生。

专业银行具有专门性、政策性和行政性三个特点。专业银行的专门性来源于金融业中的业务分工,不同领域的服务对象需要办理的业务往往有所不同,故衍生出具有不同业务特点的专业银行。此外,专业银行的设置往往体现了政府支持和鼓励某一地区或某一部门发展的政策指向,比如开发银行和进出口银行的贷款往往具有明显的优惠特征,因而具有政策性。专业银行的建立往往具有官方背景,有的就是政府的银行或政府代理银行。

按照服务对象进行分类,专业银行可以分为农业银行、进出口银行和储蓄银行等;按贷款用途进行分类,可以分为投资银行、抵押银行和贴现银行等。

不同国家的专业银行分类和名称有所不同,西方国家主要的专业银行类型有以下五类。

1. 开发银行

开发银行是专门为经济社会发展长期提供投资性贷款的专业银行。开发银行投资的项目具有投资金额高、投资周期长、投资风险大、盈利难以预计的特点。像新产业和新经济区的开发、基础设施建设、公共设施建设等项目都属于开发银行投资的对象。这类项目普通商业银行难以承担或不愿意承担，因此往往由国家主办专业银行进行投资。

开发银行可分为国际性、区域性和本国性三种。国际性开发银行由若干国家共同设立，典型的有国际复兴开发银行，简称世界银行。区域性开发银行由所在地区的成员国共同出资设立，如亚洲开发银行。本国性开发银行由国家在国内设立，为国内经济发展服务，如韩国开发银行、澳大利亚资源开发银行。

2. 投资银行

投资银行是专门为工商企业办理投资和长期信贷业务的银行。投资银行并不能办理商业银行的传统业务，不得吸收存款，在一些国家虽准许投资银行吸收存款，但也主要是吸收定期存款。投资银行的资金来源主要靠发行自己的股票和债券。投资银行是证券发行公司和证券投资者的中介，其业务主要包括承销证券的发行、经纪业务、金融咨询服务等。投资银行在英国被称为商人银行，而在日本则被称为证券公司。

3. 农业银行

农业银行是指专门为农业、畜牧业、林业、渔业等发展提供信贷及金融服务的专业银行。农业受自然条件影响大，具有季节性，而农业贷款具有金额小、期限长、风险高、收益低的特点，因此一般商业银行和其他金融机构不愿经营农业信贷。基于此，许多国家设立支持农业发展、发放农业信贷的农业银行，如美国的联邦土地银行、法国的农业信贷银行、德国的农业抵押银行、日本的农林渔业金融公库等。

4. 进出口银行

进出口银行是指专门经营对外贸易信用、提供结算、信贷等金融服务的专门银行。进出口银行的宗旨为促进本国进出口贸易，加强国际合作，其主要业务为提供出口信贷。一个国家的贸易发展离不开进出口银行的支持，进出口银行一般为政府的金融机构，本质上是一种政策性银行。不同国家进出口银行的名称有所不同，日本的进出口银行名为输出入银行，法国的进出口银行名为对外贸易银行。

5. 储蓄银行

储蓄银行是指专门办理居民储蓄，以储蓄存款为主要资金来源，并为居民提供金融服务的专业银行。储蓄银行的存款期限较长、流动性较小，往往用于为居民提供消费信贷、长期信贷和长期投资。储蓄银行有许多不同名称，如互助储蓄银行、储蓄放款协会、国民储蓄银行、信托储蓄银行、信贷协会等。

（四）非银行金融机构

非银行金融机构通常是指除中央银行、商业银行和专业银行以外的各类金融机构。证券公司、保险公司、养老基金、信托投资公司、邮政储蓄机构、金融资产管理公司等都属于非银行金融机构。

非银行金融机构是随着金融资产多元化、金融业务专业化而产生的。非银行金融机构以发行股票、债券为主要的筹资手段，主要从事某一类非贷款的金融业务，如保险、信托、证券等，对金融体系起到了补充和完善的作用。随着金融创新的不断发展，金融机构业务之间不再泾渭分明，非银行金融机构经营的业务范围也更为广泛。

1. 证券公司

证券公司是专门从事有价证券买卖的金融企业。狭义的证券公司是指经主管机关批准并到有关工商行政管理局领取营业执照后专门经营证券业务的机构。证券公司具有证券交易所的会员资格，可以承销发行、自营买卖或自营兼代理买卖证券。证券公司按证券经营的功能划分，可以分为证券经纪商、证券自营商和证券承销商。不同国家的证券公司称谓有所不同，美国的证券公司被称为投资银行或证券经纪商，英国的证券公司被称为商人银行。

2. 保险公司

保险是市场经济条件下管理风险的手段，也是金融体系和社会保障体系的重要支柱。保险公司是采用公司组织形式的保险人，经营保险业务。在保险业发达的国家，民众投保意识强烈，几乎人人投保，事事可保，保险公司的种类和形式也很多样，比如人寿保险公司、财产保险公司、存款保险公司、再保险公司等。

3. 养老基金

养老基金是一种用于支付退休收入的基金。其通过发行基金股份或受益凭证，募集社会上的养老保险资金，委托专业基金管理机构用于产业投资、证券投资或其他项目的投资，以实现保值增值的目的。20 世纪 30 年代以来，美国的社会保障体系逐步完善，现行的养老金体系由三大支柱组成，即政府强制执行的社会保障计划、政府或雇主出资的带有福利的养老金计划以及个人自行管理的个人退休账户。养老基金是美国资本市场上最大的机构投资者，养老产品的创新也处于蓬勃发展的阶段。

扩展阅读 6-2　养老金金融市场前景广阔

4. 邮政储蓄机构

邮政储蓄机构是指与邮政部门密切相关，经营小额存款的非银行金融机构。邮政储蓄机构的设立最初是为了利用邮政部门广泛的分支机构，提供廉价有效的邮政汇款服务，提高结算的速度，因此在世界各国广泛存在。

（五）国际性金融机构

国际金融机构可以分为全球性国际金融机构和区域性国际金融机构。

1. 全球性国际金融机构

典型的全球性国际金融机构包括国际货币基金组织和世界银行。

（1）国际货币基金组织

国际货币基金组织（International Monetary Fund，IMF）于 1945 年 12 月 27 日在华盛顿成立。国际货币基金组织和世界银行并列为世界两大金融机构，旨在监察货币汇率和各国贸易情况，提供技术和资金协助，确保全球金融制度正常运行。我国于 1980 年 4 月 17 日正式恢复在国际货币基金组织的合法席位。

（2）世界银行

世界银行集团（World Bank Group）是联合国系统下的多边发展机构，它包括国际复兴开发银行、国际开发协会、国际金融公司、多边投资担保机构和国际投资争端解决中心。世界银行集团成立于1945年，总部设在美国华盛顿。

世界银行集团的目标是通过向中等收入国家和信用好的贫困国家提供贷款和分析咨询服务，促进公平和可持续的发展，创造就业，减少贫困，应对全球和区域性问题。

2. 区域性国际金融机构

区域性国际金融机构包括亚洲开发银行、泛美开发银行集团、非洲开发银行、西非开发银行、国际清算银行和亚洲基础设施投资银行等。

扩展阅读 6-3　亚洲基础设施投资银行

三、我国的金融机构体系

我国的金融机构体系是以中央银行为核心，商业银行和政策性银行为主体，非银行金融机构作为重要组成部分的多种金融机构并存、分业经营的金融机构体系。在我国，执行金融监管与宏观调控职能的金融机构除中央银行，即中国人民银行外，还包括中国银行保险监督管理委员会和中国证券监督管理委员会。

（一）金融宏观调控与金融监管机构

1. 中国人民银行

中国人民银行是我国的中央银行，于1984年1月1日起，行使中央银行的职能，制定和执行货币政策、控制信贷总额、防范和化解金融风险，维护金融体系的稳定。1948年，以华北银行、北海银行、西北农民银行为基础，于河北省石家庄市组建了中国人民银行，成为中华人民共和国的中央银行，并发行人民币作为法定本位币。

中国人民银行的发展经历了以下四个阶段。

（1）中国人民银行的创建与国家银行体系建立阶段

这一阶段发生于1948年到1952年，中国人民银行与财政部联系密切，承担着国家银行的职能，负责发行货币、经理国库、稳定金融市场、支持经济恢复和国家重建的任务。中国人民银行开始着手建立统一的国家银行体系，包括建立统一的货币体系、普建分支机构、实行金融管理、开展存贷款和汇兑业务，对金融体系的稳定和经济恢复做出巨大的贡献。

（2）计划经济体制下的国家银行阶段

这一阶段发生于1953年到1978年，自上而下的人民银行体制，成为国家吸收、动员、集中和分配信贷资金的基本手段。1953年，中国人民银行建立了集中统一的综合信贷计划管理体制，对全国的信贷资金进行"统存统贷"，它不仅是货币发行和金融管理机构，也是全面经营银行业务的国家银行。

（3）国家银行过渡到中央银行体制阶段

这一阶段发生于1979年到1992年，金融机构数量增加，金融机构多元化和金融业务多元化的局面出现，中国人民银行开始专门承担中央银行职责。1982年7月，国务院批转中国人民银行的报告，进一步强调"中国人民银行是我国的中央银行，是国务院领导下统一管理全国金融的国家机关"。从1984年1月1日起，中国人民银行开始专门行使中央银行的职能，集中力量研究和实施全国金融的宏观决策，加强信贷总量的控制和金融机构的资金调节，以保持货币稳定；同时新设中国工商银行，中国人民银行过去承担的工商信贷和储蓄业务由中国工商银行专业经营；人民银行分支行的业务实行垂直领导；设立中国人民银行理事会，作为协调决策机构；建立存款准备金制度和中央银行对专业银行的贷款制度，初步确定了中央银行制度的基本框架。

（4）逐步强化和完善现代中央银行制度阶段

这一阶段为1993年至今。1993年，按照国务院《关于金融体制改革的决定》，中国人民银行进一步强化金融调控、金融监管和金融服务职责，划转政策性业务和商业银行业务。有关金融监管职责调整后，中国人民银行新的职能正式表述为"制定和执行货币政策、维护金融稳定、提供金融服务"。随着经济市场化水平的不断提高，金融环境日趋复杂，重大金融风险亟待化解，中国人民银行也面对着新的挑战，迎接新的变革。

扩展阅读6-4 中国人民银行的职能

2. 中国银行保险监督管理委员会

中国银行保险监督管理委员会成立于2018年，由原中国银行业监督管理委员会和中国保险监督管理委员会合并而成。

中国银行保险监督管理委员会的职责包括：

（1）依法依规对全国银行业和保险业实行统一监督管理，维护银行业和保险业合法、稳健运行，对派出机构实行垂直领导。

（2）对银行业和保险业改革开放和监管有效性开展系统性研究。参与拟订金融业改革发展战略规划，参与起草银行业和保险业重要法律法规草案以及审慎监管和金融消费者保护基本制度。起草银行业和保险业其他法律法规草案，提出制定和修改建议。

（3）依据审慎监管和金融消费者保护基本制度，制定银行业和保险业审慎监管与行为监管规则。制定小额贷款公司、融资性担保公司、典当行、融资租赁公司、商业保理公司、地方资产管理公司等其他类型机构的经营规则和监管规则。制定网络借贷信息中介机构业务活动的监管制度。

3. 中国证券监督管理委员会

中国证券监督管理委员会成立于1992年。1995年3月，国务院正式批准《中国证券监督管理委员会机构编制方案》，确定中国证券监督管理委员会为国务院证券委的监管执行机构，将依照法律、法规的规定，对证券期货市场进行监管，以维护证券期货市场秩序，保障其合法运行。

中国证券监督管理委员会执行以下职责：

①制定证券期货市场的发展规划、政策方针、监管规章，起草有关法律。
②垂直领导全国证券期货监管机构，对证券期货市场实行集中统一监管。
③监管各类证券的发行、上市、交易、托管和结算及证券投资基金活动。
④监管上市公司及其按法律法规必须履行有关义务的股东的证券市场行为。

扩展阅读 6-5 中国人民银行联合银保监发布《系统重要性银行评估办法》

⑤监管境内期货合约的上市、交易和结算以及境内机构从事境外期货业务。

⑥管理证券期货交易所、证券期货交易所的高级管理人员。

⑦监管证券期货经营机构、证券投资基金管理公司、证券登记结算公司、期货结算机构、证券期货投资咨询机构、证券资信评级机构。

⑧监管境内企业直接或间接到境外发行股票、上市以及在境外上市的公司到境外发行可转换债券；监管境内证券、期货经营机构到境外设立证券、期货机构；监管境外机构到境内设立证券、期货机构、从事证券、期货业务。

⑨监管证券期货信息传播活动，负责证券期货市场的统计与信息资源管理。

⑩会同有关部门审批会计师事务所、资产评估机构及其成员从事证券期货中介业务的资格，并监管律师事务所、律师及有资格的会计师事务所、资产评估机构及其成员从事证券期货相关业务的活动。

⑪依法对证券期货违法违规行为进行调查、处罚。

⑫归口管理证券期货行业的对外交往和国际合作事务。

⑬承办国务院交办的其他事项。

（二）商业银行

我国的商业银行包括大型商业银行、股份制商业银行、城市商业银行、农村商业银行、民营银行和外资银行。大型商业银行包括中国银行、中国农业银行、中国工商银行、中国建设银行、交通银行和中国邮政储蓄银行。全国性股份制商业银行 12 家，包括招商银行、浦发银行、中信银行、中国光大银行、华夏银行、中国民生银行、广发银行、兴业银行、平安银行、浙商银行、恒丰银行、渤海银行。城市商业银行 134 家，以及众多农村商业银行、合资银行和外资银行。

商业银行的业务范围较为广泛，包括吸收存款、发放贷款、办理结算和票据贴现、发行金融债券、同业拆借、代理买卖外汇、提供信用证服务及担保等业务。

（三）政策性银行

政策性银行是指由政府投资创办，以政府的计划和经济目标来开展信贷活动的金融机构。政策性银行具有较强的政策性，不以营利为目的。我国的政策性银行包括国家开发银行、中国农业发展银行和中国进出口银行。1994 年，三家政策性银行相继成立，其目的是通过发放政策性贷款实现政策性意图，补充和完善市场信贷融资，引导商业性资金流动。2015 年，国务院明确国家开发银行定位为开发性金融机构，但仍经营政策性金融业务，为国民经济中长期发展战略服务。

三大政策性银行可以保证对投资期限长、收益低的国家基础项目的资金支持，保障国民经济有序发展，对我国的社会经济具有重要作用。

（四）非银行金融机构

非银行金融机构是指除银行外，经营信托投资、融资租赁、证券承销与经纪、保险等各种非银行性金融业务的金融机构。像合作性金融机构、信托投资机构、证券经营机构、财务公司、保险公司和融资租赁公司等。

我国的非银行金融机构种类众多,主要的非银行金融机构包括证券公司、保险公司、基金公司、金融资产管理公司、信托投资公司、财务公司。

第二节 中 央 银 行

一、中央银行性质与职能

中央银行脱胎于商业银行,是在商业银行漫长发展的历程中分离出来的一种银行。从1844年英格兰银行具有集中发行货币的职能算起,中央银行的发展经历了19世纪40年代到第一次世界大战前的初创阶段,从第一次世界大战开始到第二次世界大战结束的调节货币供应量并为商业银行提供服务的急剧发展时期,以及第二次世界大战后至今的中央银行完善组织结构、健全调节机制,成为国家干预和调控经济的加强控制时期。

(一)中央银行的性质

中央银行是国家赋予其制定和执行货币政策,对国民经济进行宏观调控和管理的特殊的金融机构。中央银行的性质主要体现在其是特殊的金融机构,与普通商业银行和其他金融机构不同。

从经营目标来看,商业银行一般以追求利润最大化为其经营目标,但中央银行不以营利为目的,而是以调控宏观经济、稳定货币和金融体系、促进经济发展为主要任务。

从服务对象来看,不同于商业银行以企业、社会团体和个人为其主要的服务对象,中央银行只与政府和商业银行等金融机构发生资金往来关系,履行其金融监管、宏观调控的职责。

从经营内容来看,中央银行具有制定并执行货币政策的权利,接受银行等金融机构的准备金存款和政府财政性存款,以调节货币供应量、维持金融体系的稳定和发展,而商业银行则不具备此项能力。

中央银行还具有独立性,这种独立性是指中央银行应该拥有独立的决策权,独立于政府的影响之外。不同国家中央银行的独立性有所不同,欧洲中央银行的独立性最强,英格兰银行和日本银行的独立性则相对较差。但中央银行的独立性也是相对的,《中华人民共和国中国人民银行法》明确了"中国人民银行是中华人民共和国的中央银行,其在国务院领导下,制定和实施货币政策,对金融业实施监督管理"。这表明我国的中央银行具有相对独立性。

(二)中央银行的职能

中央银行作为调控国家经济的重要金融机构,其主要职能为制定、执行货币政策,对金融活动进行管理与监督。

1. 发行的银行

中央银行是发行的银行,这体现在两方面:一是指中央银行垄断货币发行权,是一国唯一合法的货币发行机构；二是指中央银行是货币政策的最高决策机构，在决定一国的货币供应量方面具有至关重要的作用。

回顾中央银行的发展历史，独占货币发行权是中央银行最先具有的职能，也是其区别于普通商业银行的根本标志。统一货币发行与流通可以保证货币正常有序流通，维持币值稳定。同时，统一货币发行也是中央银行实施货币政策，调节货币供应量的基础。中央银行通过对发行货币量的控制来调节流通中的基础货币量，并以此调控商业银行创造信用的能力。

2. 政府的银行

中央银行代表政府制定与执行货币政策，代表政府进行金融监管，是政府管理国家金融的专门机构。政府的银行这一职能体现在以下几个方面。

（1）代理国库。中央银行按照国家预算要求代收国库库款、拨付财政支出、向财政部门反映预算收支执行情况。

（2）代理政府债券发行。中央银行代理发行政府债券，办理债券到期还本付息。

（3）为政府融通资金。在政府财政收支出现失衡、收不抵支时，可以通过中央银行融通资金。中央银行对政府融资的方式主要有两种：一种是为弥补财政收支暂时不平衡或财政长期赤字，直接向政府提供贷款；另一种是中央银行直接在一级市场上购买国债和政府债券。

（4）代表政府管理国内外金融事务。中央银行可以代表政府参与国际金融活动并参与国际金融重大决策，进行金融事务的协调与磋商，积极促进国际金融领域的合作与发展。代表政府签订国际金融协定，办理政府间的金融事务往来及清算，办理外汇收支清算和拨付等国际金融事务。

中央银行作为金融机构体系的核心，掌握着全国经济金融活动的大量信息，可以为政府的经济决策提供建议和支持并向社会公众发布相关信息。

3. 银行的银行

这一职能主要是指中央银行充当商业银行和其他金融机构的最后贷款人。银行的银行这一职能使中央银行成为金融体系的核心，通过对商业银行和其他金融机构的活动进行控制和监督来调控宏观经济。作为银行的银行，中央银行的职责如下。

（1）集中商业银行的存款准备金。商业银行及其他存款机构需要在中央银行开立准备金账户，并按法定比例向中央银行交纳存款准备金。中央银行集中商业银行存款准备金的必要性体现在四个方面：

第一，以法律的形式规定商业银行和其他存款机构按比例缴纳存款准备金，可以保证商业银行和其他金融机构的清偿力。

第二，有助于中央银行控制商业银行的信用创造能力，从而控制货币供应量。

第三，强化中央银行的资金实力。存款准备金是中央银行的主要资金来源之一，为其充当"最后贷款人"提供了保障。

第四，为商业银行之间进行非现金清算创造条件。

（2）充当"最后贷款人"。充当"最后贷款人"是指商业银行或其他金融机构存在资金困难，其他金融机构不愿或无力为其提供资金援助时，中央银行通过再贷款、再贴现和再抵押的方式以增强其流动性，帮助其走出困境。

（3）组织全国的资金清算。作为全国金融业的票据清算中心，中央银行组织、监督、管理全国的清算系统，提供清算服务。各金融机构可以利用在中央银行开立的存款账户进行资金清算。

二、中央银行制度的类型

不同国家金融体系、金融规模、经济发展水平有所不同，其中央银行的制度类型也有所不同。一般来说，可以按照中央银行的组织结构对其进行分类，即根据与不同经济制度及信用发展水平相适应的中央银行的组织状态来对中央银行进行分类。

（一）单一式中央银行制度

单一式中央银行制度是指国家单独建立中央银行机构，以全面行使中央银行职能并对金融体系进行引导的监管制度。这种制度又可以进一步细分为一元式中央银行制度和二元式中央银行制度。

1. 一元式中央银行制度

一元式中央银行制度是指在一个国家范围内只建立一家统一的中央银行，并由其执行中央银行的权利和职责。这种制度下，中央银行通常采取总分行制，机构设置为自下而上，垂直隶属。世界上大部分国家的中央银行都采用这种体制，是标准意义上的中央银行。中国人民银行即采用一元式中央银行制度。

2. 二元式中央银行制度

二元式中央银行制度是指在一国内建立中央和地方两级相对独立的中央银行机构。中央级中央银行和地方级中央银行在货币政策方面是统一的，中央级中央银行是最高金融决策机构，地方级中央银行要接受中央级中央银行的监督和指导，但它们在各自的辖区内具有较大的独立性，即地方级中央银行在货币政策的具体实施、金融监管和中央银行有关业务的具体操作方面，地方级中央银行在其辖区内有一定的独立性。美国、德国采用二元式中央银行制度。

（二）复合式中央银行制度

复合式中央银行制度是指不设立单独的中央银行，而是由一家大银行兼任中央银行与商业银行的职能的中央银行制度。在中央银行处于发展初级阶段的国家和计划经济体制下的国家会采用这种中央银行制度，比如苏联和1990年之前的多数东欧国家。

（三）准中央银行制度

准中央银行制度是指国家不设立一般意义上的中央银行，而设立类似中央银行的金融管理机构执行部分中央银行的职能，并授权某个或若干商业银行执行部分中央银行职能的中央银行制度。新加坡、沙特阿拉伯等国家采用这种中央银行制度。不同国家设立的金融机构名称和职能有所不同，如新加坡设立金融管理局和货币委员会来执行中央银行的职能。金融管理局隶属于财政部，执行除货币发行以外的中央银行职能，如制定和实施货币政策，监管金融融机构、为政府提供金融服务等，而货币委员会则主要负责发行货币并维护币值稳定。

（四）跨国型中央银行制度

跨国中央银行制度是指由若干国家联合组建一家中央银行，由这家中央银行在其成员国范围内行使全部或部分中央银行职能的中央银行制度。这种制度下，各国发行统一的货币，而中央银行会为成员国制定统一的货币政策，监督各成员国的金融机构及金融市场，为成员国政府提供各种金融服务。实行跨国中央银行制度的国家主要在非洲和东加勒比海地区。

欧洲中央银行则而属于跨国型中央银行，其成立是为了加强成员国的区域经济合作。欧洲中央银行于1998年成立，并于1999年发行欧盟统一货币"欧元"。2002年，欧元不仅作为结算手段，还作为支付手段开始全面流通，成为欧盟区域内的统一流通手段。欧洲中央银行主要负责制定并执行货币政策，其他的职责仍由各成员国的中央银行担任。

三、中央银行的主要业务

（一）中央银行的法定业务活动范围

中央银行的法定业务活动范围如下：
①货币发行业务；
②存款准备金业务；
③为在中央银行开立账户的金融机构办理再贴现和贷款；
④在公开市场从事有价证券的买卖；
⑤经营黄金外汇储备；
⑥经理国库；
⑦代理政府向金融机构发行、兑付国债和其他政府债券；
⑧组织或协助金融机构开展清算业务，提供必要的清算设施与服务；
⑨对金融活动进行统计调查，编制金融统计数据和报表，按照国家规定定期予以公布；
⑩对各金融机构的业务活动进行稽核、检查和审计；
⑪对中央银行的财务收支进行会计核算；
⑫法律允许的其他业务。

（二）中央银行业务活动的基本原则

中央银行作为特殊的金融机构，其业务活动的经营原则不同于商业银行。中央银行业务活动的基本原则包括非营利性、流动性、主动性、公开性、相对独立性等。

1. 非营利性

非营利性是指中央银行的业务活动不以营利为目的，而是以调控宏观经济、稳定金融体系、服务政府和经济为目的，中央银行的日常业务活动主要围绕着制定并执行货币政策、调控宏观经济。非营利性的内涵在于开展业务活动不是为了营利，但中央银行在开展业务时也注重尽量避免或减少亏损。

2. 流动性

流动性是指中央银行的资产业务需要保持足够的流动性。中央银行的职能之一便是充当金融机构的"最后贷款人",要想完成好这一职责,中央银行需要具有足够的流动性,可以随时调用资金来实现调节货币供求、稳定币值和汇率的政策目标。为了保证流动性,中央银行一般不会投资于不易变现的资产,也不会发放长期贷款。

3. 主动性

中央银行的资产负债业务需要保持主动性。通过主动地进行业务活动来实施货币政策,调节货币供应量,维持金融稳定。

4. 公开性

公开性是指中央银行应定期向社会公布其业务与财务状况,并提供有关的金融统计资料,发布经济、金融信息。保持公开性有利于公众对中央银行的业务进行监督,保持外界对中央银行政策意图的了解,以便更好地调整经济决策,达到货币政策的效果。中央银行不得隐匿或欺瞒其财务状况和金融统计数据。

5. 相对独立性

相对独立性是指中央银行与政府、与其他宏观经济管理部门之间应保持相对独立,能够独立行使中央银行的权利,独立制定执行货币政策,不受政府的行政干预。

(三) 中央银行业务活动的分类

中央银行的业务活动可以分为负债业务、资产业务和清算业务三大类。

1. 负债业务

中央银行的负债业务是中央银行筹集资金的业务,包括存款业务、货币发行业务和其他负债业务。

(1) 存款业务

中央银行开展存款业务有助于调控信贷规模与货币供应量,维护金融业的安全,实施国内的资金清算。存款业务包含两个方面:一是存款准备金业务,即金融机构存放在中央银行的法定存款准备金和超额存款准备金;二是其他存款,即政府和公共部门在中央银行的经费存款,外国存款以及特种存款。

(2) 货币发行业务

货币发行业务是中央银行最重要的负债业务。货币发行业务有两种含义:一种是从货币发行的过程看,货币发行是指货币从中央银行的发行库通过各家商业银行的业务库流到社会;另一种是从货币发行的结果来看,货币发行是指货币从中央银行流出的数量大于从流通中回笼的数量。

中央银行主要是通过向商业银行等金融机构提供再贷款、接受商业票据再贴现、在金融市场上购买有价证券、购买金银和外汇等方式将货币注入流通领域,并以同样的方式来回笼货币,以调节货币供应量。

中央银行垄断货币发行,但不能没有计划和依据地发行货币,必须要有可靠的物质偿付保障,比如以黄金或有价证券作为保证,才能发行货币。货币的发行要遵循适度弹性原则,即要根据经济变化的情况进行灵活的调控,避免出现通货膨胀或通货紧缩。

(3)其他负债业务

其他负债业务包括发行中央银行债券、对外负债和资本业务。

在金融市场不发达的国家,当金融机构的超额存款准备金过多时,中央银行往往采取发行中央银行债券来减少金融机构的超额储备,并将其作为公开市场业务操作的工具之一来调节货币供应量。中央银行买进已发行的债券时,商业银行超额存款准备金增加,流通领域中的货币供应量增加;反之,当中央银行卖出债券时,商业银行超额存款准备金减少,流通领域中的货币供应量也随之减少。

中央银行的对外负债业务主要包括从国外中央银行的借款,使用国际货币基金组织的信贷额度和在国外发行的中央银行债券等。对外负债在一定程度上可以平衡国际收支,维持本币汇率水平,应对多变的国际金融环境。

中央银行的资本业务就是筹集、维持和补充自有资本的业务,包括政府出资、私人持股、公私合股等多种类型。

2. 资产业务

中央银行的资产业务是中央银行资金运用的业务,包括中央银行的再贷款和再贴现业务、证券买卖业务和国际储备业务。

(1)再贷款业务

中央银行再贷款业务是指中央银行采用信用贷款或抵押贷款的形式,对商业银行等金融机构提供的资金支持。再贷款业务是执行"最后贷款人"职能的方式之一。再贷款业务的特征包括:不以营利为目的,主要为了实现政策目标;不能直接对个人和工商企业放贷,而是向商业银行等金融机构发放贷款;以短期贷款为主。

(2)再贴现业务

再贴现业务是指商业银行以未到期的商业票据向中央银行申请贴现取得融资的业务。从中央银行的角度看,接受再贴现即为买进商业银行已经贴现的商业票据,付出资金。从申请贴现的商业银行角度看,则是卖出票据,取得资金。商业银行等存款机构向中央银行申请再贴现的票据,必须是确有商品交易为基础的真实票据,中央银行也要对票据的真实性进行审查。

(3)证券买卖业务

中央银行的证券买卖业务是指其在公开市场上从事有价证券的买卖,其目的在于调节货币供应量或市场利率,进而调控宏观经济。中央银行的证券买卖业务一般都是通过公开市场进行的。买卖的证券通常是流动性高的有价证券,例如政府公债、国库券等。

(4)国际储备业务

中央银行的国际储备业务主要是指中央银行负责经营和保管本国的国际储备。国际储备由外汇、黄金、在国际货币基金组织的储备头寸以及特别提款权等组成,外汇是国际储备中最重要的组成部分。中央银行经营和报告国际储备的主要目的是稳定币值、稳定汇价并调节国际收支,应对国际交往的需要。

3. 清算业务

中央银行的清算业务又称中间业务,是指中央银行为各金融机构之间的资金往来进行结算的业务。中央银行的清算业务包括为商业银行之间集中办理票据交换、办理异地资金转移以及跨国清算。

第三节 商 业 银 行

一、商业银行的性质与职能

商业银行是以追求利润为目标，吸收公众存款、发放贷款、办理结算等业务的金融机构。商业银行在金融体系中扮演着重要的角色，与我们的生活紧密相关。

（一）商业银行的性质

商业银行具备现代企业的基本特征，其以利润最大化为经营目标，独立核算、自负盈亏。然而，商业银行又是一种特殊的企业，商业银行的特殊性体现在其经营对象、社会影响和责任上。首先，商业银行的经营对象是货币和货币资本，经营内容包括货币收付、借贷以及各种与货币流通相关的金融服务。一般企业的经营对象是实物产品或服务，这是商业银行与一般企业在经营对象上的不同。其次，商业银行对整个社会经济的影响巨大，如果说金融是实体经济的血液，商业银行就是社会经济的输血站，为实体经济提供源源不断的活力。最后，普通企业往往只需要对股东和客户负责，但商业银行除了对股东和客户负责外，其责任范畴可以扩大到整个社会。

商业银行还是一种特殊的金融企业。商业银行与中央银行、政策性银行和非银行金融机构的业务和经营范围都有所不同。与中央银行和政策性银行相比，商业银行以营利为目的，其经营目标是利润最大化，而中央银行和政策性银行则不以营利为目的。证券公司、信托公司、保险公司、租赁公司等非银行金融机构的经营范围相对狭窄、业务模式单一且不具有信用创造功能。但商业银行的业务更综合与全面，具有信用创造能力，经营范围更广，可以为顾客提供几乎所有的金融服务，也被称为"金融百货公司"。

（二）商业银行的职能

商业银行承担着诸多职能，在我国的金融体系中具有重要作用。

1. 信用中介职能

信用中介是商业银行最基本的，也是最能反映其经营活动特征的职能。商业银行通过负债业务吸收存款，把社会上的闲散资金集中起来，再通过资产业务将其投放到经济社会的各个部门。

首先，商业银行通过信用中介职能实现资本盈余与短缺之间的调剂，并不改变货币资本的所有权，改变的只是其使用权。而这种改变可以使闲置资金转化为可用资金，扩大可以利用的生产资源。其次，通过活期存款和储蓄存款业务将居民手中闲散的资金集中起来，用于社会生产，扩大了社会资本总量。最后，将短期货币转化为长期货币资本，可以满足社会对长期资本的需求，将货币资本从效益低的部门引向效益高的部门，对经济结构进行有效调节。

2. 支付中介职能

商业银行通过活期存款账户为客户办理货币结算、货币收付、货币兑换和转账存款等货币经营业务，这体现了商业银行的支付中介职能。基于此，商业银行成为工商业团体和个人的货币保管者、出纳者和支付代理人。

支付中介职能的发挥，大大减少了现金的使用，节约了社会流通费用，加速了结算过程和货币资金周转，促进了经济发展。信用中介职能和支付中介职能彼此依存、相互促进，货币经营者在货币保管和办理支付中积聚了大量货币，使发放贷款的信用中介职能有了存在的基础。而当客户在银行存放足够的存款时，银行才能为客户办理支付。

3. 信用创造职能

商业银行的信用创造职能是其所特有的，这一职能是在信用中介职能和支付中介职能的基础上产生的。商业银行可以利用其吸收的存款来发放贷款，在支票流通和转账结算的基础上，将贷款转化为存款，由此创造出数倍于原始存款的派生存款。商业银行的信用创造职能受到原始存款、中央银行的法定存款准备金率、现金漏损率的影响，其信用创造能力不是无限的。

4. 金融服务职能

作为金融百货公司的商业银行，其可以为社会中的个人、企业、政府部门提供各种类型的金融服务。商业银行可以利用其众多的客户群和广泛的信息来源，为客户提供多种多样的金融服务，如储蓄、支付、中介、保险、信托、国际结算、投资理财等。

《中华人民共和国商业银行法》规定商业银行可以经营下列部分或者全部业务：

①吸收公众存款；

②发放短期、中期和长期贷款；

③办理国内外结算；

④办理票据承兑与贴现；

⑤发行金融债券；

⑥代理发行、代理兑付、承销政府债券；

⑦买卖政府债券、金融债券；

⑧从事同业拆借；

⑨买卖、代理买卖外汇；

⑩从事银行卡业务；

⑪提供信用证服务及担保；

⑫代理收付款项及代理保险业务；

⑬提供保管箱服务；

⑭中国银行保险监督管理委员会批准的其他业务。

二、商业银行的组织形式与经营原则

（一）商业银行的组织形式

商业银行的组织形式包括单一银行制、总分行制和银行控股公司制。

1. 单一银行制

单一银行制也称独家银行制,它的特点是银行业务完全由各自独立的商业银行经营,不设分支机构或限设分支机构。单一银行制是美国最古老的银行形式之一,也是美国最普遍的银行形式,通过一个网点提供所有的金融服务。这种银行制度的好处在于可以限制银行业垄断,有利于银行业自由竞争。此外,银行可以和地方政府加强联系,集中力量为本地区服务。最后,银行具有极大的独立性和自主性,经营较为灵活,管理层级少,有利于中央银行进行监管。

但这种银行制度的缺点也不容忽视。商业银行不设分支机构在很大程度上局限了银行的创新与发展。银行业务集中于某一地区会导致风险集聚问题,较小的银行规模往往会带来较高的经营成本,不利于实现规模经济。

2. 总分行制

总分行制是指国家法律允许的情况下,除总行以外,在国内外各地普遍设立分支机构。总行一般设在各大中心城市,所有分支机构统一由总行领导指挥。总分行制度源于英国的股份银行,包括我国在内的大多数国家均采用总分行制的银行制度。

总分行制的优点在于分支机构多、分布广,可以广泛地吸收存款、调剂资金,降低业务风险。

3. 银行控股公司制

银行控股公司制是指由一个集团成立股权公司,再由该公司控制或收购两家以上银行。这些银行在法律上是独立的,但其业务与经营政策属于同一股权公司所控制。银行控股公司制度有利于银行便利地从资本市场筹集资金,通过关联交易获得税收上的好处。

(二)商业银行的经营原则

商业银行的经营原则包括安全性原则、流动性原则和盈利性原则。

1. 安全性原则

安全性原则是指商业银行应该尽量避免其资产、收益、信誉和经营生存发展受到损失,保障银行稳定经营和长远发展。

商业银行面临的风险较高,风险种类较多,安全性对银行来说非常重要。此外,商业银行的自有资本较少,主要通过负债来支持资金运用,开展各项业务,所以其风险承受能力要小于一般的企业。商业银行经营条件存在特殊性,其资金主要来自于吸收存款,而吸收的存款到期是要还本付息的。如果商业银行不能保证经营的安全性,就要面对无法按期偿还本息的风险,可能面临破产的困境。

为了保证银行经营的安全性,商业银行需要合理地安排资产规模,提高资产质量,并不断补充自有资本,提高其自有资本在负债中的比重。

2. 流动性原则

流动性原则是指银行资产可以在不受损失的情况下随时变现的能力,这是指银行需要具有能够随时满足客户提款和清偿要求以及各种合理的资金需求的能力。流动性包括资产的流动性和负债的流动性。

商业银行必须使资产具有足够的流动性，流动性过低会产生经营风险，一旦出现挤兑却又无法满足客户提现的要求，银行就可能会陷入破产危机。但流动性过高也会给银行经营造成影响，过高的流动性往往会带来较高的成本，影响银行的盈利。因此，商业银行要根据情况适度调节流动性，可采用的手段包括留存适度的准备金、保持一定比例的短期资产、投资能及时变现的有价证券。

一般来说，流动性原则与安全性原则是成正比的，流动性较强的资产，其安全性也较高。

3. 盈利性原则

盈利性是指商业银行业务经营过程中获得利润的能力。商业银行是以盈利为目标，追求利润最大化的金融机构。盈利性是商业银行业务经营的内在动力，也是商业银行经营活动的最终目标。

提高商业银行的盈利性，就需要尽量提高商业银行的业务收入，减少业务支出。但盈利性与流动性之间却存在着矛盾，流动性强、安全性好的资产，其盈利率一般较低。而盈利率高的资产，往往流动性较差，风险性较高。

商业银行需要在安全性、流动性和盈利性这三种经营原则之间寻求平衡，追求最大限度的收益。

三、商业银行的主要业务

商业银行的主要业务是围绕着资金来源和资金运用开展的。商业银行的业务包括负债业务、资产业务、中间业务和其他业务。商业银行的资本金是商业银行自身拥有并能永久支配的资金来源，即商业银行总资产和总负债的差额。资本金是商业银行最可靠、最稳定的资金来源。因此，要了解商业银行的主要业务，首先要了解商业银行的资本业务。

（一）资本业务

1. 商业银行资本业务的有关概念

（1）最低资本。最低资本是指商业银行按照有关法律规定应达到的最低资本额。

（2）注册资本。注册资本是商业银行设立时，在章程中注明的向政府主管机关登记注册的资金。注册资金是商业银行公开声明的财产总额，注册资本必须等于或大于最低资本。

（3）发行资本。发行资本也称名义资本，是商业银行实际已向投资人发行的股份总额，同时也是投资人同意现金或实物认购的股份总额。发行资本不能超出注册资本。

（4）实收资本。实收资本是指投资人实际认购的股份全部或部分缴纳给募集资金公司的股金。

商业银行资本与商业银行资产不同，商业银行的资产是从商业银行的资金运用的角度进行界定的，而商业银行资本则是商业银行资金来源中的自有资金。

2. 商业银行资本的构成

（1）核心资本。核心资本又称一级资本，它具有资本金价值相对稳定的特点。商业银行的核心资本由股本和公开储备两部分组成。

股本包括普通股和优先股两部分。发行普通股可以广泛吸收社会资金,保障银行拥有足够雄厚的资本,激励公众信心。优先股兼具债券和普通股的特点,优先股和债券一样,支付固定的股息,但又具有普通股的性质,没有到期偿还本金的义务。

公开储备是指通过保留盈余或使其他盈余的方式在资产负债表上明确反映的储备,如股票发行溢价、未分配利润和公积金等。

(2)附属资本。附属资本又称二级资本,它是商业银行资本金的另一个组成部分。附属资本包括未公开储备、重估储备、普通准备金、混合资本工具、长期附属债务五大部分。

不同规模的商业银行,其资本构成也有所不同。

(二)负债业务

商业银行的负债业务包括存款、借款和发行金融债券。

1. 存款业务

不同金融体制下,商业银行的负债业务种类可能有所不同,但存款始终是最主要的负债,存款也构成商业银行最重要的资金来源。存款按照性质的不同可以分为活期存款、定期存款和储蓄存款。

(1)活期存款。活期存款是存款人无须预先通知、可随时或提取或支付的存款。活期存款没有固定的取款期限,开立活期存款账户的客户可以随时采用多种方式提取存款,如开支票、本票、汇票、转账等方式。客户开立活期存款账户通常是为了方便进行支付结算,比如可随时开立支票对第三者进行支付而不用事先通知银行。因此,活期存款又被称为支票存款。

银行对活期存款一般不支付利息,我国是少数对活期存款支付利息的国家之一。活期存款是商业银行的主要资金来源,商业银行在任何时候都把其作为经营的重点。

(2)定期存款。定期存款通常相对于活期存款而言,是预先规定了存款期限的存款。存款人在存款到期日,可持定期存单到银行提取存款。存款人若需提前支取,需要提前通知银行,并接受相应的利息损失。如果到期时存款人要求续存,银行将另外签发新的存单。

定期存款的期限通常为3个月、6个月、1年、2年、3年、5~10年。期限在1年以下的,为短期存款;期限在1年以上的,为中长期存款。存款期限不同,定期存款的利率也有所不同。一般来说,期限越长,定期存款的利率越高。

与活期存款相比,定期存款的稳定性更高、手续更简便、风险更小。

(3)储蓄存款。储蓄存款是指居民个人以积蓄货币和取得利息收入而开立的存款账户。储蓄存款不使用支票,存款人可凭存折或存单提取存款。储蓄存款可分为活期储蓄、定期储蓄、定活两便储蓄等。活期储蓄存款没有固定的期限,凭存折便可提取。定期储蓄存款则事先约定存期,利率较活期储蓄存款更高。定活两便储蓄存款是指存款人办理存款业务时,不事先约定存期,有需要时可随时支取,利率随存期的长短而变化的储蓄存款。储蓄存款的存折或存单不具有流动性,但可以质押,取得银行质押贷款。

2. 借款业务

借款业务是商业银行的主动负债业务。商业银行的借款业务是指商业银行向中央银行、其他商业银行和金融市场借入资金的负债业务。商业银行借款相对于存款负债的稳定性和灵活性更高，因此在商业银行的资金来源中也占有重要地位。根据借款期限的不同，借款业务可以分为短期借款和长期借款。其中，期限在1年以内的短期借款占比最大。

（1）同业拆借。同业拆借是指银行相互之间的短期借款，其主要用于临时性调剂资金头寸的需要，保证银行的资金周转。同业拆借市场的存在满足了资金供求双方的需要，出现临时资金周转困难的银行可以通过同业拆借获取资金，而有闲置资金的银行又可以通过同业拆借市场有效地运用资金。同业拆借的期限较短，一般按日计算，为1日、2日、5日不等，一般不超过1个月，最长期限为1年，期限最短的甚至只有半日。同业拆借的利息称为拆息，利率通常由拆出行和拆入行共同协商确定。

（2）向中央银行借款。当中央银行执行"银行的银行"这一职能时，往往充当着"最后贷款人"的角色。商业银行在陷入资金周转不良的困境时，可以向中央银行申请借款。借款的方式包括再贷款、再贴现和再抵押。

再贷款是中央银行向商业银行的信用放款，也称直接贷款。通常来说，商业银行向中央银行的借款只能用于补充储备不足和调节头寸，不能用于贷款和证券投资。再贴现是指商业银行在需要资金时，将已贴现的未到期票据向中央银行进行票据转让的行为。再抵押是指商业银行可以其贷款获得抵押品向中央银行再抵押来获得贷款。

（3）其他借款。商业银行的其他借款包括转贴现、回购协议和向国际金融市场借款。

转贴现是指商业银行在资金紧张、周转不畅的情况下，将已经贴现但仍未到期的票据，交给其他商业银行贴现或贴现机构进行转贴现以取得借款的方法。

回购协议是指商业银行在出售金融资产的同时，签订的一个在未来某一时间、按某一价格回购该资产的协议。回购协议实质上是商业银行以债券作为抵押向另一家银行提出的短期贷款。回购协议的期限弹性大、品种多，无须缴纳准备金，又有高质量的债券作为抵押，这使得回购协议的成本低于同业拆借，被银行视为重要的负债流动性管理工具。

商业银行还会选择向国际金融市场借款。欧洲货币市场是目前规模最大、影响力最高的国际金融市场。

3. 发行金融债券

（1）大额可转让定期存单。大额可转让定期存单是银行发行的一种固定面额、固定期限、可以转让的大额存款凭证。其特点在于可以转让，且利率比一般定期存款的利率高。

（2）中长期金融债券。银行发行中长期债券所承担的利息成本较高，但可以保证银行资金的稳定性。较高的利息成本会使银行承担较高的经营成本，从而选择风险较高的资产业务，一定程度上增加了银行的经营风险。

（三）资产业务

商业银行的资产业务包括现金资产业务、贷款业务和证券投资业务。

1. 现金资产业务

商业银行的现金资产业务包括库存现金、在中央银行的存款、存放同业存款和在途资金。

（1）库存现金。库存现金是指商业银行保存在金库中的现钞和硬币，其主要用于满足客户提取现金和商业银行自身的日常零星开支。由于库存现金不能产生利润，又需要保管和运送成本，因此库存现金不是越多越好。对库存现金进行管理对于商业银行的正常经营是很重要的，应该合理掌握库存现金的数量，把握满足客户提现需求和降低成本之间的平衡。

（2）在中央银行的存款。商业银行在中央银行的存款包括法定存款准备金和超额存款准备金。法定存款准备金是按照规定的比例必须存放在中央银行的部分，具有法定强制性。超额存款准备金是商业银行在中央银行的存款准备金账户余额减去法定存款准备金的那部分存款，超额存款准备金是商业银行的可用资金。

（3）存放同业存款。存放同业存款是指商业银行存放在其他银行的存款，其可以用于银行同业之间开展清算支付和代理收付业务。

（4）在途资金。在途资金是指托收未达的款项，即银行为客户办理支付结算业务时，其他付款银行托收但尚未收妥的款项。此种款项在途时间一般较短，待收妥后就成为商业银行的存放同业存款。

2. 贷款业务

商业银行的贷款业务根据不同的标准可以划分为不同的类型。

（1）按照贷款担保方式划分。商业银行的贷款按照担保方式可以划分为信用贷款、担保贷款和票据贴现。

信用贷款是指商业银行无须借款人提供抵押或担保，以贷款人的信誉发放的贷款。由于信用贷款没有抵押和担保，仅以借款人的资信和未来的现金流量作为还款保证，故信用贷款的风险比较大。

担保贷款是借款人以某些特定的财产或信用作为还款保证的贷款。根据担保方式不同，又分为抵押贷款、质押贷款和保证贷款。抵押贷款是指按照《中华人民共和国担保法》规定的抵押方式，以借款人或第三方的财产作为还款保证而发放的贷款。质押贷款是指按照《中华人民共和国担保法》规定的质押方式，以借款人或第三方将其动产作为还款保证，向银行取得的贷款。保证贷款是以第三方保证而取得的贷款，当借款人不能按期还款时，第三方要承担一般保证责任或连带保证责任。

票据贴现是指商业银行应持票人的要求，以现款购买持票人持有但尚未到期的商业票据的行为。票据贴现时，商业银行支付给持票人的金额是扣除贴现利息后的余额。因此，票据贴现也被称为贴现贷款。

（2）按照贷款期限划分。按照贷款期限的不同，贷款可以分为短期贷款、中期贷款和长期贷款。

短期贷款是指期限在1年以内（包含1年）的贷款。

中期贷款是指期限在1年以上，5年以下（包含5年）的贷款。

长期贷款是指期限在5年以上（不含5年）的贷款。

（3）按照贷款质量进行划分。按照贷款质量，可以分为正常贷款、关注贷款、次级贷款、可疑贷款和损失贷款。这种方法也被称为五级分类法。

正常贷款是指借款人能够正常履行贷款合同，按时还本付息的贷款。

关注贷款是指尽管目前借款人有能力偿还贷款本息，但未来可能存在一些对贷款偿还造成不利影响的因素。这种情况如果继续下去，借款人可能无法正常进行还款。

次级贷款是指借款人的还款能力已经出现了问题，依靠其正常收入已经难以偿还贷款本息，需要处置资产或对外融资，甚至执行抵押担保才能还本付息。

可疑贷款是借款人无法足额偿还贷款本息，即使执行担保，也肯定会造成一定损失的贷款。

损失贷款是在采取了一些措施后，贷款本息仍然无法收回，或只能收回极少的部分，贷款的大部分甚至全部面临损失。

（4）按照贷款对象划分。按照贷款的对象划分，可以分为个人贷款和企业贷款。个人贷款又包括个人消费贷款和个人住房贷款。企业贷款又包括固定资产贷款、流动资金贷款和贸易融资贷款。

扩展阅读 6-6　创新普惠金融模式助力小微企业

3. 证券投资业务

商业银行证券投资是指商业银行将手中的货币资金用于购买股票、债券等有价证券以获取投资收益的行为。商业银行的证券投资业务有助于其获取收益、保持资产的流动性并合理分散风险。有些证券如政府债券，具有一定的税收优惠，故商业银行经营证券投资业务可以在一定程度上合理避税。

（四）中间业务

商业银行的中间业务是指不构成商业银行表内资产、表内负债，形成银行非利息收入的业务。中间业务的开展主要以商业银行的资产业务和负债业务为基础，不需要或很少需要运用自己的资金，接受客户的委托，为客户提供各类金融服务，收取手续费。

《商业银行中间业务暂行规定》对中间业务进行了如下分类。

1. 支付结算类中间业务

支付结算类中间业务是指由商业银行为客户办理因债权债务关系引起的与货币支付、资金划拨有关的收费业务。

2. 银行卡业务

银行卡是由经授权的金融机构（主要指商业银行）向社会发行的具有消费信用、转账结算、存取现金等全部或部分功能的信用支付工具，包括商业银行开展的借记卡、贷记卡和联名卡业务。

3. 代理类中间业务

代理类中间业务是指商业银行接受客户委托，代为办理客户指定的经济事务，提供金融服务并收取一定费用的业务。

4. 担保类中间业务

担保类中间业务是指商业银行为客户的债务清偿能力提供担保，承担客户违约风险的业务，主要包括银行承兑汇票、备用信用证、各类保函等。银行承兑汇票是由收款人或付款人（或承兑申请人）签发，并由承兑申请人向开户银行申请，经银行审查同意承兑的商业汇票。

5. 承诺类中间业务

承诺类中间业务是指商业银行在未来某一日期按照事前约定的条件向客户提供约定信用的业务，主要是指借款承诺，包括可撤销承诺和不可撤销承诺两种。前者附有客户在取得借款前必须履行的特定条款，在银行承诺期内，客户如果没有履行条款，则银行可撤销该项承诺；后者是银行不经客户允许不得随意取消的借款承诺，具有法律约束力，包括备用信用额度、回购协议、票据发行便利等。

6. 交易类中间业务

交易类中间业务是指商业银行为满足客户保值或自身风险管理等方面的需要，利用各种金融工具进行的资金交易活动，主要为金融衍生业务。

7. 基金托管业务

基金托管业务是指有托管资格的商业银行接受基金管理公司委托，安全保管所托管基金的全部资产，为所托管的基金办理基金资金清算款项划拨、会计核算、基金估值并监督管理人投资运作。银行作为基金托管人，为基金开设独立的银行存款账户，负责账户的管理，收取托管费。

8. 咨询顾问类业务

咨询顾问类业务是指商业银行依靠自身在信息、人才、信誉等方面的优势，收集和整理有关信息，并通过对这些信息以及银行和客户资金运动的记录及分析形成系统的资料和方案，然后提供给客户，以满足其业务经营管理和发展需要的服务活动。

9. 其他类中间业务

其他类中间业务包括保管箱、鉴证等业务以及其他不能归入以上八类的业务。

除现金资产业务、贷款业务和中间业务外，银行还提供咨询业务、基金托管业务、银行卡业务、网上银行和手机银行业务等多种业务。随着商业银行业务创新的展开，各种新兴业务也不断出现，为客户提供更加便捷的服务。

扩展阅读 6-7 数字经济时代商业银行创新

第四节 政策性银行

一、政策性银行的性质与特征

政策性银行是指由政府投资创办，以政府的计划和经济目标来开展信贷活动的金融机构。

（一）政策性银行的性质

政策性银行不像商业银行那样提供广泛的金融服务，其主要经营政策性金融活动，属于政策性金融机构。政策性银行具有以下性质。

1. 政策性银行是政府机构

政策性银行一般为政府出资创办，其与政府有着密切的关系。政府为政策性银行提供运作担保，而政策性银行为政府的宏观决策提供资金支持和服务。政策性银行的基本职责是，不以营利为目的，以融资手段贯彻国家产业政策和区域发展战略。政策性银行的机构简单，人员精干，尽量节省行政经费开支，降低经营成本。

2. 政策性银行具有金融机构的特性

政策性银行具有金融机构的特性，遵循一般的信用原则，开展借贷业务，收取利息，但在信贷投向、利率方面对政府扶持的产业给予倾斜和优惠。政策性银行内部一般采用企业化管理，在不与商业银行竞争的前提下，追求投资回报，坚持保本经营，政策性银行首先是金融机构，其次才是特殊的政府金融机构。

3. 政策性银行以贯彻政府政策为主要职能

政策性银行以贯彻政府政策为主要职能，一般以优惠的利率水平、贷款投资期限和融资条件体现国家产业政策和区域发展政策。政策性银行在国民经济发展的整体利益上发挥作用，主要经营商业性金融机构不愿经营的项目，为这些项目提供优惠的中长期贷款。当其他金融机构从事具有政策性项目的金融活动时，政策性银行会根据情况给予支持。

（二）政策性银行的特征

政策性银行具有与一般商业银行不同的特征。

1. 政策性银行的出资方为政府

政策性银行一般由政府出资创立，政府可以选择全资出资建立、部分投资或参股形式建立政策性银行。大部分国家的政策性银行都是由政府全资创立的，比如韩国开发银行、美国进出口银行等。

2. 政策性银行不以盈利为主要目标

政策性银行不同于商业银行，其经营目标不是利润最大化，而是配合政府贯彻社会经济政策，促进社会经济发展。但政策性银行不是完全不在乎项目的效益，而是在以贯彻国家产业政策为主的同时，追求社会经济发展和自身项目收益之间的平衡。

3. 政策性银行的业务范围明确

政策性银行的服务对象范围明确，业务领域主要集中于农业、经济开发、进出口贸易等部门。对于国民经济发展具有重要作用的外贸进出口行业，发展较为薄弱、风险较高的农业和中小企业，以及较为落后地区的经济开发，都是政策性银行主要扶持的领域。

4. 政策性银行的融资原则较为特殊

融资原则的特殊性体现在三个方面：一是政策性银行的融资对象明确，为政府重点扶持、对国民经济发展具有重要作用、从一般商业银行难以获取资金的行业或部门。二是政策性银行的融资利率较为优惠，主要提供中长期贷款。三是政策性银行还可以对其他金融机构经营符合政策目标的投融资活动予以引导和支持。

5. 政策性银行信用创造能力弱

一般来说，政策性银行的资金来源于政府拨款或在政府保证下从金融市场筹集，而不是吸收存款。因此，政策性银行通常不参与信用创造过程，不会对货币供应量产生较大的影响。

6. 政策性银行由独立的法律进行监管

政策性银行受专门法律进行监管和制约。进出口银行不受商业银行法律的约束，而在政策性银行特定的法律法规监管下经营。

政策性银行的性质和特征决定了其独特的业务模式，不同国家的政策性银行涉足的领域有所不同，但都是集中于政府扶持的行业和领域。随着金融体制改革脚步的加快，对政策性银行的监管也逐步加强，政策性银行在金融体系中发挥的重要作用不可忽视。

二、我国的政策性银行

我国的政策银行包括国家开发银行、中国农业发展银行和中国进出口银行。2015年3月，国务院明确国家开发银行定位为开发性金融机构，经营政策性金融业务，为国民经济重大中长期发展战略服务。因此，仍将国家开发银行放在此处进行介绍。

（一）国家开发银行

国家开发银行成立于1994年，是直属国务院领导的政策性金融机构。2008年12月改制为国家开发银行股份有限公司。2015年3月，国务院明确国开行定位为开发性金融机构。2017年4月，"国家开发银行股份有限公司"名称变更为"国家开发银行"，组织形式由股份有限公司变更为有限责任公司。

国家开发银行的主要业务为中长期信贷与投资等金融业务。截至2019年年末，资产总额16.5万亿元，贷款余额12.2万亿元；净利润1185亿元，ROA（资产回报率）0.73%，ROE（净资产收益率）8.80%，资本充足率11.71%。国家开发银行是我国最大的中长期信贷银行和债权银行，抗风险能力不断增强。

国家开发银行提供资金支持的领域主要包括：
①基础设施、基础产业、支柱产业、公共服务和管理等经济社会发展的领域；
②新型城镇化、城乡一体化及区域协调发展的领域；
③传统产业转型升级和结构调整，以及节能环保、高端装备制造等提升国家竞争力的领域；
④保障性安居工程、扶贫开发、助学贷款、普惠金融等增进人民福祉的领域；
⑤科技、文化、人文交流等国家战略需要的领域；
⑥"一带一路"建设、国际产能和装备制造合作、基础设施互联互通、能源资源、中资企业"走出去"等国际合作领域；
⑦配合国家发展需要和国家经济金融改革的相关领域；
⑧符合国家发展战略和政策导向的其他领域。

（二）中国农业发展银行

中国农业发展银行成立于1994年，其主要任务为以国家信用为基础，以市场为依托，筹集支农资金，支持"三农"事业发展，发挥国家战略支撑作用。

中国农业发展银行支持的领域包括：办理粮食、棉花、油料、食糖、猪肉、化肥等重要农产品收购、储备、调控和调销贷款；办理农业农村基础设施和水利建设、流通体系建设贷款，办理农业综合开发、生产资料和农业科技贷款；办理棚户区改造和农民集中住房建设贷款；办理易地扶贫搬迁、贫困地区基础设施、特色产业发展及专项扶贫贷款；办理县域城镇建设、土地收储类贷款；办理农业小企业、产业化龙头企业贷款，组织或参加银团贷款；办理票据承兑和贴现等信贷业务；吸收业务范围内开户企事业单位的存款，吸收居民储蓄存款以外的县域公众存款，吸收财政存款，发行金融债券；办理结算、结售汇和代客外汇买卖业务，按规定设立财政支农资金专户并代理拨付有关财政支农资金；买卖、代理买卖和承销债券；从事同业拆借、存放；代理收付款项及代理保险；资产证券化；企业财务顾问服务；经批准后可与租赁公司、涉农担保公司和涉农股权投资公司合作等方式开展涉农业务；经国务院银行业监督管理机构批准的其他业务。

中国农业发展银行积极开展服务国家战略的业务，全力保障国家粮食安全，服务脱贫攻坚，支持农村基础设施建设和农业现代化。同时，积极推进改革创新，积极筹措支农资金、构建产品服务体系，为我国农业发展做出重要贡献。

（三）中国进出口银行

中国进出口银行成立于1994年，旨在支持中国对外经济贸易投资发展与国际经济合作。中国进出口银行注册资本为1 500亿元人民币，资本充足、业务清晰、功能突出。其支持外贸发展对"一带一路"倡议、"走出去"战略等具有重要作用。

中国进出口银行的主要经营范围包括：经批准办理配合国家对外贸易和"走出去"战略的短期、中期和长期贷款，含出口信贷、进口信贷、对外承包工程贷款、境外投资贷款、中国政府援外优惠贷款和优惠出口买方信贷等；办理国务院指定的特种贷款；办理外国政府和国际金融机构转贷款（转赠款）业务中的三类项目及人民币配套贷款；吸收授信客户项下存款；发行金融债券；办理国内外结算和结售汇业务；办理保函、信用证等其他方式的贸易融资业务；办理与对外贸易相关的委托贷款业务；办理与对外贸易相关的担保业务；办理经批准的外汇业务；买卖、代理买卖和承销债券；从事同业拆借、存放业务；办理与金融业务相关的资信调查、咨询、评估、见证业务；办理票据承兑与贴现；代理收付款项及代理保险业务；买卖、代理买卖金融衍生产品；办理资产证券化业务；提供企业财务顾问服务；组织或参加银团贷款；海外分支机构在进出口银行授权范围内经营当地法律许可的银行业务；按程序报经批准后以子公司形式开展股权投资及租赁业务；办理经国务院银行业监督管理机构批准的其他业务。

第五节 非银行金融机构

非银行金融机构是指除银行外的其他各类金融机构。非银行金融机构本质上是金融中介，非银行金融机构往往是直接融资的金融中介，一般不具有信用创造功能，它不以吸收存款为资金来源，而是以特定的方式如发行债券、销售保险单、发行信托受益凭证等方式作为资金来源，资金的运用以投资、保险补偿和分配资金为主。

非银行金融机构的范围比较广泛，证券公司、保险公司、基金公司、信托公司、金融资产管理公司、新型农村金融机构等都属于非银行金融机构。

一、证券公司

证券公司是指依照《中华人民共和国公司法》和《中华人民共和国证券法》批准成立的，从事证券经营业务的有限责任公司或股份有限公司。中国证券监督管理委员会网站统计数据显示，截至2020年11月，共有136家证券公司。证券公司具有证券交易所会员资格，可以承销发行、自营买卖证券。

（一）设立证券公司应满足的条件

根据《中华人民共和国证券法》规定，设立证券公司，应当具备下列条件，并经国务院证券监督管理机构批准：

①有符合法律、行政法规规定的公司章程；
②主要股东及公司的实际控制人具有良好的财务状况和诚信记录，最近三年无重大违法违规记录；
③有符合本法规定的公司注册资本；
④董事、监事、高级管理人员、从业人员符合本法规定的条件；
⑤有完善的风险管理与内部控制制度；
⑥有合格的经营场所、业务设施和信息技术系统；
⑦法律、行政法规和经国务院批准的国务院证券监督管理机构规定的其他条件。

未经国务院证券监督管理机构批准，任何单位和个人不得以证券公司名义开展证券业务活动。

（二）证券公司经营的主要业务

根据《中华人民共和国证券法》规定，经国务院证券监督管理机构核准，取得经营证券业务许可证，证券公司可以经营下列部分或者全部证券业务：

①证券经纪；
②证券投资咨询；
③与证券交易、证券投资活动有关的财务顾问；
④证券承销与保荐；
⑤证券融资融券；
⑥证券做市交易；
⑦证券自营；
⑧其他证券业务。

除证券公司外，任何单位和个人不得从事证券承销、证券保荐、证券经纪和证券融资融券业务。

二、保险公司

保险公司是依照《中华人民共和国保险法》和《中华人民共和国公司法》设立的经营商业保险业务的金融机构,是专门从事经营商业保险业务的企业。2015年4月24日,《中华人民共和国保险法》完成第三次修订,《中华人民共和国保险法》对设立保险公司应当具备的条件和保险公司的业务范围等内容进行了规定。

(一)设立保险公司应满足的条件

《中华人民共和国保险法》规定,设立保险公司应当具备下列条件:

①主要股东具有持续盈利能力,信誉良好,最近三年内无重大违法违规记录,净资产不低于人民币二亿元;

②有符合本法和《中华人民共和国公司法》规定的章程;

③有符合本法规定的注册资本;

④有具备任职专业知识和业务工作经验的董事、监事和高级管理人员;

⑤有健全的组织机构和管理制度;

⑥有符合要求的营业场所和与经营业务有关的其他设施;

⑦法律、行政法规和国务院保险监督管理机构规定的其他条件。

(二)保险公司的业务范围

《中华人民共和国保险法》规定保险公司的业务范围如下:

①人身保险业务,包括人寿保险、健康保险、意外伤害保险等保险业务;

②财产保险业务,包括财产损失保险、责任保险、信用保险、保证保险等保险业务;

③国务院保险监督管理机构批准的与保险有关的其他业务。

截至2020年11月,我国保险业保费收入达4.218万亿元,保险市场广阔,保险公司的发展也呈良好态势。

三、信托公司

信托公司,是指依照《中华人民共和国公司法》和《信托公司管理办法》设立的主要经营信托业务的金融机构。设立信托公司,应当采取有限责任公司或者股份有限公司的形式并经中国银行保险监督管理委员会批准,并领取"金融许可证"。我国目前共有68家信托公司。

(一)设立信托公司应满足的条件

信托公司成立的门槛较高,《信托公司管理办法》规定,设立信托公司的注册资本最低限额为三亿元人民币或等值的可自由兑换货币,注册资本为实缴货币资本。设立信托公司应该满足以下条件:

①有符合《中华人民共和国公司法》和中国银行保险监督管理委员会规定的公司章程;

②有具备中国银行保险监督管理委员会规定的入股资格的股东;

③具有本办法规定的最低限额的注册资本；
④有具备中国银行保险监督管理委员会规定任职资格的董事、高级管理人员和与其业务相适应的信托从业人员；
⑤具有健全的组织机构，信托业务操作规程和风险控制制度；
⑥有符合要求的营业场所，安全防范措施和与业务有关的其他设施。

（二）信托公司的业务范围

信托公司可以申请经营下列部分或者全部本外币业务：
①资金信托；
②动产信托；
③不动产信托；
④有价证券信托；
⑤其他财产或财产权信托；
⑥作为投资基金或者基金管理公司的发起人从事投资基金业务；
⑦经营企业资产的重组、购并及项目融资、公司理财、财务顾问等业务；
⑧受托经营国务院有关部门批准的证券承销业务；
⑨办理居间、咨询、资信调查等业务；
⑩代保管及保管箱业务。

信托公司还可以经营存放同业、拆放同业、贷款、租赁、投资、对外担保、受托经营公益信托和外汇信托业务等。

（三）信托公司和商业银行的区别

1. 经济关系不同

信托体现的是委托人、受托人、受益人之间多边的信用关系，银行业务一般属于与存款人或贷款人之间发生的双边信用关系。

2. 职能不同

信托的基本职能是财产事务管理职能，侧重于理财，而银行业务的基本职能是融通资金。

3. 业务范围不同

信托业务范围较广，而银行业务则主要集中于存放款业务，范围较小。

4. 承担风险不同

信托是按照委托人的意图经营信托财产，在受托人无过错的情况下，风险一般由委托人承担。商业银行则自行承担经营风险。

5. 收益来源不同

信托收益是按信托财产经营的结果进行计算，而银行的收益主要集中于利息和服务手续费。

据中国信托业协会公布的数据，截至 2020 年第三季度末，信托业受托管理的信托资产余额为 20.86 万亿元，较年初减少 7 432.79 亿元，同比下降 5.16%，降幅比第二季度末低 0.4 百分点；信托资产余额较第二季度末减少 4 182.31 亿元，环比下降 1.97%，降幅比第二季度高 1.75 百分点。信托行业管理规模有所下降，这反映了信托业顺应监管导向、主动控增速、调结构的结果，表明行业正从注重规模转向注重发展质量。信托行业的收入稳步增长，资本实力进一步增强。截至 2020 年第三季度末，68 家信托公司所有者权益规模为 6 580.57 亿元，较 2019 年年末增加 264.3 亿元，增幅为 4.18%，较去年同期增加 459.04 亿元，同比增长 7.5%，信托业正在朝高质量发展迈进。

四、金融资产管理公司

金融资产管理公司可以分为从事优质资产管理业务和从事不良资产管理业务的金融资产管理公司。从事优质资产管理业务的金融资产管理公司业务范围较广，服务对象包括个人、企业和机构，而从事不良资产管理的金融资产管理公司则专攻处置银行剥离的不良资产。

我国的金融资产管理公司是经国务院决定设立的收购国有独资商业银行不良贷款、管理和处置因收购国有独资商业银行不良贷款形成的资产的国有独资非银行金融机构。1999 年，经国务院规定，我国相继成立了中国信达资产管理公司、中国华融资产管理公司、中国东方资产管理公司和中国长城资产管理公司，分别处置从中国建设银行、中国工商银行、中国银行、中国农业银行剥离出来的不良资产。

我国的四大金融资产管理公司已经完成政策性不良资产收购任务。从 2007 年开始，四家金融资产管理公司开始纯商业化资产运作，搭建多元化的产品业务体系，谋求变革创新。

五、其他非银行金融机构

非银行金融机构还包括基金管理公司、消费金融公司、财务公司、新型农村金融机构等。

本章小结

金融机构体系是指从事金融活动的各类组织机构所组成的系统。金融机构体系通常包括中央银行、商业银行、专业银行和非银行金融机构。中央银行是金融机构体系的核心，商业银行是金融机构体系的主体，专业银行和非银行金融机构是金融机构体系的重要组成部分，它们一起维护着金融体系的稳定运行。

我国金融机构体系由中央银行、商业银行、政策性银行和非银行金融机构组成。其中，中央银行即中国人民银行，是金融机构体系的核心。中国银行保险监督管理委员会和中国证券业监督管理委员会是另外两个金融监管机构，它们共同构成我国"一行两会"的金融监管格局。我国商业银行体系由大型商业银行、股份制商业银行、城市商业银行、农村商业银行、外资银行、民营银行等多种银行构成。政策性银行则包括国家开发银行、中国农业发展银行和中国进出口银行。非银行金融机构也蓬勃发展，我国的金融体系正在呈现百花齐放的局面。

了解金融机构体系的构成以及各类金融机构的职能和主要业务，有利于理解我国金融体系的运行和发展。多样化、多层次的金融机构体系不仅有利于降低金融风险，提高金融效率，更有利于我国经济的长远发展。金融服务实体经济，离不开金融机构体系的助力。了解金融机构体系，对我们理解经济运行具有重要意义。

即测即练

复习思考题

1. 什么是金融机构体系？
2. 我国金融机构体系的构成？
3. 简述中央银行的职能。
4. 商业银行的业务包括哪些？
5. 政策性银行与商业银行等金融机构的不同之处是什么？

实训内容

查询中国人民银行、中国银行保险监督管理委员会、中国证券监督管理委员会的网站，针对发布的各项政策信息，分析我国金融机构体系的发展现状，分析各类金融机构未来的发展方向。

第七章 金融市场

学习目标

1. 理解金融市场的含义、金融市场分类和金融市场功能;
2. 熟悉货币市场、资本市场、外汇市场、黄金市场等各金融子市场的金融工具。

技能目标

1. 掌握货币市场、资本市场的业务活动;
2. 熟悉外汇市场和黄金市场的业务活动。

素质目标

1. 能够掌握金融各子市场的业务活动;
2. 熟悉理解交易市场的交易规则,强化学生的职业道德素质。

导入案例

2020年10月份金融市场运行情况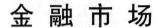

一、债券市场发行情况

10月份,债券市场共发行各类债券4.8万亿元。其中,国债发行7 831.1亿元,地方政府债券发行4 429.3亿元,金融债券发行5 968.3亿元,公司信用类债券发行1万亿元,资产支持证券发行1 225.4亿元,同业存单发行1.8万亿元。截至10月末,债券市场托管余额为114.6万亿元。其中,国债托管余额为19万亿元,地方政府债券托管余额为25.5万亿元,金融债券托管余额为27万亿元,公司信用类债券托管余额为25.6万亿元,资产支持证券托管余额为4.1万亿元,同业存单托管余额为11.1万亿元。

二、货币市场运行情况

10月份,银行间货币市场成交共计65.6万亿元,同比下降4.4%,环比下降37.3%。其中,质押式回购成交57.7万亿元,同比下降1%,环比下降36.5%;买断式回购成交0.4万亿元,同比下降54.9%,环比下降42.2%;同业拆借成交7.5万亿元,同比下降20.7%,

环比下降 42.2%。10 月份，同业拆借月加权平均利率为 2.1%，较上月上行 34 个基点；质押式回购月加权平均利率为 2.2%，较上月上行 30 个基点。

三、债券市场运行情况

10 月份，银行间债券市场现券成交 10.5 万亿元，日均成交 26 202.5 亿元，同比下降 30.2%，环比下降 39.33%。交易所债券市场现券成交 2.1 万亿元，日均成交 1 334.1 亿元，同比增长 321.68%，环比增长 89.2%。10 月末，银行间债券总指数为 201.8 点，较上月末上升 0.7 点。

四、股票市场运行情况

10 月末，上证综指收于 3 224.53 点，较上月末上涨 6.48 点，涨幅为 0.2%；深证成指收于 13 236.6 点，较上月末上涨 329.15 点，涨幅为 2.6%。10 月份，沪市日均交易量为 2 677.4 亿元，环比下降 5.4%，深市日均交易量为 4 804 亿元，环比下降 1.8%。

（资料来源：中国证券监督管理委员会、中央国债登记结算有限责任公司、全国银行间同业拆借中心、银行间市场清算所股份有限公司、上海证券交易所和深圳证券交易所）

第一节　金融市场概述

一、金融市场的含义

金融市场是一个复杂的综合体，考察角度不同，其内涵也不同。综合起来看，金融市场是指以金融资产为交易对象而形成的供求关系和机制总和。包括三方面含义：第一，金融市场是金融资产交易场所，可以是有形的，也可以是无形的。第二，金融市场反映了金融资产的供应者和需求者之间所形成的供求关系。第三，金融市场包含了金融资产交易过程中所产生的各种运行机制，其中最主要的是价格机制，反映了金融资产的定价过程。

金融市场主要由金融市场主体、金融市场客体、金融市场交易的组织形式和金融市场价格等要素构成。

1. 金融市场主体

金融市场主体，即金融市场的参与者，包括资金供给者和需求者、中介者、调控和监管者。资金供给者即金融市场投资者（投机者），他们为了赚取差价收入或股息、利息收入在金融市场上购买各种金融工具，为金融市场提供资金。资金需求者在金融市场上通过发行或出售金融工具筹集资金。金融市场上资金供求者包括企业、政府、金融机构和个人等。中介者是指在资金供给者和需求者之间起媒介作用的机构和个人。金融市场上中介者主要有金融机构和经纪人。调控和监管者是指对金融市场实施宏观调控和监管的中央银行和其他金融监管机构。

2. 金融市场客体

金融市场客体指在金融市场交易的对象或标的物——货币资金。由于金融市场上的交易是一种信用交易，资金供应者让渡的只是货币资金的使用权，并没有转移货币资金的所有权，为了证明资金供求者之间的债权债务关系或所有权关系，需要用一定的合法凭证作为依据，这个合法凭证就是金融工具。金融市场上的货币资金交易便是通过金融工具来完成，金融工具实际上成为资金的载体，成为金融市场上交易的工具。随着金融市场的飞速发展，金融工具的种类越来越多，不仅有各种原生金融工具，还有种类繁多的衍生金融工具。

3. 金融市场交易的组织形式

金融市场交易的组织形式是指金融市场交易场所。纵观各国金融市场，所采用的交易组织形式主要有两种：一是交易所形式。证券交易所是证券市场交易的固定场所，是证券交易市场的最早形态。证券交易所只是为交易双方提供一个公开交易的场所，它本身并不参加交易。但能进入证券交易所的只是取得交易所会员资格的经纪人和交易商。交易所内的证券交易是通过竞价成交的。二是场外交易形式。场外交易是指在证券交易所以外进行的证券交易，是一种分散在各个证券商柜台前进行交易的组织形式，也称柜台交易形式或店头交易形式。证券交易价格由交易双方协商议定。

4. 金融市场价格

在金融市场的交易中，由于利率是资金商品的价格，利率的高低调节资金供求和引导资金流向。健全的价格机制实际上就是指健全的利率机制，即能够根据市场资金供求状况灵活调节的利率机制。当市场上资金供不应求时，市场利率则会趋于上升；当市场上资金供过于求时，市场利率又能自动下降。

二、金融市场分类

1. 根据金融工具期限不同分为货币市场和资本市场

货币市场又称为短期资金市场，是指以期限在1年以下（含1年）的金融资产为交易标的物的市场。该市场主要是解决市场主体的短期性、临时性资金需求，交易主体主要是政府、金融机构、工商企业等。货币市场是无形市场，主要进行国库券、商业票据、银行承兑汇票、大额可转让定期存单、回购协议等短期金融工具的交易，交易量巨大，交易按照市场价格进行。货币市场包括同业拆借市场、票据市场、短期债券市场等。

资本市场被称为长期资金市场，是指融通期限在1年以上的中长期资金的市场。该市场主要解决政府、企业等部门对长期资本的需求。资本市场包括两大部分：银行中长期存贷款市场和有价证券市场。证券市场是资本市场中最重要的部分。

2. 根据金融交易合约性质不同分为现货市场、期货市场和期权市场

现货市场是指交易双方在交易协议达成后的若干个交易日内办理交割的金融交易市场。现货交易是金融市场上最普遍的一种交易方式，包括现金交易、固定方式交易和保证金交易。现金交易是指成交日和结算日在同一天的交易；固定方式交易是指成交日和结算日相隔七天以内的交易；保证金交易也叫垫头交易，是投资者资金不足时，采取交付一定比例的现金，其余资金由经纪人贷款垫付买卖金融工具的交易方式。目前现货市场主要采用固定方式交易。

期货市场是指交易双方的交易协议虽已达成，但交割需要在未来某一特定时间进行的市场。期货市场上成交和交割是分离的，交割要按照成交时的协议价格进行，而成交与交割期间金融工具价格的波动可能会使交易者获利或蒙受损失，因此期货市场上交易者需要对市场进行判断，并要承担一定的市场风险。期货市场对于交易的参加者而言，既具有套期保值功能，又具有投机功能。

期权市场是各类期权交易活动及其场所的总和，它是期货交易市场的发展和延伸。期权交易是指买卖双方按成交协议签订合同，允许买方在交付一定的期权费用后取得在特定时间内、按协议价格买进或卖出一定数量的证券的权利。如期权的买方直至协议合同到期，仍未行使权利，则该期权合同自动失效。

3. 根据金融工具是否为首次发行分为发行市场和流通市场

发行市场又称为一级市场，是指资金需求者将金融资产首次出售给资金的供给者时所形成的交易市场。金融资产的发行有公募和私募两种方式。前者的发行对象是社会公众，后者的发行对象是机构投资者。私募发行又分为包销、代销和自销。

流通市场又称二级市场，是指金融工具发行后在投资者之间买卖、转让所形成的市场。金融工具通过流通市场而更具有流动性，使社会范围内的资源能够得到充分利用。按照其组织形式，流通市场又可以分为场内交易市场和场外交易市场。

发行市场和流通市场是密不可分的，发行市场是流通市场的基础和前提，没有发行市场就没有流通市场；而流通市场是发行市场存在与发展的重要条件之一，无论在流动性上还是在价格的确定上，发行市场都要受到流通市场的影响。

4. 根据有无固定场所分为有形市场和无形市场

有形市场是指有固定交易场所的市场，如证券交易所等。这种市场通常只限于会员进场进行交易，非会员必须委托会员进行交易。

无形市场是指通过现代化的通信工具而形成的一种金融交易网络。它没有固定的集中场所，也没有固定的交易时间，只是一种大型的网络，所以称之为无形市场。在现实世界中大部分金融资产的交易都是在无形市场上进行的。

5. 根据交易地域不同分为国内金融市场与国际金融市场

国内金融市场又称内部金融市场，是指一个国家内部以本国货币表示的资金交易市场。国际市场又称外部市场，是指金融资产的交易跨越国界、进行国际交易的场所。国际金融市场有广义和狭义之分。广义的国际金融市场又称传统的国际金融市场，是指进行各种国际金融业务的场所，包括货币市场、资本市场、外汇市场、黄金市场、衍生品市场等。狭义的国际金融市场是指同市场所在国的国内金融体系相分离的金融市场，主要由市场所在国的非居民从事境外交易，既不受所使用货币发行国政府法令的管制，也不受市场所在国法令管制的金融市场，又叫离岸金融市场或欧洲市场。离岸金融市场是无形市场。

此外，金融市场还可根据中介机构的特征不同划分为直接金融市场和间接金融市场，根据成交与定价的方式不同划分为公开市场和议价市场等。

三、金融市场功能

1. 资金融通功能

资金融通功能是金融市场最基本的功能，通过这个功能可以有效地筹集和调剂资金。在金融市场上，金融工具多种多样，能适应不同资金供给者在利率、期限、方式等方面的要求，具有较强的可选择性。因此，对于资金供给者来讲，通过金融工具可以增强资金流动性，调节货币资金余缺，又可增强收益性；对资金需求者来讲，可根据生产经营活动状况，季节性、临时性的变化和资金需求量的大小、期限的长短，在金融市场上通过贷款和发行证券等方式筹措资金；对金融机构来讲，金融市场为金融机构之间的资金融通、交换金融票据或银行同业拆借、调剂金融机构的头寸提供了方便。这样，金融市场不仅起到了广泛动员、筹集调剂资金和分配社会闲散资金的作用，也有利于社会经济的发展。

2. 资源配置功能

在金融市场上，金融资产的流动带动了社会物质资源的流动和再分配，将社会资源由低效部门向高效部门转移。金融市场中供求双方的博弈决定了金融资产的价格。比如，公司能获取资金的多少取决于投资者要求的回报率，公司所发行的金融资产，其回报越丰厚，投资者对其需求越高，进而金融资产的价格也就越高；而公司营运效率越高，其金融资产价格也就越坚挺。金融市场引导着资金在金融资产间进行分配，将资源从低效率利用的部门转移到高效率利用的部门，从而实现稀缺资源的合理配置和有效利用。金融市场信息的变化会引起金融资产价格的变化，引导人们不断进行新的金融资产配置。随着资源配置的变化，金融市场上的风险也重新配置，风险和收益并存。

3. 信息反映功能

金融市场被称为国民经济的"晴雨表"，是公认的国民经济信号系统。首先，金融市场是反映微观经济运行状况的"指示器"。由于大部分证券交易都在证券交易所进行，因此，人们可以随时通过金融市场了解各种上市证券的交易行情，并据此制定投资决策。在一个有效的市场中，证券价格的变化反映着发行者的经营管理情况和发展前景。一个健全、有序的市场要求上市公司定期或不定期地公布其经营信息和财务状况，以帮助投资者及时、有效地了解及推断该上市公司及其相关企业、行业的发展前景。其次，金融市场交易直接和间接地反映了国家货币供应量的变动。货币是宽松还是紧缩均是通过金融市场实现的，实施货币政策时，金融市场通过出现相应的波动来反映货币宽松或紧缩的程度。金融市场反馈的宏观经济运行方面的信息，有助于政府部门及时制定和调整宏观经济政策。最后，金融市场有大量专业人才长期从事商情研究和分析工作，他们与各类工商企业保持着不间断的直接接触，能及时、充分了解企业的发展动态。而且金融市场有着能广泛而及时地收集和传播信息的通信网络，使人们可以及时了解世界经济的变化情况。

4. 宏观调控功能

金融市场是政府宏观调节机制的重要组成部分，对宏观经济具有调节作用。在现代市场经济中，货币像一条无形的纽带，把众多分散的局部经济联系起来，形成社会经济的整体运动。国家对国民经济运行的计划与调控,被转换成一系列金融政策,通过中央银行传导到金融市场,引起货币流量和流向的变动。货币流量和流向变动产生的一系列金融信号又通过金融市场传导到国民经济的各个部门,引起国民经济的局部变动或整体变动。中央银行正是利用金融市场的宏观调控功能,通过公开市场业务操作,调节流通中的货币供应量。

第二节 货币市场

货币市场是以机构投资者为主体的市场,主要包括同业拆借市场、商业票据市场、大额可转让定期存单市场、短期债券市场、证券回购市场等。

一、同业拆借市场

同业拆借市场又称同业拆放市场,是指金融机构之间以货币借贷方式进行短期资金融通活动的市场。同业拆借市场最早出现于美国。我国同业拆借市场正式建立于 1984 年。中国人民银行在 2007 年 7 月 9 日发布了《同业拆借管理办法》,并于同年 8 月 6 日起实施。这是我国同业拆借市场建立以来首次颁布全国规范同业拆借市场管理规则的规章,也是同业拆借管理最重要的政策调整,它为同业拆借市场的发展树立了新的里程碑。与其他市场相比,我国同业拆借市场具有严格的市场准入限制。进入同业拆借市场交易主体是经中国人民银行批准,具有独立法人资格的商业银行及其授权分行、农村信用合作联社、城市信用社、财务公司和证券公司等有关金融机构,以及经中国人民银行认可经营人民币业务的外资金融机构。同业拆借市场上融资的期限比较短,最短为 1 天,最长为 1 年。目前我国同业拆借交易有 1 天、7 天、14 天、21 天、1 个月、2 个月、3 个月、4 个月、6 个月、9 个月、1 年这 11 个品种。

扩展阅读 7-1 货币市场参与者

扩展阅读 7-2 我国货币市场发展历程

扩展阅读 7-3 伦敦同业拆借利率(LIBOR)和新加坡同业拆借利率(SIBOR)

同业拆借一般不需要担保或抵押,完全是一种信用资金的借贷式交易。双方都以自己的信用担保,都严格遵守交易协议。同业拆借利率一般由拆借双方协商决定,因为拆借双方都是经营货币资金的金融机构,所以同业拆借利率最能反映市场资金供求状况,并对货币市场上的其他金融工具的利率变动产生导向作用,这就使得同业拆借利率成为货币市场上的核心利率。同业拆借利率在利率体系中的占有重要地位,在现代金融活动中,同业拆借利率已被视为观察市场利率走势的风向标。

二、商业票据市场

商业票据市场是专门办理票据承兑、贴现业务活动的市场。商业票据是建立在赊销基础上的债权债务关系凭证，具有法定格式。商业票据有两种：本票和汇票。《中华人民共和国票据法》所指的本票是银行本票，且只能是即期本票。汇票在国内外贸易中均可使用。美国的商业票据属于本票性质，英国的商业票据属于汇票性质。

商业票据一般无担保，仅以信用作保证，因此能发行商业票据的公司都是资金雄厚、运作良好、信誉卓著的大公司。但也有一些实力较弱的公司希望以发行商业票据的方式筹措资金，它们往往通过争取大公司的支持发行信用支持商业票据，或用高质量资产抵押发行资产支持商业票据。

商业票据期限短，通常为30天、60天、90天，一般不超过270天，采用贴现方式发行，其发行价格可用公式表示为

$$发行价格 = 面额 - 贴现金额$$
$$贴现金额 = 面额 \times 贴现率 \times 期限 / 360$$

由于商业票据偿还期很短，当投资人面临流动性压力时，大多数票据发行人常常在票据到期前就购回，因此，商业票据一般没有专门的流通市场，只有发行市场。

商业票据的发行者包括金融公司、非金融公司和银行持股公司等。近年来，商业银行通过提供信贷额度支持、代理发行商业票据等促进了商业票据的发行，使这一市场得到长足发展。能在市场通过大量发行商业票据筹措大笔资金的公司主要是实力雄厚，且获得信用评级机构较高评级的大企业。非金融性公司发行的商业票据较金融性公司少，其所筹集的资金主要解决企业短期资金缺口，如发放应付工资、奖金及缴纳税收等。

商业票据的主要投资者是中央银行、大商业银行、非金融公司、保险公司、政府部门、基金组织和投资公司等。由于面额较大，通常个人投资者很少参与。个人投资者可以从交易商、发行者那里购买商业票据，也可以购买投资商业票据的基金份额。

三、大额可转让定期存单市场

大额可转让定期存单（以下简称 CDs）是一种由银行发行的大面额、规定一定期限的，可转让流通的定期存款凭证。CDs 于 1961 年由美国花旗银行首次在世界上推出。

扩展阅读 7-4 大额可转让定期存单与普通定期存单差异

大额可转让定期存单发行对象可以是个人，也可以是企事业单位。按照发行者的不同，大额可转让定期存单可分为国内存单、欧洲存单、扬基存单、储蓄机构存单。国内存单即由本国银行发行的存单；欧洲存单也称为欧洲美元存单，是以美元为标值，在美国之外发行的大额存单；扬基存单是由外国银行在美分支机构发行，以美元标值的存单；储蓄机构存单是由储蓄和贷款协会与储蓄银行发行的。

大额可转让定期存单市场具有以下几个主要特征：①利率趋于浮动化。20世纪60年代初，CDs 主要以固定利率发行，存单上注明特定的利率，并在指定的到期日支付。20世纪70年代以后，随着市场利率波动的加剧，发行者开始增加浮动利率 CDs 的发行。②CDs 利率通常高于同期的国库券和普通定期存款。CDs 虽由银行发行，但也存在着一定的信用风险和市场风险。信用风险主要来自 CDs 到期时其发行银行无法偿付本息；市

场风险主要是持有者急需资金时却无法在二级市场上立即转让CDs或不能以合理的价格转让。由于CDs的风险高于国库券，甚至高于同期的普通定期存款，因此，其利率水平通常是在同期定期储蓄存款的基础上在加1~2百分点。大额可转让定期存单在我国市场上发展非常缓慢。

四、短期债券市场

短期债券市场交易工具包括短期政府债券和短期企业债券，这里只分析短期政府债券。短期政府债券是指由政府提供信用担保而发行的短期债券，期限通常有3个月、6个月、9个月、12个月，采用贴现方式发行。目前，我国短期政府债券主要有两种：短期国债和中央银行票据。

短期国债即国库券，一般采取拍卖方式折价发行，发行价格由竞拍者竞价形成。国外国库券发行次数比较频繁，一般有定期发行和不定期发行两种方式。定期发行国库券主要是用于弥补财政的常年性赤字。不定期国库券发行更为灵活，需要时可以连续数天发行，发行目的是预收税款或缓解先支后收的矛盾。从我国情况来看，财政部发行的国债大多是3年期以上的，短期国债市场存量极少。

中央银行票据，是中央银行为调节商业银行超额准备金而向商业银行发行的短期债务凭证，其实质是中央银行债券。中央银行票据由中央银行在银行间市场通过中国人民银行债券发行系统发行，其发行的对象是公开市场业务一级交易商。在财政部尚无法形成短期国债滚动发行制度的前提下，由中央银行发行票据，在解决公开市场操作工具不足的同时，利用设置票据期限可以完善市场利率结构，形成市场基准利率。通常，央行会根据市场状况，采用利率招标或者价格招标的方式，交错发行3月期、6月期、1年期和3年期票据，其中以1年以内的短期品种为主。

五、证券回购市场

证券回购市场是指证券持有人在出售证券的同时，与证券购买方签订协议，约定在未来某一时间按协议约定价格购回所售证券，从而获得即时可用资金的一种合约。回购交易实际上是一种以有价证券（大多为国债）为抵押品的短期融资活动。回购市场参与者包括商业银行、非银行金融机构、中央银行和非金融机构（主要是企业）。回购协议期限从1天到数月不等。若证券回购的时间为1天，称为隔夜回购；如期限大于1天，则称期限回购。回购利率由交易双方确定，主要受回购证券的质地、回购期限的长短、交割条件、货币市场利率水平等因素的影响。证券一般以政府债券或政府代理机构债券为主，收益归原持有人所有。

我国证券回购市场从20世纪80年代末90年代初开始发展，大体上经历了场内市场和场外市场两个阶段，目前已经成为货币市场的重要组成部分，无论在交易量还是市场主体方面都远远超过同业拆借市场。

1991—1997年，以场内市场为主阶段。我国证券回购协议业务开始于1991年7月的全国证券交易自动报价系统（STAQ系统），随后以武汉证券交易中心为代表的各证券交易公司纷纷推出证券回购协议业务。1993年以上海为试点的银行间及证券中介机构间的国债回购协议业务兴起。1994年证券回购市场交易激增到3 000亿元。然而，以武汉为中心的STAQ系统缺乏全国统一的国债托管和清算系统，出现了严重的卖空和金融欺诈现象。1995年开始，交易主体全部转入证券交易所内市场，债券交易证券交易所托管。但由于场内交易风险机制尚未建立，交易所的国债也相继出现了风险事件，如"3·27"国债风波。在此背景下，国家决定对武汉、天津证券交易中心和STAQ系统证券回购市场进行整顿。

1997年至今，以场外市场为主阶段。1997年，央行发布了各商业银行停止在证券交易所证券回购及现券交易的通知，要求商业银行全部退出上交所和深交所，各商业银行可通过银行同业拆借中心提供的交易系统进行证券回购交易。1997年以来，银行间证券回购市场在规范中发展，交易规模不断扩大，品种不断增多。我国银行间证券回购协议分为质押式和买断式。其中，买断式证券回购协议是我国货币市场的创新。

第三节 资 本 市 场

一、资本市场功能

资本市场是相对于货币市场而言的市场，是指以期限在1年以上的金融工具为交易对象进行长期性资金交易活动的市场。在现代市场经济中，资本市场发挥着重要的作用。最初的资本市场是纯粹意义上的资金融通市场，是长期资金融通的市场。因此资金融通是资本市场的基本职能。由于资本市场存在着强大的评价、选择和监督机制，而投资主体作为理性经纪人，始终具有明确的逐利动机，从而促使资金流向高效益部门，表现出资源优化配置职能。

根据资金交易双方所体现的关系不同，一般把资本市场分为证券市场和中长期借贷市场。证券市场是有价证券发行、流通以及与此相适应的组织与管理方式的总称。证券市场作为资本市场的基础与主体，通常包括证券发行市场和证券流通市场。在发达的市场经济中，证券市场是完整的市场体系的重要组成部分，它不仅反映和调节货币资金的运动，而且对整个经济的运行具有重要影响。

二、资本市场工具

（一）证券市场

股票是股份有限公司签发的用以证明股东所持股份的凭证。股票实质上代表了股东对股份公司的所有权，股东凭借股票可以获得公司的股息和红利，参加股东大会并行使自己的权力，同时也承担相应的责任与风险。证券市场是上市公司筹集资金的主要途径之一。通常所说的股票市场由股票发行市场和股票交易市场构成。

股票按照不同的标准可以划分为不同的类型。

（1）按股票所代表的股东权利划分为普通股和优先股。普通股是最基本、最常见的一种股票，其持有者享有股东的基本权利和义务。普通股的股利不固定，随公司盈利的高低而变化，其持有者在公司盈利和剩余财产的分配顺序上列在债权人和优先股票股东之后，故其承担的风险也较高。优先股是一种特殊股票，在其股东权利、义务中附加了某些特别条件。优先股的股息率是固定的，其持有者的股东权利受到一定限制，在公司盈利和剩余财产的分配上比普通股持有者优先。

（2）按股票有无记名划分为记名股票和无记名股票。记名股票是指在股票票面和股份公司的股东名册上记载股东姓名的股票。记名股票的转让必须依据法律和公司章程规定的程序进行，而且要服从规定的转让条件，办理股票过户登记手续。无记名股票是指在股票票面和股份公司股东名册上不记载股东姓名的股票。

（3）按是否在股票上标明金额划分为有面额股票和无面额股票。

1. 股票发行市场

股票发行市场又称一级市场，是股份公司直接或通过中介机构向投资者出售新发行股票的市场。股票发行市场由发行人、投资者、中介机构和证券监管机构构成。

（1）股票发行制度。股票发行制度有注册制和核准制两种。①注册制。注册制主要是指发行人申请发行股票时，必须依法将公开的各种资料完全准确地向证券监管机构申报。注册制实行的是公开管理原则。2013年，党的十八届三中全会明确提出，推进股票发行注册制改革。此后，全国人大常委会及时解决注册制改革的法律授权问题，修订《中华人民共和国证券法》，为注册制改革提供了法律保障。2018年11月设立科创板并试点注册制的重大决策，标志着注册制改革进入启动实施阶段，在我国资本市场发展史上具有里程碑意义。2019年7月22日首批科创板公司上市交易，2020年8月24日创业板试点注册制正式落地。②核准制。核准制又称特许制，是发行者在发行新证券之前，不仅要公开有关真实情况，而且必须合乎公司法中的若干实质条件，如发行者所经营事业的性质、管理人员的资格、资本结构是否健全、发行者是否具备偿债能力等，证券主管机关有权否定不符合条件的申请。核准制实行的是实质性管理原则。

（2）股票的发行方式。①根据发行对象的不同，股票发行方式有公募发行和私募发行。公募发行又称公开发行，是指向广泛的不特定投资者发行证券的一种方式。公募发行可以采用股份有限公司自己直接发售的方法，也可以支付一定的发行费用通过金融中介机构代理。公募的证券可以上市流通，具有较高的流动性，因而易于被广大投资者接受。公募发行适合于发行数量较多、筹资额较大的发行人。其缺点是发行过程比较复杂，登记核准所需时间较长，发行成本较高。私募发行又称内部发行，是指向少数特定投资者发行证券的一种方式。发行对象一般是与发行者有特定关系的投资者，可以是个人或机构投资者。私募发行有确定的投资人，发行手续简单，可以节省发行时间和委托中介机构的手续费，降低筹资成本。但私募发行的证券流通性较差，不能在市场上转让出售。②根据股票发行价格与其面值的不同可分为面值发行、溢价发行和折价发行。

2. 证券交易市场

证券交易市场有两种基本组织形式，即证券交易所和场外交易市场。

证券交易所是集中交易已发行证券的场所，是证券交易市场的核心。在交易所进行交易的证券称为上市证券。上市证券必须符合交易所规定的各项上市标准，并得到有关政府主管部门的批准。证券交易所本身并不参与证券交易，它作为一个服务机构和自律机构而存在。

证券交易所有两种组织形式：会员制和公司制。会员制交易所是由会员自愿组成，不以营利为目的的联合体。公司制交易所则是由股东出资组成的股份有限公司，它是以营利为目的，并由股东选举董事会进行管理。在交易所内只允许拥有交易所席位的证券商进行交易。

证券交易所交易的程序大致包括委托、成交、清算、交割、过户等环节。

场外交易市场是指在证券交易所以外进行证券买卖流通的组织形式。

（二）中长期债券市场

债券市场包括发行和流通市场，它是金融市场的一个重要组成部分。按债券期限划分，债券市场可分为短期债券市场和中、长期债券市场。其中，中、长期债券市场是资本市场的一个重要组成部分。公债、金融债券和公司债券是典型的中长期债券市场工具。

中长期债券因其期限较长，一般采取附息债券方式发行。发行价格有溢价发行、平价发行和折价发行。

债券的流通市场也有场内交易市场和场外交易市场之分。国债上市一般不用申请。大多数债券的交易是在场外进行。债券交易方式主要有现货交易、期货交易、期权交易和回购交易等。

（三）投资基金市场

1. 投资基金的定义

投资基金是指通过公开发售基金份额募集资金，由基金托管人托管，由基金管理人管理和运用资金，以资产组合方式进行证券投资的一种利益共享、风险共担的集合投资方式。投资基金具有集合投资、专家理财、分散风险的特点。

2. 投资基金种类

（1）按基金的组织形式不同，分为契约型基金和公司型基金。契约型基金又称为单位信托基金，是指将投资者、管理人、托管人三者作为基金的当事人，通过签订基金契约的形式发行受益凭证而设立的一种基金。契约型基金是基于信托原理而组织起来的代理投资方式，没有基金章程，也没有公司董事会，而是通过基金契约来规范三方当事人的行为。基金管理人负责基金的管理操作；基金托管人作为基金资产的名义持有人，负责基金资产的保管和处理，对基金管理人的运作实行监督。公司型基金是以发行股份的方式募集资金，投资者购买基金公司的股份后，以基金持有人的身份成为基金公司的股东，凭其持有的股份依法享有投资收益。公司型基金在组织形式上与股份有限公司类似，由股东选举董事会，由董事会选聘基金管理公司，基金管理公司负责管理基金的投资业务。

（2）按基金是否可自由赎回和基金规模是否固定，分为封闭式基金和开放式基金。

封闭式基金是指经核准的基金份额总额在基金合同期限内固定不变,基金份额可以在依法设立的证券交易场所交易,但基金份额持有人不得申请赎回的基金。由于封闭式基金在封闭期内不能追加认购或赎回,投资者只能通过证券经纪商在二级市场上进行基金的买卖。封闭式基金的期限是指基金的存续期,即基金从成立起到终止之间的时间。开放式基金是指基金份额不固定,基金份额持有人可以在基金合同约定的时间和场所申购或者赎回的基金。为了满足投资者赎回资金、实现变现的要求,开放式基金一般都从所筹资金中拨出一定比例,以现金形式保持这部分资产。

按投资标的不同,投资基金分为国债基金、股票基金、货币市场基金等;按投资目标不同,投资基金分为成长型基金、收入型基金和平衡型基金。

3. 投资基金的运作

(1) 投资基金的发起设立。投资基金的发起设立有两种管理模式,即注册制和审批制。我国《证券投资基金管理暂行办法》明确规定,基金的发起设立,必须经中国证监会审查批准。

(2) 投资基金的发行与销售。基金的发行是针对封闭式基金而言,封闭式基金发行有公募和私募发行两种方式。在我国,封闭式基金只能采用公募形式。基金的销售是针对开发型基金而言。开放型基金的销售途径有两条:代理销售和直接销售。

(3) 投资基金的交易与申购、赎回。封闭型基金发行募集成功后,由基金管理公司依法向有关交易所提出上市申请,经批准后,该基金即可上市交易。申购与赎回是开放型基金基本交易形式。其中,基金申购是指投资者购买基金份额的过程,基金的赎回是指投资者卖出基金份额、收回投资的过程。其申购与赎回的方式有两种:一是通过银行、证券公司、保险公司等作为中介,二是通过基金管理公司的经理人。开放型基金的投资者只与该基金的代销机构或直销机构之间进行交易,投资者之间不发生任何交易。

(四)金融衍生工具市场

金融衍生工具,与基础金融产品相对应,是指建立在基础金融产品或基础变量之上,其价格随基础金融产品的价格(或数值)变动的派生金融产品。作为金融衍生工具的基础金融产品不仅包括现货金融产品(如债券、股票、银行定期存款单等),也包括金融衍生工具;其基础的变量则包括利率、汇率、各类价格指数等。主要的衍生工具有金融远期、金融期货、金融期权和金融互换等。创设与交易金融衍生工具的市场被称为金融衍生工具市场。在金融衍生工具市场上,同意以约定的价格购入某种基础金融工具的一方称为多头,同意以约定的价格售出某种基础金融工具的一方称为空头。

1. 金融远期交易

金融远期交易是指交易双方约定在未来某一确定时间按照约定的价格买卖一定数量某种资产的交易方式。在远期合约中,未来确定的时间称为合约的交割日,约定的价格称为合约的交割价格,双方约定买卖的资产称为标的资产。按基础资产不同,金融远期可分为远期利率交易、远期外汇交易和远期股票交易。

2. 金融期货交易

在金融远期交易中,交易者集中在商品交易场所交流市场行情,通过拍卖或双方协商的方式来签订远期合同，等合同到期，双方以实物交割来了结义务。交易者在频繁的远期交易中发现，由于商品价格、利率或汇率波动，合同本身就具有价差或利益差，因此完全可以通过买卖合同来获利，金融期货交易应运而生。1848 年由 82 位谷物交易商发起组建了芝加哥期货交易所，1865 年用标准的期货合约取代了远期合约，并实行了保证金制度，开创了商品期货市场。

金融期货合约是指在未来某一特定时间和地点按照约定价格和数量进行交割的标准化合约。期货合约由期货交易所统一制定。期货合约的标的物称作基础资产或原生资产，可以是商品，也可以是某个金融工具或金融指数；合约双方约定未来的交易价格称作期货价格；双方进行交易的指定日期称作清算日或交割日。建立在金融工具或金融指数之上的期货合约称为金融期货。

3. 金融期权

由于远期交易和期货交易是实现确定未来的交割价格，到期履约，因此远期合约和期货合约在规避风险的同时，也失去了潜在的获利机会。而期权合约可以趋利避害，使买方在规避不愿意承担的风险时，保留潜在的获利机会。金融期权是指以金融商品或金融期货合约为标的物的期权交易，即购买者在支付一定期权费用后，获得了能在规定期限内以某一特定协议价格向出售者买（卖）一定数量的某种金融商品或金融期货合约的权利。支付期权费用之后，期权合约是否行权的选择权在买方。期权费又称期权价格或权利金，由交易双方根据期权价格商定一定比率来确定。

扩展阅读 7-5　金融期权类型

4. 金融互换交易

互换是两个或两个以上的当事人充分利用各自的相对优势，按照约定条件，在约定的时间内，交换各自未来一系列现金流的合约。金融互换交易涉及相同货币的债务和不同货币的债务互换行为。基本的金融互换有利率互换和货币互换。此外还有股权互换、信用互换、期权互换等。在互换市场参与机构包括最终需求者和中介机构。最终需求者是指各国政府，尤其是发展中国家的政府及其代理机构、世界范围内的银行和跨国公司、储蓄机构和保险公司、国际性代理机构和证券公司等。中介机构主要包括各国的投资银行、商业银行等。

第四节　外汇市场和黄金市场

一、外汇市场

（一）外汇与汇率

外汇是指以外币表示的，用于国际结算的信用凭证或支付手段。国际货币基金组织将外汇界定为货币当局（中央银行、货币机构、外汇平准基金组织及财政部），以银行存款、财政部库存、长短期政府债券等形式所保有的，在国际收支逆差时可以使用的债权。

《中华人民共和国外汇管理条例》规定，外汇是指下列以外币表示的可以用作国际清偿的支付手段和资产，具体包括：①外国货币，包括钞票、铸币；②外币支付凭证，包括票据、银行存款凭证、邮政储蓄凭证；③外币有价证券，包括政府债券、公司债券、股票等；④特别提款权；⑤其他外汇资产。

汇率又称汇价，是用一个国家的货币折算成另一个国家的货币的比价。目前，国际上汇率标价方法有两种：直接标价法和间接标价法和美元标价法。直接标价法是用一定单位的外国货币为基准计算应付多少本国货币的标价方法。间接标价方法是用一定单位的本国货币为基准计算应收回多少外币的标价方法。美元标价法是以一定单位的美元为标准，折算成一定数量的其他国家货币的标价方法。目前，绝大多数国家采用直接标价法，实行间接标价法的国家有英国和美国等。

（二）外汇市场参与者

外汇作为国际间结算的支付手段，是国际经济交流不可少的工具。外汇市场是指经营外币和以外币计价的票据等有价证券买卖的市场，是金融市场的主要组成部分。外汇市场是进行外汇交易的场所。有广义和狭义之分。广义外汇市场是指所有进行外汇交易场所，狭义的仅指外汇银行之间的外汇交易场所。外汇市场是全球最大、流动性最强的金融市场。

外汇市场参与者主要有外汇银行、中央银行、外汇经纪人、一般客户。外汇银行是外汇市场的中心，一方面充当外汇买卖、资金调拨及资金融通媒介，以赚取买卖汇率的差价为主；另一方面主动买卖外汇，以轧平外汇头寸，防范汇率波动的风险。外汇金经纪人在外汇银行或者在外汇银行与客户之间进行牵线搭桥，为买卖双方接洽外汇交易，从中获取经纪佣金。中央银行主要是对外汇市场进行干预，其目的是保证本国汇率的稳定，或将本国汇率调整到符合本国宏观经济政策或国际协议所需要的水平。一般客户是指那些出于交易、保值或投机需要而参与外汇买卖的公司和个人，是外汇的最初供给者和需求者，主要包括进出口商、国际投融资者、国际旅游者。

（三）外汇交易方式

按照外汇交易参与者的不同，外汇市场分为外汇零售市场和外汇批发市场。外汇批发市场是狭义的外汇市场。外汇零售市场是外汇银行与一般客户之间的外汇交易市场。从总的外汇市场交易份额或结构来看，绝大部分的外汇交易是批发交易，约占交易总量的95%。目前，外汇市场上的外汇交易方式主要有即期外汇交易、远期外汇交易、套汇交易、外汇套利交易、外汇掉期交易、外汇期货交易、外汇期权交易等。

（四）全球主要的外汇市场

分布全球的各国金融中心的外汇市场相互联系，形成全球统一的外汇市场。目前世界上最重要的外汇市场有伦敦外汇市场、纽约外汇市场、欧洲大陆的外汇市场、东京外汇市场、新加坡外汇市场、香港外汇市场等。

1. 伦敦外汇市场

伦敦外汇市场是目前规模最大、历史最悠久、最负盛名的外汇市场，是一个典型的无形市场，没有固定的交易场所，只是通过电话、电传、电报完成外汇交易。参与外汇交易者由经营外汇业务的本国银行及外国银行在伦敦分行、外汇经纪人、其他经营外汇业务非银行金融机构和英格兰银行构成。它经营一切可自由兑换货币的现货交易和相应货币的期货交易，规模最大的是英镑兑美元交易，汇率报价采用间接标价法。交易货币种类众多，交易处理速度很快，工作效率高。

2. 纽约外汇市场

纽约外汇市场的日交易量仅次于伦敦，外汇交易通过现代化通信网络与电子计算机进行，其货币结算都可通过纽约地区银行同业清算系统和联邦储备银行支付系统进行，是全球美元交易的清算中心。纽约外汇市场上的外汇交易分为三个层次：银行与客户间的外汇交易、本国银行间的外汇交易、本国银行和外国银行间的外汇交易。其中，银行同业间的外汇买卖大都通过外汇经纪人办理。美国没有外汇管制，几乎所有的美国银行和金融机构都可以经营外汇业务。纽约外汇市场是一个完全自由的外汇市场，汇率报价既采用直接标价法（指对英镑）又采用间接标价法（指对欧元和其他国家货币），便于在世界范围内进行美元交易。

3. 欧洲大陆外汇市场

欧洲大陆的外汇交易市场由苏黎世市场、巴黎市场、法兰克福市场和一些欧元区成员国的小规模的市场组成。德国的法兰克福市场已成为世界第三大交易市场。法兰克福外汇市场在欧洲仅次于伦敦外汇市场，参与主体包括境内外的商业银行、外汇经纪商和中央银行等，交易货币有美元、英镑、欧元等。

4. 东京外汇市场

日本过去实行严格的外汇管制，20世纪50年代后，逐渐放松外汇管制。1964年日本加入国际货币基金组织，日元才允许被自由兑换，1980年修改了第二次世界大战后初期制定的《外贸和外汇管理法》，才从根本上取消了外汇管制，使所有银行都可在国内经营外汇业务，外汇市场有了较快发展，与纽约外汇交易市场规模的差距越来越小。东京外汇市场的参与者是外汇银行、外汇经纪商、非银行客户和日本银行。东京外汇市场进行交易的货币种类较为单一，市场上最大宗的交易仍是日元美元互换买卖。

5. 新加坡外汇市场

新加坡外汇市场是全球第四大外汇市场，日交易量仅次于东京外汇市场。该市场的参与者主要是经营外汇业务的本国银行、经批准可经营外汇业务的外国银行、外汇经纪商和新加坡金融管理局。新加坡外汇市场是一个无形市场，大部分交易由外汇经纪人办理，并通过他们把新加坡和世界各金融中心联系起来。交易以美元为主，约占交易总额的85%左右，大部分交易都是即期交易。

6. 香港外汇市场

1973年香港取消外汇管制后，国际资本大量流入，经营外汇业务的金融机构不断增加，外汇市场越来越活跃，发展成为国际性的外汇市场。香港外汇市场由两部分构成：一是港币兑外币市场，外币包括美元、日元、欧元、英镑、加元、澳元等主要货币和东南亚国家货币,也包括人民币;二是美元兑换其他外币的交易,其交易是为完成跨国公司、跨国银行的资金国际调拨。香港外汇市场是一个无形市场,可以十分方便地与其他国际外汇市场进行交易。

扩展阅读7-6 外汇市场特点

二、黄金市场

黄金市场是交易双方集中进行黄金买卖的场所,是集中进行黄金买卖和金币兑换的交易中心。黄金交易所一般都是在各个国际金融中心,世界上主要黄金市场有伦敦黄金市场、苏黎世黄金市场、纽约黄金市场、芝加哥黄金市场、香港黄金市场、上海黄金交易所等。

黄金市场的参加者主要有黄金的生产企业、加工企业、中央银行、投资保值者、投机者、国际金融机构和黄金商等。

黄金市场上交易的黄金主要是各种成色和重量的金条、金币、金丝和金叶等,其中最重要的是金条。金价按纯金的重量计算。黄金交易的种类主要有三种:现货交易、期货和期权交易。纽约、芝加哥、香港是主要的期货市场,伦敦和苏黎世是主要的现货市场。

黄金市场也有无形和有形市场之分。无形市场如主要通过金商之间联系网络形成的伦敦黄金市场、以银行为主买卖黄金的苏黎世黄金市场和香港黄金交易市场。有形市场又分有专门交易所的黄金市场(如香港金银业贸易场、上海黄金交易所)和设在商品交易所之内的黄金市场(如设在纽约商品交易所内的黄金市场,设在上海商品交易所内的黄金期货市场)。

黄金市场根据所起的作用和规模不同,分为主导性黄金市场和区域性黄金市场。主导性黄金市场是指国际性集中的黄金交易市场,其价格水平和交易量对其他市场都有很大影响,如伦敦、苏黎世、纽约、芝加哥和香港等地的黄金市场。区域性黄金市场是指交易规模有限且集中在某地区,主要满足本地区、本国或邻近国家的工业企业、首饰行、投资者等对黄金交易的需要,其辐射力和影响力相对有限,如东京、巴黎、法兰克福等地的黄金市场。

我国长期对黄金产品实行管制。1982年开始放开黄金的零售市场,1993年改革了黄金收购价格的定价机制。2001年10月30日成立上海黄金交易所,2002年10月30日正式开业。交易所采取会员制,是国内进行黄金交易的场所。中国人民银行同日起停止黄金配售业务,并停止黄金收购业务,黄金价格由市场供求决定。

本章小结

金融市场是一个复杂的综合体,考察角度不同其内涵也不同。综合起来看,金融市场是指以金融资产为交易对象而形成的供求关系和机制总和。根据金融工具期限不同分为货币市场和资本市场,根据金融交易合约性质不同分为现货市场、期货市场和期权市场,根据金融工具是否为首次发行分为发行市场和流通市场,根据有无固定场所分为有形市场和无形市场，根据交易地域不同分为国内金融市场与国际金融市场。此外，金融市场还可根据中介机构的特征不同划分为直接金融市场和间接金融市场；根据成交与定价的方式不同划分为公开市场和议价市场等。

金融市场具有资金融通功能、资源配置功能、信息反映功能、宏观调控功能。

货币市场是以机构投资者为主体的市场，主要包括同业拆借市场、商业票据市场、大额可转让定期存单市场、短期债券市场、证券回购市场。

资本市场是相对于货币市场而言，是指以期限在1年以上的金融工具为交易对象进行长期性资金交易活动的市场。在现代市场经济中，资本市场发挥着重要的作用。根据资金交易双方所体现的关系不同，一般把资本市场分为证券市场和中长期借贷市场。这里主要介绍证券市场。资本市场工具主要有股票和中长期债券、投资基金、金融衍生工具。主要的衍生工具有金融远期、金融期货、金融期权和互换等。创设与交易金融衍生工具的市场被称为金融衍生工具市场。在金融衍生工具市场上，同意以约定的价格购入某种基础金融工具的一方称为多头，同意以约定的价格售出某种基础金融工具的一方称为空头。

外汇是指以外币表示的，用于国际结算的信用凭证或支付手段。汇率又称汇价，是用一个国家的货币折算成另一个国家的货币的比价。目前，国际上汇率标价方法有直接标价、间接标价和美元标价。目前，绝大多数国家采用直接标价法，实行间接标价法的国家主要是英国和美国。外汇作为国际间结算的支付手段，是国际经济交流不可少的工具。外汇市场是进行外汇交易的场所，是全球最大、流动性最强的金融市场。外汇市场参与者主要有外汇银行、中央银行、外汇经纪人、一般客户。按照外汇交易参与者的不同，外汇市场分为外汇零售市场和外汇批发市场。从总的外汇市场交易份额或结构来看，绝大部分的外汇交易是批发交易，约占交易总量的95%。目前，外汇市场上的外汇交易方式主要有即期外汇交易、远期外汇交易、套汇交易、外汇套利交易、外汇掉期交易、外汇期货交易、外汇期权交易等。分布全球的各国金融中心的外汇市场相互联系，形成全球统一的外汇市场。目前世界上最重要的外汇市场有伦敦外汇市场、纽约外汇市场、欧洲大陆的外汇市场、东京外汇市场、新加坡外汇市场、香港外汇市场等。

黄金市场是交易双方集中进行黄金买卖的场所，是集中进行黄金买卖和金币兑换的交易中心。黄金交易所一般都是在各个国际金融中心，世界上主要黄金市场有伦敦黄金市场、苏黎世黄金市场、纽约黄金市场、芝加哥黄金市场、香港黄金市场、上海黄金交易所等。黄金市场的参加者主要有黄金的生产企业、加工企业、中央银行、投资保值者、投机者、国际金融机构和黄金商等。黄金市场上交易的黄金主要是各种成色和重量的金条、金币、金丝和金叶等。

即测即练

复习思考题

1. 金融市场类型有哪些？
2. 货币市场由哪些子市场构成？
3. 衍生金融工具市场包括哪些内容？
4. 外汇市场有哪些交易业务？

实训内容

查询中国人民银行、国务院网站，尝试回答下列问题：

1. 2020年，中国人民银行同有关部门出台了哪些金融支持疫情防控措施？有哪些对制造业、小微企业、民营企业等实体经济领域的信贷支持政策？

2. 2020年度我国资本市场改革的重要举措有哪些？对资本市场会产生哪些深远影响？

第八章

互联网金融

◆ 学习目标

1. 理解互联网金融的概念;
2. 了解互联网金融的主要模式;
3. 了解互联网金融存在的风险;
4. 了解互联网金融风险的控制措施。

◆ 技能目标

1. 能够理解互联网金融和传统金融的不同之处;
2. 能运用所学知识区分不同的互联网金融模式。

◆ 素质目标

1. 能够分析互联网金融产生的原因;
2. 能对不同的互联网金融模式进行比较,分析其优势和劣势;
3. 能结合我国金融体系的发展情况,分析互联网金融未来的发展方向;
4. 能够具备分析问题、独立思考的能力。

◆ 导入案例

大数据在互联网金融中呈现出三大发展趋势

中央财经大学中国互联网经济研究院及社会科学文献出版社共同发布的《互联网金融创新蓝皮书:中国互联网金融创新与治理发展报告(2019)》中指出,大数据在互联网金融领域呈现三大发展趋势。

一、数据治理更加规范

2018年5月,银保监会发布了《银行业金融机构数据治理指引》,要求提高数据质量、加强数据应用、提升数据价值、监管机构要加强监管等。且要求数据治理时要遵循"全覆盖"原则,即应该覆盖机构的全部数据生命周期。未来,银行业金融机构及其他互联网金融企业都将进一步加强数据治理。

二、合作进一步加强

从全球来看,各国政府和企业都逐渐认识到数据共享带来的社会效益和商业价值。大数据的发展需要不同机构间进一步加强合作,将个人、企业、政府的数据进行整合,把其变为公共大数据。

在国内合作方面,金融机构发展对数据依赖程度高,预计互联网金融行业与其他行业的数据将不断融合,金融机构将可以获取更多电信、电商、医疗、出行、教育等数据,数据资源将日趋丰富。

在国际合作方面,中国金融机构还将加强与国外公司的合作,通过成立实验室、合资公司、并购等方式,在大数据创新和应用等方面加强合作,提升市场竞争力。同时,中国领先的金融机构还将进一步输出自身大数据能力及服务,积极开拓国际市场。

三、开放化及生态化日益明显

目前,无论是互联网金融企业还是商业银行都在积极构建或融入生态圈,在生态圈中开放金融产品及服务、数据能力、技术能力等。

2018年,已有多家银行推出了开放银行模式。浦发银行推出了API Bank模式,以API方式将该行的产品及服务向合作伙伴开放,该行已发布的API服务达180多个,生态圈合作伙伴包括银联、携程、蚂蚁金服等。中国建设银行也推出了开放银行模式,将服务和数据能力以SDK、API的方式向外界开放。同时,该行还强调科技驱动及创新文化,已成立建信金融科技公司,加大科技创新投入。

(资料来源:中国金融新闻网)

第一节 互联网金融概述

一、互联网金融的定义

互联网的蓬勃发展给人们的生活带来了极大的便利性,正在改变着人们生活的方方面面。基于互联网平台产生的大量数据,各行业获得了发展所需的关于企业和消费者的众多信息,金融行业也不例外。

当互联网与金融联系在一起,新型的互联网金融业态为金融行业的发展开创了新的局面。对于互联网金融的定义,业内暂时没有形成一个完全统一的概念。2012年8月,谢平在《互联网金融模式研究》中将互联网金融定义为"受互联网技术、互联网精神的影响,从传统银行、证券、保险、交易所等金融中介和市场,到瓦尔拉斯一般均衡对应的无金融中介或市场情形之间的所有金融交易和组织形式"。谢平认为,互联网对金融的影响将是深远的,不能简单地把互联网视为一个在金融活动中仅处于辅助地位的技术平台或工具。互联网会促进金融交易和组织形式的根本性变化。2015年7月,中国人民银行等十个部委发布的《关于促进互联网金融健康发展的指导意见》中对互联网金融做了如下定义:互联网金融是传统金融机构与互联网企业利用互联网技术和信息通信技术实现资金融通、支付、投资和信息中介服务的新型金融业务模式。

基于此，我们可以将互联网金融定义为秉承互联网精神、运用包括大数据、云计算、社交网络和移动支付等在内的互联网信息技术手段，提供便捷高效的金融服务活动的新型金融业务模式。

需要注意的是，互联网金融并不是互联网和金融的简单加总，而是两者之间的有机融合。从本质上来说，互联网金融还是一种金融业态，只是在金融中融合进了互联网的诸多特性。

扩展阅读 8-1《关于促进互联网金融健康发展的指导意见》

二、互联网金融的主要特征

互联网金融同时具备互联网行业和金融行业的主要特点，同时又体现了二者有机融合的新特性。在融合了互联网快速的信息传播优势、跨越时间与空间的高效率、超强的开放性和不断变革发展创新的特性后，互联网金融拥有了许多传统金融所无法比拟的优势。

在此背景下，互联网金融呈现出以下主要特征：

1. 成本低

互联网金融的优势之一在于其具有较低的交易成本，基于互联网虚拟空间开展的金融业务节省了大量的场地费用和人工成本。互联网金融模式可以有效地利用大数据进行信息处理，一定程度上解决信息不对称的问题，降低了交易成本。此外，互联网金融去中心化的特性减少了办理金融业务诸多环节和手续，节约了许多资源。

2. 效率高

先进的信息技术手段，如移动支付、搜索引擎、大数据、社交网络和云计算等使互联网金融可以突破时空的限制，减少中间环节，增加金融活动参与者之间的接触和交流的效率，提高金融活动的透明度，减少信息不对称，最终提高资金的配置效率。

3. 注重客户体验

互联网金融秉承着互联网精神，关注用户的体验和效率。因此，互联网金融服务往往更加便捷和高效，节省了客户的时间，使用户的操作更为简便。此外，互联网金融具有一定的普惠性，所有的客户都可以通过互联网平台办理金融业务，难以通过传统金融获得资金融通的小微企业也可以享受到互联网金融带来的便利。

4. 风险特殊性

互联网金融的风险比传统金融业务更为复杂。除了传统金融业务所具有的信用风险、流动性风险、市场风险和利率风险外，其还具有极强的技术风险。此外，互联网金融的相关法律并不健全，行业参与者良莠不齐，整个行业的风险较高。但对于互联网金融的监管正在逐渐加强。2020 年 11 月 2 日，中国银保监会和中国人民银行就《网络小额贷款业务管理暂行办法（征求意见稿）》(以下简称《征求意见》)公开征求意见，对于互联网金融监管的逐渐收紧将在一定程度上控制其潜在的风险。

5. 创新速度快

互联网金融产品的更新迭代较快，新产品层出不穷。第三方支付、互联网借贷、互联网投资理财产品如雨后春笋，迅速出现在金融市场。互联网金融公司的数量增长较快，蚂蚁集团、陆金所、微粒贷、京东白条都是影响力较大的互联网金融公司。互联网金融产品的创新也体现在互联网金融公司可以提供给客户定制化的产品，满足客户多样化的需求。

扩展阅读 8-2 《网络小额贷款业务管理暂行办法（征求意见稿）》

三、互联网金融与传统金融的异同

互联网金融的本质仍是金融，但其已经具备了许多传统金融所不具备的特性。互联网金融的出现带来了传统金融行业的变革，同时也增大了金融行业的风险。互联网金融和传统金融之间密不可分，两者之间既有相同之处，也有不同之处。

（一）互联网金融与传统金融的相同之处

现代金融泛指一切与信用货币的发行、保管、兑换、结算、融通等有关的经济活动。传统金融通常是与新兴的互联网金融相对而言的。在这种背景下，传统金融通常被视为经营存款、贷款、结算、资金融通等的经济活动，以及包括商业银行、政策性银行、证券公司、保险公司、基金公司在内的传统金融机构。

互联网金融的本质仍然是金融，其仍具有金融的基本功能，只是在经营模式和技术方面融入了互联网的特性。因此，互联网金融和传统金融的相同之处在于二者本质相同，而由此带来的金融功能、金融风险等也基本一致。

互联网金融的发展对传统金融进行了变革，进入了传统金融体系无法涉足的领域。

相对于传统金融而言，互联网金融在降低交易成本、缓解信息不对称、提升资源配置效率和金融服务质量等方面具有显著的优势。而正是这些优势使得互联网金融具有普惠特性，可以满足各行各业的金融需求，是在传统金融的基础之上，又向前迈进了一步。

（二）互联网金融与传统金融的不同之处

互联网与传统金融之间的不同体现在参与者不同、服务对象及定位不同、驱动因素不同、经营模式不同、风险和监管体系不同、信息处理成本不同以及竞争优势不同。

1. 参与者不同

在传统金融体系中，商业银行是最重要的金融中介，主要经营存、贷款和中间业务，在间接融资领域发挥重要作用。证券公司则经营证券承销和保荐以及证券交易业务，属于直接融资领域。一般来说，传统金融的参与者是传统金融中介机构、投资者和融资者。

互联网金融的发展对于金融去中心化具有重要作用。在这一背景下，以商业银行为代表的传统金融行业受到冲击。互联网金融领域内，参与者包括投资者和融资者，金融中介机构的作用被削弱了。

2. 服务对象及定位不同

传统金融的服务对象以大中型企业和高收入群体为主，小微企业和低收入群体较难获得资金融通。而互联网金融则主要聚焦于传统金融业服务不到的或者是重视不够的"长尾"客户，利用信息技术革命带来的规模效应和较低的边际成本，使"长尾"客户在小额交易、细分市场等领域能够获得有效的金融服务。有助于实现普惠金融，助力小微企业发展。

3. 驱动因素不同

传统金融业是依赖于过程驱动的，通过与客户的面对面沟通，搜集沟通过程中的各类信息，顺利完成交易并有效管控风险。然而，互联网金融是依赖于数据驱动的，通过互联网对客户的各项数据信息进行搜集和处理，完成对目标客户的锁定、交易的完成和风险的控制。

4. 经营模式不同

尽管传统金融机构也开始积极采用互联网技术，办理网上银行、收集银行业务，但与互联网金融相比，两者之间存在着经营模式上的差别。首先，传统金融机构具有庞大的网点和分支机构作为支撑，实体服务基础雄厚，开展互联网金融服务是从线下服务向线上服务拓展，使服务更为多样化和便捷化。而互联网金融则没有大量的机构网点，主要以线上业务为主，并逐渐从线上向线下拓展，依托互联网平台所提供的大量的信息和经验，将服务逐渐延伸到实体领域，提高综合实力。

5. 风险和监管体系不同

传统金融行业的风险包括信用风险、流动性风险、市场风险、利率风险和操作风险。而互联网金融除了具有以上风险外，还具有极强的技术风险。在风险监管体系方面，传统金融行业具备健全的监管体系和法律法规，明确了行业的准入标准，建立了完整的征信体系。而互联网金融的相关法律法规还不够健全，行业准入标准还不够清晰，容易导致诸多行业乱象。但随着互联网金融行业风险监管的加强，互联网金融行业趋向标准化，行业监管体系也将更加健全。

6. 信息处理成本不同

传统金融机构在开展信贷业务时，搜集客户信息、审核客户还款能力通常要花费较高的人力、物力和时间成本。在获取信息后，进行信息处理也会带来较高的成本。而互联网金融企业的信息处理成本主要集中于大数据的开发、维护和利用，以及如何进行产品创新。这极大地节约了人力、物力和时间成本，使其可以快速获取其决策所需的关键信息。

7. 竞争优势不同

传统金融机构和互联网金融机构的竞争优势不同。传统金融机构的优势体现在其具有广泛的资金来源、雄厚的资本、完善的风险管理体系、众多的客户群以及大量的网点和分支机构。而互联网金融企业的优势则体现在其具有较低的信息获取成本和交易成本，具有较强的便捷性，能够吸引客户、增加客户的体验，可以快速打开市场。

传统金融和互联网金融并不是泾渭分明的，互联网金融企业也开始涉足传统金融机构的业务。在传统的支付领域、小额贷款领域和中间业务领域中，互联网金融业表现出了其特有的优势。同时，传统金融机构也开始迎接变革，开展业务创新，积极尝试将互联网技术应用到传统业务中来，使其焕发新的活力。

第二节　互联网金融主要模式

我国互联网金融蓬勃发展，诸多新业态不断出现。根据互联网金融功能的不同，可将我国互联网金融的模式分为传统金融业务的互联网化、互联网居间金融服务、大数据金融平台服务和互联网金融门户模式。

一、传统金融服务的互联网化

传统金融服务的互联网化可以被定义为传统金融行业借助互联网技术对传统金融服务升级优化的行为，这是传统金融机构利用互联网技术进行业务创新的尝试，可以在节约成本的同时提高效率。传统金融服务的互联网化包括银行业的互联网化、证券业的互联网化以及保险业的互联网化。

（一）银行业的互联网化

商业银行探索互联网服务领域的时间较早，商业银行电子化就是其互联网化的一个尝试。1998年，招商银行开通了我国首家网上银行，其他商业银行也紧随其后陆续开办网上银行。随着电子商务蓬勃发展，商业银行也将业务创新的触角伸向了电商平台领域。可以说，在金融互联网领域，商业银行一直在勇敢尝试，努力迎接挑战，把握机遇。商业银行充分发挥其所具有的资金实力雄厚、客户群众多、业务经验丰富以及风险管理体系完善的经验，努力探索适合商业银行的金融互联网业务。

商业银行实现互联网化的手段包括以下两种。

1. 传统金融业务电子化

传统金融业务电子化是将商业银行传统的金融业务转化为线上业务，包括网上银行和手机银行。

（1）网上银行。网上银行也称在线银行，是指利用网络技术，为客户办理开户、查询、对账、行内转账、跨行转账、信贷、网上证券、投资理财等线上自助服务。网上银行操作便捷，节省了大量的人力、物力和时间，可以为客户在任何时间、任何地点提供安全的金融服务。网上银行的发展丰富了传统银行业务的范畴，使商业银行的业务体系更加完善。

（2）手机银行。手机银行是利用移动通信网络及终端办理相关银行业务的简称。通过手机银行客户端，客户可以在任何时间、任何地点处理多种金融业务。随着互联网技术和电子产品生产技术不断发展，手机用户数量急剧增加，手机银行的功能也在不断更新，业务体系更为健全。相比于网上银行，手机银行的受众更广，操作更为便捷。

2. 发展金融电商平台

银行不满足于仅实现业务办理在线化，积极探索创新是银行在互联网金融领域持续向前的动力。银行选择发展金融电商平台，可以更加直观地展示金融产品，简化交易流程。

银行要想发展金融电商平台，可以选择和现有的客户量大、知名度高的电商平台进行合作。银行可以利用电子商务平台在长期经营中所积累的海量客户信息和成熟的运营经验，使自己的项目快速实现。此外，银行业可以选择自建电商平台。自建电商平台可以获取更加真实、全面的用户数据，并以此分析客户的真实需求，增加客户黏性，为未来的业务创新和市场拓展奠定基础。

此外，数字银行、直销银行等互联网新型金融模式也属于传统金融业务的互联网化。各类基于互联网背景下的新型金融模式正在渐渐崛起。

（二）证券业的互联网化

2000年4月，证监会发布《网上证券委托暂行管理办法》，对网上交易的业务资格和运作方式做了明确规定。证券公司开始积极开发网上业务，投资者也开始通过互联网买卖证券，查询相关信息。2014年9月，证券业协会发布《关于互联网证券业务试点证券公司名单的公告》，批准券商的互联网证券业务试点资格。互联网金融的发展改变了证券公司传统的运营模式，从原来的线下交易转为线上交易，降低了成本，提高了资源的配置效率。

证券业要实现互联网化，首先应改变传统的服务模式，尽快适应并创新互联网平台的业务服务。此外，应积极进行业务创新，与电商平台合作，开展网上营销与交易。券商网上商城模式和互联网券商O2O模式是目前较为广泛应用的互联网证券模式。

（三）保险业的互联网化

1997年，我国第一家保险网站——中国保险信息网诞生，这标志着我国保险业在互联网领域的初步探索。此后，各保险公司纷纷成立自己的网站并积极开展网上营销，探索多种互联网保险发展渠道。

传统保险业面对互联网金融的冲击，在迎接挑战的同时也需把握机遇。传统保险业由于营销模式存在缺陷，大多为"人情保单"，这使进一步开拓市场变得困难。此外，传统产品设计不够合理，产品不能够完全契合客户的需求，某些保险代理人的过度宣传，以及为了业绩的虚假营销也影响了保险公司甚至保险行业的声誉。因此，面对互联网大潮，保险业应抓住机遇，积极开展互联网化。

保险业要互联网化，首先，应做到建立完善的运营体系，提高组织管理效率，创新产品体系。其次，注重线上营销，树立良好口碑。发挥线上线下的联动作用，培养高素质人才。最后，保险业应积极打造保险网络销售平台，选择与成熟的大型电商平台合作或自建电商平台，依托电商平台开展营销，并利用平台累积的数据，筛选有效的客户信息，分析客户的真正需求，从而设计出满足客户需要和市场需求的保险产品，提升核心竞争力。

二、互联网金融居间服务模式

互联网金融居间服务模式包括第三方支付、P2P 网络借贷和众筹融资。

（一）第三方支付

第三方支付是指具备一定实力和信誉保障的独立机构，采用与各大银行签约的方式，通过与银行支付结算系统接口对接而促成交易双方进行交易的网络支付模式。第三方支付是伴随着互联网技术和电子商务行业蓬勃发展而出现的。在电子商务活动中，互不熟悉的交易双方难以完全信任对方，不能当面"一手交钱，一手交货"，这使得交易陷入困境。而在采用第三方支付的条件下，独立于买卖双方之外的第三方充当资金支付的中间人，收取买方的货款后通知卖方发货，待买方顺利收到货物并确认货物无误时，方可将货款交付给卖方。在这个过程中，第三方担当了中介保管及监督的角色，并不承担任何风险。这种方式本质上是一种支付托管行为，通过这种支付托管实现了安全支付。

2010 年 6 月，中国人民银行颁布《非金融机构支付服务管理办法》（银发〔2010〕第 2 号），对第三方支付业务范围进行了界定。第三方支付业务主要包括银行卡收单、网络支付、预付卡发行与受理。

1. 银行卡收单

银行卡收单业务是指收单机构通过银行卡受理终端为银行卡特约商户代收货币资金的行为。收单可以分为网络收单、POS 收单、ATM 收单。

2. 网络支付

网络支付是指依托公共网络或专用网络在收付款人之间转移货币资金的行为。网络支付包括互联网网上支付和移动支付。随着智能手机的普及，通过手机进行移动支付成为大多数人首选的支付方法。移动支付具有很多其他支付方式所不具有的优点。例如，移动支付的便捷性更强，不受地域条件的限制，用户随时可以进行支付，既节约了时间成本，也节约了交易费用。此外，移动支付能够涵盖线上线下多种不同的支付场景，商场、超市、便利店等线下消费场景以及线上的转账、网络购物和缴纳各项费用都可以见到移动支付的身影。

3. 预付卡发行与受理

预付卡是以先付费后消费为支付模式，以营利为目的而发行的，可购买商品或服务的有预付价值的卡。与银行卡相比，预付卡不与持卡人的银行账户直接关联。

目前我国的第三方支付平台可以分为两大类。一类是互联网型支付企业，典型代表为支付宝、财付通这样的用户黏性平台。这类平台与特定大型电子商务网站相伴相生，为此大型电子商务平台的客户提供支付服务，当其业务体系逐渐成熟后，便将触手伸向更大的领域。另一类是金融支付型企业，典型代表为银联电子支付、快钱、银盛支付这样的开放式平台。

第三方支付在我国金融服务体系中发挥着越来越重要的作用。它填补了我国曾经电子支付体系的空白，节省了交易成本，增加了交易的便捷性。而各类第三方支付企业也在谋求创新和变革，提高自身的服务效率和盈利能力。

（二）P2P 网络借贷

P2P 网络借贷（peer-to-peer lending），指的是资金供给方与资金需求方借由第三方网络借贷平台实现资金的借贷流通过程。这种借贷模式主要存在于个人与个人、个人与企业之间。P2P 网络借贷的参与者主要包括资金需求方（借款者）、资金供给方（投资者）和第三方网络借贷平台。

与银行的间接融资模式不同，P2P 网络借贷是一种直接融资方式。第三方网络借贷平台作为资金融通的中介机构，为资金余缺双方提供一个平台，只撮合成交，不介入交易，只负责对双方的身份、经济实力、信用状况进行审核，并向借贷双方收取中介服务费等相关费用。

2015 年，《关于促进互联网金融健康发展的指导意见》对网络借贷进行了界定与分类。网络借贷包括个体网络借贷（即 P2P 网络借贷）和网络小额贷款。个体网络借贷是指个体和个体之间通过互联网平台实现的直接借贷。在个体网络借贷平台发生的直接借贷行为属于民间借贷范畴，受《中华人民共和国合同法》等法律法规以及中华人民共和国最高人民法院相关司法解释规范。个体网络借贷要坚持平台功能，为投资方和融资方提供信息交互、撮合、资信评估等中介服务。个体网络借贷机构要明确信息中介性质，主要为借贷双方的直接借贷提供信息服务，只得提供增信服务，不得非法集资。

P2P 网络借贷有机结合了互联网技术、小额信贷和电子商务技术的优势和特色，创造了一个新的金融模式。P2P 网络借贷具有诸多特点。首先，P2P 网络借贷的准入门槛较低，这种低门槛不仅是针对借款人而言，对于投资者而言也是如此。大部分 P2P 平台推行"小而分散"原则，投资者以较低的投入就可以参与网络借贷的投资业务。其次，P2P 借贷广泛运用互联网技术，优化搜索引擎，使借贷双方可以在较短的时间内完成匹配。最后，P2P 的交易较为灵活，借款的期限、金额、利息的计算方式都可以进行定制，手续灵活简便，为借款人和投资人提供了便利。投资收益稳定和覆盖面广也使得 P2P 网络借贷吸引了众多投资者的关注。

然而，P2P 网络借贷也存在着诸多风险，除经营风险和业务风险外，P2P 网络借贷还存在着非法集资风险、网络安全风险和法律风险。其中非法集资风险和网络安全风险需要特别注意，一旦爆发这类风险，后果将非常严重。P2P 网络借贷企业的风险控制能力较弱，监管体系还不够健全，防控金融风险、加强金融监管已是趋势。2016 年 8 月 24 日，银监会、工业和信息化部、公安部、国家互联网信息办公室联合发布的《网络借贷信息中介机构业务活动管理暂行办法》以负面清单形式划定了业务边界，明确提出不得吸收公众存款、不得归集资金设立资金池、不得自身为出借人提供任何形式的担保等，并根据此前的《征求意见》，增设不得从事债权转让、不得提供融资信息中介服务的高风险领域等内容。随着监管的逐渐加强，P2P 网络借贷行业将越来越规范。

（三）众筹融资

众筹来源于英文 crowdfunding，是指项目发起人通过互联网向投资人发布创意项目并以实物、服务或股权等作为回报的资金募集方式。在互联网平台上，项目发布者通过展示他们的创意争取公众的资金支持，从而完成既定的融资目标。

众筹的三个主体分别是项目发起人（筹资人）、众筹平台和项目支持者（出资人），三方通过提交项目、出资、拨款和回报四个环节实现众筹的全过程。众筹融资具有较强的开放性，对于众筹项目感兴趣的投资者皆可以利用自己的闲散资金来支持这一项目，这种做法可以有效缩短投融资双方的距离，简化手续和环节。众筹因具有融资速度快、参与感强、传播路径多样、门槛低的优点而迅速被大众所接受。

世界银行在其发布的《发展中国家众筹发展潜力报告》中将众筹模式按其目的分为捐赠和投资两大类。其中捐赠类包含公益型众筹、奖励型众筹，投资类包含股权型众筹、借贷型众筹、提成型众筹。其中，最被广泛了解和认可的众筹融资类型包括公益型众筹、股权型众筹和奖励型众筹。

1. 公益型众筹

公益型众筹是指出资者不以获得收益为目的，以捐款、赞助的形式无偿地为某个众筹项目提供资金支持。公益型众筹主要应用于公益事业领域，项目的出资者往往出于慈善的目的，不图物质回报，更看重参与的过程和对弱势群体的帮助。此类众筹可以通过网络平台的宣传，扩大影响，也可以通过增加账目的透明度，对公益资金的募集和使用进行跟踪与更新来号召更多的人加入到公益项目中。

公益型众筹本质上是一种赠与关系。公益型众筹的发起人首先确定预计要筹集的金额，然后在互联网上发布众筹项目，如果在设定的时间内筹集到目标金额的资金，便可以用这笔资金作为公益事业的运营资金。如果在设定的时间内没有筹集到预定的金额，则此次众筹失败，资金会退给出资人。

2. 股权型众筹

股权型众筹是指为项目投入资金后可以获得股权、股息和红利等回报的众筹模式。在股权型众筹模式中，筹资人与投资人设立的商事主体如果是有限责任公司或股份有限公司，那么筹资人与投资人之间形成股东与股东法律关系；如果成立的商事主体为合伙企业，筹资人与投资人之间则形成合伙人与合伙人法律关系。

基于互联网渠道进行的股权型众筹融资是指筹资人在众筹网站上发布信息，以一定比例的股权作为回报筹集资金的行为。这种股权融资有利于带动全社会的创业精神与创业积极性，在帮助创业者获取资金的同时，还帮助创业者找到潜在的同伴，为其创业之路提供建议和其他的各类资源。股权型众筹还可进一步分为凭证式众筹、会籍式众筹和天使式众筹。

3. 奖励型众筹

奖励型众筹是指筹资人在发布项目时，承诺当出资人投资于该众筹项目，而众筹项目取得成功后，筹资人需要向出资人提供一定的奖励作为回报的一种众筹模式。

财政与金融

扩展阅读 8-3 蚂蚁集团及旗下的互联网金融服务平台

奖励型众筹又根据承诺给予的奖励不同而分为两种。一种是象征性回报的奖励型众筹，另一种是预购产品的奖励型众筹。象征性回报的奖励型众筹，出资人通常不会得到实物回报，对于某些文化产业项目，象征性回报可能是片尾中的致谢名单，或是 VIP 资格。另一种预购产品的奖励型众筹，其回报通常是其资助项目生产的产品，比如电影、音乐和设备产品。出资人选择此类众筹的原因不再是单纯支持项目，资助的目的可能就是看好项目未来的产品，希望获得该项目生产出来的产品。这种模式在一定程度上起到调研该项目产品的潜在市场需求的作用。

三、大数据金融服务平台模式

大数据金融是指依托于大数据具有的海量数据优势，快速寻找有价值的信息，并对信息进行分析处理，预测客户的需求和行为，为客户提供各类金融服务，提高金融服务平台的效率，降低信贷风险。大数据金融服务平台是指拥有海量交易数据的电商企业所开展的金融服务，大数据金融服务平台的运营模式主要包括平台金融模式和供应链金融模式。

（一）平台金融模式

平台金融模式是指企业利用互联网电子商务平台，汇聚资金流、物流、信息流，通过互联网平台多年运营所积累的大量数据，向平台上的商户或个人提供金融服务的方式。平台金融模式的核心在于平台，关键在于能够利用云计算对用户交易行为和交易信息进行实时分析处理，从而形成用户在该电商平台上的信用积累，并以此为依据来提供信用贷款或其他金融服务，提高了服务效率。

平台金融服务的优势在于其通过积累交易数据而具有了庞大的数据库，近似于小型的征信系统，可以在一定程度上解决风险控制问题。同时，平台模式下，贷款客户通常为小微企业，贷款也以短期贷款为主，无须抵押担保，贷款发放较快。平台金融模式下的典型代表为阿里小贷。阿里小贷的目标客户为中小商户和消费者，利用海量数据对目标客户进行信用审查，判断是否可以发放贷款。阿里小贷依托于阿里巴巴的自有平台，包括淘宝网、天猫商城等，迅速发展，拓宽市场，帮助小微企业融通资金。

（二）供应链金融模式

供应链金融模式是指为产业供应链中上下游多个企业提供全面的金融服务。具体来看，在这一模式下，供应链中的核心企业可以利用其所持产业链的上下游资源优势，充分整合供应链资源和客户资源而为整个供应链上的其他各个参与方提供融资渠道。本质上核心企业作为信息的提供者和担保方，与银行等金融机构合作，帮助上下游产业链进行资金融通。

供应链金融围绕着企业从原材料采购、产品制成、网络销售到将产品送到消费者手中的完整供应链条展开，把供应商、制造商、分销商、零售商和客户连成了一个整体。

这种方式促使资产流动起来，增强了资金的有效配置，提高了企业的营运效率。

典型的供应链金融模式为京东供应链金融模式。京东供应链金融服务于2012年11月27日上线。作为供应链中的核心企业，京东利用供应链产生的海量数据，提供有效的信息和担保，帮助产业链的上下游企业融资。

京东供应链金融服务目的是通过提供融资支持，帮助供应商加快资金流转。京东的供应链金融服务可以极大地节省上下游供应商的融资成本，这种成本不仅包括资金成本，还包括时间成本和人力成本。银行在发放贷款时，往往要对企业的还款能力进行考评，这就涉及对企业经营能力、经营业绩信息的搜集和处理。京东掌握着上下游供应商的交易历史数据，在支付、物流等方面和供应商的联系紧密，可以便捷地获取大量企业的经营数据。当供应商提出贷款申请时，京东可以使用供应商在支付、物流上产生的数据和凭证进行抵押担保。

银行业互联网化的方式一直是和成熟的大型电商平台开展合作。京东积累的大量真实可信的数据可以作为银行对客户进行信用评价的标准，京东可以为供应商提供融资和投资服务。融资服务包括订单融资、入库单融资、应收账款融资、委托贷款融资，而投资服务包括协同投资信托计划和资产包转移计划等。

四、互联网金融门户

互联网金融门户是指利用互联网提供金融产品、金融服务信息，集汇聚、搜索、比较金融产品为一体，并为金融产品销售提供相关服务的第三方网络平台。互联网金融门户的核心在于能够汇总大量的金融产品信息，并提供便捷有效的搜索和比价服务，供客户选购其最需要的金融产品。

（一）互联网金融门户的分类

1. 根据服务内容和方式的不同进行分类

根据互联网金融门户提供的服务和方式的不同，互联网金融门户可以分为第三方资讯平台、垂直搜索平台和在线金融超市三大类。

第三方资讯平台往往是从财经资讯网站衍生分化而来，具有较高的行业知名度，内容也较为丰富，可以为客户提供最全面、最权威的金融行业数据及资讯。和讯网、金融界等网站都属于这类互联网金融门户。

垂直搜索平台对网页信息进行了结构化信息抽取，即对网页中的某类特定信息进行筛选和整合，再将整合后的信息反馈给用户。这类互联网金融门户可以提供丰富的资金供需信息，降低信息的搜集成本，快速满足客户的需求。融360、人人贷等属于这类互联网金融门户。

在线金融超市则是通过汇集大量金融产品，并提供在线导购服务，进行互联网金融产品营销与销售，并辅之以第三方专业中介服务。从某种程度上来说，在线金融超市承担了金融中介的职能，沟通资金余缺双方，解决信息不对称问题。

2. 根据汇集金融产品种类的不同进行分类

根据汇集的金融产品、金融信息的种类不同，互联网金融门户又可以细分为P2P网络贷款门户、信贷类门户、保险类门户、理财类门户和综合类门户五个子类。综合类门户汇集的金融产品信息种类最为广泛，金融产品更加多元化。

（二）互联网金融门户的特征

互联网金融门户能够利用其对金融产品信息的搜集和对比，帮助客户找到需要的金融产品。互联网金融门户具有以下特征。

1. 具备较强的信息搜索能力

互联网金融门户具有"搜索+比价"的在线搜索功能，可以帮助客户在海量的金融产品信息中搜索其需要的金融产品，并对各类金融产品进行比价，辅助客户进行产品选择。

2. 关注客户的需求

互联网金融门户坚持顾客导向型战略，通过细分市场锁定目标客户群，并根据不同的客户提供不同类型的服务。在关注客户需求的基础上，主动满足客户需求，通过产品创新、营销创新和服务创新为客户提供差异化的服务，增加客户量，扩大市场占有率。这种顾客导向型战略的本质是根据客户需求的变化，动态调整自身的服务，以提供给客户最优质的服务。

3. 掌握信息和渠道

互联网金融门户的上游为金融产品供应商，下游为客户，互联网金融门户起到二者之间的桥梁作用。互联网金融门户是销售金融产品的重要网络渠道，其优势在于可以通过平台汇集并掌握大量的信息，提供比价服务，帮助客户节省选购金融产品的时间，降低交易成本。而当互联网金融门户在行业内占有重要份额时，便成为金融机构销售金融产品的主要网络渠道。掌握信息和渠道是金融门户网站能够长远发展的重要因素。

第三节 互联网金融风险及其控制

互联网金融具备互联网和金融双重属性，其风险较传统金融更为复杂。互联网金融的高科技带来了金融支付的便捷，也同时增加了支付、清算和金融风险的扩散速度。交易的虚拟化使得交易过程不够清晰透明。高度依赖互联网金融，会导致出现技术风险和金融风险。正是基于以上原因，除了传统金融所面临的流动性风险、信用风险、操作风险等风险外，互联网金融还面临着一些特别的风险。

一、互联网金融的风险类别

互联网金融风险的分类方式有很多，这里将互联网金融风险分为网络安全风险、操作风险、信用风险、流动性风险、市场风险、法律及声誉风险。

1. 网络安全风险

互联网金融依托于网络平台开展金融业务，网络安全对于互联网金融行业而言非常重要。网络安全风险主要体现在由于恶意攻击而导致的网站信息泄露或程序被改写而造成的大量的经济财产损失。

当黑客向网站植入黑链时，网站就面临着被篡改的风险。这些黑链通常是商业广告的链接，黑客通过植入黑链牟取经济利益。当网站被嵌入恶意链接和木马程序时，用户访问网站时，设备就有可能染上病毒，导致用户个人信息被窃取。网站入侵的形式多样，如果没有做好网络安全管理工作，用户的财产就可能受到侵害。

2. 操作风险

操作风险是指由于互联网企业内控不足，在互联网金融业务的具体操作过程中出现违规操作或不当操作而引发损失的风险。在互联网金融业务的办理中，从业人员需要多次使用互联网进行操作，操作流程失误或突然出现的网络问题都可能导致损失。

互联网金融产品的创新可能会导致操作风险发生。越来越多的业务可以选择在手机端进行办理，这样的操作虽然简便、快捷，但可能暗藏风险。如果客户的风险防范意识不强，在登录互联网金融平台时，可能触碰到黑客植入的黑链，个人信息被窃，造成财产损失。此外，金融机构之间的关联业务也可能会带来风险。

3. 信用风险

信用风险也称违约风险，是指交易对手未能按期履行约定义务而造成经济损失的风险。对于互联网金融而言，由于交易双方是通过网络进行在线交易，具有一定的虚拟性，并不能很清晰地掌握对方的情况。一旦出现信息造假或欺诈活动，可能会给客户带来较高的经济损失。信用风险是互联网金融面临的重要风险之一。

互联网金融的信用风险主要来自于互联网平台和借款人，具体表现为内部欺诈风险和外部欺诈风险。内部欺诈风险是指企业员工骗取或盗用财产而带来的风险。外部欺诈风险是指第三方骗取、盗用财产，以及借款人提供虚假材料、恶意欺诈的风险。

4. 流动性风险

流动性风险是指互联网金融服务商无法提供足额的资金来支持流动性而导致损失的风险。流动性风险是各类金融机构广泛面对的风险，在互联网金融行业中，流动性风险突出表现于网络借贷行业中。当互联网金融企业的资产和负债之间存在期限错配时，就可能会产生流动性风险。

期限错配主要分为短期标的匹配长期标的和起始时间错配两种。短期标的匹配长期标的是指发布多个不同起止时间、期限较短的标的，以高收益率吸引投资者，并将获取的资金投入到长期借款项目之中。起始时间错配是指提前募集未来标的要筹集的资金，在期间将该部分资金挪为己用。无论是哪种期限错配，当投资规模增加，互联网金融平台难以应付各种兑付时，就可能陷入流动性风险，一旦资金链断裂，可能会导致互联网金融企业破产倒闭。

5. 市场风险

互联网金融服务提供的资产价格因包括商品价格、利率、股票价格、汇率等在内的市场价格的变动而变动，导致可能发生损失的风险被称为市场风险。市场风险是传统金融体系固有的风险。互联网金融的覆盖范围广，可吸收较多的存款，发放较多的贷款，因而面对的市场风险较高。此外，互联网金融机构的业务具有虚拟性和较高的技术依赖性，相比传统金融机构更容易受到市场因素波动的影响。

6. 法律及声誉风险

互联网金融领域的相关法律法规还不够健全，监管制度也不够完善，出现法律及声誉风险的可能性较高。互联网金融行业公司主体、经营模式以及风控机制等存在瑕疵，而与现行法律法规相抵触，导致互联网金融主体承担刑事、民事和行政责任的风险，被称为法律风险。非法集资是在互联网金融创新路径上可能遇到的遭受法律指控的重要风险。此外，由于互联网金融监管体系还不够完善，一些不法分子可能将互联网作为洗黑钱的重要渠道。一旦不法分子窃取了用户的账户信息，便可以利用客户的账户达到转移资金、洗黑钱的目的。

声誉风险是指舆论对互联网金融机构相关联的业务、客户等方面产生不利影响。一旦互联网金融企业发生信用或操作风险问题，消息在互联网的扩散可能造成不利于互联网金融企业的舆论，这种声誉风险可能会导致互联网金融企业失去潜在的客户，甚至无法经营，最终破产。

扩展阅读 8-4 互联网金融风险专项整治工作实施方案

二、互联网金融风险的控制措施

互联网金融风险较为复杂，如果缺少有效地控制，不仅会导致互联网企业陷入危机，更会通过网络渠道将这种风险传导到整个金融体系。互联网金融风险控制非常重要，我们可以从内部技术管控和外部综合管控的角度对互联网金融风险进行管理。

（一）内部技术管控

互联网金融公司可以针对公司内部存在的风险，进行有效的技术管控。

1. 构建风险监控、预警体系

互联网金融公司应该将风控作为企业发展的关键环节，构建完整的风险控制、预警体系。提高风险识别能力，运用各种监控系统和分析方法，实现多方位风险管控。

2. 应用大数据风控技术

大数据风控是指通过构建大数据风控模型，对借款人进行风险控制和风险提示的风险管理办法。这一办法的核心在于对大数据的挖掘和利用，以消除交易双方的信息不对称，从而管控风险。

大数据风控模型中，重点监测的数据包括用户申请账号时提交的各种数据信息，用户在平台上积累的交易数据，以及来自政府、银行、各类机构平台和互联网平台的各类数据。通过对这些数据的搜集和分析，可以有效筛选出信用不良、违约率高的客户。

大数据风控采用的方法，包括运用反诈欺系统进行客户线上信息的识别，采用信用评分模型对客户的交易行为进行风险评分，以及采用实时风控技术框架对交易的过程进行动态管理。

3. 加强网络安全管控

黑客恶意入侵和数据盗取是互联网金融企业可能面对的风险，加强网络安全管控非常必要。应做到对计算机病毒的管制，建立计算机病毒防治和管理制度、开展计算机病毒专项防治培训活动、定期检测并清查可能存在的病毒，有效防止风险的产生。此外，还应加强数据安保措施，采用数字加密、数字签名等措施加强风险控制。

（二）外部综合管控

互联网金融企业进行内部技术管控，强化内部风险监控、预警体系对于互联网金融风险防控而言还是不够的，还需要外部加强监管，防止出现金融风险。

1. 加快互联网金融领域的立法进程

应建立并完善相应的法律法规，尽快出台互联网金融风险防范的法律规范，形成完整的互联网金融法律体系。

在这一体系下，互联网金融企业、客户、商家的权责应该明确，交易活动流程和资金流向应清晰透明，保证不会出现欺诈、洗黑钱等现象。此外，还应明确数字证书、数字签名、电子证据、电子合同等电子信息管理细则，明确互联网金融企业承担保证数据真实、完整，以及数据安全不会泄露的责任。对于数据的存档和备份也应按照标准进行。

2. 加快建设互联网金融征信体系

完善社会信用体系，尤其是加快互联网金融征信体系的建设，保证其与互联网金融的体量增长相匹配。首先应做到创新征信体系，将互联网金融平台产生的信用信息纳入企业和个人信用数据库采集范围，为互联网金融提供积极服务，建立覆盖全社会的全面、真实、系统的征信体系数据库。2020年，蚂蚁金服旗下的消费信贷产品"花呗"已经纳入征信，互联网金融征信体系建设的脚步正在加快。

此外，还应通过多种途径核实客户身份，对客户进行全面审查，对其还款能力和信用进行评估，信用不良的借款人信息应纳入共享黑名单。

3. 加强社会监督

互联网金融风险的管控不仅涉及企业层面，还关系到无数的消费者。加强社会监督的关键在于调动互联网金融消费者监督维权的积极性，构建互联网金融消费者保护机制。首先，应加大宣传力度，通过各种媒体广泛宣传互联网金融的相关知识，帮助消费者树立自我保护的风险意识和监督维权的能力。其次，应建立互联网金融的监督反馈渠道，尤其是针对互联网金融消费纠纷，应积极建立调解平台，为消费者提供解决问题的方法和渠道。最后，构建互联网金融消费者协调保护机制，加强不同行业、不同区域之间监管部门的协调合作，保证互联网金融消费者的问题有人听、有人管。

4. 完善互联网金融监管机制

建立统一完善的互联网金融交易监管体系，保证监管到位。首先，要明确互联网金融监管的职能，互联网金融也是金融，也应逐步按照金融行业的监管要求来对互联网金融行业进行监管，积极学习国际上的先进经验，不断提高监管的能力。其次，要做到互联网金融现场监管，明确监管对象的相关信息，明确监管对象是否符合相关的标准。最后，要构建全行业的互联网金融风险监测和预警体系，对互联网金融业务，尤其是参与人员流动性大、参与人员众多的业务进行实时监控。

本章小结

互联网金融是指受互联网技术、互联网精神的影响，从传统银行、证券、保险、交易所等金融中介和市场，到瓦尔拉斯一般均衡对应的无金融中介或市场情形之间的所有金融交易和组织形式。我国互联网金融行业正在快速发展，创新的互联网金融产品层出不穷，互联网金融业务模式也呈现多样化局面。但互联网金融的风险较为复杂，不可忽视，加强对互联网金融风险的认识和管控是具有重要意义的。

我国的互联网金融模式主要包括传统金融服务的互联网化、互联网金融居间服务模式、大数据金融服务平台模式和互联网金融门户。其中，传统金融服务的互联网化包括银行业的互联网化、证券业的互联网化和保险业的互联网化。互联网金融居间服务模式包括第三方支付、P2P 网络贷款和众筹融资。大数据金融服务平台模式包括平台金融模式和供应链金融模式。互联网金融门户包括第三方资讯平台、垂直搜索平台和在线金融超市。不同类型的互联网金融模式具有不同的业务特点，它们共同组成了我国的互联网金融市场。

互联网金融的风险较传统金融风险更为复杂。了解互联网金融风险的类型，并对互联网金融风险进行有效的管控是非常重要的。互联网金融风险包括网络安全风险、操作风险、信用风险、流动性风险、市场风险、法律及声誉风险。加强互联网金融风险管控的方法包括内部技术管控和外部综合管控。建立健全我国互联网金融的法律体系，完善互联网金融监管机制，构建全行业的互联网金融风险监测和预警体系是未来互联网金融监管发展的方向。

即测即练

复习思考题

1. 什么是互联网金融？
2. 互联网金融和传统金融之间有哪些不同之处？
3. 互联网金融有哪些主要业务模式？
4. 什么是第三方支付？

5. 互联网金融存在哪些风险？如何对互联网金融风险进行管控？

实训内容

查询互联网金融网站，针对不同类型的互联网金融企业，分析其业务特点、其存在的潜在风险以及如何对这些风险进行管控。

第九章

国际金融

◆ 学习目标

1. 知晓国际货币体系的发展历程;
2. 领会国际收支的概念及国际收支平衡表的特点;
3. 了解外汇与汇率制度。

◆ 技能目标

1. 掌握国际金融机构的类型;
2. 掌握国际货币市场的业务内容及经济影响;
3. 掌握国际收支平衡表的基本内容。

◆ 素质目标

1. 具备用所学理论解释当今国际金融市场发展的一系列新特点的能力;
2. 熟悉汇率制度;
3. 了解国际收支失衡的原因对本国经济的影响。

◆ 导入案例

2020 年人民币升值了多少？2020 年人民币升值的原因

2015 年，市场关于离岸人民币汇率的走势一致看涨，都认为人民币会持续贬值。给出的理由五花八门。有人说是因为"811 汇改"之后，在岸汇率波动更加市场化，没有政府那只"无形的手"调控后，人民币自然是要贬值的；也有人说，人民银行在那几年风控释放流动性，不断降低存款准备金率，在 M2（广义货币供应量）大幅飙升的前提下，人民币不得不贬值；还有人说，2015 年和 2016 年的时候，美元指数因为美联储加息而不断升值，所有非美货币都在贬值，不单单人民币，所以这是正常现象。还有很多人给出其他理由。

2020 年离岸人民币大幅升值，汇率从最高点 7.196 2 一路滑落至 6.547 4，下跌 6 488 标准点。如此巨大的升值幅度，让那些认为人民币长周期贬值的人统统闭上了嘴。曾经笔者认为中国的经济基本面决定了人民币贬值的大趋势，因为中国的 M2 增速在 2020 年之前远高于美国的 M2 增速，这也意味着中国流通中的货币扩张得更快，人民币贬值是符合基本面的判断。然而，进入 2020 年，新冠肺炎疫情不期而至，中国对疫情的防控有目共睹，基本没有对经济造成长周期的拖累。美国的局面却完全不同，数千万人感染，数十万人死亡，新冠肺炎对美国经济造成了沉重的打击。为了应对美国境内的企业初夏资金链断裂问题，美联储不惜一切地开动印钞机，不断降低基准利率，肆无忌惮地在公开市场购买债券。美国的 M2 增速也因此飙升至 24.2%，同期中国的 M2 增速仅为 10.5%，如此大的扩张规模，注定了美元指数在 2020 年出现贬值走势。美元贬值就意味着非美货币升值，人民币也是受益方。

美联储主席鲍威尔的讲话我们已经了解，大家对他的基本观点也比较熟悉。中国人民银行行长对中国货币政策的态度我们很少聊到，实际上易纲（中国人民银行行长）本人也很少去聊货币政策。但由于易纲处于影响离岸人民币汇率的关键位置，所以他的观点我们必须熟悉。

10 月份的 2020 金融街论坛上，易纲讲话称："9 月末，广义货币供应量（M2）与社会融资规模同比增速分别为 10.9%与 13.5%，前 9 个月人民币贷款新增 16 万亿元，都明显高于上年同期。"可以看出，以 M2 增速来判断汇率走向，是公认的可靠方法。易纲还提到："2020 年以来人民银行 3 次降准，加权平均存款准备金率下降约 1 百分点，降准释放流动性 1.75 万亿元。2018 年以来，人民银行 10 次降准，加权平均存款准备金率下降约 5.5 百分点，累计释放流动性 8.1 万亿元。"降低存款准备金率是中国的货币政策的特色，人民银行很少对基准利率做出调整，却对准备金率的调整情有独钟。易纲也清楚，人民银行正在以较大规模的宽松政策来支持疫情之下的经济复苏，这也是全球央行采取的共同措施。

（资料来源：南方财富网）

第一节　国　际　收　支

一、国际收支的概念

国际收支是指一定时期内，一个国家或地区与其他国家或地区之间进行的全部经济交易的系统记录。国际货币基金组织在其出版的《国际收支和国际投资头寸手册（第六版）》中将国际收支定义为以统计报表的方式，系统总结特定时期内一国的经济主体与他国的经济主体之间的各项经济交易。进出口贸易、投融资往来、对外金融负债的存量状况等，都属于国际收支的范畴。

国际收支反映的是发生在居民和非居民之间的经济交易。居民分为自然人居民和法人居民，企业和非营利机构属于法人居民。划分居民与非居民的标准并不是国籍，而是要看交易者经济利益的归属地。对于自然人来说，其从事一年或一年以上经济活动的国家就是他的经济利益归属地。换个角度说，一个自然人在一个国家从事一年或一年以上经济活动，那么他就是这个国家的居民。对于企业和非营利机构，只要其在一国注册成立并长期从事经济活动，其就是该国的法人居民。

国际收支是一个非常重要的经济指标，其对于分析一国对外贸易发展状况、制定对外贸易政策具有重要意义。

扩展阅读 9-1 "国际收支"一词的渊源

二、国际收支平衡表

（一）国际收支平衡表的概念

国际收支平衡表是指按照一定的编制原则和格式，对一个国家一定时期内的国际经济交易进行分类、汇总，以反映和说明该国国际收支状况的统计报表。编制国际收支平衡表有利于全面反映本国的国际收支状况和涉外经济关系，为制定外汇政策等宏观经济政策提供重要依据。

（二）国际收支平衡表的结构

由于编制要求的不同，世界各国的国际收支平衡表的结构并不完全相同。国际货币基金组织发布的《国际收支和国际投资头寸手册（第六版）》中，国际收支平衡表包括经常账户、资本和金融账户、净误差与遗漏三大类。

1. 经常账户（current account）

经常账户是指本国与其他国家交往中经常发生的经济交易，反映一国与其他国家之间实际资源的转移情况。经常账户下包括货物和服务、初次收入和二次收入三个子项目。

（1）货物和服务。货物又被称作有形贸易或商品贸易。服务又称为劳务贸易或无形贸易。

（2）初次收入。初次收入包括雇员报酬、投资收益和其他初次收入。

（3）二次收入。二次收入包括个人转移和其他二次收入。国际货币基金组织发布的《国际收支和国际投资头寸手册（第五版）》中，这一项目被称为经常转移，主要包括所有非资本的转移项目。根据转移主体的不同，经常转移可以分为政府转移（如无偿援助、战争赔款、政府向国际组织定期缴纳的费用等）与私人转移（如侨汇、捐赠、继承、赡养费、资助性捐款、退休金等）。《国际收支和国际投资头寸手册（第六版）》中，二次收入这一项目虽然较《国际收支和国际投资头寸手册（第五版）》的名称有所改变，但统计的内容仍基本一致。

2. 资本和金融账户（capital and financial account）

资本和金融账户由资本账户和金融账户两部分构成，反映了国际资本的流动。

（1）资本账户。资本账户包括两部分，一部分是居民和非居民之间的应收和应付的资本转移。资本转移是资产（非现金或存货）的所有权从一方向另一方变化的转移，或是使一方或双方获得或处置资产（非现金或存货）的转移，或者为债权人减免负债的转移。另一部分是指居民和非居民之间的非生产、非金融资产的取得和处置。这部分主要包括自然资源，租约、契约和许可，营销资产（和商誉）。

（2）金融账户。由于金融创新的蓬勃发展，金融账户项下的项目也逐渐增多。金融账户包括非储备性质的金融账户和储备资产。非储备性质的金融账户包括直接投资、证券投资、金融衍生工具和其他投资。储备资产包括货币黄金、特别提款权、在国际货币基金组织的储备头寸和外汇储备。

（3）净误差与遗漏（errors and omissions）。国际收支平衡表的编制采用复式记账法，借贷方总额应该相等。然而，在实际的编制过程中，国际收支平衡表往往会出现借贷方不平衡的现象，这就需要通过净误差与遗漏项目对其进行补足。出现国际收支平衡表借贷方不平衡的可能性之一是统计各项数据时存在资料有误差或是统计有遗漏的情况。

扩展阅读9-2 2019年中国国际收支平衡表

三、国际收支的调节

（一）国际收支失衡

扩展阅读9-3 《国际收支和国际投资头寸手册》

由于国际收支平衡表是按照复式记账原理编制的，贷方总额与借方总额相等，从国际收支平衡表来看，永远是平衡的。但国际收支平衡表平衡并不代表着国际收支平衡。要衡量一国的国际收支是平衡还是失衡，应首先将交易根据性质的不同，分为自主性交易和调节性交易。

1. 自主性交易

自主性交易是指经济主体和个人出于自身需要而进行的交易，比如商品和劳务交易、技术交流、收益转移、无偿转让、各种形式的对外直接投资、证券投资等。这些交易的出发点是为了满足个体的需求，并不会考虑在交易时这项业务是否会导致国际收支失衡，只代表个人意志，不代表国家意志，因此被称为自主性交易。

2. 调节性交易

调节性交易是指货币管理当局为了调节国际收支差额而进行的各种交易。调节性交易的类型有很多，像国际资金融通、资本吸收引进、国际储备变动都属于调节性交易。当自主性交易出现差额时，调节性交易可以用于对其进行调节。

一国是否实现国际收支平衡，主要依赖于自主性交易是否平衡。自主性交易反映了真实的国际贸易需求，当自主性交易部分出现基本平衡时，就被认为实现了国际收支平衡。但如果必须采用调节性交易进行调整才能够维持国际收支平衡时，就认为已经出现了国际收支失衡。

（二）国际收支失衡的原因

导致国际收支失衡的原因很多，不同的国家、不同的时期，国际收支失衡的原因也有所不同。总体来看，国际收支失衡的原因主要有以下五种。

1. 国民收入较大变动

国际收支失衡的原因之一是一国经济条件发生变化而导致国民收入发生较大的变

动。国民收入变化的原因有很多，经济周期的变动、经济增长率的变化、国际经济形势变化都可能导致国民收入的变动。如果国民收入受到以上影响出现增长，居民的生活水平会有所提高，并进一步导致社会总需求的提高。消费者的消费能力增加，对于进口产品的需求增加，会导致国际支出增加。此时，如果一国的出口水平没有随之增长，进出口不平衡时，就会出现国际收支逆差，导致国际收支失衡。

2. 经济结构的制约

当国际经济市场的形势发生较大变化，而一国的经济结构没有随之改变时，就可能出现国际收支失衡。经济结构很大程度上取决于一国的经济基础和政府政策，经济结构的调整是需要时间的。当国际经济性形势发生较大变动，比如某些产品的生产水平和需求水平发生变化时，如果一国没有根据这种变化调整生产结构和出口结构，国际收支失衡就会随之出现。

3. 物价和币值的影响

在汇率不变的情况下，一国国内物价水平和货币价值也会影响到国际收支。当汇率不变时，国内币值和物价水平的变化会导致进出口商品价格的变化，进而导致国际收支失衡。如果一国发生通货膨胀，物价水平上涨，汇率不变的情况下，出口产品用外币表示的价格也会增加，导致出口减少，这就可能导致国际收支逆差。

4. 汇率变化的影响

汇率变化也可能导致国际收支失衡。即本币对外币值发生变化时，可能导致国际收支失衡。当本币币值升高时，出口商品以外币计值的价格就会上涨，在国际市场上失去竞争力，不利于出口。但此时以本币计值的外国商品的价格下降，会刺激进口，导致国际收支逆差。

5. 经济周期变化的影响

经济周期波动会引起国民收入、价格水平、生产和就业的变化，导致国际收支失衡。经济周期处于衰退期时，社会总需求处于下降阶段，进口需求也随之下降，进口减少，出现国际收支顺差。而当一国经济处于繁荣期时，国内的总需求上升，投资和消费需求旺盛，进口需求也相应增大，出现国际收支逆差。

导致国际收支失衡的原因很多，有时是多种因素的相互作用导致了国际收支失衡。偶然因素和非确定因素也可能导致国际收支失衡。

（三）国际收支失衡的调节

国际收支失衡会对一国的经济产生不利的影响，当一国出现国际收支失衡时，应该采取相应的措施进行调节，使国际收支基本平衡。国际收支的调节手段主要包括财政政策调节、货币政策调节、信用政策调节和外贸政策调节。

1. 财政政策调节

财政政策的调节手段有两种，分别为支出政策与税收政策。当一国处于国际收支逆差状态时，政府可以采用减少公共开支、提高税收的紧缩性财政政策。这会导致整个社会的投资和消费减少，一定程度上降低对进口产品的需求，从而改善国际收支。当一国处于国际收支顺差状态时，政府可以采用增加公共开支、减少税收的扩张性财政政策，以刺激消费与投资，增加社会总需求，刺激进口，从而改善国际收支。

2. 货币政策调节

调节货币政策可以起到调节国际收支的作用。货币政策的调节手段主要有以下三种：

（1）贴现政策。中央银行可以通过货币政策调节流通领域中的货币供应量。中央银行提高或降低贴现率会导致货币投放和信贷规模的变化，进而影响国际短期资本的流动，达到调节国际收支，实现国际收支平衡的目的。

（2）存款准备金率。中央银行可以采用提高或降低存款准备金率的方法来缩小或扩大商业银行的信用创造水平，从而影响国内的总需求。国内总需求的变动会导致国际收支发生变化。因此，可以采用调整存款准备金率的方法来调节国际收支水平，实现国际收支平衡。

（3）外汇储备。当国际收支出现短期性失衡时，中央银行可以运用外汇储备在外汇市场买卖外汇以调节外汇供求，影响汇率变化。汇率的变化会影响一国的进出口水平，本币对外币值下降，有利于出口，会导致外汇收入增加，从而调节国际收支水平。

3. 信用政策调节

国际信贷对国际收支的调节也具有一定作用。当一国出现国际收支逆差时，可以选择在国际金融市场上借入资金，以弥补逆差；当一国出现国际收支顺差时，可以选择向国际金融市场贷出资金，以减少顺差。

4. 外贸政策调节

保护性外贸政策是很多国家会采用的改善国际收支的政策手段。这些政策主要是为了鼓励出口，限制进口，如进口配额、出口补贴、进口许可证制度等。

第二节　外汇与汇率

在现代开放经济下，各个国家都在不同程度上与其他国家进行货币往来，不论是商品贸易、资金汇兑、国与国之间的债权债务清算，都离不开货币的兑换。外汇与汇率对一国的经济发展具有重要影响。

一、外汇

世界上大部分国家或地区都有自己的货币，美国的美元、欧盟的欧元、中国的人民币等。国家之间的贸易涉及不同货币的兑换，这就涉及外汇的概念。

（一）外汇的定义

国际货币基金组织将外汇定义为："外汇是货币管理当局（中央银行、货币管理机构、外汇平准基金组织及财政部）以银行存款、国库券、长短期政府债券等形式所保有的在国际收支逆差时可以使用的债权。"

在国际货币基金组织的定义下，外汇具体分为三类。

（1）可以自由兑换的外国货币，包括纸币、铸币等；

（2）长、短期外币有价证券，即政府公债、国库券、公司债券、金融债券、股票、息票等；

（3）外币支付凭证，即银行存款凭证、商业汇票、银行汇票、银行支票、银行支付委托书、邮政储蓄凭证等。

（二）外汇的特征

外汇可以用于清偿国际间的债权债务关系，购买别国的物质资源、技术和劳务，是国与国之间进行物质交换的媒介。一个国家的储备资产是否充足，是衡量该国对外支付能力及其在世界经济中的实力和地位的重要标志。因此，外汇必须具备三个基本特征。

1. 可以外币计值

外汇可以用来进行物质交换、清偿债权关系，其本质上是一种金融资产，如外币现金、外币支付凭证、外币有价证券。外汇若要作为国与国之间物质交换的媒介，就必须能够以外币计值。只有能够用作对外支付的，以外币计值的金融资产才能构成外汇。

2. 可兑换性

可兑换性是指一个国家的货币能够自由地兑换成其他国家的货币。具有可兑换性外汇也可以用来购买其他信用工具以进行多边支付。对于一个国家和地区，本币是否可兑换是外汇管理的重要内容。

不同的外汇管理体制下，货币的可兑换程度不同。发达的市场经济国家实行本币与外币自由兑换，或称为完全可兑换。一般来说，可兑换性具有如下内涵：本币在境内可兑换为外汇，外汇可携带出或汇出境外；本币可自由进出境；外汇可携带入、汇入境内，并在境内兑换为本币；无论是居民和非居民均可在境内持有外汇，彼此间可相互授受。

3. 可偿付性

被其他国家普遍接受为外汇的货币，往往是该国具有较强的生产能力和出口能力，或者该国具有其他国家所缺乏的丰富的自然资源，使其货币具有较强的可偿付性。

二、汇率

一个国家要与其他国家和地区发生贸易和非贸易往来，往往涉及货币的兑换，不同国家货币之间的兑换往往依赖于汇率进行计算。

（一）汇率的含义

外汇汇率是一种货币用另一种货币表示出的价格，或者说是两种货币进行兑换的比价。实现国际间的贸易及非贸易结算、清算国际间的债权债务关系，需要进行外汇买卖才能完成。汇率就是买卖外汇时的价格。

（二）汇率的标价方法

外汇汇率是一种货币用另一种货币表示的价格。那么，用哪种货币来表示另一种货币的价格，就涉及汇率的标价方法。汇率的标价方法有直接标价法、间接标价法和美元标价法。

1. 直接标价法

直接标价法是以一定单位的外国货币为标准，折算为一定数量的本国货币的标价方法。如中国人民银行授权中国外汇交易中心公布，2021年1月8日银行间外汇市场人民币汇率中间价为：1美元＝6.4708元人民币，1欧元＝7.9374元人民币，1英镑＝8.7764元人民币。在直接标价法下，以一定单位的外国货币为标准，折算的本国货币的数额增加，表明外币汇率上涨或本币汇率下降，也可以说外国货币币值相对于本国货币币值上升，而本国货币币值相对于外国货币币值下降。反之，以一定单位的外国货币为标准，折算的本国货币的数额减少，表明外币汇率下降或本币汇率上升，也可以说外国货币币值相对于本国货币币值下降，而本国货币币值相对于外国货币币值上升。世界上绝大多数国家和地区的货币如人民币、日元都采用直接标价法。

2. 间接标价法

间接标价法是以一定单位的本国货币为标准，折算成一定数量的外国货币的标价方法。在间接标价法下，以一定单位的本国货币为标准，折算的外国货币的数量增加，表明本币汇率上涨或外币汇率下降，也可以说，本国货币币值相对外国货币币值上升，而外国货币币值相对本国货币币值下降。反之，以一定单位的本国货币为标准，折算的外国货币的数量减少，表明本币汇率下降或外币汇率上涨，也可以说，本国货币币值相对外国货币币值下降，或外国货币币值相对本国货币币值上升。只有少数国家和地区的货币采用间接标价法，目前采用间接标价法的货币有欧元、英镑等。

3. 美元标价法

美元标价法是以一定单位的美元为标准，折算成一定数量的其他国家货币的标价方法。美元标价方法是国际金融市场上进行外汇交易的通用方法，其目的是为了简化报价并广泛地比较各种货币的汇价。

（三）汇率的种类

从不同的角度划分，汇率可以分为不同的种类。

1. 官方汇率和市场汇率

官方汇率，又称法定汇率，是指由国家货币当局（如中央银行或国家外汇管理机构或国家财政部）所规定或公布的汇率。市场汇率是指在自由外汇市场上买卖外汇自发形成的汇率。外汇管理严格的国家，官方汇率就是实际汇率，而在外汇管理较松的国家，官方汇率只是作为中心汇率，而实际汇率由外汇供求决定，围绕官方汇率波动。

扩展阅读9-4 走向更加市场化的人民币汇率形成机制

2. 即期汇率和远期汇率

即期汇率是指外汇买卖成交后，在两个营业日内办理交割时所使用的汇率。远期汇率是指在未来一定时期进行交割，而事先由买卖双方达成协议、签订合同时使用的汇率。即期汇率是远期汇率的基础，远期汇率会受到外汇市场供求的影响，偏离即期汇率。

3. 基本汇率与套算汇率

基本汇率是本国货币与关键货币对比制定出来的汇率。所谓关键货币是指在国际贸易或国际收支中使用最多、在各国外汇储备中所占比重最大、自由兑换性最强、最受世界各国认可的货币。由于货币种类较多，各国一般选择与其贸易往来较多的货币作为关键货币，计算本国货币与关键货币汇率，作为基本汇率。目前，大多数国家将美元作为关键货币，本国货币与美元的汇率作为基本汇率。套算汇率是根据基本汇率计算出来的本币与其他国家货币的汇率。

三、汇率制度

汇率制度是指一国货币当局对本国汇率水平的确定、汇率变动方式等问题所做出的一系列的安排。汇率制度包括固定汇率制度和浮动汇率制度。

（一）固定汇率制度

固定汇率制度是指两国货币的比价基本固定，现实汇率只能围绕平价在很小的范围内上下波动的汇率制度。固定汇率制度又分为金本位制度和布雷顿森林体系下的固定汇率制度。

1. 金本位制度下的固定汇率制度

金本位制度下，固定汇率制度被界定为以各国货币的含金量为基础，汇率的波动受黄金输送点限制的汇率制度，它是典型的固定汇率制度。第一次世界大战后，以金本位制度为基础的固定汇率制度崩溃。

2. 布雷顿森林体系下的固定汇率制度

1944年7月，《布雷顿森林协定》签订，协议规定各国货币之间施行固定汇率制度，此时的固定汇率制度可以被概括为"双挂钩、一固定、上下限、政府干预"。"双挂钩"是指美元与黄金挂钩，其他国家的货币与美元挂钩。"一固定"是指本国货币的平价经国际货币基金组织认定后不可随意改变。"上下限"是指外汇市场上实际汇率应围绕平价将浮动保持在1%以内。"政府干预"是指当汇率的波动浮动超过平价的1%时，政府有义务进行干预。

（二）浮动汇率制度

浮动汇率制度是指一国不规定本币对外币的平价和上下波动的幅度，汇率由外汇市场供求决定的制度。牙买加货币体系下的汇率制度就属于浮动汇率制度。

浮动汇率制度可以分为自由浮动和管理浮动。自由浮动就是政府对汇率不进行任何干预，完全由市场自发调节。管理浮动是指以一国从本国利益出发对汇率的波动进行不同程度的干预的汇率浮动方式。目前，各国实际上实行的都是管理浮动。

我国实行以市场供求为基础、参考一篮子货币进行调节、有管理的浮动汇率制度。包括三个方面的内容：一是以市场供求为基础的汇率浮动，发挥汇率的价格信号作用；二是根据经常项目主要是贸易平衡状况动态调节汇率浮动幅度，发挥"有管理"的优势；三是参考一篮子货币，即从一篮子货币的角度看汇率，不片面地关注人民币与某个单一货币的双边汇率。

四、汇率决定基础

汇率的本质是两国货币的比价。不同的货币制度下，汇率的决定基础有所不同。

1. 金本位制下决定汇率的基础

金本位制度下，决定汇率的基础是铸币平价。金币或货币含有的黄金重量和成色叫作含金量，两种货币的含金量的比值称为铸币平价。

铸币平价决定的汇率只是名义汇率，不是实际汇率。实际汇率会受到外汇供求关系的影响，围绕铸币平价上下波动。

2. 纸币制度下决定汇率的基础

纸币制度下决定汇率的基础是纸币实际代表或具有的价值量。纸币作为一个价值符号，代表金属货币执行流通手段的职能。

纸币是国家强制发行流通的货币，只有在它作为价值尺度，承担交易媒介的职能时，纸币的价值才能体现。纸币的现实购买力是其可以兑换的基础。在纸币流通背景下，汇率实质上是两国货币代表的价值量的比值。纸币的价值量就是其购买商品的能力，即纸币的购买力。所以，在纸币本位制下，纸币所代表的购买力是决定汇率的基础。

第三节 国际货币体系

一、国际货币体系的演变

在历史的各个不同时期，国际货币体系在不断地演变。在演进的过程中始终围绕着三个方面的重要问题：一是以什么作为国际货币；二是各国货币之间的汇率、各国货币与国际货币之间的汇率问题；三是当国际收支发生不平衡时，如何进行调节的问题。自从国际上出现统一的国际货币体系以来，其大体经历了国际金本位制体系、布雷顿森林体系、牙买加体系的演变过程。

（一）国际金本位制体系

国际金本位制是世界上最早出现的一种国际货币制度。所谓金本位制是指以一定量的黄金作为本位货币的一种货币制度，而本位货币则是指一国货币制度的基准货币。

1. 金币本位制

金币本位制即法律确定黄金铸币为本位币的制度，是典型的金本位制，主要是在第一次世界大战前资本主义各国普遍实行。金币本位制的基本内容或主要特点是：

（1）由国家以法律规定铸造一定形状、重量和成色的金币，作为具有无限法偿效力的本位货币并自由流通。

（2）金币和黄金可以自由输出输入国境，数量不受限制。

（3）金币可以自由铸造或持生金请求国家铸造机构代铸，同时也可以将金币熔化为金条、金块。

（4）银行券可以自由兑换成金币或等量的黄金。

以上内容或特点就是人们经常讲的金币本位制的四大自由。这些特点使本位货币的名义价值和实际价值相等，国内外价值趋于一致，并使它具有储藏货币与世界货币的职能。

2. 金块本位制

金块本位制是金币不再流通，银行券只能兑换金块并有一定限制的制度，其特点是：

（1）金币作为本位货币，在国内不允许流通，而只流通纸币，纸币有无限法偿权。

（2）由国家储备金块，作为发行货币的准备。

（3）不允许自由铸造金币，但规定纸币的含金量、黄金官价，各国货币通过含金量确定固定汇率。

（4）纸币不能自由兑换金币，但在国际支付或工业使用黄金时，可以按规定的限制数量（如当时英国规定为400盎司黄金以上），用纸币向本国中央银行兑换金块，即纸币实行有条件的兑现。

3. 金汇兑本位制

金汇兑本位制是指银行券在国内不能兑换黄金和金币，只能兑换外币的制度，这种制度的特点是：

（1）国内不流通金币，而流通纸币，并规定含金量与某一关系密切的金币本位制或金块本位制国家的货币以固定比价相挂钩。

（2）货币发行的准备金除少量金块外，主要是货币联系国的外汇，国内货币不能直接兑换黄金，只能兑换货币联系国的外汇，从而与黄金间接发生联系。

（3）这种货币制度，实际上依附于货币联系国，所以汇率波动幅度比金币本位制或金块本位制的幅度大。

早在金币本位制时，由于黄金在国际间分配不均，以及黄金的生产和供应赶不上商品流通对货币需要量的矛盾已渐渐显露，实行金块本位制和金汇兑本位制后，其矛盾进一步暴露，但国际金本位制的彻底崩溃发端于1929年开始的"大萧条"。危机期间，由于国际市场原料价格暴跌，使巴西、阿根廷、智利、秘鲁和澳大利亚等出口初级产品的国家出口锐减，国际收支恶化，黄金大量外流，从而迫使他们首先放弃了金本位制，随后大萧条的风潮开始冲击欧洲和其他地区，奥地利、德国、英国、丹麦、芬兰、瑞典、爱尔兰、加拿大、印度等国由于国内金融和经济危机纷纷废除金本位制。

扩展阅读9-5　银本位制

（二）布雷顿森林体系

在经历了第二次世界大战期间的混乱金融关系之后，1943年3月和4月英美两国分别从本国利益出发提出了一套新的国际货币制度方案，即英国的凯恩斯计划和美国的怀特计划。1944年7月参加联合国国际货币金融会议的44国代表在美国新罕布什尔的布雷顿森林会议讨论了这些方案。在会上，美国凭借它的实力地位，迫使与会各国接受了怀特计划，最后通过了以该协定为基础的《国际货币基金组织协定》和《国际复兴开发银行协议》，这两个协定总称为《布雷顿森林协定》，这标志着战后以美元为中心的国际货币体系即布雷顿森林体系的正式建立。

布雷顿森林体系的主要内容有以下五个方面。

扩展阅读 9-6　怀特计划和凯恩斯计划的具体内容

（1）建立国际金融机构。建立一个永久性的国际金融机构——国际货币基金组织（International Monetary Fund，IMF），对各国的货币金融进行监督、管理，促进国际金融合作。同时，根据《国际复兴开发银行协定》建立国际复兴开发银行，即世界银行，目的是加强国际间的经济合作和稳定世界货币金融。按照规定，只有参加 IMF 的国家，才能申请作为世界银行的成员。两个国际金融机构，分别于 1945 年 12 月 27 日经批准生效，总部设在美国华盛顿。

（2）确定国际储备资产。实行美元-黄金本位制，美元成为关键货币，实行"双挂钩"制度，这就意味着美元通过直接与黄金挂钩，取得了等同于黄金的地位，其他国家又与美元挂钩，从而使美元同黄金一起成为主要的国际储备资产。

（3）采用可调整的钉住汇率制。《布雷顿森林协定》规定，各国货币对美元的汇率，一般只能在平价上下 1% 的幅度内波动。超过这个幅度，各国政府有义务在外汇市场上进行干预，以维护汇率的稳定。成员国的货币中，一经 IMF 确定公布，就不得任意改变。只有当一国国际收支发生"根本性不平衡"，才允许贬值或升值，但必须与 IMF 协商后才能变更。这一汇率制度被称为可调整的钉住汇率制，即所谓战后的固定汇率制。

（4）确定 IMF 担负着调节各国国际收支平衡的责任。当成员国国际收支发生困难时，IMF 通过三种方式帮助成员国渡过难关：一是敦促成员国广泛协商，促进国际货币合作。二是为成员国提供融通资金的便利。三是规定各成员国实行多边支付与清算，不得限制经常项目的支付，也不许采取歧视性的货币措施，由此创造平衡国际收支的外在条件。

（5）消除外汇管制。协定规定，各成员国不得限制经常账户支付，不得采用歧视性的货币措施，实现经常项目下的自由兑换，资本项目可加以管制，但以下三种情况除外：①允许对资本账户的交易采取管制措施；②会员国在战后过渡期，由于条件不具备，也可延迟履行货币兑换性义务，这类国家被列为"第 14 条款国家"，而履行兑换性义务的国家被列为"第 8 条款国家"；③会员国有权力对"稀缺货币"采取临时性的兑换限制。

布雷顿森林体系是以黄金-美元为本位的国际货币制度，它为美国对外掠夺和扩张提供了有利条件，对战后国际经济的恢复和发展客观上起了一定的积极作用。但是，随着各国经济发展的不平衡和美国对外贸易赤字的增加，1960—1973 年，先后爆发了十多次美元危机。事实上，布雷顿森林体系以美元作为主要储备资产。一方面，世界储备总量的增长有赖美国向世界各国的美元供给，这要求美国在国际收支上处于逆差地位；另一方面，作为储备货币的发行者，美国有责任在国际收支上保持顺差来维持各国对美元储备的信心。这样美国和美元陷进了一个进退两难的困境，即所谓"特里芬难题"境地。20 世纪 40—50 年代"美元荒"和 20 世纪 60 年代"美元灾"的发生使这一矛盾越发突出，即使后来采取创设特别提款权（SDR）复合

扩展阅读 9-7　特里芬难题

货币也无法解决这一矛盾，从而最终使布雷顿森林体系无法维持。1973年布雷顿森林体系彻底瓦解。

（三）牙买加体系

20世纪70年代世界经济向多极化发展，日本与西欧的迅速崛起，以及美元国际地位的下降，使得以美元为中心的布雷顿森林体系不能适应新形势的需要。布雷顿森林体系崩溃后，国际货币金融秩序受到猛烈冲击和严重的影响，呈现一派极度动荡混乱的局面。因此，改革国际货币体系成为国际金融领域十分紧迫的重大问题。1976年，IMF组织国际货币制度临时委员会达成《牙买加协定》和《国际货币基金组织协定第二次修正案》，以浮动汇率为特征的国际货币体系，又称牙买加体系宣告成立。

扩展阅读9-8　特别提款权

牙买加体系的主要内容有以下几个方面：

（1）增加会员国的基金份额。由原来的292亿美元特别提款权增加到390亿特别提款权，增加33.56%。各会员国应缴份额的比重随各国经济实力的改变而有所变动，主要是石油输出国的比重由5%增加到10%，其他发展中国家维持不变，主要西方国家除联邦德国和日本略有增加外，其他各国都略有降低。

（2）浮动汇率合法化。协定规定在汇率政策受IMF管理和监督的前提下，各会员国可自由选择任何汇率，如较大浮动的汇率、有限浮动的汇率或可调整的钉住汇率等。协议还规定实行浮动汇率制的国家，应根据经济情况的变化，逐步恢复固定汇率制。在将来世界经济出现稳定局面后，IMF可经过总投票权85%的多数通过，决定实行稳定的但可调节的固定汇率制。

（3）黄金非货币化。黄金与货币的联系彻底割断，不再是各国货币的平价基础，也不能作为国际清算的手段，成为单纯的商品。IMF持有的黄金，1/6按市场价格出售，以其超过官价部分作为援助发展中国家的资金；1/6按官价退还各会员国；其余部分根据总投票权85%的多数通过的决议进行处理。

（4）提高SDR的国际储备地位。协定规定在未来的货币制度中，应以SDR逐步取代美元和黄金而成为主要的国际储备资产，实行特别提款权本位制。

（5）扩大对发展中国家的资金融通。IMF以出售黄金所得收益设立一笔信托资金，用于援助最贫穷的发展中国家。

牙买加体系运行实践表明它基本符合世界经济的发展状况，对维系国际经济运转和推动世界经济的发展具有一定的积极作用。一是多元化的储备结构摆脱了布雷顿森林体系下对美元的过分依赖，在较大程度上解决了"特里芬难题"，为国际经济提供了多种清偿货币，缓解了国际清偿能力的不足。二是多种国际收支调节机制并存，缓和了布雷顿森林体系下国际收支调节的困难，适应了世界经济格局多元化的特点，也使国际收支的调节更为有效与及时。三是多样化的汇率安排适应了多样化的、不同发展水平的各国经济，为各国维持经济发展与稳定提供了灵活性与独立性，同时有助于保持国内经济政策的连续性和稳定性。

虽然牙买加体系有许多积极作用，但是它也存在以下弊端：

（1）储备货币多元化使得国际货币关系中缺少统一和稳定的货币标准。国际货币格局错综复杂，这是世界经济不稳定的因素之一。因为只要储备货币发行国中的一个国家的经济或金融出现重大变动，国际金融市场就会产生严重动荡。

（2）浮动汇率加剧了货币汇率波动。汇率的频繁波动使进出口商品的成本、利润难以计算，进出口商双方都容易蒙受外汇风险的损失，往往影响世界贸易的发展。汇率的频繁变动，在借贷关系上债权债务双方都容易受到损害，甚至引发国际债务危机，从而影响国际信用的发展。汇率的频繁变动，会引起物价、工资的变动，并容易导致各国及世界性通货膨胀，从而引起货币贬值和通货膨胀的恶性循环。汇率的频繁变动，在一定程度上助长外汇投机活动，加剧国际金融市场的动荡。

（3）国际收支多渠道的综合调节，虽然可以发挥相互补充和配合的作用，但是由于缺乏一个内在统一协商机制，因而它们所起的调节作用是有限的，全球性的国际收支失衡问题一直不能得到妥善解决，反而日益严重。

二、国际货币制度的改革和前景

布雷顿森林体系崩溃后，以美元为中心的多元化储备和有管理的浮动利率为特征的牙买加体系正式运转，虽然至今已实行了四十多年，但还没有解体的迹象。近几年来，由于牙买加国际货币制度弊端日益显露，给世界经济带来诸多不利影响，特别是在2008年世界金融危机后，建立合理而稳定的国际货币新秩序的愿望就更为迫切。

（一）现行国际货币制度的特征

（1）储备货币多元化。虽然美元仍然是主要的国际货币，但是其地位正在下降，而英镑、日元、欧元等国际货币地位日益加强，但与此同时，应清楚地看到，世界各国储备货币中美元仍占压倒性优势。

（2）汇率制度多样化。《牙买加协定》承认浮动汇率合法化，同时强调在条件成熟时要及时恢复固定汇率制度。可至今也没有出现固定国际汇率制度，而是以浮动汇率为主的混合汇率制度。

（3）国际收支调节机制多样化，多种调节机制相互补充。主要通过汇率机制、IMF的干预和贷款，国际金融市场的媒介作用和商业银行的信贷活动，以及有关国家外汇储备的变动、债务与投资等多种方式进行调节，实现国际收支平衡。

（二）现行国际货币制度的问题

牙买加体系只是对布雷顿森林体系崩溃以后国际货币体系所发生的变化的一种追认，并没有针对布雷顿森林体系的根本缺陷做出实质性的变革。随着世界经济的进一步发展，牙买加体系面临的问题日益突出。这主要表现在三个方面：

（1）国际储备缺乏一个统一的货币标准，造成外汇市场的不稳定，加剧了国际货币信用领域的动荡。

（2）汇率波动频繁，增大了汇率风险，尤其是对发展中国家参与国际贸易和国际投资造成了消极影响。

（3）IMF 对于国际收支调节的管理和监督能力有限，各种调节机制都存在着不健全之处，全球性的国际收支失衡的问题并没有解决。

（三）现行的国际货币制度的改革方案

（1）恢复金本位制。这一方案由法国学者吕埃夫提出，他认为金本位制具有促使国际收支自动恢复平衡的机能。主要内容是：①各国间的国际收支差额均以黄金进行结算；②提高黄金价格；③美国的国际收支应保持平衡，以免黄金外流；④各国持有的美元应向美国兑换黄金，各国对外国持有的本币也应予以兑换黄金。

（2）恢复美元本位制方案。这一主张由美国经济学家金德伯格、麦金农、德斯普雷斯等人提出。他们主张为使汇率趋于稳定，拟恢复美元本位制。这一主张看似有道理，实则这里面蕴含着一个根本性的矛盾：如果美元恢复为唯一的储备货币，又会陷入"特里芬难题"的困境。

（3）综合货币本位制（特别提款权本位制）。1984 年哈佛大学教授理查德·库伯提出以 SDR 作为主要的国际储备资产，实行特别提款权本位制。因为 SDR 是一种综合货币，是人为创造的资产，可以满足各国对国际清偿能力日益增长的需要。同时，国际货币基金组织是创造和分配 SDR 的唯一机构，它可以有效地加以控制和协调。

（4）设立汇率目标区方案。1983 年，美国学者约翰·威廉姆森和伯格斯坦共同提出设立汇率目标区的方案，这是有关国际汇率制度改革的一项重要方案。汇率目标区是在一些主要工业国家的货币之间确定汇率波动的幅度，作为目标区，其他货币则钉住目标区或随之浮动。比如有些国家提出以美元、欧元和日元为中心的汇率目标区，即把三种货币的汇率变动控制在"目标区"内，若市场汇率超越这个"目标区"，各国就联合干预，使其重新回到这个区内。各国对汇率目标区没有形成统一意见，事实上西方各国中央银行都在一定程度上按汇率目标区的构想参与了对汇率的干预。

扩展阅读 9-9　汇率目标区的含义

（5）建立替代账户方案。替代账户是指基金组织开设一个 SDR 存款账户，各国将各自"过剩"的美元按 SDR 与美元的比价折成 SDR 后存入该账户，其美元储备便变成了 SDR 储备，IMF 则将所得的美元投资于美国，购买美国政府的债券或国库券，使该部分美元重新回到美国。目的在于扩大 IMF 的作用，使 SDR 逐渐成为一种主要的储备资产，限制美元外流，使国际清偿力的增长能通过替代账户得到调节和控制。

（6）建立超主权国际货币。2009 年 3 月 23 日，当时的中国人民银行行长周小川在中国人民银行网站上发表了题为《关于改革国际货币体系的思考》的文章，文章提出：创造一种与主权国家脱钩，并能保持币值长期稳定的国际储备货币，从而避免主权信用货币作为储备货币的内在缺陷，是国际货币体系改革的理想目标。周小川的主张在世界范围内引起了很大的反响。他认为，重建具有稳定的定值基准并为各国所接受的新储备货币可能是个长期内才能实现的目标；而在短期内，国际社会特别是国际货币基金组织至少应当承认并正视现行体制所造成的风险，对其不断监测、评估并及时预警；同时还应特别考虑充分发挥 SDR 的作用。他指出，SDR 具有超主权储备货币的特征和潜力，应该拓宽 SDR 的使用范围，从而真正满足各国对储备货币的要求。

（四）国际货币制度改革的前景展望

扩展阅读 9-10 超主权货币

其实国际货币制度改革的关键和争论焦点主要是三个方面的问题，即国际储备货币制度的问题、国际汇率制度问题和国际收支调节机制问题。对这三个问题，长期以来，发达国家之间、发展中国家之间以及发达国家与发展中国家之间一直存在着重大分歧和尖锐矛盾，致使国际货币制度改革步履艰难，收效甚微，前景很不乐观。

从当前国际货币制度的实际来看，国际储备货币多元化和以管理浮动为基本特征的浮动汇率制的格局将会继续存在下去，并且其运行发展仍将主要体现发达国家的意志。随着发展中国家经济实力的不断增强和世界经济多极化的发展，国际储备货币多元化的内在结构将不断发生变化，并逐步朝着一个健全、公平的国际货币体系发展。

第四节 国际金融机构

国际金融机构是指从事国际融资业务、协调国际金融关系、维持国际货币信用体系正常运作的超国家金融机构。国际金融机构在国际经济生活中起着越来越重要的作用，几乎所有的国家与地区都同这些金融机构建立了密切的联系。

国际金融机构大体分为两种类型：一类是全球性的国际金融机构，包括联合国下属的国际货币基金组织（IMF）和世界银行；另一类是区域性的国际金融组织，包括亚洲开发银行、非洲开发银行、泛美开发银行等机构，这些机构主要从事区域性金融活动。

一、国际金融机构的产生与发展

第一次世界大战前没有国际金融组织。当时实行金本位制，货币汇率比较稳定，主要资本主义国家的国际收支多为顺差，并且货币信用关系及国际结算制度尚未真正建立起来，国际金融领域的矛盾并不突出。

第一次世界大战结束后，德国按照《巴黎和约》从 1924 年起支付战争赔款。到 1928 年，德国声称发生经济危机，无力赔偿逐年增加的战争赔款，要求减少。1930 年 1 月，为处理德国无力赔款问题，由英国、法国、意大利、德国、比利时和日本六国的中央银行，以及代表美国利益的摩根银行、纽约花旗银行和芝加哥花旗银行三大银行组成的银行团，在瑞士巴塞尔共同联合成立了国际清算银行，这是最早建立的国际金融组织。

第二次世界大战使多数西方国家的经济遭受严重的破坏，各国普遍希望建立一个稳定的国际货币金融体系，为各国的经济复苏提供资金。1944 年 7 月，44 个国家在美国布雷顿森林举行联合国货币金融会议，通过了《国际货币基金组织协定》和《国际复兴开发银行协定》。

1945 年 12 月，国际货币基金组织和国际复兴银行这两个国际金融组织正式成立。后来，国际复兴银行（又称世界银行）又设立四个附属机构，统称为世界银行集团。至此，以国际清算银行、国际货币基金组织、世界银行集团为主体的国际金融体系初步形成。

　　20 世纪 50 年代到 70 年代，许多发展中国家为了经济发展，迫切需要解决资金短缺问题。为此，发展中国家联合组建了许多区域性的金融机构。与此同时，西方国家为适应国际资本流动及世界经济一体化和全球化的发展趋势，也纷纷建立各种形式的区域性国际金融组织。

扩展阅读 9-11　战后国际金融机构迅速发展的主要原因

　　1957 年，西欧共同体创立的欧洲投资银行是最早的区域性国际金融组织。后来，拉美的泛美开发银行、亚洲的亚洲开发银行、非洲的非洲开发银行和中东的阿拉伯货币基金组织先后成立，这些区域性国际金融机构的出现，标志着区域性金融组织的产生。

二、全球性国际金融机构

（一）国际货币基金组织

1. 国际货币基金组织建立的目的

　　为了避免重演 20 世纪 30 年代资本主义世界经济危机及其所引起的国际金融秩序混乱，1944 年 7 月在美国新罕布什尔州的小镇布雷顿森林召开了由 44 国代表参加的联合与联盟国家货币金融会议，会议签订了《布雷顿森林协定》。

　　国际货币基金组织（IMF）是根据《布雷顿森林协定》而成立的政府间的全球性国际金融机构。于 1946 年 3 月正式成立，1947 年 3 月 1 日开始工作，1947 年 11 月 15 日成为联合国的专门机构，在经营上有其独立性，总部设在华盛顿，是目前世界上最重要的国际金融组织之一。目前，IMF 成员已达 189 个，中国是 IMF 的创始国之一，中国政府的合法席位是 1980 年 4 月 18 日恢复的，是该组织的执行董事之一。

　　国际货币基金组织致力于促进全球货币合作，确保金融稳定，促进国际贸易。职责是监察货币汇率和各国贸易情况、提供技术和资金协助，确保全球金融制度运作正常。

2. 国际货币基金组织的宗旨

　　根据《国际货币基金组织协定》第一条，国际货币基金组织的宗旨是：

　　（1）为会员方提供一个常设的国际货币机构，促进成员方在国际货币问题上的磋商与合作。

　　（2）促进汇率的稳定和有秩序的汇率安排，借此避免竞争性的汇率贬值。

　　（3）为经常项目收支建立一个多边支付和汇兑制度，努力消除不利于世界贸易发展的外汇管制。

　　（4）促进国际贸易均衡发展，维持和提高就业水平和实际收入，发展各国的生产能力。

　　（5）在临时性基础上和具有充分保障的条件下，向成员国提供资金融通，使之在无须采取有损于本国及国际经济繁荣措施的情况下，纠正国际收支的不平衡。

(6)努力缩短和减轻国际收支不平衡的持续时间和程度。

3. 国际货币基金组织的资金来源

(1)基金份额。IMF 的资金,主要来自成员方缴纳的份额。基金份额的性质类似股份公司的入股资金,成员方缴纳后,即成为 IMF 的资本。目前成员方应交份额的大小,要综合考虑每个成员方的国民收入、黄金外汇储备以及对外贸易量的大小等因素,由 IMF 与成员方磋商确定,每五年对份额进行一次审查与调整。当成员方的国际收支出现不平衡时,IMF 可以利用份额资金解决成员方的短期资金需要。份额的机制单位原定为美元,1969 年起改用特别提款权(SDR)。成员方向 IMF 缴纳的份额,除作为 IMF 发放短期信用资金的来源外,一国资金份额的大小对其在 IMF 的活动中起着十分重要的作用,具体有以下三个方面:第一,决定成员方从国际货币基金借款或提款的额度;第二,决定成员方投票权的多少;第三,决定成员方分得的特别提款权的多少。

(2)借款。借款是指国际货币基金组织通过与会员方协商,向会员方借入资金。

(3)出售黄金。根据《牙买加协定》制定的"黄金非货币化"条款,国际货币基金组织可以将其所持有的黄金按市价出售,所得利润作为建立信托基金的资金来源,以向最贫穷的会员方提供贷款。

扩展阅读 9-12 黄金非货币化的产生

4. 国际货币基金组织的主要业务

(1)汇率监督。布雷顿森林体系要求保证有秩序的固定汇率安排,因此,维持汇率稳定就成为国际货币基金组织的主要活动之一。国际货币基金组织规定:会员方应避免操纵汇率或国际货币制度来妨碍国际收支的有效调整或取得对其他会员方不公平的竞争优势,会员方在必要时应干预外汇市场,但在干预时需考虑相关会员方的利益。

(2)磋商与协调。国际货币基金组织的宗旨之一便是为会员方提供一个常设的国际货币机构,促进成员方在国际货币问题上的磋商与合作,因此,除了各种会议外,国际货币基金组织原则上还应每年与会员方进行一次磋商,有助于了解会员方的经济发展状况和政策措施,便于迅速处理会员方申请贷款的要求。

(3)金融贷款。国际货币基金组织最主要的业务活动是向成员方提供贷款。《国际货币基金协定》第五条第二节即基金的业务范围规定:除本协定另有规定外,基金的业务限于会员方请求,以该会员方货币向基金普通资金账户上的普通资金中购买特别提款权或其他会员方货币。可见 IMF 的"贷款"准确地讲应该是"提款"。享有提款权以会员方身份为要件,行使提款权则必须以该会员方的国际收支出现不平衡为要件。

简单地说,当某会员方出现国际收支不平衡时,其有权向 IMF 要求以本国货币购买 IMF 资金账户上的货币或者特别提款权,到期时该会员方应以 IMF 要求的货币或特别提款权向 IMF "购回"本国货币。

IMF 属于国际经济组织,它的贷款与其他国际经济组织的贷款不太相同。例如,与世界银行集团的贷款区别如下:

(1)贷款对象不同。世界银行集团的贷款主要贷给会员方官方、国有企业、私营企业。IMF 的贷款的借款人只能是会员方官方,贷款提供给会员方的财政部、中央银行等政府机构。

（2）贷款用途不同。世界银行集团的贷款多为项目贷款，用于农业、运输交通、教育等诸多领域。借款必须专款专用，借款国必须接受世界银行集团的监督，IMF的贷款限于贸易和非贸易的经常性支付。

（3）贷款期限不同。前者为20~30年，宽限期5~10年。后者期限非常短，最多3~5年，体现了贷款的临时性。

（4）贷款额度不同。前者根据借款国的人均国民生产总值、信用强弱、借款国的发展目标和需要、投资项目的可行性及在世界经济中的发展次序。后者的额度根据借款国的实际需要和借款国在IMF的份额确定，份额的多少决定了贷款的多少。

5. 基金功能

（1）资金融通。会员方在国际收支困难时，可以向基金申请贷给外汇资金。但其用途限于短期性经济收支的不均衡，各会员方可利用基金的资金，其最高限额为该国摊额的2倍，而在此限额内1年仅能利用摊额的25%。后来，IMF慢慢放宽会员方对于资金利用的限制，以配合实际的需要。

（2）规定各会员方汇率、资金移动和其他外汇管制措施。会员方的国际收支，除非发生基本不均衡，否则不得任意调整其本国货币的平价。所谓基本不均衡，指除了因季节性、投机性、经济循环等短期因素外的原因，所产生的国际收支不均衡。对于资金移动，IMF规定：各会员方不得以IMF的资金，用于巨额或持续的资本流出的支付。对于此种资本流出，会员方要加以管制，但不得因此而妨碍经济交易的对外支付。

（3）对会员方有提供资料和建议的作用。

（4）IMF的平价。国际货币基金对于外汇汇率采取平价制度，规定各会员方均须设定本国货币的平价。IMF规定：会员方的货币的平价，用黄金1盎司（英两）等于35美元表示。各国外汇买卖价格上下变动，不得超过平价的1%。1971年《史密松宁协定》成立后，此一现货汇率的波动幅度，已扩大为平价上下2.25%的范围，而决定"平价"的标准，也由黄金改为特别提款权。至于经IMF公布的平价，非经IMF同意不得变更。但如果会员方的国际收支发生基本不均衡时，即可向IMF提出调整平价的要求。若整体幅度在平价的10%以内时，会员方得自行调整后，由IMF予以追认。若超过10%，则须先经IMF同意才能调整。此种平价制度就是"可调整的钉住汇率"。虽然与金汇兑本位制颇接近，但是IMF的平价，是IMF与会员方所决定，而金汇兑本位制则由黄金含量比率所决定。

（二）世界银行集团

1. 世界银行集团的建立及其宗旨

世界银行集团（WBG）、国际货币基金组织（IMF）和世界贸易组织（WTO）并称国际经济体制中最重要的三大支柱。世界银行集团不是一般意义上的"银行"，它是联合国的专门机构之一，拥有189个成员，每个成员的表决权按每个成员缴纳的会费而不同。

世界银行1946年6月25日开始运行，由1945年到1988年建立的五个机构一起组成世界银行集团，其总部在华盛顿哥伦比亚特区。它是一个非营利性的国际组织，其成员拥有其所有权。

最初世界银行的目的是出于战后重建的需要，帮助欧洲国家和日本在第二次世界大战后的重建，此外它亦称应该辅助非洲、亚洲和拉丁美洲国家的经济发展，近年来世界银行开始放弃它一直追求的经济发展而更加集中于减轻贫穷。世界银行向发展中国家提供长期贷款和技术协助，帮助这些国家实现反贫穷政策。世界银行的贷款被用在非常广泛的领域中，从对医疗和教育系统的改革到诸如堤坝、公路和国家公园等环境和基础设施的建设。

广义上，世界银行是世界银行集团（WBG）的非正式简称，它包括五个机构：国际复兴开发银行（IBRD）、国际开发协会（IDA）、国际金融公司（IFC）、多边投资担保机构（MIGA）和国际投资争端解决中心（ICSID）。在日常新闻报道里，"世界银行"这个名称一直是用于指其中的国际复兴开发银行和国际开发协会。最狭义的世界银行专指国际复兴开发银行。

根据《国际复兴开发银行协定》，世界银行的宗旨是：①对用于生产目的的投资提供便利，以协助会员的复兴与开发，并鼓励不发达国家开发和生产资源；②通过保证或参与私人贷款和投资的方式，促进私人的对外投资；③用鼓励国际投资以开发会员生产资源的方法，促进国际贸易的长期平衡发展，维护国际收支的平衡；④在提供贷款保证时，应与其他方面的国际贷款配合。

2. 世界银行集团的资金来源

世界银行的资金来源主要有以下四个方面：

（1）会员缴纳的股金。世界银行会员必须认缴银行的股金，以在国际货币基金组织中的分摊份额为依据。

（2）国际金融市场的借款。国际复兴开发银行主要通过直接向会员政府、政府机构或中央银行出售债券，以及通过投资银行、商业银行等中间包销商向私人投资市场出售的方式，在各国和世界金融市场上筹措资金。

（3）转让债权。世界银行将贷出款项的一部分转让给私人投资者，主要是商业银行，借此收回一部分资金，扩大银行贷款资金的周转能力。

（4）经营利润收入。世界银行的利润收入不分配给会员，除将一部分以赠款形式给国际开发协会外，其余均充作本身的资金，成为发放贷款的一种资金来源。

世界银行向政府或公共企业贷款，政府（或"主权"）必须保证贷款的偿还。贷款的基金主要来自发行世界银行债券，因为成员的资本支持这些债券的信用被列为AAA（最高）。由于世界银行的信用非常高，它可以以非常低的利率贷款。由于大多数发展中国家的信用相对低得多，即使世界银行向其提取约1%的管理费，其贷款对这些国家来说仍是非常有吸引力的。

除此之外世界银行集团的国际开发协会向最贫穷的国家（一般人均年收入少于500美元）提供"软"的贷款，贷款期为约30年，不收利息。国际开发协会的基金直接来自成员。

3. 世界银行集团的主要业务

世界银行主要通过发放贷款、技术援助和提供担保促进可持续的发展，缓解较贫穷国家的贫困。向成员尤其发展中国家提供贷款是世界银行最主要的业务，帮助借款国以比市场更可持续的方法获得数额较大，条件较好、偿还期较长的资本。

（1）发放贷款。这是银行最主要的、最大量的业务。世界银行贷款的特点与条件是：①仅限于对有偿还能力的会员，对于无偿还能力国家，世界银行不考虑对其贷款；②贷款必须用于特定工程项目，也就是说，世界银行贷款是与工程项目相关联的，而这些项目需经严格挑选，借款国需向该行提供与贷款项目有关的详细资料，包括有关的政治、经济和财政状况；③申请贷款的国家确实不能以合理的条件从其他方面取得贷款时，世界银行才考虑发放贷款；④贷款必须专款专用，并接受世界银行严密的监督；⑤贷款的期限较长，一般为数年，最长可达30年，宽限期为30年左右；⑥贷款以美元计值，贷款国所借币种和所还币种相同，必须承担该种货币与美元汇价变动的风险；⑦贷款数额不受成员认缴金额限制且贷款用途较广；⑧贷款利率实行浮动利率，但一般低于市场利率。

（2）技术援助。向会员提供技术援助是世界银行业务活动的一个重要组成部分。这种技术援助往往是与贷款工程项目相结合的，以帮助借款国进行工程项目的组织与管理，努力提高资金使用效益。同时，世界银行还设立了一所经济发展学院，主要为发展中国家培训中高级技术管理人才。

（3）提供担保。为发达国家的私人机构向发展中国家进行投资而提供担保，是世界银行的另一项重要的新的业务活动。为此，1988年4月，世界银行专门成立了"多边投资担保机构"以保障和鼓励私人机构到发展中国家投资。

4. 世界银行集团的五个机构

（1）国际复兴开发银行。国际复兴开发银行是世界上最大的发展援助机构之一。于1945年正式成立，次年6月正式营业，目前有189个成员。它利用其资金、高素质的人才和广泛的知识基础，帮助各发展中国家走一条稳定、可持续和平衡的发展之路。国际复兴开发银行的宗旨是：①对生产性投资提供便利，协助会员搞开发；②通过保证或参与的方式促进私人对外投资；③鼓励开发生产资源，促进国际贸易平衡发展；④与其他国际贷款机构相配合，提供贷款保证。

（2）国际开发协会。国际开发协会于1960年9月正式成立，是附属于世界银行专门为欠发达国家提供资金帮助的一个独立的全球性的国际金融机构。按照规定，国际开发协会的会员必须首先是世界银行的会员，但世界银行的会员不一定必须参加协会。国际开发协会的宗旨：对欠发达国家给予条件较宽、期限较长、负担较轻并可用部分该国货币偿还的贷款，以促进其经济的发展、生产和居民生活水平的提高；作为世界银行贷款的补充，促进世界银行目标的实现。

向世界上最贫穷的国家提供免息贷款。这种援助是十分关键的，因为这些国家几乎没有能力按市场条件借到资金，其中大多数国家的人均每天生活费不足2美元。国际开发协会帮助向这些国家提供较好的基本服务（如教育、医疗保健和卫生设施等），并帮助进行改革和投资，促进生产率的提高和创造就业。无息贷款的偿还期为35~40年，还有10年的宽限期。

目前，只有人均国民总收入等于或低于865美元的国家才具有获得国际开发协会援助的资格。

（3）国际金融公司。国际金融公司成立于 1965 年 7 月，是世界银行的一个附属机构。国际金融公司的宗旨是通过私人部门进一步推动经济发展，通过与商界伙伴合作，国际金融公司投资于发展中国家可持续的私人企业，提供长期贷款、担保和风险管理，并向其客户提供咨询服务。

国际金融公司的资金来源：会员认缴的股金；通过发行债券，在国际资本市场融资；世界银行与会员政府提供的贷款；国际金融公司贷款与投资的利润收入。

国际金融公司的主要业务活动是向私人企业提供贷款，其贷款对象主要是发展中国家的制造业、加工业、开采业、公共事业、旅游业等方面的贷款，不要求政府担保。此外，还从事其他旨在提高私人企业效率和促进其发展的活动，如提供项目技术援助和政策制定方面的帮助。

（4）多边投资担保机构。多边投资担保机构成立于 1988 年，有 179 个成员，多边投资担保机构通过向外国投资者提供担保，使其免受因非商业风险（如征收，货币不可兑换，转移限制以及战争和内乱）造成的损失，以此鼓励对发展中国家的外国投资。此外，多边投资担保机构还提供技术援助，帮助有关国家传播关于其投资机会的信息。

扩展阅读 9-13 世界银行审议通过 2020—2025 财年对华国别伙伴框架

（5）国际投资争端解决中心。国际投资争端解决中心成立于 1966 年，是依据解决国家与他国国民间投资争端公约而建立的世界上第一个专门解决国际投资争议的仲裁机构，是一个通过调解和仲裁方式专为解决政府与外国私人投资者之间争端提供便利而设立的机构。其宗旨是在国家和投资者之间培育一种相互信任的氛围，从而促进国外投资不断增加，提交该中心调解和仲裁完全是出于自愿。

扩展阅读 9-14 亚投行和其他国际金融机构的横向比较

三、区域性国际金融机构

区域性国际金融机构，是指其会员国仅限于某一地区范围内的金融机构，目前比较典型的有国际清算银行、亚洲开发银行、非洲开发银行、泛美开发银行和欧洲投资银行等。

（一）国际清算银行

国际清算银行最初创办的目的是为了处理第一次世界大战后德国的赔偿支付及其有关的清算等业务问题。第二次世界大战后，它成为经济合作与发展组织成员国之间的结算机构。国际清算银行不是政府间的金融决策机构，亦非发展援助机构。国际清算银行是以股份公司的形式建立的，组织机构包括股东大会、董事会、办事机构。国际清算银行的宗旨是促进各国中央银行之间的合作，为国际金融运作提供额外负担外的便利，并作为国际清算的受让人或代理人。

国际清算银行的资金主要来源于以下三个方面。

（1）成员国缴纳的股金。该行建立时，法定资本为 5 亿金法郎，1969 年增至 15 亿金法郎，之后几度增资。该行股份80%为各国中央银行持有，其余20%为私人持有。

（2）借款。向各成员国中央银行借款，补充该行自有资金的不足。

（3）吸收存款。接受各国中央银行的黄金存款和商业银行的存款。

中国人民银行于1996年11月正式加入国际清算银行，中国人民银行是该行亚洲顾问委员会的成员。中国认缴了3 000股的股本，实缴金额为3 879万美元。2005年6月1日，经追加购买，中国共有该行4 285股的股本。

（二）亚洲开发银行

亚洲开发银行是亚洲、太平洋地区的区域性金融机构。它不是联合国下属机构，但它是联合国亚洲及太平洋经济社会委员会（联合国亚太经社会）赞助建立的机构，同联合国及其区域和专门机构有密切的联系。根据1963年12月在马尼拉由联合国亚太经社会主持召开的第一届亚洲经济合作部长级会议的决议，1965年11月至12月在马尼拉召开的第二届会议通过了亚洲开发银行章程。章程于1966年8月22日生效，11月在东京召开首届理事会，宣告该行正式成立。同年12月19日正式营业，总部设在马尼拉。

亚洲开发银行宗旨是通过向亚太地区发展中国家（地区）提供项目贷款和技术援助，促进和加速本区域的经济合作。亚行对发展中国家（地区）成员的援助主要采取四种形式：贷款、股本投资、技术援助、联合融资和担保。亚行的组织机构主要有理事会和董事会，亚行有来自亚洲和太平洋地区的区域成员以及来自欧洲和北美洲的非区域成员。

亚洲开发银行对我国的经济援助主要涉及市场经济法律框架的建立、改善宏观调控、基础项目投资、环境资源保护、减少贫困尤其是中西部的贫困人口，以及促进国际资本对中国的投资。

（三）非洲开发银行

非洲开发银行是在联合国非洲经济委员会帮助下，主要由非洲国家政府合办的，具有互助性质的半区域性国际金融机构。其成立于1964年9月，1966年7月开始营业，总部设在科特迪瓦首都阿比让。

非洲发展银行宗旨是向非洲成员国提供投资和贷款或给予技术援助，充分利用本地区的人力和资源，以促进各国经济发展和社会进步，帮助非洲大陆制订经济和社会发展的总体规划，协调各国的发展计划，从而达到非洲经济一体化。

非洲发展银行资金来源主要是成员国认缴的股本。非洲开发银行原本具有严格的地区性，成员国只限于非洲国家，为了广泛吸收资金和扩大贷款能力，非洲开发银行理事会通过决议，允许比如美国、日本等国家和地区加入，我国于1985年5月正式加入该行。

（四）泛美开发银行

泛美开发银行主要由美洲国家组成，向拉丁美洲国家提供信贷资金的区域金融组织。1959年4月8日，20个拉丁美洲国家和美国签订了《建立泛美开发银行的协定》，12月30日生效。1960年10月1日银行正式开业，总部设在华盛顿，该行的创始成员国是21个国家，包括20个拉美国家和美国。

泛美开发银行的宗旨是集中成员国的力量，对需要资金的拉丁美洲国家或地区的经济和社会发展计划提供资金及技术援助，以促进各国的经济和社会发展。泛美开发银行的资金主要来源于成员国认缴的股本和借款。

（五）欧洲投资银行

欧洲投资银行是欧洲经济共同体各国政府间的一个金融机构，成立于1958年1月，总行设在卢森堡。该行的宗旨是利用国际资本市场和共同体内部资金，促进共同体的平衡和稳定发展。为此，该行的主要贷款对象是成员国不发达地区的经济开发项目。从1964年起，贷款对象扩大到与欧共体有较密切联系或有合作协定的共同体外的国家。

资金来源：成员国认缴的股本金，初创时法定资本金为10亿欧洲记账单位；借款；通过发行债券在国际金融市场上筹资。

扩展阅读 9-15 国际金融机构在发展世界经济方面的主要作用

本章小结

国际收支是指一定时期内，一个国家或地区与其他国家或地区之间进行的全部经济交易的系统记录。在国际收支调节方面，可以通过财政政策、货币政策、信用政策和外贸政策来改善国际收支状况。在国际贸易过程中，离不开汇率问题，通过了解汇率制度来了解不同货币之间的价值。在不同的历史时期，国际货币体系围绕着三个方面的问题展开了改革，经历了金本位制体系、布雷顿森林体系和牙买加体系的演变。国际金融的发展离不开国际金融机构的作用，国际金融机构大体上分为两类，一类是全球性的金融机构，另一类是区域性的国际金融机构。

即测即练

复习思考题

1. 什么是外汇？其主要特征是什么？
2. 什么是汇率？有哪几种分类？汇率是由什么决定的？有哪些影响汇率变动的因素？
3. 国际上通行的汇率制度有哪几种？中国汇率制度改革的主要方向是什么？
4. 国际收支平衡表主要项目有哪几个？对国际收支失衡如何进行调节？
5. 国际货币基金组织的宗旨是什么？组织机构如何？贷款种类有哪些？
6. 世界银行集团包括哪几个组织？各自特点是什么？
7. 布雷顿森林体系运行有哪几个阶段？如何评价布雷顿森林体系？
8. 牙买加协定后的国际货币制度是怎样运行的？对牙买加体系有何评价？

实训内容

请搜集我国近年来从各种国际金融机构获得的优惠贷款。

第十章

货币供求及其调节

学习目标

1. 理解货币需求的含义，了解货币需求理论的发展；
2. 理解货币供给的含义，掌握货币供给机制和影响货币供给的因素；
3. 理解和掌握货币供求均衡的实现机制及货币供求失衡的调节措施；
4. 掌握通货膨胀和通货紧缩类型、成因及治理对策。

技能目标

1. 准确识记本章的基本概念，领会基本知识点；
2. 能对现实经济中的货币失衡现象进行分析并提出相应解决问题建议。

素质目标

1. 培养学生独立思考，辩证逻辑思维能力；
2. 培养学生的严谨的科学精神和态度；
3. 培养学生团队协助、团队互助等意识。

导入案例

疫情冲击下全球开启超宽松货币政策浪潮

2020年3月以来，新冠肺炎疫情在全球范围内迅速蔓延，世界经济陷入深度衰退，金融市场剧烈波动。为了应对疫情冲击，各国央行紧急降息，加大资产购买计划。主要央行多措并举，美联储、欧洲央行等推出了一系列货币宽松工具，既包括利率调控、前瞻性指引等常规选项，重启了2008年金融危机时期的非常规工具，还设立了新的流动性支持机制，推行历史罕见的超宽松货币政策。这种货币的大量投放一方面会遏制经济下滑，另一方面会使资产价格上涨，比如使股票价格和房地产价格上涨。因此，市场出现了强烈的通货膨胀预期。由于通货膨胀对国家经济、宏观调控政策及居民生活会产生很大影响，已经成为人们关注的热点问题。

对于货币现象我们不能只看表面，应该掌握货币需求和货币供给的基本规律，学会分析货币现象背后的成因及影响。

第一节 货币需求

一、货币需求的含义

货币需求是指在一定时期内，社会各经济主体（包括个人、企事业单位、团体、政府等）在既定的收入或财富范围内愿意而且能够以货币形式持有的财富的数量。理解货币需求内涵应把握以下四点：

（1）货币需求是一个存量概念。它考察的是在特定时点和空间范围内社会各部门在其拥有全部资产中愿意以货币形式持有的数量或份额。

（2）货币需求是有效需求，是一种能力与愿望的统一。一是有能力获得或持有货币，二是愿意以货币形式保有其资产，只有同时满足这两个基本条件才能形成货币需求。

（3）现实中的货币需求包括对现金和存款货币的需求。

（4）货币需求既包括了执行流通手段和支付手段职能的货币需求，也包括执行储藏手段职能的货币需求。

二、货币需求理论的发展

（一）马克思的货币需求理论

马克思的货币需求理论集中反映在他的货币必要量公式中。马克思以完全金币流通为假设条件，提出了货币流通规律公式：

$$\text{执行流通手段职能的货币量} = \frac{\text{商品价格总额}}{\text{同名货币的流通次数}}$$

用符号表示为

$$M_d = \frac{PQ}{V}$$

式中，M_d 为流通中货币需要量，P 为商品价格，Q 为商品交易量，V 为商品流通速度。

公式表明，货币量取决于商品价格、流通的商品量和货币流通速度这三个因素。流通中货币量与商品价格和进入流通的商品数量成正比，与货币流通速度成反比。

马克思在对纸币流通条件下货币量与价格之间的关系的分析中指出：在金币流通条件下，流通所需要的货币量取决于商品价格总额；而在纸币作为唯一流通手段条件下，商品价格水平会随纸币数量的增减而涨跌。

（二）传统货币数量论

传统的货币数量论并不把货币需求作为直接的研究对象，而是研究名义国民收入及物价是如何决定的。由于它建立了名义国民收入同货币量之间的关系，从而从一个侧面说明了在一定的名义国民收入条件下需要的货币量，因而也被看作一种货币需求理论。基本观点是货币数量决定货币价值和物价水平，货币数量与货币价值成反比，与物价水平成正比。具有代表性的传统货币数量论有费雪方程式和剑桥方程式。

1. 费雪方程式

美国经济学家欧文·费雪 1911 年出版的《货币的购买力》一书，提出了著名的费雪方程式。由于他的研究主要着眼于执行流通手段职能的现金量上，因此费雪方程式又被称为"现金交易数量说"。费雪方程式为

$$MV = PT$$

式中，M 为一定时期流通中需要的货币数量，V 为货币的流通速度，P 为商品和劳务价格的加权平均数，T 为商品和劳务的交易数量。

费雪认为，P 的值取决于 M、V、T 三个变量的相互作用，M 是由模型以外的因素决定的；V 和 T 外生变量，不受 M 变动的影响。V 是由制度因素决定的，它取决于人们的支付习惯、信用发达程度、运输条件等社会因素，短期内不变，可视为常数。T 取决于资本、劳动力及自然资源的供给情况和生产技术水平等非货币因素，T 与产出水平常常保持固定比例，也大体上不变。这样，P 与 M 关系最为紧密，P 的大小取决于 M 的变化。这样，交易方程式就转化为货币数量论。费雪认为，流通中的货币数量对物价具有决定性作用，而全社会一定时期一定物价水平下的总交易量与所需要的名义货币之间也存在着一个比例关系：$\frac{1}{V}$。

2. 剑桥方程式

马歇尔和庇古为代表的剑桥学派，在研究货币需求量问题时，更加注重研究微观主体行为。他们认为，人们的财富用途有三种：投资、消费、手持现金。用于投资和消费的财富会很快被消耗掉，无须以货币形式来代表；人们需要货币只是为了交易媒介和财富储存。因此，货币需求就是收入中用现金形式保有部分，个人对货币需求实质是一种资产选择行为。个人财富水平、利率变动，以及持有货币可能拥有的便利等因素决定了人们对货币的需求量，且名义货币需求量与人们的财富或名义收入之间保持一定的比率，用公式表示为

$$M_d = kPY$$

或

$$P = \frac{M_d}{kY}$$

式中，Y 为总收入；P 为物价水平；M_d 为现金余额，即名义货币需求量；k 为以货币形式持有的财富占名义总收入的比例，又称作剑桥系数。

这一方程式被称为剑桥方程式或现金余额方程式。

（三）凯恩斯的货币需求理论

凯恩斯继承了剑桥学派的分析方法，从资产选择的角度来考察货币需求。他在 1936 年出版的《就业、利息和货币理论》一书中，提出了有效需求理论，指出人们货币需求行为是由三种动机决定的，即交易动机、预防动机和投机动机，相应货币需求则由交易性货币需求、预防性货币需求和投机性货币需求构成。

扩展阅读 10-1　费雪方程式与剑桥方程式的比较

交易性货币需求是由于人们取得收入和进行支出在时间上不同步,人们为应对日常交易需要而必须在手头保有的货币。交易性货币需求取决于收入水平,收入越多,交易数量越大,交易性货币需求量就越大。

预防性货币需求是由于人们未来收入和支出具有不确定性,人们为预防未来收入延迟(或减少)和未来支出增加而必须在手头保存的货币。预防性货币需求也取决于收入,收入越高,预防性货币需求量越大。

交易性货币需求和预防性货币需求都取决于收入,用 M_1 表示交易性货币需求和预防性货币需求之和,用 L_1 表示决定于收入水平的货币需求函数,用 Y 表示国民收入,则 $M_1 = L_1(Y)$。

投机性货币需求取决于利率水平,利率越高,需求量越小。凯恩斯将用于储藏财富的资产分为两类:货币和债券。人们持有的货币,收益为零;持有债券收益取决于利率,债券未来价格随市场利率呈反方向变动。现行利率越高,未来下降的可能性越大,未来债券价格就会上升,因此,人们会选择持有债券而不是货币。并且现行利率越高,人们持有货币的机会成本越高。因此,投机性货币需求是利率的递减函数。用 M_2 表示投机性货币需求量,L_2 表示决定于利率水平的货币需求函数,R 表示利率,则 $M_2 = L_2(R)$。

用 M 表示货币需求,则凯恩斯的货币需求函数为

$$M = M_1 + M_2 = L_1(Y) + L_2(R)$$

凯恩斯还提出了"流动性陷阱"的假说,即当利率低得不能再低时,人们就会认为利率肯定会上升,债券价格肯定下跌,于是人们的货币需求弹性变得无限大,无论增加多少货币,都会被人们储存起来。

凯恩斯认为,货币需求量受未来利率不确定性的影响,因而不稳定,货币政策应"相机行事"。

(四)弗里德曼的货币需求函数

弗里德曼是现代主义货币学派的主要代表人物。他在《货币数量论:一种新的阐述》(*The Quantity of Money: A Restatement*)一文中,给货币数量说以新的解释。他既继承了剑桥学派现金余额说的观点,重视货币数量与物价水平之间的因果联系,同时也接纳了剑桥学派和凯恩斯学派对货币需求微观分析的方法,提出货币需求函数。弗里德曼认为,货币的需求取决于三种主要因素:各种形式持有的总财富、货币和其他形式资产的价格和收益率、财富所有者的偏好。货币需求是由总财富和各种不同形式财富的收益率决定的。财富是收入的资本化价值,当前收入并不是财富,只有"恒久收入"才是财富。弗里德曼将货币需求函数表述为

$$\frac{M_d}{P} = f\left(Y_P, W, r_m, r_b, r_e, \frac{1}{p} \cdot \frac{\mathrm{d}p}{\mathrm{d}t}, u\right)$$

式中,$\frac{M_d}{P}$ 为实际货币需求量;P 为一般水平;Y_P 为实际恒久收入;W 为人力财富占个人总财富比重;r_m 为货币的预期收益率;r_b 为债券的预期收益率;r_e 为股票的预期收益率;$\frac{1}{p} \cdot \frac{\mathrm{d}p}{\mathrm{d}t}$ 为价格水平的预期变化率,即物价变动率;u 为影响实际货币需求的其他随机变

量（包括社会富裕程度、取得贷款的难易程度、社会支付体系的状况等）。

恒久收入来源总财富，是构成总财富的各种资产的预期贴现值总和。在其他条件不变的情况下，收入越多，货币需求越多。一个人的总财富由人力财富和非人力财富构成。其中，人力财富所占比重越大，货币需求越大；非人力财富所占比重越大，货币需求越小。因此，恒久收入 Y_p 和 W 与货币需求量呈同方向变化。

除 u 外，其余都为机会成本变量。预期物价变动率 $\frac{1}{p} \cdot \frac{dp}{dt}$ 越高，意味着货币贬值，通货膨胀，人们就会将货迅速地消费或变成其他财富。反之，愿意持有货币，以满足流动性偏好。在其他条件不变的条件下，存款、债券、股票的收益率越高，人们就越愿意将货币转化为这些资产，货币需求量就越小。反之，人们就会抛售证券，提取存款，持有货币。因此，$r_m, r_b, r_e, \frac{1}{p} \cdot \frac{dp}{dt}$ 与货币需求量呈反方向变化。

弗里德曼认为，恒久收入的波动幅度比现期收入小，且货币流通速度是相对稳定的，因此，货币需求量是稳定的，可以预测的，因而"单一规则"可行。

扩展阅读 10-2　弗里德曼货币需求理论评价

第二节　货　币　供　给

一、货币供给的含义

货币供给是相对货币需求而言，包括货币供给行为和货币供给量两大内容。货币供给行为，是指银行系统通过信用活动向生产和流通领域注入货币的经济行为。货币供给量，是指金融系统根据货币需求量，通过其资金运用，注入流通领域的货币量。

货币供给有狭义和广义之分。狭义货币供给由流通中的纸币、铸币和活期存款构成。广义货币供给还包括商业银行的定期存款、储蓄和贷款协会及互助储蓄银行的存款，甚至还包括储蓄债券、大额可转让定期存单、短期政府债券等现金流动资产。

货币供给的变化是由中央银行和商业银行等金融机构的行为引起的。一般来说，货币是由中央银行发行的，中央银行垄断了货币发行权，它发行的货币具有无限清偿能力。商业银行的活期存款占货币供给的绝大部分，它包括原始存款和派生存款。原始存款是指客户以现金形式存入银行的直接存款。它仅仅是流通中的现金变成了银行的活期存款，不会引起货币供给总量的变化。商业银行获得原始存款后，除提取一部分法定存款准备金上缴中央银行以外，其余部分通过发放贷款、贴现、投资等资产业务创造出数倍于原始存款的派生存款。派生存款增加着货币供给总量。原始存款是商业银行信用扩张的基础。中央银行通过调整法定存款准备金率来控制这部分存款，以达到调节信贷规模和控制货币供应量的目的。

扩展阅读 10-3　货币的层次划分

二、货币供给机制

现代信用制度下货币供应量的决定因素主要有两个，一是基础货币（B），二是货币乘数（k）。货币供给量（M_s）等于基础货币与货币乘数的乘积，即 $M_s = k \cdot B$。

基础货币又称高能货币、强力货币或货币基础，是中央银行发行的债务凭证，由公众持有的通货和商业银行的存款准备金构成，一般用 B 表示。其中，流通中的通货等于中央银行资产负债表中的货币发行，一般用 C 表示；存款准备金包括商业银行持有的库存现金、在中央银行的法定存款准备金，一般用 R 表示，而 R 又包括活期存款准备金 R_r、定期存款准备金 R_t 以及超额准备金 R_e。基础货币＝流通中的通货+存款准备金，即 $B = C + R = C + R_r + R_t + R_e$。

中央银行投放基础货币的渠道主要包括：
（1）对商业银行等金融机构再贷款；
（2）变动金、银、外汇等储备资产；
（3）购买政府部门债券。

中央银行提供的基础货币，形成了商业银行的原始存款，是商业银行创造存款货币的源头。中央银行提供基础货币，首先影响的是商业银行的准备金存款，只有商业银行运用准备金存款进行存款货币创造活动，才能最终完成货币的供应。如果中央银行能有效地控制基础货币的投放量，则控制货币供给量的关键，就在于中央银行能否准确测定和调控货币乘数。

货币乘数是指当基础货币变动一单位时，货币供应量变动的规模。凡影响基础货币的因素，都会影响货币乘数。我们可以根据货币供应量＝基础货币×货币乘数，即 $M_s = k \cdot B$，推导出货币乘数 k。

因为 $B = C + R = C + R_r + R_t + R_e$。其中，$C$ 等于提现率 h 与活期存款 D_d 的乘积，即 $C = h \cdot D_d$；R_r 等于活期存款准备率 r 与活期存款 D_d 的乘积，即 $R_r = r \cdot D_d$；R_t 等于定期存款准备率 t，以及定期存款 D_t 与活期存款 D_d 的比率 s，即 $R_t = t \cdot s \cdot D_d$；$R_e$ 等于超额存款准备率 e 与活期存款 D_d 的乘积，即 $R_e = e \cdot D_d$。有

$$B = C + R = C + R_r + R_t + R_e = D_d (h + r + t \cdot s + e)$$

则，

$$\frac{D_d}{B} = \frac{1}{h + r + t \cdot s + e}$$

式中，$\frac{D_d}{B} = \frac{1}{h + r + t \cdot s + e}$ 即为基础货币扩张为商业银行活期存款的倍数，即货币乘数。令其为 k，即

$$k = \frac{1}{h + r + t \cdot s + e}$$

在 $k = \frac{1}{h + r + t \cdot s + e}$ 的基础上，可以按照货币供应量层次划分，分别计算出不同层次的货币量对于基础货币的乘数。中央银行可以通过贴现政策、公开市场业务、法定存款准备金率政策等手段有效调控基础货币和货币乘数，调整货币供应量，还可以利用差别利率政策，调节或改变货币量在各个层次的分布结构。由于不同层次的货币流动性不同，货币乘数大小也不同，则货币在不同层次间的转移，不仅改变了货币流通结构，也改变了货币供应量。

三、影响货币供给量的因素

从理论上来看，中央银行对基础货币和货币乘数有绝对的控制能力。但从货币供给量形成过程来看，它是由中央银行、商业银行和社会公众三方行为共同决定的，中央银行不能绝对加以控制。在影响货币乘数的诸因素中，活期存款准备率 r 和定期存款准备率 t 由中央银行决定；超额存款准备金率 e 由商业银行决定，商业银行保存超额准备数额，取决于其持有超额准备金的收益与成本比较；流通中通货 C 和定期存款与活期存款比率 s 由社会公众决定，而 C、s 主要受收入水平、各种金融资产的收益水平等因素影响。一般来说，影响货币乘数的因素比较复杂，但短期内容比较稳定。如果假定货币乘数不变，则货币供给量就由基础货币量决定。基础货币是中央银行的负债，理论上中央银行可以直接控制，但事实上并非如此，基础货币量主要受以下因素制约。

扩展阅读 10-4　货币供给的内外共生性

1. 中央银行对商业银行等金融机构的债权

这是影响基础货币的最主要因素。中央银行作为银行的银行，一方面集中保管各商业银行的存款准备金，另一方面为商业银行融通资金，充当"最后贷款人"。中央银行的这一债权增加，意味着中央银行对商业银行再贴现或再贷款资产增加，必然引起商业银行存款准备金增加，从而使基础货币量增加，在货币乘数作用下，流通中的货币供给量得以多倍扩张。反之，就会减少基础货币量，使流通中货币供应量大幅收缩。通常认为，在市场经济条件下，中央银行对这部分债权有较强的控制力。

2. 黄金存量变化和国际收支状况

中央银行在市场收购黄金时，无论是在国内市场还是在国外市场，都需投放等值的通货。因此，随着中央银行黄金储备增（减），基础货币量必然增（减）。当一定时期内国际收支出现顺差，表明一国外汇收入大于外汇支出，将有更多的出口商或其他外汇持有者向中央银行出售外汇，使中央银行的国外资产净额增加，基础货币也会随之增加；反之，基础货币会减少。

3. 汇率制度与政策

如果一国实行固定汇率制，中央银行为维持汇率的稳定必须在外汇市场上买卖外汇。如为防止本币升值，中央银行必须购进外汇，因而中央银行国外资产净额增加，使基础货币增加；反之，为防止货币贬值，就会卖出外汇，中央银行国外资产净额减少，基础货币减少。

4. 政府财政收支状况

中央银行作为政府的银行，通常代理国库，一切财政收支都要经由中央银行账户实现。财政收入过程意味着货币从商业银行账户流入中央银行，是普通货币收缩为基础货币的过程；财政支出过程则意味着货币从中央银行账户流入商业银行账户，基础货币扩张为普通货币的过程。因此，财政收支对货币供应量的影响取决于财政收支状况和平衡方法。

当出现财政收支赤字，其对货币供应量的影响取决于弥补财政赤字的方式。如果向银行借款或透支从而使银行信贷资金运用规模扩大，货币供应量必然相应增加。如果发行国债弥补财政赤字，对货币供应量的影响，与购买者有关。若居民、企业用闲置资金购买，则货币供应量不变；若银行用信贷资金购买国债，或企业单位购买国债挤占了银行信贷资金，则增加货币供应量。

当财政出现盈余时，意味着从商业银行账户向中央银行账户转移的基础货币，大于从中央银行账户向商业银行账户转移的基础货币，货币供应量的总量收缩效应大于其总量扩张效应，引起货币供应总量减少。

财政收支平衡对货币供应量没有影响。因为财政收入从商业银行账户流入中央账户的产生的总量收缩效应，与等量财政支出从中央银行账户流入商业银行账户所产生的总量扩张效应相互抵消，货币总量不变。

5. 货币政策操作

中央银行通过运用再贴现政策、法定存款准备金政策、公共市场业务操作等货币政策工具，实施扩张性或紧缩性的货币政策，会直接或间接地影响它对商业银行的债权，进而引起基础货币的增减。

第三节　货币供求均衡

一、货币供求均衡含义

货币供求均衡，是指一定时期内社会货币供给量与客观经济对货币的需求量基本相适应。理解货币供求均衡含义应把握以下两点。

（1）货币供求均衡意味着货币供给量与货币需求量大体相等，而不是绝对相等，货币供求均衡是一种动态均衡。

（2）货币供求均衡意味着社会总供求的均衡。社会总供给，是指一个国家或地区在一定时期内由社会生产活动实际可以提供给市场的可供最终使用的产品和劳务总量，包括投资品供给和消费品供给。社会总需求，是指一个国家或地区在一定时期内由社会可用于投资和消费的支出所实际形成的对产品和劳务的购买力总量，包括投资需求和消费需求。社会总供给形成了一定时期对货币的总需求。货币供给量的循环周转则形成了一定时期内对投资品和消费品的购买力总和。因此，货币供求均衡与社会总供求均衡具有内在的统一性。货币供求均衡是社会总供求均衡的前提，而社会总供求均衡表明货币供求也是均衡的。

二、货币供求均衡的标志

由于货币均衡表现为社会总供求均衡（即经济均衡），因此经济均衡的标志，就是货币均衡的标志。货币供求均衡主要标志有：①市场物价稳定；②商品供求均衡；③利率反应敏感。

在市场经济制度下，物价变动率是衡量货币供求是否均衡的主要标志。在市场经济条件下，综合物价水平取决于社会总供给与社会总需求的对比关系，而货币供求均衡又是社会总供求均衡的重要前提条件。因此，可以利用综合物价水平的变动，来判断货币供求是否均衡。如果物价基本稳定，表明货币供求均衡；否则，货币供求失衡。

在计划经济体制下，货币流通速度变化率是判断货币供求是否均衡的主要标志。在计划经济体制下，物价受到国家的严格控制，过多的货币不能通过物价上涨平衡和回笼，只能大量充塞于流通之中，引起货币流通速度下降，过剩的货币越多，货币流通速度减慢的幅度越大。

在计划经济向市场经济转轨时期，可用货币流通速度与物价指数结合衡量货币是否均衡。在体制转轨时期，自由定价的商品范围逐渐扩大，国家严格控制价格的商品范围逐渐减少，因此，当货币供应量超过货币需求量时，一部分表现为物价上涨，而另一部分滞留在流通领域，表现为货币流通速度的减慢。

三、货币供求均衡的实现条件

市场经济条件下，货币供求均衡实现有赖于健全的利率机制、发达的金融市场和有效的中央银行调控机制。

在完全市场经济条件下，货币供求均衡主要是通过利率机制实现的。除利率机制之外，货币供求均衡还要考虑中央银行的调控手段，国家财政收支状况、生产部门结构是否合理，国际收支是否基本平衡。

在市场经济条件下，利率不仅是货币供求是否均衡的重要信号，而且对货币供求具有明显的调节功能。因此，货币均衡便可以通过利率机制作用来实现。

对货币需求而言，利率的变动可以调节或改变货币需求量。当市场利率升高时，人们的持币机会成本加大，必然会增加对金融生息资产而减少对货币需求。因此，利率同货币需求之间存在反方向变动关系。

对货币供给的而言，利率的变动也可以在一定程度上调节或改变货币供给量。当市场利率上升时，一方面，社会公众因持币机会成本加大而减少现金提取，使现金-存款比率缩小，货币乘数加大，货币供给增加；另一方面，银行因贷款收益增加而减少超额准备金来扩大贷款规模，使超额准备金率下降，货币乘数变大，因此，利率与货币供给量之间存在着同向变动关系。同样，供给量的变动也可以在一定程度上影响利率水平的变动。

当货币市场上出现均衡利率水平时，货币供给与货币需求相等，货币供求均衡状态得以实现。如市场均衡利率发生变化，则货币供给与货币需求也会随之变化，最终在新的均衡利率和均衡货币量上实现新的货币供求均衡。

四、货币供求失衡的调节

货币供求失衡表现为三种形式：货币供给不足、货币供给过多和结构性货币失衡。货币供求失衡是一种常见的经济现象。严重的货币失衡必然会对社会经济生活产生破坏作用。因此，各国都将货币供求均衡作为自己追求的经济目标之一。货币供求不会自动均衡，必须通过货币当局实施有效的财政、货币政策去实现。

1. 恰当的财政政策

在政府的财政收支活动中，财政收支的不平衡主要表现为财政赤字。为弥补财政赤字往往会迫使中央银行通过增加货币投放来解决，一旦货币供给量超过客观经济对货币的需求量，就会导致货币供求失衡，从而引起社会总供求的失衡。因此，为实现货币供求的均衡，政府必须采取恰当的财政政策，并根据不同时期的经济形势，调整财政政策。财政政策调节的主要手段有：①财政收入政策，包括税收和公债，主要是税收；②财政支出政策，主要包括购买性支出和转移性支付；③国家预算政策。当经济中出现需求过旺时，为抑制需求，应采取适度紧缩的财政政策,如增加税收收入、缩减财政支出等,从而减少社会总需求量;当出现需求不足,应当采取适度扩张的财政政策,以达到扩大社会有效需求的目的。在实践中,财政政策必须与货币政策协调配合运用,才能最终实现经济的总均衡。

2. 有效的货币政策

中央银行可以通过实施有效的货币政策来调节经济中的货币供给量。货币政策调节的主要手段通常有法定存款准备金制度、再贴现政策、公开市场业务操作。还有金融监管、道义劝告等多种辅助手段。当货币供给过多、经济过热、流通中货币供给超过实际需要的货币量时,中央银行可以采取紧缩的货币政策,如提高法定存款准备金率、再贴现率等手段回笼货币,紧缩银根,提高利率,抑制货币供应量的增长,使货币供求恢复均衡。反之,中央银行应采取扩张的货币政策放松银根,降低利率,适当扩大货币供给,以保证经济持续增长。在市场经济中,中央银行在实施货币政策过程中必须要遵循货币流通的客观规律,减少国家的行政干预,排除非经济因素的干扰,以确保货币政策的独立性和有效性。

3. 健全有效的市场利率机制

在市场经济条件下,货币的供求状况可以决定利率的高低。当市场当中的货币供大于求时,利率就会下降;反之,利率就会上升。货币供求均衡要求建立健全市场利率机制,通过运用利率杠杆来影响和调整货币的供给与需求。即当货币供给大于货币需求时,可以通过降低利率来刺激需求,扩大生产,以增加对货币的需求;反之,当货币供给小于货币需求时,可以提高利率,抑制需求,同时适当增加货币供给,使货币供给与货币需求达到均衡。

扩展阅读 10-5 20 世纪 30 年代的银行倒闭与货币供给

第四节 通 货 膨 胀

一、通货膨胀的类型

通货膨胀是指在不兑换纸币制度和物价自由浮动的条件下,伴随着货币数量相对于真实产量的过快增加,物价水平全面而持续上涨的现象。通货膨胀通过通货膨胀率来体现,常用价格指数来计算,基本计算公式为

$$通货膨胀率 = \frac{本期价格指数 - 上期价格指数}{上期价格指数} \times 100\%$$

按照不同的标准,通货膨胀可以分为以下几种类型:

1. 根据通货膨胀的程度不同,分为爬行的通货膨胀、中度通货膨胀、奔腾的通货膨胀、恶性的通货膨胀

爬行的通货膨胀又称温和式通货膨胀,是指物价上涨幅度很低,年通货膨胀率为2%~3%,速度比较缓慢,持续时间比较长,短期内不易察觉。

中度通货膨胀是指物价上涨幅度在一位数以内,通常年通货膨胀率约为5%~10%,但已高于经济的增长速度,物价的变化明显可以被察觉。

奔腾的通货膨胀是物价总水平上涨率在两位数及以上,年通货膨胀率通常为10%~50%,

且发展速度很快，人们对通货膨胀有明显预期。

恶性的通货膨胀是物价上升特别猛烈，年通货膨胀率超过50%，且呈加速趋势，货币已经完全丧失了价值储藏功能，部分丧失了交易媒介功能，如不尽快加以控制，常常会导致货币制度乃至国家政权的崩溃。

扩展阅读 10-6 对通货膨胀含义的理解

2. 通货膨胀分类

根据通货膨胀表现形式不同，分为隐蔽型通货膨胀和公开型通货膨胀。隐蔽型通货膨胀表面上货币工资水平没有下降，物价总水平也未提高，但居民实际消费水平却下降的现象。这种通货膨胀主要不是通过物价变动反映出来的，而是表现为商品供求紧张。发生该类通货膨胀的前提是，经济中已经积累了难以消除的过度需求压力，但由于政府对商品价格和货币工资实行严格管制，过度需求不能通过物价上涨吸收，商品供不应求现象通过准价格表现出来，如黑市、排队、凭证购买、有价无货等。在市场功能完全发挥的前提下，公开型通货膨胀状况可以灵敏地通过物价变动反映出来。

扩展阅读 10-7 通货膨胀的度量——传统指标

此外，根据通货膨胀产生的原因不同，分为需求拉上型通货膨胀、成本推进型通货膨胀和结构型通货膨胀，该部分将在分析通货膨胀成因中具体阐述。根据人们对通货膨胀的预期不同，分为预期性通货膨胀和非预期性通货膨胀；根据商品价格的相对变动情况，分为平衡的通货膨胀和不平衡的通货膨胀。

扩展阅读 10-8 通货膨胀的度量——核心通货膨胀率

二、通货膨胀成因分析

通货膨胀是一种复杂的经济现象，它的成因和机理比较复杂。西方经济学家从不同角度进行研究，提出了需求拉上说、成本推进说、供求混合推进说、结构说等不同的理论解释。

（一）需求拉上型通货膨胀

该观点认为，通货膨胀是由于商品和劳务的总需求量超过了社会潜在产出水平，从而导致一般物价水平上涨的现象。

1. 凯恩斯的需求拉上论

凯恩斯认为，一般物价水平的上升是由总需求的过度增加所造成的，而总需求的增加却不一定导致通货膨胀。凯恩斯将经济区分为充分就业和非充分就业两种不同形态。当经济中存在大量失业和闲置，未达到充分就业，资源未被充分利用时，如果总需求增加，只能促使就业和产量增加，并不会导致一般物价水平的上涨。当经济逐渐接近充分就业时，货币供给增加所形成的过度需求一方面使产出增加，另一方面使物价逐渐上升，从而产生"半通货膨胀"现象。当经济达到充分就业后，资源已被充分利用，产出已达到最大化，此时总需求增加，总供给却无法再增加，形成过度总需求，过度总需求会使一般物价水平等比例上升，导致通货膨胀。

2. 货币数量说的需求拉上论

传统的货币数量论假定生产量恒定于充分就业时的产量，货币流通速度几乎不变，因此，货币数量的增加是一般物价水平上涨的唯一原因,且认为货币数量的增加将导致一般物价水平同比例地上升。

以弗里德曼为代表的新货币数量说认为,如果货币数量与产量以同一比率增长,就不会引起通货膨胀。但如果货币数量的增长率超过了产量的增长率,就一定会导致通货膨胀。

(二)成本推进型通货膨胀

20世纪70年代,西方发达国家普遍经历着高失业和高通胀并存的"滞涨"局面。在这种情况下,"需求拉上说"显然不能解释通货膨胀形成的动因。因此,许多经济学家纷纷从供给方面或成本方面探寻通货膨胀的根源,提出了"成本推进说"。该理论认为,在不完全竞争市场中,通货膨胀的根源并非是总需求过度,而是总供给方面生产成本上升。生产成本提高,必然引起物价水平上升,导致通货膨胀。成本推进型通货膨胀由于成本上升时的原因不同,可以分为三种类型:工资推进、利润推动、生产要素推进。

(1)工资推进。总需求不变的条件下,由于强大的工会组织或某些非市场因素压力的存在,使得工资的增长率快于劳动生产率的增长率时,生产成本提高,产品价格被迫上涨。而物价上涨后,又会使工人再度要求提高工资,生产成本进一步增加,便会导致物价再次上涨。这种循环被称为工资-物价"螺旋"。许多经济学家将欧洲大多数国家在20世纪60年代末70年代初经历的通货膨胀认定为工资推进的通货膨胀。

(2)利润推进。寡头企业和垄断企业为保持利润水平不变,依靠其垄断市场的力量,运用价格上涨的手段来抵消成本的增加;或者为追求更大利润,以成本增加作为借口提高商品价格,进而导致价格总水平上升。

(3)生产要素推进。除了工资和利润两个因素以外,生产要素(原材料、能源等)也会成为从供给方面引发通货膨胀的重要原因,现代经济学称之为供给冲击。

(三)供求混合推动的通货膨胀

需求和供给两方面原因同时推进价格水平上涨,就是供求混合推进的通货膨胀。假设通货膨胀由需求拉动开始的,即过度的需求增加导致价格总水平上涨,价格总水平的上涨又成为工资上涨的理由,工资上涨又形成成本推进的通货膨胀。

(四)结构型通货膨胀

一些经济学家从经济部门结构方面分析了通货膨胀的成因,发现在总供求处于均衡状态下,由于经济结构、部门结构的一些因素发生变化,也可能引起物价上涨。该理论认为,由于不同国家的经济部门结构的某些特点,当一些产业和部门在需求方面或成本方面发生变动时,往往会通过部门之间相互看齐的过程而影响到其他部门,从而导致一般物价水平的上升。具体有以下三种情况:

(1)需求转移。由于社会对产品和服务的需求不是一成不变的。在总供求不变的情况下,一部分需求转移到其他部门,而劳动力和生产要素却未能及时转移。这种因需求的转移,导致原处于均衡状态的经济结构可能出现失衡。需求增加的行业或部门,因不能及时获得资源和人力,使得资源价格和工资水平上升;而需求减少的行业或部门,资源和人力过剩,因价格和工资刚性的存在,资源价格和工资水平却未必下降,导致物价总水平上升。

扩展阅读 10-9 货币与通货膨胀

扩展阅读 10-10 通货膨胀对经济增长的影响

(2) 部门差异。在一国经济中,总有一些部门的劳动生产率增长快于另一部门,但他们的工资增长率却存在相互看齐倾向,由此导致整体物价水平持续上升,引起通货膨胀。

(3) 外部输入。这种通货膨胀主要发生在"小国"。在开放经济状态下,通常"小国"都是国际市场上价格接受者,当发生世界性通货膨胀时,小国开放部门的成本和价格就会上升,在货币工资增长率刚性作用下,非开放部门的工资和价格也会上涨,结果导致该国整体物价水平上升,引起通货膨胀。

三、通货膨胀的治理

通货膨胀对经济、社会等各个方面都存在着不利的影响。当通货膨胀比较严重,超出社会承受能力时,政府应根据通货膨胀的成因采取相应的政策措施进行治理。由于不同的国家、不同时期、不同的原因造成的通货膨胀特点不同,因而各国治理通货膨胀采取的措施也不尽相同。综合国际国内的一般经验,治理通货膨胀的常规性的措施主要有以下几种。

(一) 紧缩的需求政策

通货膨胀的一个基本原因是社会总需求大于总供给,因此,政府可以采取紧缩总需求的政策来治理通货膨胀,包括紧缩的财政政策和紧缩的货币政策。

1. 紧缩的财政政策

扩张性的财政政策以及财政赤字被认为是通货膨胀的重要诱因。因此,紧缩性的财政政策也是抑制通货膨胀主要的政策措施之一。财政政策治理通货膨胀主要从两方面着手:

第一,切断财政收支差额与货币发行的联系。当财政出现赤字时,不能用向中央银行透支或向中央银行长期借款的方式弥补,而是采用发行国债的方式弥补。需要注意的是,中央银行不能在一级市场上直接购买国债,政府也不能向商业银行和企业进行行政摊派,避免形成向中央银行再贷款的"倒逼机制"。

第二,通过财政增收减支控制总需求,刺激有效供给。主要政策措施包括:①减少政府支出。包括削减购买性支出和转移性支付;②增加税收。如提高企业和个人的所得税率,开征特别消费税等;③扩大公债发行规模。政府发行公债后,可以利用"挤出效应"减少民间部门的投资和消费,抑制社会总需求。此外,通过财政支出结构特别是投资支出结构的调整,支持有利于推动技术进步、提高综合要素生产率、实现产业结构调整优化的支出项目,增加中长期的有效供给能力。

2. 紧缩的货币政策

通货膨胀本质是货币过多的问题,货币供给量的无限制扩张超出了流通中对货币的客观需求引起的。因此,治理通货膨胀首选政策手段就是紧缩的货币政策。用紧缩的货币政策来减少社会需求,促使总需求和总供给趋于一致。主要措施包括:①提高法定存款准备率。该措施,可以降低商业银行创造货币的能力,达到紧缩信贷规模、削减投资支出、减少货币供给量目的。②提高再贴现率。该措施可以抑制商业银行对中央银行的贷款需求,还可以增加商业银行借款成本,迫使商业银行提高贷款利率和贴现率,致使企业因贷款成本增加而减少投资,货币供给量随之减少。此外,提高再贴现率还可以影响公众的预期,达到鼓励增加储蓄、减缓通货膨胀压力的作用。③中央银行在证券市场上公开卖出国债，直接减少社会的货币供应量。④提高金融机构的存贷款利率。利率的提高会增加信贷资金的使用成本，致使投资需求下降，进而有效地控制信贷规模增长，减少货币供应量；同时，利率的提高还可以提高城乡居民储蓄存款意愿，减少即期消费需求，减轻通货膨胀压力。

（二）积极的供给政策

通货膨胀通常表现为物价上涨，也就是与货币购买力相比的商品供给不足。因此，在抑制总需求的同时，可以积极运用刺激生产的方法增加供给来治理通货膨胀。倡导这种政策的学派被称为供给学派。其主要措施：①减税，即降低边际税率。企业所得税和个人所得税的削减，会提高人们的工作积极性，提高储蓄意愿和投资的积极性，增加资本存量。因此，减税能降低失业率和增加产量，从而彻底降低和消除由供给小于需求所造成的通货膨胀。②削减社会福利开支。该措施目的是为了激发人们的竞争性和个人独创性，以促进生产的发展，增加有效供给。③适当增加货币供给。适当的增加供给会降低利率，刺激投资，增加社会总供给，促使价格水平下降，从而抑制通货膨胀。④精简政府实行需求管理的规章制度，减少政府对企业活动的限制，让企业在市场经济原则下更好地扩大商品供给。在上述政策措施中，减税是其核心内容。

（三）从严的收入政策

紧缩性的货币政策和财政政策主要通过压缩总需求来抑制通货膨胀，虽然可以收到明显效果，但是容易造成经济衰退和失业增加。为了缓解这种两难问题，可以运用收入分配政策。收入分配政策被认为是治理由于成本推动型，特别是工资推动型通货膨胀的有效措施。从发达国家经验来看，收入分配政策主要措施有以下三项。

1. 工资-物价指导线

政府根据长期劳动生产率的平均增长率来确定工资和物价的增长标准，要求各部门将工资-物价的增长控制在这一标准之内。工资-物价指导线是政府估计的货币收入的最大增长限度，每个部门的工资增长率均不得超过这个指导线。如果某部门的物价和工资增长率超过指导线要求，政府可以采取税收和法律措施进行处罚。

2. 工资-价格管制及冻结

政府颁布法令强行规定工资、物价的上涨幅度，甚至在某些时候暂时将工资和物价加以冻结。这种严厉的管制措施一般在战争时期较为常见，但当通货膨胀非常严重、难以对付时，和平时期的政府也可采用此措施。美国在1971—1974年间就曾实行过工资-价格管制，特别是在1971年，尼克松政府还实行过三个月的工资-价格冻结。这种方法可以有效地控制住通货膨胀的进一步恶化，但是会破坏市场机制的正常作用，引起资源配置的失调，使经济陷入更大的困境。因此，这种极端的收入政策，不到紧要关头一般很少采用。

3. 收入指数化

收入指数化政策是弗里德曼等经济学家提出的一种旨在与通货膨胀"和平共处"的适应性政策。收入指数化是指将工资、利息等各种名义收入部分或全部与物价指数相联系，使其随物价指数的变动而调整。简而言之，就是定期根据通货膨胀率来调整工资等收入的名义价值，使其实际价值保持不变，目的是补偿由于一般物价水平的变化引起的各种收入的损失，以消除通货膨胀带来的收入不平等现象。20世纪70年代以来，多数发达国家采用了收入指数化政策，尤其是工资指数化政策。

（四）货币制度改革

币制改革，是指政府下令废除旧币，发行新币，变更钞票面值，对货币流通秩序采取一系列强硬的保障性措施。当通货膨胀恶化到一定程度，货币制度和银行体系濒临崩溃，政府就会被迫进行币制改革。币制改革目的是为增强社会公众对本位币的信心，从而使银行信用得以恢复，存款增加，货币能够重新正常发挥作用。历史上，许多国家都曾实行过这种改革，但这种措施对社会震动较大，须谨慎。

第五节 通货紧缩

通货紧缩是与通货膨胀相反的一种经济现象，表现为商品和劳务价格普遍、持续下降。通货紧缩比通货膨胀复杂得多，现代中央银行起源的真正本质是治理通货紧缩，避免实体经济被紧缩的物价拖入深渊。

一、通货紧缩类型

1. 按照通货紧缩的发生程度，分为相对通货紧缩和绝对通货紧缩

相对通货紧缩是指物价上涨幅度在零值以上，在适合一国经济发展和充分就业的物价水平区间以下。在这种状态下，物价水平虽然是正增长，但已经低于该国正常经济发展和充分就业所需要的物价水平，已经开始损害经济的正常发展。绝对通货紧缩是指物价上涨幅度在零值以下，即物价出现负增长，这种状态说明一国通货处于绝对不足状态，这种状态的出现极易造成经济衰退和萧条。在经济实践中，一般有这样的判断：当出现通货膨胀率持续下降，并由正值变为负值的时候，可以认为出现了轻度的通货紧缩；当通货膨胀率负增长超过一年，且未出现转机时，可以判断进入中度的通货紧缩；当中度的通货紧缩持续时间发展到两年以上或物价降幅达到两位数以上，可以认为出现了严重的通货紧缩。

2. 按照通货紧缩产生的原因，分为需求不足型通货紧缩和供给过剩型通货紧缩

所谓需求不足型通货紧缩，是指由于总需求不足，使得正常的供给显得相对过剩而出现的通货紧缩。引起总需求不足的原因，可能是消费需求或投资需求不足，也可能是国外需求减少。几种因素也可以共同造成总需求不足。

所谓供给过剩型通货紧缩，是指由于技术进步和生产效率的提高，在一定时期产品数量的绝对过剩而引起的通货紧缩。这种产品的绝对过剩，只可能发生在经济发展的某一个阶段，如一些传统的生产生活用品，在市场机制调节不太灵敏、产业结构调整严重滞后的情况下，可能会出现绝对的过剩这种状态。如果这种通货紧缩较严重，则说明该国市场机制存在较大缺陷，同样会对经济的正常发展产生不利影响。

此外，按照通货紧缩的表现方式，分为显性通货紧缩和隐性通货紧缩。通货紧缩在一般情况下可以用物价水平的变动来衡量，因为通货紧缩与通货膨胀都是货币现象。如果采取非市场的手段，硬性维持价格的稳定，就会出现通货紧缩，但价格可能并没有降低的状况，这

种类型的通货紧缩称之为隐性通货紧缩。

二、通货紧缩成因分析

对于导致通货紧缩的原因，经济学家众说纷纭，归纳起来主要有以下七种观点。

1. 债务-通货紧缩论

费雪在1933年发表了《大萧条的债务-通货紧缩理论》论文，他认为过度负债是导致通货紧缩的一个重要因素。在繁荣时期，利润水平的上升诱使企业家进行更大规模的投资，这一过程主要通过债务融资来进行；而银行体系亦将被企业家对未来的乐观预期所鼓舞，以致不惜增加贷款的投放。这种情形必将持续到过度负债状态，此时，企业为偿还债务纷纷脱售商品导致商品价格下跌。债权人一旦注意到这种过度负债的危险就会趋于债务清算。债务清算导致企业廉价出售资产以偿还银行贷款，继而导致存款货币收缩及货币流通速度下降，使企业资产净值会出现更大幅度下降，加速企业的破产。陷入亏损的企业降低产量，就业减少，失业增加。企业的亏损、破产和失业会引发信心丧失和悲观情绪蔓延，引发货币的窖藏行为和存款货币流通速度的进一步下降，从而陷入通货紧缩。

过度负债诱发通货紧缩，通货紧缩又会反过来恶化过度负债。这是因为，债务清算导致了通货紧缩，使得企业尚未偿还的债务真实价值上升，企业更难以偿还，企业被迫进一步以更低廉的价格更大规模地抛售资产，形成整个债务-通货紧缩的恶性循环。

2. 信贷过度扩张论

奥地利学派米塞斯和哈耶克认为，通货紧缩是繁荣过度的必然结果。信贷扩张和货币的注入在推动繁荣局面的同时，也引起生产结构的失调导致通货紧缩。假定开始时处于充分就业状态，银行系统派生信贷的增加，将促使市场利率下降，进而引起企业从消费品生产转向投资品生产。经过一段时间，由于消费品供给相对于需求发生短缺，消费品价格相对于投资品就会上涨。为使经济体系重新向均衡方向调整，有必要提高利率，这会使那些在低利率时有利可图的投资变得无利可图，使投资品部门不能实现预期收益，银行信贷质量相应恶化，银行体系为防范自身的风险被迫收缩信贷，导致通货紧缩。

3. 货币供应收缩论

弗里德曼考察了美国20世纪30年代货币政策，认为美联储防止银行破产努力的失败和1930年年底至1933年货币存量的下降，对20世纪30年代严重的经济衰退负有主要责任。当时银行倒闭，破坏了存款货币存量，也提高了流通现金和法定存款准备金两者与存款的比例，从而降低了货币乘数，使货币存量急剧减缩。货币紧缩使货币的边际收益上升，人们就会将金融资产和实物资产转换成货币资产，直到重新构成新的资产组合，使得各资产的边际收益率相等，这就可能导致金融资产和实物资产的价格下降，甚至会引起经济衰退。

4. 本币对外升值论

麦金农等研究了20世纪90年代日本通货紧缩现象，认为日本出现长期通货紧缩是基于浮动汇率下日元汇率长期升值和升值预期，使日本陷入"流动性陷阱"，引发通货紧缩。其形成机理为：日本经常项目长期顺差使日本金融机构的美元资产增加，市场预期日元升值，要求更高的美元资产收益率。因美元资产收益率由国际市场给定，日元资产收益率被迫下降，使得日本央行大规模干预外汇市场，增加货币投放，降低日元资产利率。由于日本的高储蓄倾向，日元升值没有影响其贸易持续顺差的局面，日本民间持有的美元资产持续增加，日元升值预期长期存在，导致日本短期利率在1996年年底几乎降到零，导致日本经济陷入"流动性陷阱"。

5. 技术进步论

经济学家一般都认为技术进步会引起通货紧缩。因为新技术的采用要么降低了产品成本，要么增加了产量，这两者都是促成价格水平低落的因素。

6. 供求失衡论

通货紧缩是物价持续下降的一种经济现象。理论上通货紧缩可能是需求下降造成的，也可能是供给增长太快造成的。需求下降的原因可以是信贷紧缩或货币供应量紧张导致市场利率上升、筹资成本增加，致使投资需求下降，并使企业开工不足，工人收入和消费减少；或是金融房地产等泡沫破灭，国民财富缩水，引起居民消费需求萎缩，同时使银行等金融机构坏账增加，导致信用紧缩，致使投资需求减少。供给增长过快的原因可能是科技进步导致生产力提高过快，也可能是投资增长太快，生产能力膨胀，而需求增长的速度跟不上生产能力增长的速度。可见供求两方面因素都可能造成通货紧缩。

7. 政府调控行为论

国内学者研究了20世纪90年代末我国的通货紧缩问题。吴敬琏等认为，从1993年下半年起，中央政府采取了旨在加强宏观调控的16项强硬措施，控制经济过热，并使中国经济于1996年实现了"软着陆"。但伴随着政府宏观调控的日益加强，尤其是1997年亚洲金融危机爆发，促使政府加大对经济运行的干预力度之后，一些政府部门对正常的经济活动进行了不当干预，用行政手段限制市场准入、控制价格、限制合理竞争，政府作用的不当发挥和过度干预，是造成当时通货紧缩局面的重要原因之一。20世纪90年代中期，随着我国社会经济体制改革的深入，在社会保障体系尚不完善的情况下，公众承担了包括住房、就业、医疗和教育等方面的改革成本，导致预防性动机货币需求极大，阻碍了刺激经济增长的各项政策效果的发挥，是导致当时我国通货紧缩、经济衰退进一步加剧的深层次原因。

三、通货紧缩治理

通货紧缩的治理问题主要集中在需求调节政策上，政府通常通过再膨胀政策解决通货紧缩问题，使物价"膨胀"到合理水平，刺激经济的恢复性增长。具体的政策工具是宽松的货币政策和财政政策。

通货紧缩产生的根本原因是有效需求不足，因此，采用宽松的货币政策，可以增加流通中的货币供应量，从而刺激总需求，抑制通货紧缩。宽松的货币政策，主要通过调整法定存款准备金率、再贴现率、公开市场业务等手段，增加货币供应量。

在通货紧缩已经形成后，仅靠货币政策刺激总需求收缩不一定显著。因为，货币供应有一定的内生性，不是中央银行所能完全控制的。在通货紧缩阶段，利率水平往往很低，经济已接近或进入"流动性陷阱"的状态，利率水平很难再降。通货紧缩发生时经济主体对未来充满悲观预期，各项支出的利率弹性较低，在此时仅仅依赖货币政策可能很难根治通货紧缩，往往还需要财政政策的相互配合。财政政策手段主要是削减税收、增加购买性支出和转移性支出。通过调整政府收支结构，完善社会保障体系，以减少社会公众对未来预期的不确定性，提升信心。

本章小结

货币需求是指在一定时期内，社会各经济主体（包括个人、企事业单位、团体、政府等）在既定的收入或财富范围内愿意而且能够以货币形式持有其财富的数量。关于货币需求理论主要有马克思的货币需求理论、传统货币数量理论、凯恩斯的货币需求理论、弗里德曼的货币需求理论。

货币供给是相对货币需求而言，包括货币供给行为和货币供给量两大内容。货币供给的变化是由中央银行和商业银行等金融机构的行为引起的。现代信用制度下货币供应量的决定因素主要有两个：一是基础货币（B），二是货币乘数（k）。货币供给量（M_s）等于基础货币与货币乘数的乘积，即 $M_s = k \cdot B$。中央银行投放基础货币的渠道主要包括：①对商业银行等金融机构再贷款；②变动金、银、外汇等储备资产；③购买政府部门债券。

从理论上来看，中央银行对基础货币和货币乘数有绝对的控制能力。但从货币供给量形成过程来看，它是由中央银行、商业银行和社会公众三方行为共同决定，中央银行不能绝对控制。基础货币量受以下因素制约：中央银行对商业银行等金融机构的债权、黄金存量变化和国际收支状况、汇率制度与政策、政府财政收支状况、货币政策操作。

货币供求均衡，是指一定时期内社会货币供给量与客观经济对货币的需求量基本相适应。

因为货币均衡表现为社会总供求均衡（即经济均衡），所以经济均衡的标志，就是货币均衡的标志。货币供求均衡主要标志有市场物价稳定、商品供求均衡和利率反应敏感。在市场经济条件下，货币供求均衡实现有赖于三个条件：健全的利率机制、发达的金融市场和有效的中央银行调控机制。

当流通中货币供给不足或货币供给过多会导致货币供求失衡。货币供求失衡是一种常见的经济现象。严重的货币失衡必然会对社会经济生活产生破坏作用。货币供求不会自动均衡，必须通过货币当局实施有效的财政、货币政策去实现。财政政策调节的主要手段有：①财政收入政策，包括税收和公债，主要是税收；②财政支出政策，主要包括购买性支出和转移性支付；③国家预算政策。政策调节的主要手段通常有法定存款准备金制度、再贴现政策、公开市场业务操作，还有金融监管、道义劝告等多种辅助手段。在市场经济条件下，货币的供求状况可以决定利率的高低。因而实现货币供求均衡要求建立健全市场利率机制，通过运用利率杠杆来影响和调整货币的供给与需求。

货币供求失衡表现为通货膨胀和通货紧缩。通货膨胀是指在不兑换纸币制度和物价自由浮动的条件下，伴随着货币数量相对于真实产量的过快增加，物价水平全面而持续上涨的现象。通货膨胀通常用通货膨胀率来度量。按照不同的标准，通货膨胀可以分为以下几种类型：根据通货膨胀的程度不同，分为爬行的通货膨胀、中度通货膨胀、奔腾的通货膨胀、恶性的通货膨胀；根据通货膨胀表现形式不同，分为隐蔽型通货膨胀和公开型通货膨胀；根据通货膨胀产生的原因不同，分为需求拉上型通货膨胀、成本推进型通货膨胀和供求混合推动型通货膨胀、结构型通货膨胀等。通货膨胀是一种复杂的经济现象，它的成因和机理比较复杂。西方经济学家从不同角度进行研究，提出了需求拉上说、成本推进说、供求混合推进说和结构说等不同的理论解释。通货膨胀对经济、社会等各个方面都存在着不利的影响。当通货膨胀比较严重，超出社会承受能力时，政府应根据通货膨胀的成因采取相应的政策措施进行治理。综合国内外的一般经验，治理通货膨胀的常规性的措施主要有紧缩的需求政策、积极的供给政策、从严的收入政策、货币制度改革。

通货紧缩是与通货膨胀相反的一种经济现象，表现为商品和劳务价格普遍、持续下降。通货紧缩比通货膨胀复杂得多，现代中央银行起源的真正本质是治理通货紧缩，避免实体经济被紧缩的物价拖入深渊。按照通货紧缩的发生程度分为相对通货紧缩和绝对通货紧缩，按照通货紧缩产生的原因分为需求不足型通货紧缩和供给过剩型通货紧缩，按照通货紧缩的表现方式分为显性通货紧缩和隐性通货紧缩。对于导致通货紧缩的原因，经济学家众说纷纭，归纳起来主要有以下几种观点：债务-通货紧缩论、信贷过度扩张论、货币供应收缩论、本币对外升值论、技术进步论、供求失衡论、政府调控行为论。通货紧缩的治理问题主要集中在需求调节政策上，政府通常通过再膨胀政策解决通货紧缩问题，使物价"膨胀"到合理水平，刺激经济的恢复性增长。具体的政策工具是宽松的货币政策和财政政策。

即测即练

复习思考题

1. 什么是"流动性陷阱"？
2. 比较分析凯恩斯的货币需求函数与弗里德曼的货币需求函数的区别。
3. 怎样理解货币供给是由中央银行、商业银行和社会公众共同决定的？
4. 弗里德曼认为通货膨胀归根结底是货币现象，简述其逻辑。
5. 分析需求拉上型、成本推进型和供需混合型通货膨胀的成因和形成机制。
6. 简述通货膨胀的治理政策。
7. 简述通货紧缩的成因、通货紧缩的治理方法。

实训内容

1. 2020年3月以来，新冠肺炎疫情在全球范围内迅速蔓延，世界经济陷入深度衰退，金融市场剧烈波动。为了应对疫情冲击，各国央行紧急降息，加大资产购买计划。主要央行多措并举,美联储、欧洲央行等推出了一系列货币宽松工具,既包括利率调控、前瞻性指引等常规选项,重启了 2008 年金融危机时期的非常规工具,还设立了新的流动性支持机制,推行历史罕见的超宽松货币政策。

请分析疫情影响下人们货币需求的变化。由于各国开启了宽松货币政策,导致通货膨胀预期。人们为预防通货膨胀会采取哪些措施?

2. 尝试分析数字人民币的推出,对中国人民银行货币政策会产生怎样的影响。

第十一章

财政政策与货币政策

学习目标

1. 理解财政政策、货币政策的目标、类型；
2. 掌握财政政策工具及作用方式、财政政策调控机制；
3. 掌握货币政策工具及作用方式、货币政策调控机制；
4. 理解在宏观经济调控中财政政策与货币政策的协调配合。

技能目标

1. 能够掌握财政政策、货币政策的基本知识；
2. 能够结合我国实际分析各个阶段财政政策与货币政策协调配合的现实意义。

素质目标

1. 能运用所学的财政政策与货币政策知识研究相关案例，培养学生在特定业务情境中分析问题与决策能力；
2. 强化学生的职业道德素质。

导入案例

经济复苏需各国用好货币财政政策

2020年以来，为应对疫情，多国央行不约而同地通过放宽货币政策为市场注入流动性，这为稳定经济提供了有效助力。随着货币政策效用逐渐递减，以及一些国家疫情反复，近期各方关于加强财政政策的呼声正在增大。如何用好这两种政策有效促进经济复苏，不仅需要考虑疫情防控等前提条件，也考验着决策者的智慧和耐心。

2020年11月21日，国际金融论坛第17届全球年会在广州开幕。多位具有财政部长、央行行长背景的专家在发言中呼吁，全球应从财政政策和货币政策两方面来协调和应对疫情带来的系统性风险。专家认为，全球央行普遍面临的低利率甚至负利率的局面，虽然压缩了货币政策的实施空间，但是也大幅度降低了政府的融资成本，为财政政策有效实施带来了机遇,特别是减税降费、扩大失业补助金等财政政策可以成为重点方向。

(资料来源:中国经济网)

第一节 财政政策

财政政策有广义和狭义之分。广义的财政政策泛指政府在财政领域制定的各项方针政策,包括税收政策、财政补贴政策、财政投资政策、国债政策等。而狭义的财政政策则特指政府为了实现其宏观经济目标而相应制定的税收、支出及预算收支平衡方面的政策,如增税还是减税,扩大支出还是减少支出,实行结余预算还是实行赤字预算等。

一、财政政策的目标

财政政策的目标是政府制定和实施财政政策所要达到的预期目的。财政政策目标虽然与国家总的经济政策目标和宏观调控目标相一致的,但是由于财政政策是通过国家参与社会产品的分配活动来影响经济和社会的发展,因而其又具有特殊性,一般情况下,可以把财政政策目标归纳为以下四个方面。

1. 经济增长

经济增长是指国民生产总值与国民收入保持一定的增长速度,避免经济停滞或下降。一般采用国民经济生产总值扣除价格变动因素后的年增长率来测定。当前经济增长是世界各国政府均在追求的重要目标。我国实行的是社会主义市场经济,经济增长是实现其他一切目标的基础,因此,这一目标应作为我国财政政策的首选目标。

2. 物价稳定

物价稳定是指物价总水平的稳定。物价稳定并不排除个别商品价格的剧烈波动,也并非是物价总水平的固定不变。只要在一定时期内,价格总水平的上涨在社会可接受的范围内,即可视为物价稳定。

3. 充分就业

充分就业并不是指每个人都有工作,而是指每一个有工作能力并且愿意工作的劳动者都有工作。从更广泛的范围讲,充分就业又指现实的、可供利用的各种资源都得到了充分利用,不存在闲置无用的资源。

4. 国际收支平衡

国际收支平衡是指在一定时期内,一国与他国之间进行的各种经济交易的收支平衡,具体体现为一个适当的国际储备水平与一个相对稳定的外汇汇率,它对一个国家的经济发展具有重要影响。

二、财政政策工具

财政政策工具是财政政策主体所选择的用以达到政策目标的各种财政手段。没有财政政策工具,财政政策目标就无从实现,而财政政策工具如选择不适也会导致财政政策目标的偏离。财政政策工具主要有税收、国债、公共支出、政府投资、财政补贴等。

（一）税收

税收是国家凭借政治权力参与社会产品分配的重要形式。其具有强制性、无偿性和固定性的特征，这使得税收具有广泛的调节作用，成为实施财政政策的一个重要手段。税收的宏观调控功能，表现为以下三个方面。

1. 在资源配置中的作用

首先，税收调节资源在积累和消费之间的分配。在市场经济条件下，通过税收组织的财政收入，基本上是用于满足公共消费需要的支出。因此，总的来看征税的结果会降低积累率，提高消费率。其次，税收调节资源在产业之间的配置，即调节产业结构。第一，通过征收投资方向调节税、实行有区别的折旧等政策引导投资方向，调整投资结构；第二，通过征收消费税，引导消费方向，从而间接引导投资方向；第三，调节资源在政府部门和非政府部门（企业和居民）之间的配置，这主要是通过确定适度的税率来实现的。

2. 在实现收入公平分配中的作用

在实现收入公平分配中的作用主要是通过调节企业的利润水平和居民的个人收入水平来实现的。调节企业利润水平主要是通过统一税制、公平税负和征收资源税、土地使用税、房产税和消费税等税种，剔除或减少客观因素对企业利润水平的影响，为企业创造一个平等竞争的外部环境。在调节个人收入分配不公方面，发挥作用最大的是个人所得税和社会保障税。社会保障税，目前在许多西方国家已成为第一或第二大税，其不仅对建立社会统筹的现代社会保障制度有利，对深化企业改革、保持社会稳定、保证市场经济体制正常运行也有重要意义。因此，尽快建立和完善社会保障税与个人所得税，并不断提高其在整个税制结构中的比重，是今后我国深化税制改革的一项重要任务。

3. 在实现经济稳定和增长中的作用

要实现经济的稳定和增长，关键是要保持社会总供给与社会总需求之间的平衡。税收在这方面的作用，主要表现有：第一，通过征收流转税，特别是消费税，可以控制对消费品的需求；通过征收个人所得税会直接减少居民可支配收入，从而控制居民用于消费的支出；征收投资方向调节税，有利于控制投资需求的膨胀。第二，通过征收企业所得税可以直接调节供给，即通过减税可以刺激投资和供给；反之，增税可以抑制供给。第三，通过实行累进的所得税制，可以对经济波动进行调节，发挥"内在稳定器"的作用，即当经济过热出现通货膨胀时，企业和居民收入增加，适用税率相应地提高，税收的增长幅度超过国民收入的增长幅度，从而可以抑制经济过热；反之，当经济萧条时，企业和居民收入下降，适当降低税率，可以刺激经济复苏和发展。

4. 税收优惠与税收惩罚的特别调控

税收优惠与税收惩罚主要是在征收正税的基础上，为了某些特殊需要而实行的鼓励性措施或惩罚性措施。这种措施在运用上具有较大的灵活性，往往起到正税难以起到的作用，因而在各国税法中都不同程度地保留着某些税收优惠性和惩罚性的措施。税收的优惠性措施包括减税、免税、宽限、加速折旧、建立保税区等。与税收优惠措施相反的是税收的惩罚性措施，如报复性关税、双重征税、税收加成、征收滞纳金等。无论是优惠性的还是惩罚性的措施，对实现财政政策的某些目标都起到了一定作用。

（二）国债

国债是国家按照有偿的信用原则筹集财政资金的一种形式。同时也是实现宏观调控和财政政策的一个重要手段，国债的调节作用主要表现在以下三点。

1. 调节国民收入的使用结构

国民收入从最终使用形式来看分为积累基金和消费基金两部分。国债可以在调节积累和消费的比例关系方面发挥一定的作用。例如，国家向居民发行公债，是在不改变所有权的条件下，将居民尚未使用的消费基金转化为积累基金，用于生产建设的需要。

2. 国债可以调节产业结构

企业投资和银行投资更多地注重项目的微观效益和偿还能力，这往往同宏观经济目标发生矛盾，而国家通过以财政信用形式筹集的资金可以投到那些微观效益不高，但社会效益和宏观经济效益较高的项目中，如用于农业、能源、交通和原材料等国民经济的薄弱部门和基础产业的发展。这就能够调节投资结构，促进国民经济结构的合理化。

3. 国债可以调节资金供求和货币流通

在发达国家，国债是调节金融市场的重要手段，通过增加或减少国债的发行，以及调整国债的利率和贴现率，可以有效地调节资金供求和货币流通量。

（三）政府投资

政府投资是国家财政安排的预算内投资，它是进行国家重点建设和其他大中型项目的主要资金来源，是形成国有资产的主要物质基础。在市场经济条件下，政府投资的项目主要是指那些具有自然垄断特征、外部效应大、产业关联度高、具有示范和诱导作用的基础性产业、公共设施，以及新兴的高科技主导产业。政府的投资能力与投资方向对经济结构的调整起关键作用，它可以将受到制约和压抑的民间部门的生产潜力释放出来，并使国民收入的创造达到一个较高的水平。这种方式被称为政府投资的"乘数效应"。因此，政府投资是实现国家宏观调控的强有力手段。

（四）财政补贴

财政补贴是国家为了某种特定需要将一部分财政资金直接补助给企业或居民的一种再分配形式。从补贴与供求平衡的关系来看，它与税收的作用正好相反。为了抑制总需求，既可以通过增加税收，也可以通过减少补贴的办法来实现，而减少税收或增加补贴，则可以刺激总需求。从调节供给来看，减税或增加补贴，可以刺激生产，有利于促进供给的增加，反之，增税或减少补贴，都能起到抑制生产和供给的作用。总体来看，增加财政补贴，一方面会减少财政收入，另一方面又会增加财政支出，不利于财政收支平衡，属于扩张性的财政政策，从而引起需求的膨胀。反之，减少财政补贴，有利于增收节支，从而有助于财政收支平衡，属于紧缩性财政政策，可以抑制总需求。总之，只要运用得当，财政补贴可以配合价格、税收、工资等杠杆，发挥一定的调节作用。

（五）政府预算

政府预算是财政政策的主要手段。作为年度财政收支计划的政府预算的编制、审定的过程，就是财政参与宏观经济决策、贯彻社会经济发展目标的过程，也是制定财政政策目标和选择相应的政策手段及其实施措施的过程。因而政府预算一经法定程序批准，预算的收支目标和数字就反映着政府的施政方针和社会经济政策，制约着政府的活动范围和方向。①通过预算收支规模调节社会总供给与总需求的平衡关系。②通过预算支出结构的变动来调节国民经济结构。③通过预算工具本身的设计与编制方式影响财政政策效应，进而影响国民经济活动。

应当指出，不同财政政策手段作用的对象和作用的力度是有差别的。单一运用某种调节手段虽然也可以达到一定的局部的目标，但是难以实现总的调控目标，而且力度往往不够。如果诸种政策手段配套运用，就会产生一种合力，可以增加财政政策的整体调控功能。同时，随着社会主义市场经济的发展和宏观调控机制的转换，财政政策手段也将日益多样化。深入研究各种财政政策手段之间及其与其他经济政策手段之间的配套性，对于实现财政政策目标、提高财政政策效应有着非常重要的意义。

三、财政政策类型

财政政策具有丰富的内容，涉及范围很广，可以从不同角度进行分类。按调节领域划分，可以分为宏观财政政策（总量财政政策）和微观财政政策（个量财政政策）；按政策的目标时效划分，可以分为短期财政政策和长期财政政策；按政策与经济运行的关系划分，可以分为均衡财政政策和非均衡财政政策；按政策作用的形式划分，可以分为自动调节型财政政策和相机抉择型财政政策；按政策涉及的分配内容划分，可以分为税收政策、投资政策、信用政策和补贴政策。

根据在调节国民经济总量方面的不同功能，可以分为三种。

（一）扩张性财政政策

扩张性财政政策也就是宽松性或膨胀性财政政策，是指通过财政分配活动来增加和刺激社会的总需求，最典型的方式就是通过财政赤字来扩大政府支出的规模。当经济生活中存在需求不足时。扩张性财政政策的运用可以使总需求与总供给的差额缩小以达到平衡；如果总需求与总供给原来是平衡的，扩张性财政政策就会使总需求超过总供给；如果总需求已经大于总供给，扩张性财政政策将使二者的差距进一步扩大。实行扩张性财政政策的主要措施是减税和扩大预算支出的规模。

值得注意的是，政府预算出现了财政赤字并不一定意味着政府实行了扩张性的财政政策。因为经济衰退很可能减少政府的税收收入并扩大政府的社会保障支出，从而导致政府预算出现赤字。

（二）紧缩性财政政策

紧缩性财政政策是指通过财政分配活动来减少或抑制社会的总需求。在经济生活中已经出现总需求膨胀的情况下，实行紧缩性财政政策有助于消除需求膨胀，至少可以使供需差额缩小；如果原来总需求与总供给是平衡的，紧缩性财政政策则会造成需求不足；如果原来总需求就小于总供给，这一政策就会使供需差额进一步扩大。紧缩性政策的典型形式是通过财政盈余来压缩政府支出的规模。因为财政收入本身是代表一部分社会购买力的，而财政盈余则意味着把相应数量的社会购买力冻结起来，所以可以把财政盈余的数量视为社会总需求相应减少的数量。实行紧缩性财政政策的主要措施是增税和压缩支出。

(三)中性财政政策

中性财政政策又叫作平衡的财政政策。一般地说,中性政策可以理解为保持财政收支平衡的政策,使财政分配活动对社会总需求的影响保持中性,既不产生扩张性,也不产生紧缩性的后果。按照这一政策,财政支出只能根据收入的多少来安排,既不允许有大量结余存在,也不允许有较大赤字发生。在西方国家,所谓中性政策,是针对市场而言的,即不干扰市场调节作用的政策。

从上面的分析可以看出,不论是扩张性、紧缩性还是中性的财政政策,都与社会总需求与总供给的平衡状况相联系。应该根据社会总需求与总供给的不同状态来选择财政政策。当总需求明显不足,经济资源未能充分利用,潜在的生产能力没有发挥时,一般应实行扩张性的财政政策。尽管采取减税或扩大支出的措施会产生财政赤字,但可以扩大总需求,使之与总供给趋于平衡;当总需求明显超过总供给,并已发生通货膨胀的情况下,则应实行紧缩性财政政策,把过旺的需求压下来,虽然采取增税和缩减支出的措施可能产生财政盈余,但这是必要的;而当总需求与总供给大体平衡时,财政政策则应保持中性。由于经济经常处于一种非均衡运行状况,因此使用中性的财政政策是较少的,而更多是交替地运用扩张性财政政策或紧缩性财政政策。

扩展阅读 11-1 "六保"财政政策促"三农"稳定发展

扩展阅读 11-2 政府过"紧日子",让人民过上好日子

第二节 货 币 政 策

货币政策是指中央银行为实现其特定的经济目标,运用各种工具调节和控制货币、信用、利率、汇率等变量,进而影响宏观经济的方针和措施的总和。货币政策是由货币政策目标、实现目标所运用的政策工具和达到预期政策效果的传导机制构成的系统。货币政策系统由货币制度决定。本节所讲的货币政策以现代信用货币本位为主。

一、货币政策目标

货币政策目标有广义和狭义之分。广义上来讲,货币政策目标由货币政策的中间目标和最终目标两个层次组成。中央银行对货币政策工具施加作用之后,其影响力经由操作中间目标到达最终目标,使宏观经济调控的效果逐渐显现。狭义上来讲,货币政策目标就是货币政策的最终目标。

(一)货币政策的最终目标

货币政策的最终目标是指中央银行实行一定的货币政策在未来时期要达到的最终目标,它反映了社会经济对货币政策的客观要求。货币政策的实质是正确处理发展经济与稳定货币的关系。从各国执行货币政策的实际情况来看,中央银行货币政策的目标主要是稳定物价、促进经济增长、充分就业和国际收支平衡。货币政策的最终目标和财政政策目标一致,不过四大目标在货币政策中的重要性与财政政策不同,货币政策最终目标中最重要的是稳定物价。

货币政策最终目标之间的关系比较复杂。各目标之间既有一致之处，也存在着冲突。

货币政策最终目标之间的一致性表现在：经济增长为其他目标的实现提供物质基础，物价稳定时经济增长的前提，充分就业可以促进经济增长，国际收支平衡也有利于其他目标的实现。

货币政策最终目标之间存在的冲突表现在以下四方面。

（1）物价稳定与充分就业之间冲突。一般来讲，存在较高失业率的国家，为实现充分就业的目标，中央银行可通过扩张信用和增加货币供应量的投放等途径，刺激社会总需求，以减少失业或实现充分就业。这往往会导致一定程度的物价上涨，诱发或加剧通货膨胀。20世纪70年代，西方国家推行的扩张政策，不仅无助于实现充分就业和刺激经济增长，反而造成经济滞涨局面。经济学家威廉·菲利普斯对物价稳定和充分就业之间的矛盾做了说明：通货膨胀率与失业率之间存在此消彼长的关系。当失业率较高时，货币工资增长较慢，通货膨胀率就低；当失业率较低时，货币工资增长较快，通货膨胀率就高。因此，中央银行在决定货币政策最终目标时，或者选择失业率较高的物价稳定，或者选择通货膨胀率较高的充分就业，但一般只能根据具体的社会经济条件，在通货膨胀率和失业率的两极间寻求可以接受的组合点。

（2）物价稳定与经济增长之间的冲突。经济增长为物价稳定提供了物质基础。但从现代经济实践看，经济增长总是伴随着物价上涨，特别是第二次世界大战以后，情况更加明显。从西方货币政策实践结果看，物价稳定与经济增长同时实现并不容易。如果一国为追求经济高速增长，采用扩张信用、增加货币供给的办法，其结果必然造成物价上涨，持续下去，必然阻碍经济发展；一国为抑制维持上涨的一般物价水平，采用提高利率等收缩性货币政策，则可能因为抑制投资而影响经济增长。20世纪70年代西方国家经济的滞胀局面，就反映了物价稳定与经济增长之间的冲突。弗里德曼认为，保持货币发行低水平稳定增长能维持经济增长和物价稳定。依据该理论，20世纪90年代以来，美联储在格林斯潘的领导下，连续进行了20次左右的加息政策，但同时也没有完全放弃货币稳定增长规则，使得两者相结合以确保"中性"的货币目标的实现，主要通过对实际利率产生影响进而改变企业和个人对商品与服务的需求，最终影响支出、就业和通货膨胀。由此成就了美国经济近15年的持续繁荣、国内物价稳定的大环境，然而为2008年金融危机埋下了隐患。因此，中央银行难以兼顾经济增长与物价稳定。

（3）物价稳定与平衡国际收支之间的冲突。理论上，物价稳定表明货币对内价值稳定，国际收支平衡使得本币对外汇率趋于稳定。因此，物价稳定与平衡国际收支保证了货币对内价值和对外价值的双稳定。然而在实践中，物价稳定与平衡国际收支目标之间存在冲突。因为，货币价值的稳定受到内外部诸多因素的影响，如货币供求关系、国际贸易、国际投融资行为、货币市场投机、内外部通货膨胀率的相对变化等。如果一国物价水平相对稳定而别国出现了通货膨胀，则意味着本国货币购买力相对提高，本国商品相对便宜，外国商品相对昂贵。这样就会使本国出口增加，进口减少，导致国际收支趋向顺差；反之则出现国际收支逆差，使国际收支恶化。在现实经济生活中，由于世界各国的经济情况都在发生着不同的难以预测的变化，因此，中央银行要同时实现稳定物价、平衡国际收支的双重目标并不容易。

（4）经济增长与国际收支平衡之间的冲突。经济增长对进口商品的需求通常也会增加，如果该国的出口贸易不能随着进口贸易的增加而相应增加，导致出现贸易逆差，使得国际收支恶化。为消除逆差采用紧缩信用、减少货币供给可能会导致经济增长速度放缓；若要促进国内经济增长，就需要增加投资提高投资率。在国内储蓄不足的情况下，有必要借助于引进外资、引进外国的先进技术和设备，引进外资可能形成国际收支中资本项目的顺差。外资的流入可以在一定程度上弥补贸易逆差而造成的国际收支失衡，但不一定能确保经济增长与国际收支平衡的齐头并进。

（二）货币政策的中间目标

所谓货币政策的中间目标，就是中央银行为实现货币政策的终极目标而设置的可供观测和调整的指标。货币政策的最终目标，对中央银行来说在操作和控制上都是比较困难的，因为最终目标效果的出现需要一定的作用时间，而且还会受到其他相关因素的影响。因此中央银行必须寻求和设立能直接操作和控制的中间目标。

中央银行在选择货币政策的中间目标时，必须遵循四个标准：一是可测性，央行能对这些作为货币政策中间目标的变量加以比较精确的统计；二是可控性，央行可以较有把握地将选定的中间目标控制在确定的或预期的范围内；三是相关性，作为货币政策中间目标的变量与货币政策的最终目标有着紧密的关联性；四是抗干扰性，作为中间目标变量的金融指标应能较准确地反映政策效果，并且较少受外来因素的干扰。只有这样，才能通过货币政策工具的操作达到最终目标。

在实践中，一国中央银行在选择货币政策中间目标时，一般都难以找到完全符合可测性、可控性、相关性等标准的金融变量。中央银行选择中间目标时会将其他市场主体包括个人和企业的可能反映考虑在内，是中央银行与个人及企业的博弈。因此，一国中央银行只能从实际情况出发，尽量选择符合上述标准的中间指标。按照上述标准，常用的货币政策中间目标如下。

1. 利率

利率是金融市场的一个最基本的影响因素。原因在于：①利率与经济状况高度相关。当经济繁荣时，货币的需求量增加，为限制过度需求，中央银行会提高利率；当经济衰退时，货币的需求量下降，为鼓励需求，中央银行又会降低利率。②利率的变动对市场资金需求也起调节作用。利率上升，会抑制资本投资，减少投资需求；利率下降，会刺激资本投资，增加投资需求。③利率的指标便于中央银行的控制。中央银行可以通过货币政策工具来调节和控制利率，而且还可以在金融市场中观测出其水平的高低。因此，利率是货币政策重要的中介目标。

2. 货币供应量

货币供给量是较理想的货币政策中介指标。原因在于：①货币供应量的变动直接影响宏观经济的运行。一方面，货币供应量是经济过程的内生变量（即由客观因素所决定的变量），生产和商品交换规模的变化必然引起货币供应量相应的变化；另一方面，货币供应量又是货币政策的外在变量（即由中央银行人为决定的变量），它的多少变化会直接影响经济活动。可见，货币供应量是与货币政策最终目标高度相关的指标。②货币供应量便于观测，不会发生政策性与非政策性因素的混淆，可以避免因此而发出的错误信号。③中央银行易于控制货币供应量大小。

3. 法定存款准备金和基础货币

中央银行无论运用何种政策工具，都会先改变商业银行的法定存款准备金，然后对中间目标和最终目标产生影响。作为经济内生变量，准备金与信贷需求负相关，借贷需求上升，银行体系便减少法定存款准备金以扩张信贷。反之，增加法定存款准备金以缩减信贷。作为政策变量，法定存款准备金与社会需求正相关，中央银行要抑制社会需求，必要设法减少商业银行的法定存款准备金。

基础货币是流通中的现金和商业银行法定存款准备金的总和。通过货币乘数的作用，基础货币可以直接调节社会的货币供应量。中央银行对基础货币的控制能力也很强，是可控性较强的指标。

二、货币政策类型

根据货币供应量和货币需求量之间的对比关系，可以将货币政策分为扩张性货币政策、紧缩性货币政策和均衡性货币政策。

1. 扩张性货币政策

扩张性货币政策是指通过增加货币供应量带动社会总需求以刺激经济增长的一种货币政策。这种政策通常是在以下情况下采用：一是生产要素利用不足；二是存在很大的潜在市场，通过扩大需求能带动市场潜力的发掘；三是货币容量弹性大，注入一定的超量货币不会引起经济震荡和物价波动。

2. 紧缩性货币政策

紧缩性货币政策是一种通过削减货币供应量以减少社会总需求，挤出市场多余货币，来促进社会总需求与总供给平衡的货币政策。这种政策一般在以下情况下使用：一是已经出现明显的通货膨胀，经济紊乱；二是有意识地控制经济过热，我国称为经济"软着陆"。

3. 均衡性货币政策

均衡性货币政策指的是在社会总需求与总供给基本平衡的状态下采取的一种货币政策，目的在于保持原有的货币供应量与需求量的大体平衡。

三、货币政策工具

货币政策工具是中央银行为实现货币政策的目标而对货币供给量、信用量进行调控的手段，因此货币政策工具也可称为货币政策手段。中央银行通过对货币政策工具的直接控制和运用，可以对货币政策中间目标产生直接影响，进而促进货币政策最终目标的实现。货币政策工具种类繁多，各有其特点和适用条件，必须根据其政策目标的要求、经济体制和经济运行的客观条件有针对性地选择使用。

货币政策工具可分为一般性政策工具、选择性政策工具、直接信用控制工具和间接信用控制工具四类。

（一）一般性政策工具

一般性政策工具是中央银行对货币供给总量或信用总量和一般利率水平进行控制的政策工具。它是中央银行经常使用的、针对货币总量进行调节的工具。它主要是由再贴现、法定存款准备金和公开市场业务"三大法宝"组成。

1. 再贴现政策——最早运用的货币工具

再贴现政策是指中央银行通过改变再贴现率，影响商业银行等存款货币机构从中央银行获得的再贴现贷款数量和基础货币，从而影响货币供应量的政策。再贴现政策主要内容包括两方面：一是再贴现率的调整，二是规定向中央银行申请再贴现的资格。

中央银行可以通过调整再贴现率影响商业银行的资金成本和超额存款准备金，影响它们的贷款量和货币供给量。如一国中央银行想通过紧缩信用以减少货币供给量，就可以提高再贴现率，增加商业银行向中央银行借款的成本，缩减其借款量。由于商业银行向中央银行借款成本增加，其贷款利率也会相应调高，其客户的借款成本也相应增加，导致客户缩减信贷需求（如其他条件不变）。当商业银行用存款准备金资产来偿还其向中央银行的借款时，会直接导致中央银行基础货币量减少，从而导致货币供给量相应减少（如货币供给乘数不变）。再贴现政策不仅被用来影响银行体系的存款准备金，影响基础货币乃至货币供给量，而且还被用于防止金融恐慌，即当银行危机发生时，向银行体系提供必要的存款准备金。中央银行通过再贴现政策发挥"最后贷款人"作用，是再贴现政策的最大优点。此外，中央银行还可以通过调整再贴现率来影响信贷结构，贯彻产业政策。再贴现率的变动具有告示作用，可以影响公众预期。

再贴现政策的最大缺点是，其主动权操纵在商业银行手中。中央银行虽然可以调整再贴现率，但是无法强迫商业银行借款，因此再贴现率的变动具有不确定性。再贴现政策的预期效果，取决于商业银行是否主动配合。

2. 法定存款准备金率政策——"巨斧"

法定存款准备金率政策是指中央银行凭借法律授权，规定和调整商业银行的法定存款准备金率，以此左右商业银行信贷规模，借以改变货币乘数、增减货币供应量，进而影响整个国民经济。

法定存款准备金率政策最大的优点：①中央银行具有完全的自主权，受外界干扰甚小，法定存款准备金率的高低变动可较好地反映中央银行的政策意图，对货币供给产生迅速、有力、广泛的影响。②中央银行变动法定存款准备金率能作用于所有银行或存款式金融机构，由于其作用在时间、程度上的一致性，所以采用法定存款准备金率政策来调控货币供应量，对于银行而言，较为客观、公正。

但法定存款准备金率政策存在三个缺陷：①当中央银行调整法定存款准备金率时，商业银行可以变动其在中央银行的超额存款准备金，从反方向抵消法定存款准备金率政策的作用；②法定存款准备金率对货币乘数的影响很大，作用力度很强，缺乏弹性，往往被当作是一剂"猛药"；③调整法定存款准备金率对货币供应量和信贷量的影响要通过商业银行的辗转存贷，逐级递推而实现，政策预期效果在很大程度上受制于银行体系的超额存款准备金的数额。

3. 公开市场业务——最重要、最常用的货币政策

公开市场业务是指央行在金融市场上公开买卖政府债券，以控制货币供应量和利率的政策。比如，经济萧条时，央行在公开市场上买进政府债券，货币供给量增加，利率下降，促进投资和消费扩张，刺激经济复苏。经济高涨时，央行在公开市场上卖出政府债券，货币供给量减少，利率上升，抑制投资和消费，抑制通货膨胀。中央银行在公开市场开展证券交易活动，其目的在于调控基础货币，进而影响货币供应量和市场利率。

公开市场业务与法定存款准备金率政策和再贴现政策相比较，更具有弹性，更具有优越

性：①中央银行能够运用公开市场业务，影响商业银行的存款准备金，从而直接影响货币供应量；②公开市场业务使中央银行能够随时根据金融市场的变化，进行经常性、连续性的操作；③通过公开市场业务，中央银行可以主动出击；④由于公开市场业务的规模和方向可以灵活安排，中央银行可用其对货币供应量进行微调。

但是它的局限性也比较明显：①金融市场不仅必须具备全国性，而且具有相当的独立性，可用以操作的证券种类必须齐全并达到必需的规模；②必须有其他货币政策工具配合。例如，如果没有法定存款准备金率政策配合，这种工具就无法发挥作用。

（二）选择性政策工具

以上介绍的三大货币政策工具，都属于对货币总量的调节，政策效果涉及整个宏观经济。此外，中央银行还可运用选择性政策工具对某些特殊领域或特殊用途的信贷信用加以调节，主要有以下五种。

1. 消费信贷控制

消费信贷控制是指中央银行对消费者购买不动产以外的各种耐用消费品的信用规模和期限等要素所采取的限制性措施。这种控制主要包括消费信贷的首次付款的最低金额、消费信贷的最长期限、适用消费信贷的消费品种类、不同消费品的放款期限等。中央银行通过对上述内容的规定，可以达到调节社会消费需求的货币政策目标。

2. 不动产信用管制

不动产信用管制是指中央银行对住房或商品房的购买者的购房信贷的限制措施。对不动产信用实施管制，实际上就是对商业银行及其他金融机构的不动产放贷的各种限制性措施，主要包括不动产贷款的最高金额、最长期限、首次付款的金额和分期还款的最低金额等方面的规定。采取这些措施的目的主要在于限制房地产投机，抑制房地产泡沫。

3. 证券市场信用控制

证券市场信用控制是指中央银行对有价证券交易规定应支付的保证金限额（即法定保证金率），以此来限制用借款购买有价证券的措施。中央银行通过对最低保证金率的规定，间接规定了证券经纪人向证券购买者的最高贷款额，既限制了证券市场上的资金供给者，也限制了证券市场上的资金需求者，相应调整了整个货币与信用供给的构成，促进了信用运用的合理化。

4. 优惠利率

中央银行对国家重点发展的某些部门、行业和产品，如能源产业、新兴产业等提供优惠利率，一般会配合产业政策加以使用。优惠利率不仅被发展中国家广泛采用，也被发达国家普遍采用。

5. 预缴进口保证金

预缴进口保证金是指中央银行要求进口商预缴相当于进口商品总值一定比例的存款，以抑制进口的过快增长。预缴进口保证金多为国际收支经常出现赤字的国家采用。

（三）其他货币政策工具

除了以上两类货币政策工具外，中央银行还根据本国的具体情况和不同时期的具体要求，运用一些其他的政策工具，既有直接信用控制，也有间接信用控制。

1. 直接信用控制

中央银行从质和量两个方面以行政命令或其他方式对金融机构尤其是商业银行的信用活动进行直接控制，手段主要有最高利率管制、信用配额、规定流动性比率（或称可变流动性资产准备比率）和直接干预等。

2. 间接信用指导

中央银行还可通过道义劝告和窗口指导的方式对信用变动方向和重点实施进行间接指导。

（1）道义劝告，是指中央银行利用其声望和地位，对商业银行和其他金融机构经常发出通告、指示或与各金融机构的负责人进行面谈，使商业银行和其他金融机构自动采取相应措施来贯彻中央银行的政策。这一工具在英国使用最为成功。

（2）窗口指导，是指中央银行根据产业行情、物价趋势和金融市场动向，规定商业银行的贷款重点投向和贷款变动数量等。虽然这种办法不具有法律效力，但是出于中央银行的地位及其监管权力，往往会迫使各银行按其旨意行事。窗口指导曾一度是日本银行货币政策的主要工具。

（四）货币政策工具的配合

在中央银行的货币政策的各种工具中，有针对总量调节的，也有针对结构调整的，为了保证国家经济长期平衡健康发展，必须做到总量调节中的结构优化与结构调整中的总量控制并举。因此中央银行在宏观调控的过程中，各种货币政策工具的协调配合尤为重要。

1. 不同类型货币政策工具的配合

一般性的三大工具是针对总量的调控。选择性货币政策工具主要是针对具体行业领域，改变社会资金在不同行业之间的配置结构。这两类货币政策工具的配合使用，可以兼顾总量调控和结构调控。补充性货币政策工具也可以与一般性货币政策工具配合使用。例如，道义劝说和窗口指导等间接信用控制工具的使用，可以避免一般性货币政策工具的过度使用带来经济发展不平衡问题。

2. 同一类型货币政策工具的配合

同一类型的货币政策工具，在使用过程中注意工具之间的协调配合也可以发挥最佳的政策效果。例如，三大一般性货币政策工具之间的配合。

法定存款准备金率政策对商业银行体系的影响较大，一般中央银行慎重使用。在使用法定存款准备金率政策时，除了进行信用的总量控制，也可以只是调整某一类型存款的法定存款准备金率，达到结构调整的目的。中央银行在使用法定存款准备金率政策时一般会和公开市场业务配合，即采用反向的公开市场操作来减弱法定存款准备金率变动的影响力。

再贴现政策工具可以配合其他货币政策工具进行经济结构调整，尤其是它可作为公开市场业务的辅助工具来发挥重要作用。贴现窗口的借款量，通常作为公开市场业务操作的目标；中央银行在进行公开市场业务操作后，会收缩或者扩张银行的储备总量，这种影响对不同的银行效果不同，小银行由于资金融通渠道有限，受到的冲击比大银行更大。因此，中央银行会通过贴现窗口为小银行提供资金支持，以抵消公开市场业务带来的副作用，保证金融体系的稳定运行。

从西方成熟市场化国家的发展历程来看，公开市场业务成为最

扩展阅读 11-3　货币政策效应

主要的货币政策工具是未来的发展趋势。但公开市场业务不能脱离法定存款准备金率政策和再贴现率政策工具独立使用,这三者仍是一个不可分割的完整的货币政策工具体系。

四、中国人民银行的货币政策

改革开放前,在高度集中的计划经济体制下,中国以短缺经济为主,指令性计划与财政政策是当时重要的宏观调控手段,信贷调控与货币政策属于辅助手段。20世纪80年代末,市场经济体制开始逐渐替代计划经济体制,金融改革与货币政策的操作方式也发生了很大的变化。1983年9月,国务院决定:从1984年1月1日起,中国人民银行作为国家的银行,专门行使中央银行职能,二级银行体制正式确立。自1984年建立中央银行体制以来,经过1994年的进一步改革,1995年《中华人民共和国中国人民银行法》颁布实施,1998年取消对营业性金融机构贷款规模的限制,中国人民银行逐渐过渡到现代的中央银行。

(一)中国人民银行货币政策目标

1. 货币政策最终目标

自中国人民银行专门行使中央银行职能开始,围绕货币政策最终目标择定问题,我国理论界曾有过深入研究,提出过不同观点,主要有"单一目标"论、"双重目标"论。"单一目标"论认为,中央银行的货币政策最终目标应是稳定货币。"双重目标"论认为,中央银行货币政策最终目标应是稳定货币与发展经济。

从实施货币政策达到的最终目标来看,长期以来货币政策"双重目标"论占主导地位。1986年通过的《中华人民共和国银行管理条例》规定,中央银行与专业银行等金融机构"其金融业务活动,都应当以发展经济、稳定货币、提高社会经济效益为目标"。1995年3月18日第八届全国人民代表大会第三次会议通过,2003年12月27日第十届全国人民代表大会常务委员会第六次会议修正的《中华人民共和国中国人民银行法》明确指出:"货币政策的最终目标是保持货币币值稳定,并以此促进经济增长。"

2. 货币政策中间目标

我国中央银行的货币政策中间目标主要有货币量、贷款量和利率三类指标。目前,我国中央银行货币政策以货币量和贷款量为主要指标,以利率为辅助指标。

(1)货币量指标,主要是货币供应量、现金、基础货币和准备金。

(2)贷款量指标。目前,我国中央银行对商业银行的信贷管理尚未完全过渡到间接调控,故可以将调控商业银行贷款量的指标作为中央银行货币政策的中间目标使用。中央银行运用法定存款准备金率、再贷款与再贴现政策左右商业银行的准备金数量,调控商业银行的放款能力;运用变动再贷款利率、再贴现率、商业银行贷款利率,影响商业银行资本成本、社会对信贷资金的需求,从而调控商业银行贷款量。同时,中央银行按照国家公布的产业政策,适时对不同部门、行业给予信贷支持或信贷控制,实现对信贷资金投量与投向的调控。

(3)利率指标。利率对经济和金融的调节作用取决于微观经济主体对利率变动的反映,而市场利率本身合理性取决于市场机制的健全程度。1996年,建成全国统一的银行间同业拆借市场,放开同业拆借市场利率;2007年,上海银行间同业拆借利率市场化运行,标志着我国货币市场基准利率培育工作全面启动。信贷市场上,2004年贷款利率浮动区间扩大;2012年存款利率浮动区间也在扩大;2013年,全面放开贷款利率管制;2015年,市场完成。利率在货币政策工具中发挥着越来越重要的作用。

（二）中国人民银行货币政策工具

从传统货币政策理论和实践来看，货币政策工具可以分为两大类——数量型的工具和价格型的工具。数量型的工具属于直接型调控，价格型的工具属于间接型调控。数量型的工具中间目标指向货币供应量，而价格型的工具中间目标指向利率。20世纪80年代，西方主流货币政策理论在"新共识"的基础上，形成了以泰勒规则为核心的操作框架：一个目标——通货膨胀，一个工具——基准利率。根据这一理论框架，20世纪90年代发达经济体都陆续完成了从数量型工具体系到价格型调控框架的转变，形成了政策目标简单清晰、中间目标明确、操作工具规范的货币政策操作体系。中国货币政策框架由于"转型"的特点，货币政策工具体系也处在转型中，表现为数量型和价格型叠加，多种手段并存。

2003年修订的《中华人民共和国中国人民银行法》对中国人民银行为执行货币政策可以运用的政策工具做出了明确规定：要求金融机构按照规定的比例交存款准备金，确定中央银行基准利率，为在中国人民银行开立账户的金融机构办理再贴现，向商业银行提供贷款，在公开市场上买卖国债和其他政府债券及外汇，以及国务院确定的其他货币政策工具。长期以来，传统的货币政策三大工具——法定存款准备金率、再贴现和公开市场业务操作，是中国货币政策工具箱的标配。

1984年，中国人民银行成为真正意义上的中央银行。1984—1998年，中国人民银行主要采取信贷规模和现金计划控制等直接调控工具，再贴现业务也是作为信贷工具来使用，具有浓厚的计划经济色彩。

1998年，贷款规模限制取消，逐步采取法定存款准备金率、公开市场业务操作等市场化的机制和间接性的调控手段。1998年后，货币政策工具分为一般性工具和选择性工具两大类。一般性工具是指较多采用的公开市场业务操作、法定存款准备金率和规范化的再贴现等间接性调整调控工具；选择性的工具指减少采用的贷款规模控制、特种存款、对金融企业窗口指导等直接调控工具。

扩展阅读 11-4　再贷款

2013年以来，中国人民银行为了提高货币政策的灵活性和主动性，不断对货币政策工具箱进行创新，创设了一系列的结构性的货币政策工具，用于实现"定向支持"和"精准调控"目标，这些结构性的货币政策工具主要包括定向降准、再贷款、常备借贷便利（SLF）、中期借贷便利（MLF）、定向中期借贷便利（TMLF）、抵押补充贷款（PSL）等。中国货币政策工具体系的演变也反映了利率市场化的发展。新的创新型货币政策的实施，以及贷款市场报价利率（LPR）改革，一方面是为了加速中国利率市场化进程，打造"利率走廊"，另一方面也是为了应对传统货币政策工具有效性下降及操作空间日益受限的困境。

扩展阅读 11-5　中国公开市场业务操作

目前中国货币政策工具箱里一般性的政策工具包含了常规货币政策工具和创新型的货币政策工具，见表11-1。

扩展阅读 11-6　常备借贷便利

表 11-1　中国货币政策工具箱

货币政策工具	特点和作用对象	期限
公开市场业务	金融机构	7 天、14 天、21 天、28 天
法定存款准备金	商业银行	
再贴现	抵押物：商业票据	小于 6 个月
再贷款	"三农"、小微企业、扶贫	小于 1 年
存贷基准利率	利率市场化	1 天、7 天、1～3 个月
常备借贷便利 SLF	贴现窗口	
中期借贷便利 MLF	"三农"、小微企业	3 个月、6 个月、1 年
抵押补充贷款 PSL	政策性银行	3～5 年
定向中期借贷便利 TMLF	商业银行	1～3 年

资料来源：中国人民银行。

第三节　财政政策与货币政策的配合

一、财政政策与货币政策配合的模式

在宏观经济调控实践中，通常从经济形势的需要出发，配合使用财政政策与货币政策。宏观经济调控中财政政策与货币政策配合模式见表 11-2。

扩展阅读 11-7　财政政策与货币政策的比较

表 11-2　财政政策与货币政策的组合类型表

货币政策	财政政策	
	松	紧
松	"双松"	"松紧"
紧	"紧松"	"双紧"

由表格可知财政政策与货币政策的组合一般分为两类四种，即："松"的财政政策与"松"的货币政策，"紧"的财政政策与"紧"的货币政策，"紧"的财政政策与"松"的货币政策，"松"的财政政策与"紧"的货币政策。前两种属于一类，"双松""双紧"是同方向组合；后两种属于一类，"松紧""紧松"是反方向组合。

1. "双松"政策的配合及适用条件

"松"的财政政策是通过减税和扩大政府支出等手段来增加总需求。"松"的货币政策则是通过降低法定存款准备金率、降低再贴现率、在金融市场买入证券投放货币等松动银根的措施，促使利率下降，进而增加货币供给量、刺激投资和增加总需求。

一般情况下，"双松"政策可以刺激经济的发展。因此，当经济处于严重萧条情况时期，可以通过扩大总需求，促使经济复苏；当经济存在大量未充分利用资源时，可以刺激投资，促进经济增长。

2."双紧"政策的配合及适用条件

"紧"的财政政策是通过增加税收、削减政府支出等手段，限制消费和投资，从而抑制总需求；"紧"的货币政策通过提高法定存款准备金率、再贴现率或在金融市场卖出证券回笼货币等措施，使利率上升，以减少货币供给量，抑制总需求的过度增长。

"双紧"政策，通常是在经济过热、需求过旺和通货膨胀压力下采取的对策，目的是调整经济，压缩需求，抑制和消除通货膨胀。

3."松紧"政策的配合及适用条件

（1）"松"的财政政策与"紧"的货币政策的搭配。"松"的财政政策在投资乘数和政府支出乘数的作用下，可以有效地扩张总需求，从而起到防止经济衰退和萧条的作用；"紧"的货币政策通过控制信用规模来控制货币供给量的增长，从而防止通货膨胀。在经济出现滞胀，即经济增长减缓而通胀压力很大情况下，或经济结构失衡与通货膨胀并存的情况下，采取"松"的财政政策有利于解决经济停滞和结构失衡问题，而"紧"的货币政策可以缓解通货膨胀的压力。这种政策搭配的结果是，在防止通货膨胀的同时保持适度的经济增长率，但如果长期运用这种政策搭配，会导致政府财政赤字不断扩大。

（2）"紧"的财政政策与"松"的货币政策的搭配。"紧"的财政政策可以在一定程度上防止总需求膨胀和经济过热，"松"的货币政策则可以使经济保持一定的增长率。当财政赤字较大，同时社会总需求不足时采用，可以实现财政收支平衡；"松"的货币政策可以适当增加货币供应量，以促进经济适度增长，中央银行可以控制货币流向，提高资金的使用效率。因此这种政策搭配的效果是，在保持一定经济增长率的同时尽可能地避免总需求膨胀。但因为执行的是"松"的货币政策，货币供给量的总闸门处在相对松动的状态，所以难以防止通货膨胀。

在宏观经济调控实践中，具体采用何种政策组合，取决于国家宏观经济运行状况及政府所要达到的政策目标。一般而言，如果社会总需求明显小于总供给，就应采取宽松政策，扩大社会总需求；反之，则采取紧缩政策措施，抑制社会总需求的增长。

二、我国财政政策与货币政策的协调配合

1949—1978年为"计划经济时期"，国民经济讲究"综合平衡"，财政是资金配置的主渠道，整体格局是"大财政、小银行"，在此框架下致力于实现"财政信贷综合平衡"，促进社会再生产顺利进行。1978—1992年为"有计划的商品经济时期"，从计划经济向市场经济过渡，市场机制逐步发挥基础性作用，宏观管理逐步向宏观调节、宏观调控转型，调控方式逐步从直接调控转向间接调控。这一时期，财政实行分级包干制，中央财政收入占GDP比重、财政收入占GDP比重双双下滑，1981年恢复国库券发行，1983年、1984年实行两次"利改税"；1985年在全国范围内实行拨改贷，银行作用日益增强。该时期基本属于"大银行、小财政"格局。1992年后我国进入"社会主义市场经济时期"。市场机制作用不断增强，宏观调控以财政和货币政策为两大主要政策工具，努力通过间接调控方式进行调控。改革开放以来我国财政政策与货币政策配合轨迹见表11-3。

表 11-3　改革开放以来我国财政政策与货币政策组合的轨迹

时期	时间	财政政策	货币政策	背景
有计划的商品经济时期（1979—1992年）	1979—1983年	松	松	固定资产投资过快、物资缺口大、农产品价格上涨过快、财政赤字、货币收入增长快
	1984—1986年	紧	紧	经济过热，物价上涨过快
	1987—1992年	紧	紧	价格和工资改革闯关、治理整顿、硬着陆
社会主义市场经济时期（1993年至今）	1993—1995年	宽松	宽松	投资、消费双膨胀
	1995—1997年	适度从紧	适度从紧	实现经济软着陆
	1998—2004年	积极	稳健	面对东南亚洲金融危机带来的国内市场疲软，社会有效需求不足和经济增长乏力
	2005年—2008年10月	稳健	紧	经济局部过热，消费需求相对不足
	2008年11月—2010年	积极	适度宽松	全球金融危机，保增长、扩内需、调结构
	2011年至今	积极	稳健	后危机时代，稳中求进

资料来源：根据高培勇《中国财政 70 年》（经济科学出版社，2019）和李红霞、姚东旭《财政学》（中国财政经济出版社，2017）整理。

自 2011 年至今，宏观调控政策组合一直保持着"积极财政政策+稳健货币政策"的搭配。财政与货币政策的搭配没有发生变化，但在不同时期、不同形势下，政策的重点和内涵有所调整。

1998 年我国启用积极财政政策一词，"积极"便被当作"扩张"同义词。积极财政政策即以减税降费、扩大支出、增列赤字为主要内容的财政扩张操作。随着我国经济由高速增长转入高质量发展阶段，为与高质量发展阶段相对接，重新定义了积极财政政策。2018 年，中央决策层对于积极财政政策的任务做出了最新表述："要在扩大内需和结构调整上发挥更大作用。"为此，从 2018 年起，以减税降费、扩大支出、增列赤字为主要内容的积极财政政策实践不再是财政扩张的同义词。

从财政政策的调控来看，相比 2017 年的"加大力度"、2018 年的"积极取向不变"、2019 年的"加力提效"，2020 年积极财政政策的重点是"提质增效"，不过分追求减税降费和专项债规模，而是更加强调质量和效果。一方面对前期不当、过激政策进行调整，另一方面推动减税降费政策的精细化管理。同时，大力压减一般性支出，缓解地方财政压力。货币政策调控的灵活度显著增强，突出表现为更加注重价格型调控。2019 年"松紧适度"的重点是流动性总量，2020 年"灵活适度"则更加偏向新型货币政策工具，关注市场的价格信号。

本章小结

财政政策有广义和狭义之分。广义的财政政策泛指政府在财政领域制定的各项方针政策，包括税收政策、财政补贴政策、财政投资政策、国债政策等。而狭义的财政政策则特指政府为了实现其宏观经济目标而相应制定的税收、支出及预算收支平衡方面的政策，如增税还是减税，扩大支出还是减少支出，实行结余预算还是实行赤字预算等。财政政策的目标主要有经济增长、物价稳定、充分就业、国际收支平衡。财政政策工具主要有税收、国债、公共支出、政府投资、财政补贴等。根据财政政策在调节国民经济总量方面的不同功能分为扩张性财政政策、紧缩性财政政策、中性财政政策。

货币政策是指中央银行为实现其特定的经济目标，运用各种工具调节和控制货币、信用、利率及汇率等变量，进而影响宏观经济的方针和措施的总和。各国央行货币政策的最终目标主要是稳定物价、经济增长、充分就业和国际收支平衡。中央银行在选择货币政策的中间目标时，必须遵循四个标准：可测性、可控性、相关性、抗干扰性。常用的货币政策中间目标主要有：利率、货币供应量、法定存款准备金和基础货币。根据货币供应量和货币需求量之间的对比关系，可以将货币政策分为扩张性货币政策、紧缩性货币政策和均衡性货币政策。

货币政策工具可分为一般性政策工具、选择性政策工具、其他的政策工具。一般性政策工具主要是由再贴现、法定存款准备金和公开市场业务"三大法宝"组成。选择性政策工具主要有消费信贷控制、不动产信用管制、证券市场信用控制。除此之外，中央银行还根据本国的具体情况和不同时期的具体要求，运用一些其他的政策工具。这类政策工具很多，既有直接信用控制，也有间接信用控制。直接信用控制主要手段有最高利率管制、信用配额、规定流动性比率（或称可变流动性资产准备比率）和直接干预等。间接信用指导主要有道义劝告、窗口指导等。

改革开放前，在高度集中的计划经济体制下，中国以短缺经济为主，指令性计划与财政政策是当时重要的宏观调控手段，信贷调控与货币政策属于辅助手段。20 世纪 80 年代末，市场经济体制开始逐渐替代计划经济体制，金融改革与货币政策的操作方式也发生了很大的变化。自中国人民银行专门行使中央银行职能开始，围绕货币政策最终目标择定问题，我国理论界曾有过深入研究，提出过不同观点，主要有"单一目标"论、"双重目标"论。从实施货币政策达到的最终目标来看，长期以来货币政策"双重目标"论占主导地位。《中华人民共和国中国人民银行法》明确指出："货币政策的最终目标是保持货币币值稳定，并以此促进经济增长。"我国中央银行货币政策中间目标主要有货币量、贷款量和利率三类指标。目前，我国中央银行货币政策以货币量和贷款量为主要指标，以利率为辅助指标。目前中国货币政策工具箱里一般性的政策工具包含了常规工具和创新型的工具（常备借贷便利 SLF、中期借贷便利 MLF、抵押补充贷款 PSL、定向中期借贷便利 TMLF 等）。

财政政策与货币政策的配合，如果按"松""紧"（即扩张政策、收缩政策）两种情况的组合方式划分，我们可以分为"双松""双紧""松紧"和"紧松"四种模式。在经济宏观调控实践中，具体采用何种政策组合，取决于国家宏观经济运行状况及政府所要达到的政策目标。一般而言，如果社会总需求明显小于总供给，就应采取宽松政策，扩大社会总需求；反之，则采取紧缩政策措施，抑制社会总需求的增长。

改革开放后，1978—1992 年为"有计划的商品经济时期"，从计划经济向市场经济过渡，市场机制逐步发挥基础性作用，宏观管理逐步向宏观调节、宏观调控转型，调控方式逐步从直接调控转向间接调控。该时期基本属于"大银行、小财政"格局。1992 年后我国进入"社会主义市场经济时期"。市场机制作用不断增强，宏观调控以财政和货币政策为两大主要政策工具，努力通过间接调控方式进行调控。2011 年至今，宏观调控政策组合一直保持着"积极财政政策+稳健货币政策"的搭配。财政与货币政策的搭配没有发生变化，但在不同时期、不同形势下，政策的重点和内涵有所调整。

即测即练

复习思考题

1. 如何运用财政政策和货币政策对通货膨胀和通货紧缩进行调节？
2. 中央银行为什么要选择货币政策的中间目标？在选择中间目标时应遵循什么原则？常用的货币政策目标是什么？
3. 阐述财政政策与货币政策的不同政策组合。

实训内容

2020年，突如其来的新冠肺炎疫情给各国带来巨大的冲击。为抑制疫情扩散，各国纷纷采用不同程度的封锁措施，居家隔离成为常态，生产及消费等经济活动停摆，多国经济集体"休克"。疫情中大量企业经营活动停滞，一方面营收锐减带来现金流问题，信用违约风险加大，另一方面企业破产风险加剧，被动裁员增加，带来严重的失业问题，居民可支配收入下降。

随着疫情在全球蔓延，各国纷纷采取各类措施应对疫情对经济可能带来的冲击和影响。

请查询相关资料，运用财政政策和货币政策相关知识，分析下列问题：

1. 分析我国为应对疫情、刺激经济复苏，运用了哪些财政政策工具和货币政策工具。
2. 2020年我国财政政策和货币政策搭配模式是什么？
3. 请结合实际情况，尝试对我国与主要发达经济体应对疫情等突发事件时采取措施及效果进行比较分析。

教师服务

感谢您选用清华大学出版社的教材！为了更好地服务教学，我们为授课教师提供本书的教学辅助资源，以及本学科重点教材信息。请您扫码获取。

》 教辅获取

本书教辅资源，授课教师扫码获取

》 样书赠送

财政与金融类重点教材，教师扫码获取样书

清华大学出版社

E-mail: tupfuwu@163.com
电话：010-83470332 / 83470142
地址：北京市海淀区双清路学研大厦 B 座 509

网址：https://www.tup.com.cn/
传真：8610-83470107
邮编：100084